地域研究のフロンティア

近代アジアの自画像と他者

地域社会と「外国人」問題

貴志俊彦 編著

CIAS

京都大学
学術出版会

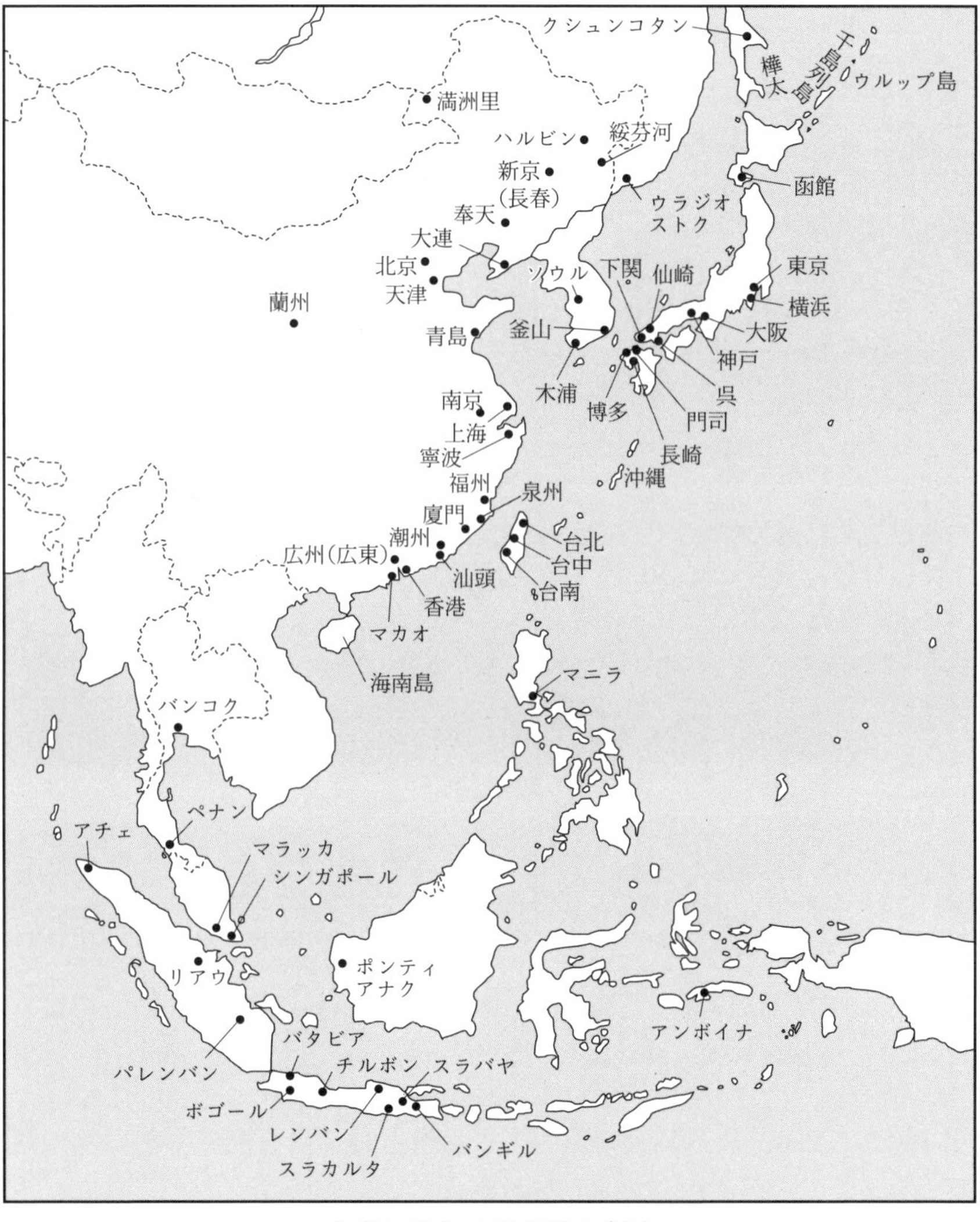

本書に登場する各地の都市

目次

第Ⅱ部　不平等条約体制下における公共性とガバナンス

第Ⅲ部　アジアにおけるもうひとつのエスノグラフィ

自画像と他者への視線
——歴史学におけるトランス・ナショナリティ研究の提起

貴志　俊彦

1　日本における「外国人」問題のいま

グローバルな移動化現象

アジアでは、十九世紀の「開国」とともに境域を越えた人々の移動が活発になり、二十世紀前半に起こった二度の世界大戦や戦後各地で勃発した地域紛争・自然災害から避難する人の量は格段に増えた。さらに、一九九〇年代の冷戦崩壊以降は、それまでにない大量の人々が、世界的規模で自律的に移動するようになっている。

今日では、人々の移動の形は、天災・人災からの避難や政治的亡命などの特殊な事情によるだけでなく、ビジネス、留学、観光といった目的で移動することがますます増えている。こうした移動化現象は、もはや特定の理由による局地的な現象とはいえず、世界規模で複数の国境を超えるようになっており、しかも日常化しつつある。それにともない、移動する人々の多くは、母国でのアイデンティティ、すなわち自画像を他国に持ち込むというよりは、自らは他者意識を捨てきれないものの、状況に応じた選択的なアイデンティティでもってホスト社会との共生の道を探ろうとしている。

しかし、十九世紀以降にアジアに到来した「異邦人」あるいは「外国人」の問題について、移動化現象がおこる時代や地域の特徴、そしてそれらの変容過程を通時的、体系的に明らかにする研究は、じつはそれほど多くはない。戦前は、今日ほど出入国管理制度や国籍法の適用が厳格であったわけではなく、一国家内においても関連する制度はじつに複雑であったために、あまりに例外的な事例が多くあり、理解を困難にしてきたことがひとつの理由である。

戦前の東アジアや東南アジアにおいては、属地的・属人的な法域・法圏が、都市を中核とした地域ごとに重層的・多元的に重なりあって複雑に構成されており、また、同じ法空間においても、「外国人」じたいの国籍・民族・職業などの諸要件によって、各地の法の適用のあり方が異なっていたことがわかってきている。移動する「外国人」の問題は、それぞれの事情や状況が多様化し、急速に変化しているのであり、研究者の状況認識が追いついていない。こうした「外国人」をとりまく制度と実態の多様性が、「外国人」問題を特殊あるいは例外的な社会現象としており、逆説的ながら、それがためにステレオタイプ的な「外国人」像がまかり通っている。

さて、本書では、カッコ付きで「外国人」と表記する章もあれば、そうでない章もあり、読者のなかには違和感を覚える方もいるだろう。だが、十九世紀以降のアジアにおいて、国籍法が一律整備されていたわけではなく、たとえそのような制度があっても、その運用にあたっては、さまざまな例外があったことを、私たちは確認している。実際、植民地国の場合は、宗主国の国籍法が適用されるかどうかは一概に決まっていたわけではなかったし、保護国国民の事例も多様な形があった。そもそも国籍条項そのものからはじかれた無国籍者もいた。また、二国間で外交関係が成立していない場合は、国籍条項に関連するいかなる法律も適用されることなく、無条約国国民として、無国籍者とは違った形ながらも、特殊な取り扱いを受けていた者もいたことが指摘できる。このように、外交関係と国籍上の保護とは表裏一体の関係にあったのである。一方、現地住民とことなる「異邦人」や「外国人」として扱われた人々も、よそ者として自覚を抱くことはあっても、国籍法などの関連法規に無頓着であったがゆえに、自らをアウトサイダーと見なしていなかった者も多かったわけである。本書では、「外国人」とは何か、を考えることもひとつの問題提起としている。

日本の場合―歴史から現在へ

日本が、外国および「外国人」を意識するように迫られた時代は、過去三度あったのではないかと思う。最初は、明治政府が近代国家建設に立ち向かうなかで一八九九（明治三二）年七月内地雑居を実施した時代、次に十九世紀後半から二十世紀前半で、朝鮮半島や台湾などを植民地化し満洲国の問題と向き合う過程で、「外国人」であった諸民族と日本人の「境界」の設定を力わざで強行しようとした時代、そして最後に二十世紀末からのグローバリゼーションの進行下にあって、日本に長期滞在する「外国人」が増え、「外国人」労働者が急激に増加している現代である。こうした点は、小熊英二『〈日本人〉の境界――沖縄・アイヌ・台湾・朝鮮　植民地支配から復帰運動まで』（新曜社、一九九八年）ほか、多くの先行研究が明らかにしている。

戦前、戦後の日本における「外国人」問題も、幾多の変遷があり、他の国や地域と連動することもあれば、特殊固有な現象として起こることもあった。近二〇年間の日本の状況を見ても、「外国人」登録者数は八割も増え、二〇〇八年末現在で二二二万人に達している。周知のように、それまで圧倒的多数であった在日韓国・朝鮮人は年々減少しているのに対して、中国人、ブラジル人、フィリピン人、ペルー人などの増加率はきわだっている。とくに中国人の登録者数は、「外国人」増加率の半分を占めるまでに増加しており、二〇〇七年末にはついに在日韓国・朝鮮人の数を上まわった。こうした「外国人」登録者数の増加と質的変化は、日本の「国際化」がこの一〇年あまりで急激に進んでいることを示している。

しかし、「外国人」の就労問題、生活環境、政治参加などに関しては、日本政府の抜本的対策は立ち遅れている感があり、日本人の意識も急激な変化に追いついていない。実際、日本政府の「外国人」対策には、現在のところ法執行的な意味での「出入国管理及び難民認定法」、そして在留資格の規定などがあるだけで、移民法や移民政策というものは存在しない。それは、「日本は外国から移民を受け入れないためであり、『外国人』を入国の段階で永住者として在留許可することはない。原則として永住権の付与は、『外国人』が一時的滞在者として一定期間滞在し、条件に適合する場合のみ限定的に行われる」(「オーストラリアの移民政策と不法入国者問題」『外務省調査月報』一、二〇〇三年)という指摘が、いまだに色あせていない現状を見ればわかる。グローバリズムが世界各地に影響を及ぼすなかで、日本でも急増する「外国人」に対する法的あるいは行政上の措置をとる時期はすでに到来しているのである。歴史学も、こうした現状に無関心ではいられない。

2 「移民研究」の潮流と「外国人」問題研究の接点

本書は、東アジア、東南アジアなど太平洋西岸沿いの地域を中心としながらも、これらの地域とユーラシア大陸とが交差する中国東北部や北アジアにまで対象を広げて、その地勢的空間で移動・滞在・居住する人々や集団を取り扱っている。ここで、移動する者たちに関する理論問題を振り返っておきたい。

一九八〇年代、ポストモダン論の流行とともに、これまで使われていた移民や移動者という言葉に加え、ディアスポラ=離散者や、エグザイル=亡命者という用語が脚光をあびるようになった。さらに、一九九〇年代以降は、彼ら移動する者たちとグローバリズム、エスニシティとの関係を論じる必要性も唱えられている。本書第Ⅲ部でもとりあげている、これら移動する者たちを包括的に論じるためには、学問的に価値判断をなくすトランスナショナル・コミュニティという用語が必要ではないか、との問題提起がなされており、私たちもこれに共鳴している。なぜなら、カレン・カプラン、村山淳彦『移動の時代――旅からディアスポラへ』(未来社、二〇〇三年)などで言及されているように、古典的なシカゴ学派が移民を国家や支配的な文化への「同化」と「排斥」という二つのベクトルによる段階性を論じるアプローチをとっているのに対して、現在、共生社会を模索する私たちはこの観点を克服する試みが必要だと痛感しているからである。

こうした移民に対する価値超越的な評価によって、一九八〇年代以来のディアスポラやエグザイルに関する一連の研究を通じて、コミュニティが単純に被抑圧的な犠牲者集団でなく、またサクセス・ストーリーに満ち溢れた過度に能動的なグループでもないことが明らかにされ、彼らの実像に迫ることが現実に可能になってきたと考えている。こうした先行研究を通じて、私たちは、「外国人」を国民国家形成からはじきとばされた異端者として見るのではなく、むしろ異国の地で根を張っている／はろうとしている生活者としての境遇を通じて考察を進めるべきであるとの結論に達した。その結果、本書第Ⅱ部では、移動する者と定着している者との桎梏のなかでの地域変容、さらにその変化に対応しようとする政府や自治体の政策転換を捉える視点が必要であることが提起されている。ここでは、国境を越えたコミュニティを形成する者に対しては、母国とのネットワークを重視するあまり、彼らが滞在あるいは定住するホスト社会の制度や規範に規制される側面をもった存在だということを看過してはいけないことを強調しておきたい。

ただ、この種のコミュニティが国境を超えて拡散した場合でも、「国境を超えた公的な領域（transnational public sphere）」が作られたわけではなく、またすぐさまホスト国のナショナリズムに同一化されたとも限らない。ロビン・コーエン、駒井洋『グローバル・ディアスポラ』（明石書店、二〇〇一年）や、本書第Ⅰ部で言及されているように、トランスナショナル・コミュニティをめぐるアイデンティティの様相は、じつに複雑であり、可変的、あるいは選択的なのである。私たちも、第Ⅰ部の諸論考を通じて、「外国人」のアイデンティティの可変性・選択性について強く意識するようになった。

こうしたディアスポラやエグザイルなどに対する評価の転換は、周知のとおり、エドワード・サイードから示唆を得ている。サイードの主張をおおまかに要約すれば、次のようになるだろう。エグザイルのような存在は、生まれ故郷から完全に切り離された存在ではないものの、いつでも戻れる事情にもない。サイードは、こうした不安定な立場を踏まえながら、ナショナルなアイデンティティを意識するよりは、むしろ生活している地域の状況に適合するように自らを変容させていく、相対的なメンタリティをつねにもっていた、というのである。こうした指摘は、その後、カルチュラル・スタディーズの側からスチュアート・ホール、レイモンド・ウイリアムスの研究が著されたし、最近ではポストコロニアルの立場からホミ・バーバ、ポール・ギルロイ、ガヤトリ・スピヴァック、陳天璽らの研究が生まれた。一部では、こうした研究潮流を「ディアスポラ・パラダイム」と評価し、「ディアスポラ学（Diasporology）」と称するむきもある。しかし、移動する者たちを一括してディアスポラと断定するのでは、彼らが無目的な漂流者であるとのニュアンスをもたらすし、また彼らへの視点だけに偏り、どこに移動して、どういう環境に取り巻かれるかという「場」や制度への関心が欠落してしまう。そうした点で、在日韓国・朝鮮人や沖縄の人々までを、こうしたパラダイム・カテゴリーに入れる研究は一考の余地があると考えている。

以上のことからもわかるとおり、十九世紀から二十世紀という時期における東アジアや東南アジアを移動する者たち、本書でいう「外国人」の選択的なアイデンティティのあり方を、彼らが所在する場所の制度を明らかにしつつ検証することの意義は、現代的な問題と通底する点も少なくないことが理解されよう。こうした点にこそ、私たちは、歴史学が現代的問題の解決に貢献する積極的可能性を見出しうるのである。

3　本書の課題と構成

全体の課題

本書では、国家の領域に縛られない超域的な視座から、東アジアや東南アジア各地域にあるさまざまな社会の独特な構造をふまえ、「外国人」が置かれた「場」を重視するとともに、彼らの自己認識、在地社会の他者意識を解明することを課題としている。加えて、彼らを取り巻く制度上の問題の解明に意を注いでいる。たとえば、領事裁判権の庇護下の住民と、そうでなかった住民との紛争の事例を検証し、紛争解決の手段として普及していた調停システムに伴う社会的規範や、判決事例における適用法や法解釈の問題なども明らかにしようとしている。本書では取り上げることができなかったが、罰則、刑の執行、そしてその社会的影響などについて解明する必要性についても、読者の関心を喚起したいと思っている。

本書は、こうした過去、現在、未来という時間軸を見すえて、これに東アジア、東南アジアという空間軸を交差させ、これらの地域に居住、滞在する「外国人」あるいは彼らのコミュニティが直面する歴史的（かつ現代的）な個別の事例を分析した成果から構成されている。本書に掲載されたすぐれた諸論考を通読すれば、それらの事例に見られる個別性や特殊性には、彼らが所在する地域をベースとしたある種のつながり、あるいは関係性が存在していることに気づくだろう。いずれにせよ、こうした事例研究の蓄積は、国際化に向かう各国、各地域の固有のシステムの変容過程と、その変容をもたらした原因、そして変容の影響を解明し、東アジアや東南アジアで生活する「私たち」と「彼ら」とが共存できる社会を構築するために、歴史から何を学べるかについて考えることを可能にする。

また、本書は、東アジアや東南アジアにおける近世から近代への変動過程で、移動する人々がみずからのイメージをどのようなものとして見なしてきたのか、そしてそれを受け入れる世界各地のホスト社会が、移動してきた他者をどのように捉え、描いてきたかなど、歴史学もまたこうした議論に積極的に参入すべき時代であることを提言している。

歴史は、現在と未来を結びつけるうえで、その鏡たる役割を依然として持ちえているが、今日のように歴史ばなれが進む社会では、今後採るべき道筋をあるいは誤らせはしないかとの危惧を抱かざるを得ないことの警告でもある。私たちが生活する場とかかわりのあるすべての国や地域との関係を明らかにし、それぞれの場所から来る「外国人」とともに、いかなる具体的な未来像でもって共存社会を描いていくかは、偏狭なナショナリズムで閉塞する時代状況を打破することにつながるだろう。歴史は、必ずや、その道筋を示してくれる。

各部の位置づけ

以上のような問題意識から、本書は、以下三つの部で構成される（各部における章の位置づけは、それぞれの部の扉文を参照されたい)。

第Ⅰ部「越境する民族のアイデンティティと『国民意識』」では、「外国人」が異国で生活するなかで、自らのアイデンティティをいかに認識し、複層化させ、土着化させていったかを検証する。この部の目的は、大局的には、越境し共生を試みようとしていた「外来系住民」が、十九世紀末から二十世紀のアジアにおける国民国家形成過程において、彼らが有する政治性や歴史性ゆえに、たんなる傍観者としての位置にあったのではなく、ホスト国の住民とは同じではないにせよ、国家形成の担い手として相応な役割を担っていたことを検証することである。

いうまでもなく、初期的には「外国人」であった人々も、ホスト社会での滞在や居住が長期化し、その地でファミリーや資産を形成すると、彼らのアイデンティティは複層化し、ホスト社会での共生をはかろうとするだろうし、それゆえ、自己認識の表出は選択的なものにならざるを得ないのである。そうした過程のなかで、「外国人」は「外来系住民」あるいはアウトサイダーであることを離脱し、ホスト社会での自らの位置を見定め、ときにはその社会における「国民」としての立場から、他の住民に対してナショナルな感情をも喚起させる存在となる場合もあったことにはもっと留意されてよい。そうした場合においても、「外国人」のコミュニティ活動あるいはネットワークがホスト社会において機能するかどうかは、当該社会のもつ政治的、経済的な力と「外国人」が所属する国との相互関係ぬきには語れない。これらコミュニティにせよ、ネットワークにせよ、ホスト社会で孤立した存在ではなく、相互に影響を及ぼしていたはずなのである。本書が強調したい点がここに凝縮されている。

第Ⅱ部「不平等条約体制下における公共性とガバナンス」では、十九世紀後半から二十世紀には、今日イメージするところの東アジアや東南アジアという地域概念とは違って、属地的・属人的に区画化され重層化された多元的な法域・法圏が存在しており、その焦点にあったのが「外国人」であったこと、それゆえ彼らを庇護するはずの母国の法や制度以上に、ホスト社会のそれらがきわめて重要な影響をもっていたことを検証している。

「外国人」が所在するホスト国からすれば、自国法で管理しがたい存在と共生するために、自らの社会をいかに秩序だて、公共機能を維持するかは、きわめて重要な問題であった。そのひとつの策が租界や居留地の設定であったことは容易に想像できる。しかし、租界の接収や内地雑居の実施によって、「外国人」を管理するもっとも基本的な制度は、出入国管理規定であり、具体的にはパスポート（護照）やビザの発給・取扱いなどに関するものであった。しかし、こうした制度が世界で画一的に実施されたわけではなく、それゆえ制度間の不整合、法解釈や法の施行におけるゆがみや矛盾が起こらざるを得なかった。この部は、そうした状況を比較するための貴重な事例を提供している。

一方、「外国人」の側から見れば、不平等条約体制の根幹となる領事裁判権が保証されるのか、あるいは植民地宗主国が定めた法規のなかで保護されるのか、はたまたホスト国の法的庇護に置かれるのかは、つねに敏感な問題であっただろう。たとえば、国籍法による保護規定は、自国民と「外国人」との境界を明示し、「外国人」の法的定義を明らかにし、両者を保護するものであるはずだったが、この種の法律が制定されていない国の住民や、あるいはその法的行使を異国で果たし得なかった国は、両者の境界があいまいなままだったし、「外国人」の存在も一定の定義を与えられるものではなかった。ただ、ときにはこうした法整備の偏差は、企業法を含めて、「外国人」のみならず、ホスト社会の住民も法の網を潜る根拠にもなり得た。このように、彼らは不平等条約の有無のみならず、ホスト社会の法解釈・法執行が多様であったがゆえに、自国法と現地法との輻輳した法的環境を利用したのである。

しかも、第Ⅱ部では、国籍法などの制定やその執行が、じつは外交条約体制と密接な関係があったことも明らかにしている。「外国人」の母国とホスト国との間に外交関係が樹立していたのかどうか、あるいは宗主国が植民地宗主国にいかなる属人的・属地的法権を築いていたのか、この部の各章はそうした国際関係を踏まえた法域・法圏への目配りがきわめて重要であることを喚起している。

第Ⅲ部「アジアにおけるもうひとつのエスノグラフィ」は、第Ⅱ部のような制度的枠組みからはずされ、敵国人として扱われた人々や、あるいは流浪者として扱われた人々のエスニック・コミュニティとしての活動や、彼らをめぐる悲劇的状況を明らかにする。

正義をふりかざす戦争は、つねに「国民」の概念を変化させる最大の政治的事件であった。香港や上海の場合、それまでの不平等条約体制のもとで庇護され、特権的生活を享受しきた人々、たとえばイギリス人たちは、ある時期には絶対的権力者として独占的権限を握っていたが、戦争が起こると一挙に敵国人として幽閉された。一方、第Ⅱ部で示したような制度の対象にさえならなかった、今日ではディアスポラやエグザイルといわれるユダヤ人、タタール人、亡命ロシア人たちが遭遇した命運も第Ⅲ部で描かれる。各章は、歴史実証主義的な手法による分析よりも、むしろ「外国人」をとりまく歴史的、社会的状況を通時的に概観し、一種のエスノグラフィを描くことに重きを置いている。その意図するところは、母国社会の歴史からも見落とされた彼らの自画像を描きながら、ホスト社会との妥協あるいは共存の道を探る他者＝「外国人」としての姿をも包摂するエスノグラフィを描く必要性を喚起することにあった。とりわけ、最後の二つの講演録、回顧録は、その点を如実に物語っている。

こうして、読者は、アジアの国家形成過程の叙述で見落とされてきた「異邦人」や「外国人」のエスノグラフィがあったことに気づくだろう。「外国人」をめぐる国籍法の適用範囲、あるいは戦時下の敵／味方論、イデオロギーや宗教の違いによって、ホスト社会における「外国人」の地位はたえず不安定になるとともに、彼らを包摂するホスト社会のガバナンスも強固さを欠くことになったのである。

同時に、第Ⅲ部でとりあげた事例を通じて見れば、母国を離れてアジアに到来した「外国人」の存在は、民族の歴史にあらたな自画像を付与し、エスノグラフィの書き換えをも促す重要な役割をはたすこともあったことに気づく。この部に登場する「外国人」には、本国あるいは母国の歴史叙述では語られないもうひとつの「自国史」あるいは民族誌が存在していたのである。それらは、まさにもうひとつの自画像であった。

このように、歴史・地域・民族を語ることは、主権の及ぶ国境内の歴史過程だけではなく、世界各地で共生を試みる「自国民」が遭遇した命運をも包摂するナラティブを創造することが重要であることを提起している。さらに、「外国人」問題を考察することは、国家や〝括られた民族〟の歴史を描くだけにとどまらず、世界の諸地域、諸民族の相互関係をも考察する必要を訴えている。歴史は、すべてをナショナルなものに還元して理解するのではなく、地域の視座に基づきつつ、なおかつトランス・ナショナルな状況理解が必要であることを、本書に掲載した次頁以降の事例が強調している。

I

越境する民族のアイデンティティと「国民意識」

この部では、「外国人」が異国のホスト社会に適合したり、あるいはその社会の住民と矛盾を抱えたりする活動や実相を追っている。その目的は、「外来系住民」であった彼らが、「土着」化する過程で、自らのアイデンティティを複層化させ、選択的に表出させていたことを検証することである。ときには、その表出の方法は、現地住民と同様に、ナショナルなものとなる。

第一章（菅谷成子）は、一七五〇年から一八二〇年のスペイン植民地統治下のフィリピンにおいて、中国人移民社会は総体としてカトリック化し、異教徒の「他者」からスペイン国王の「臣民」に転化して混血の子孫である中国系メスティーソを生み出す母胎となり、十九世紀末の革命に繋がる民族運動の昂揚や「フィリピン人」の生成に寄与したことを明らかにする。

第二章（弘末雅士）は、二十世紀初めのオランダ領東インドにおけるアラブ系住民と「原住民」とのイスラーム同盟形成を契機に、「原住民」を中心とするインドネシア民族主義運動が成立し、やがてそこからアラブ系住民が分離したことを検証しており、いずれもが「外来系住民」かつ「現地住民」であった事実を喚起する。

第三章（林満紅）は、一八九五年から一九四五年までの日台間の経済活動において、台湾人商人と華商とを切り分け、それぞれの台湾総督府に対する従属性と自律性を考察している。さらに、人名録や各種の調査報告を用いて、彼らの日本への移住、日本における投資活動、日台間の直接貿易や多国間貿易への関与などについても検証している。

第四章（陳來幸）は、戦前、戦後の二つの異なる時期に焦点を当て、とくに京阪神地区に居住する在日華僑を取り巻く法制度の側面から華僑社会の変容過程を明らかにするとともに、華僑刊行物の記事や社説の分析を通じて、華僑の帰属意識とコミュニティにおけるリーダーシップの確立といった問題を考察している。

第五章（小林聡明）は、戦後朝鮮人の境界を越えた移動を、帰還、密航、送還という三つの局面から、彼ら自身の生き抜こうとする意志と、ＧＨＱや日本政府による追い出し圧力が互いに絡み合っていたことを、日本と朝鮮半島を往来する書簡や、在日朝鮮人メディアを通じて明らかにするという独創的な手法をとっている。

第一章

中国人移民の「脱中国人」化あるいは「臣民」化
――スペイン領フィリピンにおける中国系メスティーソ興隆の背後

菅谷　成子

はじめに

スペインの植民地統治は、カトリシズムの普及を支配の正統性原理とするものであった。すなわち、「新発見の土地(インディアス)」の住民がカトリシズムに帰依することは、住民の意志はどうあれ、スペイン国王――ローマ教皇の権威の世俗世界における代理――の支配に服することに同意したとみなされた。それゆえ、スペイン領インディアスの住民は、斉しくカトリシズムを受容することが求められた。別言すると、彼らはスペイン国王の「臣民」とされたのである。一五六五年に、セブに最初のスペイン根拠地が築かれたフィリピン諸島も、インディアスの最西端に位置する植民地として、その例外ではなかった(1)。

スペイン人の来航時、フィリピン諸島では、概ね、地域社会を超えるような政治統合は発展過程にあった。そのため、カトリシズムは、結果として、スペイン国王の「臣民」として、その支配下におかれた多様なアイデンティティをもつ人々を繋ぐ紐帯となった。その意味で、外来の移民もカトリシズムを受容することにより「土着」化すなわち「臣民」化が可能であった。その一方、スペインのもたらしたカトリシズムは、「臣民」間に存在する「差」を自覚させ、多様な「民族アイデンティティ」を包摂しつつ「スペイン人」に対抗しうる「フィリピン人」意識が形成される基盤ともなった。[2]

本章では、スペイン領フィリピンに移民した中国人にとって、カトリシズムを基底にすえたスペイン統治が、彼らのスペイン領フィリピンでの「土着」化あるいは「僑居」もしくは「他者」であり続けること、別言すれば、アイデンティティの選択において、いかなる歴史的契機を提供したのかを、スペイン植民地統治下の一七五〇—一八二〇年——フィリピン史上における転機とされる時期——に焦点を当てて検討する。

すなわち、この時期は、現在に繋がるフィリピンの社会経済構造の基本的枠組みが形成される変動期と目され、[3]その過程で、カトリシズムを受容した中国人移民と現地女性との婚姻により生まれた混血の子孫、中国系メスティーソが植民地社会におけるひとつの社会集団として析出してきた。中国系メスティーソは、その後、諸島各地を結ぶ商業活動に従事し、また商品農業および土地への投資を通して、植民地の社会経済構造の変容を促進させる主要な担い手となった。さらに、その財力を背景に植民地の知識層として、彼らはグレゴリオ・サンシャンコ（一八五二—九七）、ペドロ・パテルノ（一八五八—一九一一）、ホセ・リサール（一八六一—九六）などのように先ず文筆活動によって、十九世紀末葉の革命に繋がる民族運動の昂揚や「フィリピン人」の生成に寄与し、彼ら自身が「フィリピン人」となった。[4]このように、中国系メスティーソは、フィリピン近代史を語る上で欠くことのできない存在であったが、彼らは、なぜ「フィリピン人」になりえたのであろうか。

1　スペインのフィリピン支配と中国人

スペイン領フィリピンは、一五七一年以来、約二五〇年にわたって、事実上、スペイン本国との唯一の通信手段であっ

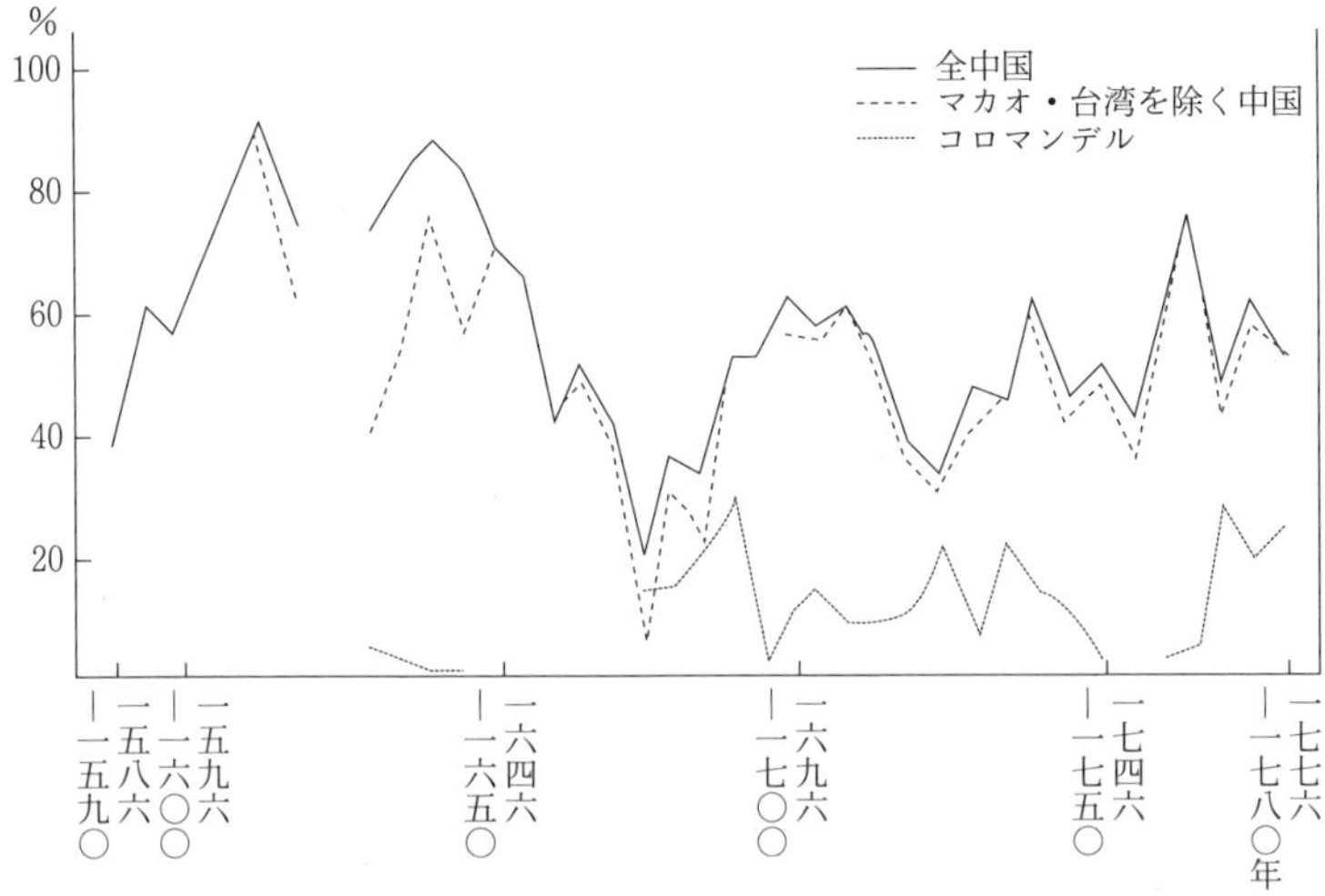

図 1-1　フィリピン総督府の関税収入に占める中国貿易およびコロマンデル貿易（イギリスのマニラ貿易）の割合（5 カ年平均）

（出典）Pierre Chaunu, *Les Philippines et le Pacifique de lbériques* (*XVI*[e]*, XVII*[e]*, XVIII*[e] *siècles*) *: Introduction méthodologique et indices d'activité* (Paris: S. E. V. P. E. N., 1960), pp. 200−219 により作成（『暮らしがわかるアジア読本　フィリピン』河出書房新社、1994 より再録）

表 1-1　フィリピン総督府の歳入（シトゥアードを除く）に占める居住許可証税の割合（5 カ年平均）

年　代	総督府歳入（ペソ）	居住許可証税（ペソ）	%
1611−15	316,978	53,862	17.0
1616−20	270,842	83,007	30.6
1621−25	—	—	—
1626−30	243,371	97,968	40.3
1631−35	298,868	116,907	39.1
1636−40	300,596	105,582	35.0
1641−45	314,791	99,188	31.5
1646−50	276,325	58,728	21.3
1651−55	117,963	35,294	29.9
1656−60	128,420	24,370	19.0
1661−65	145,680	18,756	12.9
1666−70	124,104	12,852	10.4
1671−75	100,101	16,987	17.0
1676−80	135,051	12,691	9.4

（出典）上掲 Chaunu, 1960, pp. 78−83 により作成

たヌエバ・エスパーニャ副王領（メキシコ）のアカプルコとマニラとを結んだ大型帆船、マニラ・ガレオン船の定期運航によって維持されていた。スペイン人の経済生活を支えたのは、生糸や絹織物などのアジアの商品を新大陸の銀と交換することを主な内容としたマニラ・ガレオン貿易の利潤であった。植民地の財政もまた副王領からガレオン船でもたらされる銀、シトゥアード（財政負担金）に多くを負っていた。マニラは、新大陸の銀がアジアへ流入するゲイトウェイとなったのである。

他方、マニラ・ガレオン貿易を支えたのは銀を求める福建貿易商人であった。彼らは、福建＝マニラ間の中国帆船貿易を主宰し、メキシコへの中継輸出品として不可欠な生糸、絹織物、陶磁器などをもたらした。銀を求める多数の小売商人や職人も、これらの貿易船で来島し、スペイン人の日常生活は急速に彼らの提供する各種の商品やサービスに依存するものとなった。マニラ・ガレオン貿易は、福建省とマニラを抜きがたく結びつけたのである。当時のスペイン世界と中国世界における金銀交換比率の差を背景に、十七世紀中葉に至る中国帆船貿易の最盛期には、貿易シーズン中、二万人以上の中国人がマニラおよびその周辺に居住するなど、支配者であるスペイン人の人口を凌駕する中国人が存在した。[5]

これらの中国人は、フィリピン総督府にとって、一般に関税、貢税、居住許可証税（十八世紀後葉に貢税と合わせて人頭税となった）収入をもたらす貴重な財源であったが（図1-1、表1-1）、カトリシズムを基底にすえた植民地社会にあっては異教の「他者」、理解不能な異文化集団でもあった。フィリピン総督府は、彼らを「異教徒（＝不忠実な）中国人（sangley infiel）」と分類し、植民地の秩序を乱す潜在的脅威と認識した。そのため、スペインの中国人政策の眼目は、「財源としての中国人」と「植民地の秩序」との間でいかに折り合いをつけるか、すなわち「他者」である彼らの存在をどこまで許容し、そして統治するかであった。

スペインの中国人政策の要となったのは、一五八一―一八二一年にかけて商業センターかつ中国人指定居住区として設置されたマニラの「パリアン」であった。[6] スペイン当局は、一方において、中国人を「他者」と位置づけ、移動・居住の制限を課し、それと密接に関連する税制による管理をおこなったが、他方、統治の正統性原理であるカトリシズムの布教を通して、彼らを植民地社会に「統合」し、その正統な住民として取り込もうとした。しかしながら、十八世紀中葉に至るまでは、カトリシズムの受容は、事実上、中国人移民が植民地に定住するさいの要件とはなっていなかった。そのため、圧倒的多数の中国人移民は「異教徒」のまま植民地にとどまり、彼らは、実質的にスペインの統治理念の埒外にあって「他者」であり続けたのである。(7)

2 アランディア総督の中国人追放――異教徒の「他者」からスペイン国王の「臣民」へ

アランディア総督（在任：一七五四―五九）は、一七五四年に着任すると入念な準備をおこなったうえで、翌五五年に非カトリック教徒中国人の追放を断行した。これは、植民地経済の実権をスペイン人の手に取り戻すことを直接の目的としていた。(8) この背景には、一七〇〇年のスペイン王室の交替があった。ハプスブルク家にとって代ったブルボン家は、国家権力の強化を目指す「ブルボンの改革」に着手していた。中央集権化、税制の改革、産業の振興などの諸改革がスペイン本国はもとより、インディアスにおいてもその支配をより実効あるものにするため、推進された。(9) スペイン領フィリピンでは、イギリスなどの海上活動の活発化によって、太平洋上でのガレオン船の安全が保障されなくなる一方、銀のインディアス域外への流出を招いているとして、マニラ・ガレオン貿易体制からの脱却――諸島産品の開発を推進するとともに、中国人への依存を減じ、スペイン人の主導する植民地経済の樹立が求められた。

その一方、スペイン領フィリピンでは、すでに十七世紀末葉以降、たびたび非カトリック教徒中国人移民の追放が提議されるようになっていた。これらの追放の試みは、必ずしも徹底されず、ほぼ一時的な措置に留まるものであったが、これらの企図の背景にあったものはなんであろうか。

ひとつは、清朝の「遷界令」（一六六一―八三）である。これによって、一五七一年以来、マニラ・ガレオン貿易体制の下で植民地の経済を支えてきた福建＝マニラ間の中国貿易が縮小するに至った。[10] この間、インド・コロマンデル海岸に勢力をはったイギリスのマニラ貿易への参入が進み、インド綿布がマニラ・ガレオン船の積荷に食い込むようになった。このことは、当時のインド綿布の世界的な需要拡大のなかで、スペイン領フィリピンにおける福建＝マニラ間貿易の意味を相対化する契機となった。[11] その結果、財源としての中国人の価値をも減じ、スペイン人の中国人をめぐる政策的判断を変化させたと思われる（図1-1、表1-1参照）。

マニラに残留した中国人が従来の商業的利潤をあげえなくなったことが、これと軌を一にして、マニラ市の財政の悪化が報告されていることから示唆される。マニラ市のマドリードにおける代理人は、パリアンを出て地方で商業を営み、賃料を支払わずにいる中国人が多数にのぼるとし、その窮状を訴えている。その当時のマニラ市の財政を支えていたのは、主にパリアンに設けられた店舗などの不動産からあがる賃貸料収入であった。マニラ市は、パリアンにおける空き店舗の増加による財政状況の悪化に直面し、その対応に迫られていたのである。[12]

この間、経済機会を求めてパリアンを出て、地方に進出・定着した中国人は、各地域経済に影響を及ぼすようになった。すでに一六七〇年代には、スペイン人は、これらの中国人が強固な人的ネットワークを構築したうえ、各地の経済活動を担っていた地元の商人や職人らを共同して廃業に追い込んで、その利益をすべて掌中に収め、地方経済の独占をすすめ、人びとの生活を圧迫していると非難していた。さらに、各地のカトリック化した諸島住民が、これらの「異教徒」中国人の「悪習」に染まり、カトリック信仰の維持に悪影響があると危惧されるようにもなっていた。[13]

以上のように、清朝の「遷界令」は、スペイン領フィリピンの社会経済構造が変容する端緒となった。すなわち、福建＝マニラ間貿易の不振を契機として、従来パリアンを核にマニラ周辺に相対的に集中していた中国人の活動領域が地方へと拡大し、その結果、各地域経済が本格的に中国人の影響を受けることとなり、中国人が植民地経済の実権を握るようになったと考えられる。実際、マニラ周辺各地では、十八世紀中葉以降、中国系メスティーソ人口の顕著な析出がみられ、各地の町役人層に中国系メスティーソが進出していた。[14]

「ブルボンの改革」はまた「カトリック的啓蒙」という理念にたっていた。[15] アランディア総督の非カトリック教徒中国人の追放は、在住中国人の人口を減じ、その活動を抑制するのみならず、彼らを教会の管理下におくことを意味した。それゆえ、支配の正統性原理の観点はもとより、スペイン植民地政府による中国人の捕捉を容易にした点で、「スペイン帝国」全域にわたって中央集権的な統治体制を確立することを目指す「ブルボンの改革」の理念に適うものであった。

アランディア総督による追放の結果、マニラを中心とするスペイン領フィリピンの中国人移民社会は縮小し、かつカトリック化／「脱中国人」化した。その結果、従来のパリアンは、スペイン植民地の正統な住民——中国人カトリック教徒、スペイン人、中国系メスティーソ、諸島住民などが入り交じって商業活動をおこなう場になった。[16] 他方、福建＝マニラ間貿易により毎年マニラにやってくる「異教徒」中国人には、あらたにパシグ川河口近くに築かれたアルカイセリア・サン・フェルナンドが貿易・宿泊施設として指定された。彼らは、植民地の「他者」であり、それゆえ、一時滞在者として許容されるのみで、アルカイセリアに収容され、貿易終了後は帰国させられる存在であった。[17]

これによって、カトリック教徒の中国人移民と、それ以外の季節滞在の中国人が明確に区別され、理論的には、スペイン領フィリピンの支配に服する住民はすべてカトリック化され、スペインの「臣民」となった。一七五八年二月七日づけの勅令は、改宗した中国人は、その他の諸島住民と信仰を同じくするのであるから、中国人であることを理由に、司法行政面において差別して取り扱ってはならないとしている。[18] これは、スペイン国王が、カトリシズムを受容した中国人移民について、その統治理念上、もはや「脱中国人」化すなわち「土着」化しており、それゆえ、彼らを「他者」としてではなく植民地社会の正統な構成員、他の土着の住民と変わらない存在として認知したことを示しているといえよう。

3　バスコ総督の中国人統治政策

その後、イギリスがマニラを占領したさいに対英協力したとの理由で、事実上、すべての在住中国人が追放され、約一〇年にわたって、あらたな中国人移民の流入が途絶した。一七七八年に着任したバスコ総督（在任：一七七八―八七）は、一転して「ブルボンの改革」を推進するべく、中国人移民を導入しての植民地経済開発に着手した。しかし、新規の移民を原則としてカトリック教徒としたため、その数は必ずしも増大せず[19]、結果的に、スペイン領フィリピンには、比較的小規模のカトリック化した中国人移民社会が存続することになった。

バスコ総督は、これらの中国人の受入れに当たって、アランディア総督により示された方針を踏襲しつつ、植民地政府が彼らを把捉するしくみを整備した。フィリピン総督府は、イギリスのマニラ占領以前、必ずしも中国人移民を直接に捕捉していたのではなかった。すなわち、マニラの中国人移民社会の指導者である頭領層（ゴベルナドールシリョおよびカベシーリャ。彼らはカピタンの称号を有し、カトリック教徒であった）を通して間接的に統治するのみであった。たとえば、徴税についても、中国人に課せられた貢税や居住許可証税などは、入札による請負制を採用していた[20]。結局、マニラの中国人移民は、実質的に、これらの中国人指導者の支配の下にあったといえる。

そこで、一七七八年八月一〇日付の総督令は、まずマニラにおいて、中国人移民を、中国人頭領の協力の下に植民地政府の会計官が管理する総課税台帳（padrón general）に登録し、それに基づいて、定住許可証（licencia de radicación）を発行するとした。定住許可証は、中国人移民に対してあらたに導入された人頭税徴収の基礎となるもので、その携行が義務づけられた。その後、地方に居住することを希望する者には地方居住許可証が発行された。彼らは、当該各地方（州）の長官の下に出頭して許可証に裏書を受け、さらに各居住地のバランガイ（貢税納入グループ）に繰り入れられることとなった。すなわち、制度上、フィリピン総督府による在住中国人人口の把握が可能になり、理論上、徴税請負制に依存する必要はなくなったのである。[21]

次に、バスコ総督は、結婚を希望する中国人に対して、その旨、あらかじめ自身の定住許可証を添えて総督府に申請させ、本人がスペイン国王の「臣民」としての義務を果たしていると確認された場合にのみ、結婚にかかる審査を司教区裁判所(juzgado provisoral)に申請する許可を与えることとした。すなわち、当該の中国人は、まず総督府による定住許可証と総税台帳との照合に基づく本人確認および人頭税の納入状況の確認を受けたうえ、所属教区(聖堂区)において主任司祭の下で洗礼簿と定住許可証の照合による本人確認を受けねばならなかった。さらに、教区主任司祭は、申請者が敬虔なカトリック教徒としてミサに定期的に出席し、告解をおこなっているかなどを審査し、これらの所見について証明書類を作成し、総督府に提出したのである。[22]

この当時、マニラの中国人は、実際の居住地にかかわらず、パリアン教区に属することになっており、これらの中国人信徒の受洗や婚姻などにかかる記録は、パリアン教区簿册に集約されていた。それゆえ、バスコ総督の方策は、「結婚申請」という機会に限定されてはいたが、少なくともマニラに居住する中国人移民について、総督府が教会の権威を従属させつつ、両者を有機的に連携——世俗権力と教会の記録の照合——させたことを意味し、中国人移民の一元的統治を目指した点で特筆される。これは、「ブルボンの改革」が目指すものでもあった。

4　中国人移民とカトリシズム——スペイン人の疑念

前節のように、バスコ総督は、中国人を統治するうえで、とくに、移民の「結婚申請」に当たって厳格な資格審査を求めた。それはなぜであろうか。[23]

中国人移民を原則としてカトリック教徒とするスペインの統治政策は、少なくとも一八二〇年頃までは堅持された。この時期、移民として流入する中国人は、便宜上あるいは名目的であったにせよ、カトリシズムを受容することにより、スペインの統治理念上、植民地の正統な構成要素となった。別言すると、彼らはスペイン領フィリピンに「帰化」したといえる。それゆえ、彼らは、現地女性と教会に認知された結婚をおこなって家族を形成し、子孫を残すことが許されたのである。その子孫である中国系メスティーソは、もはや「定住許可証」を必要としない、生まれながらに、スペイン領フィリピン社会における正統な住民であった。

このことは同時に、当時のスペイン領フィリピンでは、個々人の志向はどうあれ、植民地統治理念上、中国人移民が「僑居者(sojourners)」であり続けること、あるいは、「僑居し続けること(sojourning)」が許されなくなったことを意味した。[24] 当時の中国人移民の立場からみると、カトリシズムの受容は、もはや個人の信仰の問題ではなく、スペイン植民地に生きる戦略になったのである。ここに、スペイン植民地統治の理念と個々の中国人移民の改宗の意図との間に、逆説的に「ずれ」が生じ、スペイン人、なかでも聖職者が坐視できない程度にそれが拡大し、中国人の信仰心に対する疑念として顕在化する余地が生まれたといえよう。

以下では、当時のスペイン人が抱いていた中国人のカトリック信仰に対する疑念について、フィリピン・ルソン島南部バタンガス州タアルの「カイササイの聖母」にまつわる奇跡譚を手掛かりにみてみたい。「カイササイの聖母」は木彫の頭部をもつ三〇センチ程の小像であるが、その霊験によりフィリピンの聖母マリア崇敬を代表するひとつとして、各地から熱心な信者を集めている。「カイササイの聖母」の霊験は十七世紀初頭に遡る。その概要は、一般の信者向けの「カイササイの聖母」に捧げるノベナ(九日間の祈り)のための祈禱書にも「聖母略史」として附載されているが、これは、当地の司牧を担当していた十八世紀のアウグスティノ会の司祭ベンクチリョによって著わされたものである。[25]

この聖母像は、一六〇三年にタアル町カイササイのパンシピット川で地元の漁師ファン・マニンカッドが偶然に網で掬ったもので、マニンカッドに特別な豊漁をもたらしたとされる。その後、その管理はプリンシパリーア(地元の有力者層)の女性に託されたが、なぜか聖母は姿を消した。しかし、聖母は、一六一一―一九年の間、カイササイ近くの泉のほとりの岩や木の上などで、たびたび複数の村人の前に出現し、人びとの眼病などを癒す霊験があった。そこで、一六二〇年に、その場所に聖母のための石造の聖堂が設けられることになり、それは一六三九年に完成した。

中国人石工のファン・インビン（あるいはハイビン）は、聖堂建設に携わっていたが、一六三九年に起こった大規模な中国人蜂起・虐殺事件に巻き込まれ、彼自身は無実であったにもかかわらず、地元住民によって斬り殺された。しかし、インビンは、「カイササイの聖母」の導きによって救われて蘇生し、カイササイ近くの泉のほとりに倒れているところを発見された。その奇跡は、インビンの口から語られ、調査に当たったアウグスティノ会によって記録されたと伝えられる。インビンは、長年にわたって聖母を崇敬し帰依し続けたが、次第に聖母への感謝を忘れ、カトリック信徒としての務めを果たさず、ミサにも告解にも与らずに、聖母よりも妻の方が大切だと述べるようになった。その結果、インビンは、「カイササイの聖母」の怒りに触れ、農作業中に犂を牽いていた水牛が突然暴れ出して突き殺されたのである。

現在に伝えられている「カイササイの聖母」の奇跡は、当地の司牧を担当しているアウグスティノ会の同時代の記録を基にしている。すなわち、この奇跡譚には、十七世紀早期の人びとにおけるカトリシズム受容の様相、および一六三九年の虐殺事件や「カイササイの聖母」を祀る聖堂建設などの史実にかかる部分を含んでいる。さらに、この奇跡譚は、「聖母略史」が著わされた十八世紀当時のスペイン人聖職者の中国人信徒に対する認識、すなわち、スペイン領フィリピンと中国人移民との関係について、当時までの歴史的経験、およびその当時の植民地社会の状況をも反映していると考えられる。別言すれば、この奇跡譚は、インビンが聖堂建設に雇用された石工であったように、中国人移民は、各地域社会での需要に応じて、マニラを離れ、技術をもってその地に進出し、その過程で、カトリシズムに帰依して信仰を実践する者も存在したこと、さらに、中国人移民が農業を営むなどして次第に地域社会の一員として定着し、その地で家族を形成するようになっていたことを表象していると思われる。(26)

しかし、なぜインビンは、「カイササイの聖母」に救われ、長年の聖母への帰依の後に、不信心者として農作業中に非業の死を遂げねばならなかったのであろうか。十八世紀のアウグスティノ会の年代記著者カシミロ・ディアス

（一六九三―一七四六）によれば、インビンは、月日の経過とともに、「中国人カトリック信徒に普遍的に見られる信仰への無関心な態度（これを取り除くことは至難の業であるのだが）を示すばかりでなく、それ以下に堕してミサや告解にも与らず、そのため、神の恩寵を蔑ろにする者への戒めとして非業の死を遂げたのである」[27]。また、ノベナ附載の「聖母略史」は、インビンの非業の死を述べた後、人びとに聖母への誓いを軽んずることなく変わらぬ真の信心を実践するよう呼びかけている。

ディアスの述べるような中国人信徒に対する不信感は、他のスペイン人聖職者の記述にも散見され、教会あるいは聖職者たちが中国人移民のカトリック改宗の意図や信仰実践のあり方について強い疑念をもっていたことを示している。実際、中国人改宗者のなかには、植民地にとどまる方便としてカトリック信仰を受容した例も少なくなく、たとえば、死床洗礼や癒しの秘跡が利用されるなどし、また「受洗証明書」が売買されていたであろうことが、十八世紀末葉のマニラ大司教座関係文書史料より垣間みえる[28]。なかでも、中国人カトリック信徒の「偶像崇拝」については、スペイン人聖職者の間でとくに問題になっていた。彼らが、相変わらず、道教や儒教の神像あるいは図像や仏像などを前に、間断なく礼拝をおこなっているとの非難がなされていたのである[29]。

5 「偶像崇拝」と植民地社会

それでは、スペイン当局の非難する「偶像崇拝」は、ひとり中国人信徒の問題であったのだろうか。ここでは、カトリック信仰をめぐる中国人信徒と一般の「土着」の人びと（ナチュラーレス）との関係をみておきたい。

毎年、福建よりマニラに入港する中国のジャンク船は、航海安全などの目的で船上に祀っている神像などのほかに、カトリックの聖像のごとく造型されているものを含めて、多種多様な神仏像や図像などを舶載してきた。そのなかには、中国人移民だけではなく、「ナチュラーレス」との間で霊験のある正統な「カトリック聖像」として「崇敬」され、巡礼の対象となっているものもあった。スペイン人聖職者をはじめ、フィリピン植民地当局は、このような状況が諸島住民のカトリシズムの正統教義から逸脱する傾向を促進し「偶像崇拝」を助長しているとして危機感をつのらせた。その対策として、植民地政府は、中国船がこれらの神像などを植民地に持ち込むことを禁止するとともに、毎年、規制をかいくぐって持ち込まれた多数の神像や図像を禁制の「偶像」であるとして摘発し、見せしめとして焼却処分するなどした[30]。

また、アウグスティノ会の聖人、トレンティーノの聖ニコラスは、マニラの中国人の間で、嵐などの海難から救ってくれる守護聖人として崇敬を集めていた。当時の中国人の崇敬は、「マニラの中国人で、家にその図像を孔子像とともに祀っていない者はほとんどいない」ほどであった。十九世紀中葉の記録であるが、聖ニコラスの祭礼の呼び物は、地元の楽隊を乗せた小舟を先導に、極彩色の中国風の櫓(pagoda china)が組まれた双胴船によるパシグ川下流からグアダルーペ教会までの水上行列で、中国の楽隊と歌謡を伴っていた。祭礼の最後には、花火や爆竹が鳴らされ、櫓が燃やされた。水上行列の後、聖ニコラス像が教会の祭壇に安置されるや人びとは、中国人も一般信徒も含めて、凄まじい勢いで熱狂的に像に触れ、そのご利益に与ろうとした。その様相は、「偶像崇拝」の域に達し、正統なカトリシズムの教義を逸脱していると評され、「カトリック信仰の熱狂と異教の儀礼が組合わさって噴出した」とも表現されうるものであった[31]。

ここで「偶像崇拝」とされるのは、現代フィリピンのカトリシズム信仰を特徴づける「フォーク・カトリシズム」といわれる事象に繋がるものと考えられる。当時のスペイン人聖職者を悩ませたのは、「異教」の習俗・儀礼を維持している中国人カトリック信徒の遍在であった。彼らは、スペイン人聖職者が諸島住民を「正しい」信仰に導こうとする司牧を超えて存在していたといえる。そして、これらの中国人と「土着」の諸島住民は、聖職者により「偶像崇拝」と断罪された彼らの「カトリック信仰」によって結びついていた。まさに、このような状況認識の下に、中国人石工インビンは、不信心者あるいは背教者として、農作業中に水牛に突かれて非業の死を遂げ、人びとは、これを教訓として「正しい」信仰を実践するよう求められたのだといえよう。

十八世紀中葉以降、中国人移民社会が総体として「カトリック」化したことは、逆説的に、個々の中国人移民のカトリック信仰の「質」について疑念を生じさせることになった。はたして彼らは、真のカトリック教徒、すなわち、スペイン領フィリピンを構成する正統な住民、スペイン国王の「臣民」であるのか。バスコ総督が中国人の結婚申請に当たって、カトリックの信仰実践を入念に問うたのは、その疑念を反映していたのである。

おわりに

本章が対象とした時期において、スペイン領フィリピンの中国人移民社会は、総体として「カトリック」化し、理念的に、スペイン国王の「臣民」として、植民地社会の正統な構成要素となった。彼らは、名目的であろうと、カトリック信徒として、「土着」化して植民地で家族を形成し、混血の子孫、中国系メスティーソを生み出した。

もちろん、スペイン領フィリピンには十六世紀以来、少数派であったとはいえ、カトリシズムを受容した中国人は一貫して存在しており、その子孫である中国系メスティーソの数的蓄積、各地の地域社会への定着もあった。しかし、ここで重要なのは、一七五五年の非カトリック教徒中国人追放の実施以前は、個々の中国人移民にとって、カトリックへの改宗は選択肢のひとつにすぎなかったことである。ところが、この時期、カトリシズムの受容が定住の要件となり、非改宗者は、植民地の「僑居者」として、また、スペイン国王の権威に服さない「異教徒(=不忠実な)中国人」として、スペイン植民地社会の辺縁に追いやられ、原則として、アルカイセリア・サン・フェルナンドに収容された。ここにスペイン領フィリピンにおける中国人社会の歴史を考えるうえで、他の東南アジア諸地域にはみられない、あるいは特筆される点があると思われる。

一方、現実には、カトリック教徒の中国人と「異教徒」中国人の間には緊密な連携があり、当該の個々人のカトリック信仰のあり方や現地社会への適応の状況は多様であった。彼らがカトリシズムを受容したことは、ただちに祖先崇拝を核とする、道教あるいは仏教的信仰体系の放棄を意味しなかったし、また、フィリピン植民地における婚姻と定住は、故郷との断絶を意味しなかった。これらの中国人移民のアイデンティティのあり方は多様であり、彼らの植民地社会への統合は重層的で複雑な過程であった。

たとえば、マニラの公正証書による遺言を検討してみると、陳述者が定式化された遺言の前段でカトリシズムの教義を受け入れ、カトリック信徒として魂の救済を希求して死ぬとしている。しかし、多くの改宗中国人は、それに続く実質的な内容の部分で「中国の慣習に従った経帷子をまとって葬儀や埋葬が執りおこなわれる」よう指示していた。このことは、深層において彼らの多くが祖先崇拝を核とする中国の信仰・価値体系を放棄していないことを示している。[32]

一方、中国系メスティーソは、中国人社会と密接なかかわりを持ちつつも、スペインの住民分類に基づいた統治方針もあって、次第に独自のアイデンティティを保持する社会集団として成長した。なかでも、十九世紀中葉までに析出した中国系メスティーソは、全体としてみると、十九世紀末葉までに現地化あるいは「土着」化しつつ、植民地経済の発展に重要な役割を果たし、中国人移民社会とは距離をおくようになっていた。[33] さらに、世紀末葉にかけて多くの中国系メスティーソが「メスティーソ」であることをやめ、「土地の人（ナチュラール）」に鞍替えしていたが、リサールの祖父もその一人であった。[34] そのなかから、自覚的に生地に「土着」して、「スペイン人」に対応する「フィリピン人」の創出を担う人びとも輩出された。

しかし、とくに第一世代メスティーソの個々人のアイデンティティのあり方は多様で、実質的な「中国人」も存在した。[35] そこに、中国系メスティーソ女性および中国系メスティーソ社会の両義性——中国人カトリック教徒の現地化を促進する一方、中国人移民社会の存続を保証する——があった。じつは、中国人移民への妻の提供元として、マニラの中国系メスティーソ社会が存在した側面にも注意を払う必要がある。すなわち、マニラの中国人移民の多くは、中国系メスティーソ女性を婚姻の相手に選んでいたのである。[36]

フィリピン植民地政府は、当時の国際情勢とも相まって、一八三〇—四〇年代以降、移民の宗教を問わない移民奨励策を採用した。そのなかで、イントラムロス（城壁に囲まれた本来のマニラ市）の対岸に位置するビノンドは、十六世紀末葉に中国人カトリック信徒とその家族のための居住地とされたが、十九世紀を通じて、外国商館の立ち並ぶ金融・商業の中心地として発展した。[37] ビノンドには、一八〇〇年頃に「中国人組合（Gremio de Chinos）」が設立され、十九世紀を通じて、増大する中国人社会の利害を代表する強力な自治機関として発展した。グレミオは、十九世紀末葉までには、カトリック信仰を基底にすえた植民社会のなかにあって、清朝の官人服に身を包んだ指導者（頭領）の統治の下で、清朝とのかかわりを深めながら、自らを「異教徒」として異化しつつある「華僑」社会を可視化し、象徴するものとなった。[38] しかし、スペイン領フィリピンにあっては、移民の宗教が問われなくなって以後も、十九世紀末葉に至るまでグレミオの頭領は「カトリック教徒」でなければならなかった。その意味で、理論上、これらの指導者はつねに初代の移民であった。すなわち、スペイン領フィリピンでは、東南アジアの他の諸地域にみられるような現地化しつつも数世代にわたって「中国人」であり続けることは不可能であった。それゆえ、当時のマニラの中国系メスティーソ社会のなかでも、とくにメスティーソ女性には中国人移民社会の存続に不可欠な役割があったといえる。

スペイン領フィリピンにおいて、中国人移民社会の存続を保証し、中国人移民および中国系メスティーソを結びつけ、さらに中国人移民と「土着」の諸島住民を結びつけたものは、スペイン支配の正統性原理であったカトリシズムであった。異教の「他者」である中国人移民は、カトリシズムを受容して帰化し、スペイン国王の「臣民」となった。その「臣民」から生まれた中国系メスティーソは、さまざまな位相をもち、「異化」あるいは「僑居」化のベクトルも作用するなかで、総体として、スペイン領フィリピン諸島に固有の「土地の人」になり、それゆえ「フィリピン人」になることができたといえよう。

注

1 池端雪浦「フィリピンにおける植民地支配とカトリシズム」（石井米雄編『東南アジアの歴史』（講座東南アジア学四）弘文堂、一九九一年、二一七―二四二頁）。なお、本章で「臣民」としているものは、理念上のもので、法的な地位を指しているものではない。

2 フィリピン来航時のスペイン自体、近代国民国家としての統一がなされていたのではなく、諸民族からなる多重的忠誠の連鎖による複合的・重層的性格をもっており、カトリシズムを国家統合の核としながら「スペイン人」を生成する過程にあった。そのなかで、インディアスの「スペイン人」との分岐も生じた（Tamar Herzog, *Defining Nations: Immigrants and Citizens in Early Modern Spain and Spanish America*, New Haven, Conn. and London: Yale University Press, 2003）。これらの過程に照らして「フィリピン人」の形成を検討することも可能と思われる。また、拙稿「スペイン領フィリピンにおける中国人統治とカトリシズム――近世スペインの『他者』認識の周辺」『多文化社会研究会研究報告』（愛媛大学法文学部）五、三一―四〇頁。

3 John A. Larkin, "Philippine History Reconsidered: A Socioeconomic Perspective," *The American Historical Review* 87, June 1982, pp. 595–628. また、本章の関心から、この時期以降の社会的諸変化について、植民地行政の末端への中国系メスティーソの進出とのかかわりで論じた、池端雪浦「フィリピンにおける現地人官僚制度の変容――スペイン体制後期を中心にして」（石井・辛島昇・和田久徳編著『東南アジア世界の歴史的位相』東大出版会、一九九二年、一七六―一九九頁）がある（以下、「現地人官僚制度の変容」と略記）。なお、本章で言及する「中国系メスティーソ」は、スペインによるフィリピン植民地の住民分類のひとつで、スペイン領フィリピン固有の歴史的存在である。

4 Edgar Wickberg, "The Chinese Mestizo in Philippine History," *Journal of Southeast Asian History* 5, March 1964, pp. 62–100; *idem, The Chinese in Philippine Life, 1850–1898*, New Haven, Conn.: Yale University Press, 1965; rpt. ed., Manila: Ateneo de Manila University Press, 2000. 植民地の知識層と民族運動とのかかわりについては、John N. Schumacher, *The Propaganda Movement, 1880–1895*, revised ed., Quezon City: Ateneo de Manila University Press, 1997 を参照。そのうちの誰が中国系メスティーソであるのかについては、Antonio S. Tan, "The Chinese Mestizos and the Formation of the Filipino Nationality," Occasional Papers, ser. II, no. 2, Asian Center, University of the Philippines, 1984; rpt. ed., Manila: Kaisa Para sa Kaunlaran, 1988 を参照のこと。パテルノとサンシャンコの評価については、Shumacher, pp. 24–30 および Tan, pp. 18–19 を参照。リサールの思想的営為を含めたフィリピン革命については、池端『フィリピン革命とカトリシズム』勁草書房、一九八七年および同「フィリピン国民国家の原風景――ホセ・リサールの祖国観と国民観」『アジア・アフリカ言語文化研究』四六・四七、一九九四年、四三―七三頁。また日本語で読めるリサールの伝記として、さしあたり安井祐一『ホセ・リサールの生涯、フィリピンの近代と文学の先覚者』芸林書房、一九九二年などがある。

5 マニラ・ガレオン貿易の古典的業績に William Lytle Schurz, *The Manila Galleon*, New York: Dutton, 1939; rpt. ed., Everyman Paperback, 1959 がある。シトゥアードは、メキシコ副王領からの財政援助金と、アカプルコで徴収されたマニラ・ガレオン貿易にかかる関税の返戻り金とから構成されていた (Leslie E. Bauzon, *Deficit Government: Mexico and the Philippine Situado, 1606–1804*, East Asian Cultural Studies, ser. no. 21, Tokyo: Centre for East Asian Cultural Studies, 1981)。近年、アロンソは、シトゥアードは、必ずしもフィリピン植民地財政に不可欠のものではなく、植民地財政は、これまで考えられていたより自立していたとの見解を提出している (Luis Alonso, "Financing the Empire: The Nature of the Tax System in the Philippines, 1565–1804," *Philippine Studies* 51, January 2003, pp. 63–95)。なお、銀の地球規模の流通とマニラ・ガレオン貿易との関係については、さしあたりデニス・フリン『グローバル化と銀』秋田茂・西村雄志編、山川出版社、二〇一〇年を参照のこと。

6　パリアンの歴史については、箭内健次「マニラの所謂パリアンに就いて」『台北帝国大学文政学部史学科研究年報』五、一九三八年、および、Sonia L. Pinto, "The Parian, 1581–1762," MA thesis, Ateneo de Manila University, 1964; Alberto Santamaria, "The Chinese Parian (El Parian de los Sangleyes)," in *The Chinese in the Philippines*, ed. by Alfonso Felix Jr., Manila: Solidaridad, 1966–69, vol. 1: *1570–1770*, pp. 67–118 を参照。

7　拙稿「一八世紀中葉フィリピンにおける中国人移民社会のカトリック化と中国系メスティーソの興隆――『結婚調査文書』を手がかりとして」『東洋文化研究所紀要』一三九、二〇〇〇年、四三七―四三九頁（以下、「結婚調査文書」と略記）。

8　拙稿「十八世紀中期のフィリピンにおけるアランディア総督の非キリスト教徒中国人の追放――中国系メスティーソの興隆の契機をめぐって」『東南アジア――歴史と文化』一九、一九九〇年、二六―四二頁。

9　立石博高「改革の時代」立石、若松隆編『概説スペイン史』有斐閣、一九八七年、六四―八五頁。スペイン・ブルボン朝とハプスブルク朝の「スペイン帝国」統治理念の違い、「ブルボンの改革」が合理的精神に則って、帝国に財政的・経済的繁栄をもたらす手段として、広大な「スペイン帝国」の多様性を無視して一元的に中央主権的な行政機構を打ち立てようとした結果、帝国の瓦解を促進したことについては、Colin M. MacLachlan, *Spain's Empire in the New World: The Role of Ideas in Institutional and Social Change*, Berkeley: University of California Press, 1988 を参照。

10　「遷界令」については、浦廉一「清初の遷界令の研究」『広島大学文学部紀要』五、一九五四年、一二四―一五八頁を参照。福建＝マニラ間貿易の規模などについては、Pierre Chaunu, *Les Philippines et le Pacifique des Ibériques (XVI*^{e}*, XVII*^{e}*, XVIII*^{e} *siècles)—Introduction méthodologiques et indices d'activité*, Paris: S. E. V. P. E. N., 1960, pp. 164–169 and 200–216 が多数の統計や図表によって示している。

11　イギリスのマニラ貿易については、Serafin D. Quiason, *"English Country Trade" with the Philippines, 1644–1765*, Quezon City: University of the Philippines Press, 1966 を参照のこと。

12　Nicholas Cushner and Helen Tubangi, eds., *Cedulario de Manila: A Collection of Laws Emanating from Spain Which Governed the City of Manila 1754–1832*, Manila: National Archives, 1971, pp. 68–72.（以下、*Cedulario* と略記）。

13 Miguel Rodríguez Bérriz, *Diccionario de la administración de Filipinas: Anuario de 1888*, Manila: Imp. y Lito. de Pérez, hijo, 1887–1888, 2 vols., 1: 560–562.（以下、*Anuario* と略記）。

14 「現地人官僚制度」、一八四―一八八頁。

15 立石「国民国家の形成と地域ナショナリズムの擡頭」（立石・中塚次郎編『スペインにおける国家と地域――ナショナリズムの相克』国際書院、二〇〇二年、一九頁）。

16 Bando, 27 May 1771, *Anuario*, 1: 581–582.

17 Manuel Buzeta and Felipe Bravo, *Diccionario geográfico, estadístico, histórico de las Islas Filipinas*, Madrid: J. C. de Peña, 1850–51, 2 vols, 1: 138, and 2: 238; *Colección de autos acordados de la Real Audiencia Chancillería de Filipinas*, Manila: Imp. de Ramírez y Giladier, 1861–66, 5 vols., 1: 12–13; and *Ordenanza qve se ha de observar en la capital de Manila en el recivo, estancia, y tornavuelta de los sangleies infieles, qve del reyno de China vengan a comerciar*, segvn las de sv Magestad, 12 January 1756, Manila: Impressa en el Colegio de la Compañía de Iesus de Manila, por D. Nicolas de la Cruz Bagay, 1756.

18 Real Cédula, 7 February 1758, *Anuario*, 1: 575–576.

19 Lourdes Díaz-Trechuelo, "The Economic Background," in *The Chinese in the Philippines*, ed. by Felix, Manila: Solidaridad, 1966–1969, vol. 2: *1770–1898*, pp. 31–42. バスコ総督は、中国人移民受入れの上限を四〇〇〇人に定めた（*Anuario*, 1: 591; and *Cedulario*, p. 163）。しかし、十八世紀末に至っても、この上限に達していなかった（拙稿「一八世紀フィリピンにおける中国人移民社会の変容と中国系メスティーソの興隆――対英協力中国人の追放をめぐって」『東洋学報』七六―三・四、一九九五年、八二―八三頁）。

20 Año de 1779: Testimonio literal del expediente formado a consequencia de Reales determinaciones sobre el extablecimiento de los Sangleyes en estas Yslas, con el Padron General de ellos admitidos en este presente año," Filipinas, legajo 715, Archivo General de Indias.

21 Circular, 6 April 1783, *Anuario*, 2: 851–852; および拙稿「バスコ総督のフィリピン植民地経済開発――中国人移民奨励と養蚕業振興策」『南方文化』一三、一九八六年、五三―五七頁。現実には中国人頭領の協力が不可欠であった。これらの中国人は移動性が高く、また福健との間を往来する者も少なくなく、フィリピン総督府にとって、効率的に中国人移民の動静を把握し、彼らから徴税するかは大きな課題であり続けた。

22 Provisorato, Archdiocesan Archives of Manila (AAM); and Informaciones matrimoniales, AAM.

23 バスコ総督の着任以前は、中国人はカトリック教徒であれば、ただちに司教区裁判所に、婚約者とともに、あるいは婚約者の居住地が遠方であれば、当該の中国人のみが出頭して、主任裁判官である法務長官（juez provisor oficial）および主席公証人（notario mayor）の前で、申し立てをおこない、結婚申請にかかる審査を受けて特に問題がないと認められれば、結婚の許可を得ることができた（「結婚調査文書」、四三四—四三七頁)。

24 Wang Gungwu, “Sojourning: The Chinese Experience in Southeast Asia,” in *Sojourners and Settlers: Histories of Southeast Asia and the Chinese*, ed. by Anthony Reid, St Leonards, NWS: Allen & Unwin, 1996, pp. 1–14.

25 Francisco Bencuchilla[o], *Sketch of the Miraculous Image of Our Lady of Caysasay*, trans. by Vicente Catapang, Sambat, Taal, Batangas, 1953. 以下の記述は、上記のほかに Monica Feria and Joey Hashimoto,“The Chinese Connection,” *400 Years of Our Lady of Caysasay: A Commemorative Magazine*, December 8–9, 2003, pp. 58–61; *idem*, “The Lady from Taal,” *ibid.*, pp. 26–40; and Jose Manaligod Cruz, “Tagalog Society under Colonial Rule, 1600–1700 (Philippines),” Ph. D. dissertation, Cornell University, 1999, pp. 108–136 による。

26 十七世紀末葉までには、タアルには、中国系メスティーソ人口の蓄積がみられた。彼らは、在地の有力者層とともに率先して教会に通い、住民に模範を示すよう求められていた。また、彼らは当地の経済活動の担い手であった (Pedro Andrés de Castro y Amuedo, “Historia de la provincia de Batangas. Año de 1790,” in “La provincia filipina de Batangas vista por un misionero a fines del siglo XVIII,” ed. by Manuel Merino, *Missionalia hispánica* 34, 1977, pp. 164–166 and 182)。(以下、“Batangas” と略記)。

27 Feria and Hashimoto, “Chinese Connection,” p. 61.

28 Provisorato, AAM; and Informaciones matrimoniales, AAM.

29 Provisorato, AAM. バスコ総督は、中国人固有の信仰・儀礼体系を「偶像崇拝」として否定し、カトリシズムを旨とする植民地から排除しようとした (*Anuario*, 1: 587–588)。

30 *Anuario*, 1: 587–588; and “Batangas,” pp. 173–174, 210–211 and 241–243.

31 José María A. Caríno, *José Honorato Lozano: Filipinas 1847*, Makati: Ars Mundi, Philippinae, 2002, pp. 140–141; and Pedro G. Galende, *Angeles in Stone: Augustinian Churches in the Philippines*, Manila: San Agustin Museum, 1999, p. 34.

32 Protocolos de Manila, National Archives of the Philippines (PNA).

33 Wickberg, “Chinese Mestizo”; and *idem, The Chinese in Philippine Life*, pp. 25–36 and 127–145.

34 Daniel F. Doeppers, “Tracing the Decline of the Mestizo Categories in Philippine Life in the Late 19th Century,” *Philippine Quarterly of Culture and Society* 22, June 1994, pp. 80–89; and *idem*, “Evidence from the Grave: The Changing Social Composition of the Populations of Metropolitan Manila and Molo, Iloilo, during the Later Nineteenth Century,” in *Population and History: The Demographic Origins of the Modern Philippines*, eds. by Daniel Doeppers and Peter Xenos, Quezon City: Ateneo de Manila University Press, 1998, pp. 265–277; and Wickberg, *The Chinese in Philippine Life*, pp. 33–34.

35 中国系フィリピン人であるチューは、とくに十九世紀末葉から二十世紀初頭における「中国人」あるいは「中国系メスティーソ」のアイデンティティのあり方に関して詳細な分析をおこなって、スペイン当局による「中国人」あるいは「メスティーソ」などという民族分類と現実の人びとの意識や行動とのずれを示し、これらの民族分類を固定的に捉えがちであった従来の分析枠組みを批判している（Richard T. Chu, "Rethinking the Chinese Mestizos of the Philippines," in *Beyond China: Migrating Identities*, eds. by Shen Yuanfang and Penny Edwards, Canberra: Study of the Chinese Southern Diaspora, The Australian National University, 2002, pp. 44–74; and "The 'Chinese' and the 'Mestizos' of the Philippines: Toward a New Interpretation," *Philippine Studies*, 50, July 2002, pp. 327–370 を参照）。以上について詳細は、拙稿「スペイン領フィリピンにおける「中国人」——"Sangley," "Mestizo" および "Indio" のあいだ」『東南アジア研究』四三、二〇〇六年、三七四—三九五頁を参照。

36 Infromaciones matrimoniales, AAM.

37 Lorelei D. C. De Viana, *Three Centuries of Binondo Architecture, 1594–1898: A Socio-Historical Perspective*, Manila: University of Santo Tomas Publishing House, 2001, pp. 12–18, 45–80 and 130–144.

38 *Ibid.*, pp. 63–72; and Wickberg, *The Chinese in Philippine Life*, pp. 80–81, 182–183 and 190.

【付記】本章は、拙稿「スペイン領フィリピンにおける中国人移民社会の変容——異教徒の『他者』からスペイン国王の『臣民』へ」『愛媛大学法文学部論集』（人文学科編）二二、二〇〇七年を加筆・修正したものである。

第二章

アラブ系住民による「民族アイデンティティ」の喚起
――オランダ領東インドにおける「原住民」意識の創出

弘末　雅士

はじめに

東西海洋交通路の要衝に位置した東南アジアには、古くから周辺他地域の多様な人々が到来した。彼らのなかには、定住するに至った者も少なくなく、中国系住民やインド系住民をはじめ、ペルシア系やアラブ系住民などは、前近代の東南アジアの港市において、商業活動や宗教活動の領域で重要な役割を果たした(1)。彼ら移住者は、出身地とのネットワークづくりに寄与するとともに、現地の王室と緊密な関係を構築することで、移住先の社会秩序の形成にしばしば関係した。

移住者やその末裔の役割をめぐっては、従来その出身地とのネットワーク形成や外部の宗教や技術、文化をもたらす側面が着目され(2)、移住先の社会統合に果たす役割はあまり注目されてこなかった。しかし、移住先で少数派となりかねない彼らは、当該社会の多数派の動向に常に敏感でなければならなかった。とりわけ近代植民地体制が導入されると、彼らと出身地との関係ならびに現地社会における彼らの地位は、変容を余儀なくされ不安定になった。こうしたなかで彼らは、しばしば現地社会の再構築に積極的に関わり、その活動は当該社会に少なからぬ影響を及ぼしたように思われる。

本章は、そうした一例として、二十世紀初めのオランダ領東インドにおけるアラブ系住民の活動を取り上げ、彼らが現地人の間で、のちの「インドネシア人」の基盤となる「原住民」意識の形成に寄与したことを論じたい。インドネシアには、二〇〇を超える異なる言語集団が存在し、現在の「インドネシア人」のアイデンティティは、オランダ領東インドの住民が植民地支配からの解放を掲げるなかで、形成されたものである。近年ディアスポラ研究が盛んになるなかで、インドネシアのアラブ系住民の歴史にも光が当てられ、オランダ植民地体制下で「アラブ人」意識が形成される過程が、「インドネシア民族」意識の構築とも連関したことが指摘されている(3)。ここでは、その過程をさらに鮮明にするために、「インドネシア民族」意識が形成される前夜に焦点を当て、辛亥革命により高揚した中国系住民に対抗して、アラブ系住民が「原住民」とともにイスラーム同盟を形成した過程を取り上げる。それが契機となり、「原住民」を中心とするインドネシア民族主義運動が成立し、やがてそこからアラブ系住民が分離したことを明らかにし、「外来系住民」が移住先社会の主体形成にかかわる役割を論じたい。

1　東南アジアにおけるアラブ系移住者

インド洋は、東南アジアのムスリムをメッカに運ぶとともに、西方からの移住者をも東南アジアに導いた。他地域と比し人口過少地域であり、また豊かな生産物を産する東南アジアには、古くから周辺地域からの移住者があったが、十八世紀になると中国とともに西方世界からの移住者が増えた。西方からは、アラビア半島のハドラマウトからの移住者が多かった。ハドラマウトは限られた農耕地しか有さず、またアラビア海に面し東西交易の古くからの要衝であったことが手伝い、余剰人口は船乗り、商人、宗教者として他地域に出向く者が多かった(4)。

彼らは東南アジアにやってくる前に、多くが西北インドや南インドに滞在した。彼ら移住者は男性単身者がほとんどで、

バトラマウトの中心都市サユーンの通り（2002年筆者撮影）
アラビア半島の南端，アラビア海に面したハドラマウト（現在はイエメン共和国領）は，限られた農耕地しか有さず，また東西交易の要衝であったことが手伝って，古くから，船乗り，商人，宗教者として他地域に出向く者が多かった．他地域と比し人口過少地域であり，また豊かな生産物を産する東南アジアにも，ハドラマウトからの移住者が多かった．

滞在地において現地人と結婚して親族を形成し、その拠点をもとに、さらにネットワークを拡げていった。十八世紀になると、イギリスはベンガルを拠点にインドでの勢力を拡大し、東南アジアや中国との貿易に乗り出した。イギリス人私貿易商人の活動が活性化し、オランダをインド洋交易から後退させ始めた。アラブ人商人やインド人商人（インド系ムスリム商人のなかには、その出自をアラブと唱える者も少なからずいた）は、イギリスとオランダの競合を利用して、東南アジアに安価なインド綿布やアヘン、またイギリスから横流しされた武器をもたらした。(5)

東南アジアに向かった彼らの多くが、まずアチェに到来した。アチェは、東南アジアにおけるインド洋の入り口にあたり、十六世紀から中東世界との交流が盛んで、アラブ系住民が多数存在した。海運業に携わる者が多かったハドラマウトのアラブ人たちはさらにマラッカ海峡に進出し、当時東南アジア海域に広く交易ネットワークを形成していたブギス人との交易活動を進展させる一方で、マレー人やオランダ人とも良好な関係を形成しようとした。パレンバン、マラッカ、シアク、リアウ、ペナンさらに西カリマンタンのポンティアナクに彼らの拠点ができた。(6)

彼ら移住者の中には、預言者ムハンマドの末裔を意味する「サイイド（Sayyid）」やアラブ人の氏族の長や宗教指導者を意味する「シャイフ（Shaykh）」を名乗る者が多く、地元のムスリムの尊崇を得ることができた。なかには政治的にも権力者となる者が出、ハドラマウト出身の父とカリマンタンの王族を母としたサイイド・アブドゥル・ラーマン（Sayyid Abdul Rahman）は、一七七二年ポンティアナクのスルタンとなった。また、ハドラマウト出身者の子孫でシアク王女を母とするサイイド・アリ（Sayyid Ali）は、一七九一年にシアクのスルタンに就いた。(7) こうしてスマトラやマレー半島、カリマンタンに拠点を築いた彼らは、十九世紀に入るとジャワ北岸のバタヴィアやスマラン、プカロンガン、スラバヤにもコミュニティを形成し始めた。

十八世紀終わりにマラッカに生まれ、後にシンガポールを開港したイギリス人ラッフルズの書記となったアブドゥラ・ビン・アブドゥル・カディル（Abdullah bin Abdul Kadir）の一族は、こうしたアラブ人移住者の活動を如実に示す。それによると、彼の曾祖父はイエメンの出身であった。(8) 彼は、宗教教師として南インドのマイソールに赴き、その地で結婚し四人の息子を設けた。彼は、その地で没したが、子供たちのうちアブドゥラの祖父となる一人は、マラッカにやって来、その地で家族を設けた。他の三人はジャワに赴き、そのうちの一人はさらにマルク諸島のアンボイナに定住するに至った。残りのうちのひとりはジャワの地に定住し、他のひとりはスマトラに定住した。マラッカで生まれたアブドゥラの父シャイフ・アブドゥル・カディルは、その地で商業活動を営みながら、内陸部の住民にコーランの読み方やイスラームについて教えていたという。彼は、その出自に基づくネットワークが評価され、オランダ統治下のマラッカで港務長官をしていた。その息子アブドゥラは、やがて進軍してきたイギリス人にその才能を認められ、ラッフルズの書記となった。アブドゥラの父に見られるように、宗教活動と商業活動とは分かちがたく結びついていたのである。

彼ら移住者は、出身地との関係を保持しつつ、環インド洋交易に携わるため、オランダやイギリスとの協力を掲げ活動網を拡げていった。十九世紀に入りイギリスの海峡植民地（ペナン・マラッカ・シンガポール）が形成されると、アラブ船はインドネシアとシンガポールとを結ぶ手段として重要になった。シンガポールでは、一八二二年にヨーロッパ人三名とともに、アラブ人一名、中国人一名、マレー人一名、ジャワ人一名が、町を統轄するコミュニティのメンバーに任命され、約二〇〇〇人が逗留できるアラブ人居住区が建設された。(9) 以降ジャワと海峡植民地との間を往来するアラブ船は増加し、一八三〇年代のイギリス側の記録では、オランダの旗を掲げたジャワ在住のアラブ人所有の一五〇—五〇〇トンの船が、シンガポールに毎年多数やってきたことを伝えている。(10) オランダ領東インドにおけるアラブ系住民の人口も次第に増加し、一八七二年に一万三八八七人、一八九二年に二万三一四三人がいたという統計が残されている。(11)

2　二十世紀初めのオランダ領東インドとアラブ系住民

東南アジアは、タイを除きいずれの地域も欧米の植民地支配に組み込まれた。アラブ系移住者の多かった東南アジア島嶼部は、オランダ領東インドとイギリス領マラヤおよび北ボルネオに分割された。移住者でありながら現地住民と交流を深めた中国系住民やアラブ系住民は、植民地体制下でヨーロッパ人支配者と現地住民との中間的位置を占めた。アラブ系住民は、すでに宗教活動や海運業を通して東インドに拠点を形成しており、その後各種の商業活動に進出し、二十世紀を迎えた時には貿易業、金融業、バティック（ろうけつ染め）業や繊維製品の販売業、出版業、建設業、タバコ（クレテック kretek：丁字入りタバコ）業などの分野で活動していた。[12] 数では中国系住民に比べて二〇分の一ほどであったが、ともに商業活動では重要な役割を果たしていた。

19世紀後半のバタヴィアの鉄道馬車の乗客．ジャワ人，中国人，ヨーロッパ人，アラブ人など，多様．
［Susan Abeyasekere, *Jakarta A History*, Oxford, 1987］

　植民地政庁は、東南アジアを輸出用第一次産品の生産地として開発し、交通・通信網を発達させ、植民地領域に学校制度と官僚制を導入した。その結果、二十世紀始めの東インドでは、プランテーション企業や鉱山企業の労働者をはじめ、鉄道や港湾の労働者、学校教師、下級植民地官吏、公共事業の労働者など多彩な職種が人々に開かれた。植民地の主要港市には、ヨーロッパ人をはじめ中国系、インド系、アラブ系住民、欧亜混血者、地元出身者など多様な人々が存在した。

　東南アジアの港市に多様な出身地の人々が居住したことは、歴史的にみて植民地時代に限ったことでなかったが、植民地政庁は、これらの人々を人種的観点から分類し、しばしば法的に差異を設けた。オランダ領東インドでは住民が、ヨーロッパ人、「外来東洋人」(Vreemde Oosterlingen：中国人、インド人、アラブ人など)、「原住民」(Inlanders) に区分され、刑法、民法、商法などにおいて、三者のあいだに差異が設けられた。たとえば、刑法に関しては、「原住民」の方がヨーロッパ人よりも刑罰が重かった。刑法で、

「外来東洋人」は「原住民」と同じ扱いであったが、商法、民法に関してはヨーロッパ人法が適用された。これまでクリスチャンの現地住民は、ヨーロッパ人と同等視されてきたが、一八五四年の東インド統治法によって、彼らも「原住民」のなかに固定化された。[13]また、欧亜混血者は、法的にヨーロッパ人と同等の地位を有する者が多かったが、[14]十九世紀後半になりスエズ運河が開通し蒸気船が就航すると、ヨーロッパ本国からの人員派遣がふえ、かつての職種への登用の機会が減った。[15]

植民地体制下の不平等を最も深刻に感じたのが、それまでヨーロッパ人と現地住民とのパイプ役として重要な役割を担ってきた中国系やアラブ系の「外来東洋人」や欧亜混血者であった。中国系、アラブ系住民は、商業活動において「原住民」より優遇されたが、ヨーロッパ人に比し居住や旅行に厳しい制限が課されていた。彼らは居住区を指定され、旅行する場合は、当局の許可を得なければならなかった。彼らがヨーロッパ人と同等の地位を獲得するには、現地住民と協力してその地位の改善を目指すか、あるいは日本がオランダとの交渉により一八九九年に日本人の法的地位をヨーロッパ人と同等にした如く、出身本国に働きかけ本国とオランダとの交渉にかけるかであった。

東インドで最多の「外来東洋人」であった中国系住民は、一九〇〇年の時点で東インドに五三万七三一六人いた。[16]一八六〇年の東インドにおける中国系住民の人口は、二二万一四三八人であったが、十九世紀後半以降のプランテーション企業の進展とともに、労働者として渡来する中国系住民の人口が増えた。増加する中国系住民に対しその勢力を分断し、また植民地体制への不満を和らげるため、オランダは清朝との交渉により、一九一〇年オランダ領東インド生まれの中国人をオランダ臣民籍に移すことを決めた。[17]そして、中国系住民に課されてきた居住・旅行制限が緩和された。また、一九一一年の辛亥革命と翌年の中華民国の成立は、中国系住民を高揚させ、中華民国がやがてジャワのヨーロッパ人を追放し、中国人が支配者となると唱える者さえ現れた。[18]勢いづく彼らは、商業活動においても、砂糖企業、ジャワ人やアラブ系住民の資本が支配的であったタバコ業、バティック業へのさらなる進出を図った。

アラブ系住民は一九〇〇年の時点で、東インドに二万七三九九人いた。[19]彼らもオスマン帝国に働きかけて、その法的地位の改善に努めたが、オランダはその要求に応じなかった。数は中国系住民に比し少なかったが、彼らも先に述べたように宗教、海運、金融、商業の各分野で活躍していた。とりわけ出版業では、東インドでヨーロッパ系印刷業以外で印刷機を有したのは、中国系業者とアラブ系業者であった。アラブ系業者は、すでに十九世紀後半から、石版刷りにより、イスラームに関する著作をパレンバンやスラバヤ、バタヴィアにてアラビア語で出版していた。二十世紀に入るとそれらの印刷業者は、アラビア語だけでなく、マレー語、ジャワ語での出版物も手がけた。[20] こうした出版業は、現地人有識者の活動に少なからぬ影響を与え、次に述べるイスラーム同盟をはじめとする政治運動が展開していくうえで、重要な役割をはたしたのである。[21]

3　イスラーム同盟の結成

中国系住民の商業活動の拡大に対抗して、ムスリムの現地商人たちの利益を守ろうとする動きが、二十世紀初頭より生じた。十九世紀末からの砂糖ブームは、オランダ政庁に中国系商人の砂糖業への投資を促した。勢いづく中国系商人は、地域産業や小規模商業にまで影響力を行使し始めた。これに対して、一九〇九年アラブ人とジャワ人の商人たちは、ボゴールに彼らの商業活動を守るべく、イスラーム商業同盟（Sarekat Dagang Islamiah）を創設した。創設者ティルトアディスルヨ（Tirtoadisoerjo）は、アラブ人商業家の支援を得てマレー語の新聞を発行していたジャワ人ジャーナリストであった。[22] しかし、アラブ人指導者による汎イスラーム主義が拡大する動きを警戒したオランダ政庁は、「外来東洋人」と「原住民」に異なる商法が適応されるとの理由から、この団体を認可しなかった。[23]

アラブ系住民が現地人ムスリムとともに運動を展開するためには、「原住民」が表に出ることが必要であった。こうした状況下、一九一一年末、辛亥革命に高揚した中国系住民に対抗して、中部ジャワのスラカルタ（Surakarta）のバティック業者サマンフディ（Samanhoedi）は、ムスリム商人の相互扶助のためにRekso Roemekso（警備）を組織した。スラカルタは、ジャワ人のバティック業者が支配的な都市であったが、そこに居住と旅行の制限が緩和された中国系商人が投資を始め、中国系秘密結社も活動し始めたのである。サマンフディは、オランダ政庁から団体の認可をもらうために、ティルトアディスルヨに協力を求めた。ティルトアディスルヨは、これに応じた。団体は、翌一二年はじめにイスラーム同盟（Sarekat Islam）と改称され、その定款には、ムスリム同胞の相互扶助と進歩を植民地秩序のもとで目指すことが掲げられた。[24]

この定款は、オランダ政庁と協議の後、一九一二年九月に改訂された。そこでは、①原住民に商業の気風を振興する、②不当に困窮しているメンバーを助ける、③原住民の精神的発展と物質的利益を促進する、④イスラムに関する偏見に対処し、イスラムの法や習慣にふさわしい宗教生活を原住民の間で促進する、が主要目的に掲げられた。[25] 綱領は、イスラームを旗印に、現地住民の商業精神の振興を唱えたが、一八才以上の品行方正なムスリムは誰でも会員になれるとされた。[26]

アラブ系住民は、この団体を資金面や出版活動において積極的に支援した。中部ジャワを拠点とした同盟の運動は、まず東ジャワのスラバヤで会員を獲得した。十九世紀後半から、スラバヤはアラブ系商人が多数居住する都市であり、イスラーム関係の出版物の刊行ではジャワにおけるセンターとなっていた。[27] その後一九一三年にかけてバタヴィア、ボゴール、スマラン、チルボン、レンバン、マディウンなど、同盟はジャワ各地に支部を設けた。[28] これらの支部で、アラブ系住民は、同盟の活動を積極的に支援した。[29]

とりわけ、スラバヤのアラブ系住民の経営する出版社スティア・ウサハ（Setia Oesaha）は、同盟の実質的な機関誌となる『ウトゥサン・ヒンディア（Oetoesan Hindia：東インドの伝書使）』の発行を担った。同盟は、定款を改訂した一九一二年九月、議長にスラバヤ出身のジャワ人チョクロアミノト（Tjokroaminoto）を迎えた。元下級官吏であった彼は、ジャワの社会情勢に通じていたし、優れた演説家であり、また優れたジャーナリストでもあった。『ウトゥサン・ヒンディア』を通して彼は、同盟の設立意義を訴えかけた。

当初、小規模な互助組織であった同盟は、米の不作と米価高騰、マラリヤやコレラ、ペストなどの疫病の流行や洪水などの自然災害の多発、そして辛亥革命に刺激された中国人の興奮などの社会的状況のなかで、急速にジャワに広がっていった。会員数は、一二年九月にすでに六万人を突破し、翌一三年半ばには三〇万人を超え、ジャワ以外の島々にもその支部を拡大した。[30] 会員は、商人、イスラーム教師、下級官吏、学校教師、港湾および鉄道労働者、一般農民など多彩であった。イスラーム同盟は、目的実現のために合法的手段を採用することを宣言した。しかし、同盟がインドネシア各地で会員を増やすにつれ、人々の同盟に対する期待が高まり、また中国系住民への反感は尖鋭化した。

一九一二年、スラバヤの近郊で、砂糖業やタバコ業に進出しようとする中国系商人とアラブ系住民との間で衝突が起こった。とりわけ、その年の二月と一〇月にスラバヤで起こった衝突は、当初の中国系住民とアラブ系住民との喧嘩から発展して、最後は警察と植民地軍が出動して鎮圧する事態にまで拡大し、ヨーロッパ系一名、中国系五名、アラブ系二名が死亡し、ヨーロッパ系一名、中国系八名、アラブ系五名、ジャワ人二名が負傷した。[31] その他、スラバヤ同様にアラブ系住民の多いバタヴィア、チルボン、バンギル（Bangil）などで、同様な中国系住民との衝突が生じた。事態を収集するため、アラブ系住民と中国系住民は、一九一二年一一月に代表者の集まりを持ち、オランダ人立ち会いのもとで一応和解した。[32] だが、今度はジャワ人の同盟員が主体となり、スラバヤをはじめスラカルタ、スマラン、チルボンなどで、中国系住民との衝突を起こした。こうした衝突は一三、一四年に、ジャワ島各地で頻発した。[33]

イスラーム同盟は、次第に「原住民」の団体の色彩を強めた。上述したように、アラブ系住民と中国系住民との間では、和解が成立した。また、汎イスラーム主義の拡大を警戒したオランダは、イスラーム同盟においてアラブ系住民が影響力を行使することを快く思っていな

イスラーム同盟の創設者サマンフディ
［J. Th. P. BIumberger, *De Nationa-listische Beweging in Nederlandsch-Indië*, Dordrecht and Providence,1987］

スマランに滞在した鄭和を記念して建てられた三保洞．かつてはジャワ人も，ムスリムであった鄭和の霊力に与ろうとして，ここに参詣した．

かった。こうした諸事情が影響して、一九一三年三月の同盟のスラカルタ大会では、できるだけ「非原住民」を同盟員としない決議がなされた。[34]初期の同盟の運動を支えたアラブ系の有力者は、その後も会員としてとどまることを認められたが、幹部になれないとされた。「原住民（Bumi Putra）」[35]という意識が、同盟員の間でより鮮明に拡がった。

ただし、これによりアラブ系住民の同盟において果たす役割が後退したわけではない。アラブ系住民の中国系住民への反感は、解消されていなかった。また、アラブ系ムスリムは、その出自ゆえに「原住民」ムスリムの尊崇を得ていたし、何よりも資金不足に陥りがちであった同盟は、しばしば彼らの財力に頼った。[36]このため、一九一五年七月のイスラーム同盟の大会に立ち会ったオランダ人官僚は、再びアラブ系住民の影響力が強くなったことを指摘している。[37]アラブ系住民は、次に述べる「罪深い資本主義」の攻撃対象にされる一九一九年頃まで、イスラーム同盟において少なからぬ影響力を行使したのである。

4　インドネシア民族主義運動の展開

イスラーム同盟は、次第に民族主義運動の性格を帯び始めた。会員数が増加するにつれ、彼らのなかには、イスラーム同盟の力がオランダ政庁をしのぐかもしれないと期待する者も現れ始めた。[38]チョクロアミノートは、一九一四年に組織的整備に取り組み、二〇〇以上の地方イスラーム同盟とその連合体としての中央イスラーム同盟という形態に整えた。また一九一六年からは、中央イスラーム同盟の年次大会を「国民会議」(Nationaal Congres)と称して、人民の各種の要求を各地方組織から提示させて、それをとりまとめ、オランダ政庁に提出した。[39] 国民会議という名称は、インドから借用したものであった。チョクロアミノートは、この名称を使うことで、運動に参加した東インドの多様な民族集団に属する人々の間に、一体性を構築することを目論んだ。[40]

イスラーム同盟が拡大中の一九一二年、欧亜混血者の間からも、植民地体制下の不平等の撤廃を目指す運動が起こった。同年九月、ダウウェス・デッケル(Douwes Dekker)を中心に人種的平等の達成を唱えた東インド党(Indische Partij)が結成された。東インド党は、「東インド人 Indiërs」を母胎にした東インドの独立を唱えた。この「東インド人」には、ヨーロッパ系であろうが、現地住民であろうが、「外来東洋人」であろうが、東インドを祖国と考える人ならば、誰でもなれるとされた。東インド党の運動は、欧亜混血者を中心に現地住民も巻き込み、七三〇〇名程の党員を獲得した。イスラーム同盟が活発な運動を展開するなかで、反植民地主義運動の発展に危機感を抱いたオランダ政庁は、一九一三年三月東インド党を解散させ、デッケルら三名のリーダーを東インド追放処分とした。[41]

東インド党の運動を支えた欧亜混血者を吸収し、東インドで社会主義運動を展開するため、オランダ人や欧亜混血者の社会主義運動家がリーダーとなり、一九一四年スマランに東インド社会民主主義協会(Indische Sociaal Democratische Vereeniging)が設立された。スマランは、ジャワ内陸部や沿岸諸都市と鉄道で結ばれ、また国際貿易港を有し、鉄道労働者と港湾労働者を多数抱えた中部ジャワの都市であった。社会民主主義協会は、現地住民の間に運動を展開させるため、イスラーム同盟にも接近した。イスラーム同盟も勢力拡大のため、当初二重党籍を認めた。

一九一七年のロシア革命による社会主義政権の成立は、社会主義者の活動を勢いづけた。東インド社会民主主義協会は、労働組合運動を基盤に、イスラーム同盟の会員の間にも多数の支持者を獲得した。こうしたなかで、イスラーム同盟の一九一七年一〇月の第二回「国民会議」においても、「罪深い資本主義」との闘いが唱えられ、植民地支配からの独立が

19世紀後半の欧亜混血者の家族とジャワ人の子守.
[Susan Abeyasekere, *Jakarta A History,* Oxford, 1987]

唱えられた。チョクロアミノトも、社会主義者の活動を意識し、一九一八年一一月、あらゆる資本主義は罪深く、東インドに進出した外国人の資本主義は最も罪深いと演説した。[42] イスラーム同盟は、「国民会議」を掲げたことと、東インド社会民主主義協会との共闘によって会員を増やし、一九一九年には同盟員二〇〇万人に達したと豪語した。[43]

だが、運動が資本主義と結びついた外国人支配からの解放を唱え始めると、財政面でイスラーム同盟の活動を支援してきたアラブ系会員は、苦しい立場に置かれた。彼らは、一方で「原住民」ムスリムとの連帯を掲げつつ、他方で外部世界の出自と出身地との関係を基盤に、ムスリムの間では指導的立場に立った。また、オランダは一九一九年、東インド生まれの「外来東洋人」すべてに、オランダ「臣民」籍を認めた。中国系住民と同様に、アラブ系住民に課せられた居住・旅行の制限が廃止された。[44] こうした状況下アラブ系住民の多くは、ラディカルな運動から距離をおき始めた。

オランダは、植民地体制の維持を図るため、社会民主主義協会の活動にしばしば介入し、オランダ人あるいは欧亜混血者のリーダーたちを、次々と東インドから追放処分にした。そのため、運動は現地住民を主体に再構成されるにいたった。インドネシア人が中核的メンバーとなった社会民主主義協会は、一九二〇年に現地語の東インド共産主義者同盟(Perserikatan Kommunist di Hindia)と改称し、コミンテルンへの加盟が認められた。[45] イスラーム同盟も東インド共産主義者同盟も、ともに「原住民」が主導する団体となったのである。

東インド共産主義者同盟は、鉄道労働組合運動を通して勢力を拡大した。イスラーム同盟における社会主義者勢力の台頭は、同盟の内部に主導権争いを生じさせ、チョクロアミノトの指導権を後退させた。またイスラーム同盟には、イスラーム神秘主義教団のメンバーも含まれていたので、彼らの活動も活性化させ、西ジャワのイスラーム同盟B支部と呼ばれた地方支部の宗教運動は、一九一九年に反政庁運動へと発展し、オランダのイスラーム同盟に対する警戒感を増大させた。その結果オランダは、運動に従来以上に介入し始めた。

こうしたなか、イスラーム同盟は、社会主義者の多いスマラン派と宗教を否定する共産主義に反対する中央派に分裂した。後者はイスラーム改革主義を掲げ、二重党籍を禁じ、一九二三年東インド共産主義者同盟と袂を分かち、イスラーム同盟党と改称した。他方、東インド共産主義者同盟は、翌一九二四年にインドネシア共産党(Partai Komunis Indonesia)と名称を変更した。[46]「インドネシア」を掲げた最初の民族主義政治団体が誕生したのである。

インドネシア共産党は、東インドの主要な都市を拠点として労働組合運動を展開しつつ、農民層の間でも支持者の獲得を目指した。その一環として、ジャワ農民に馴染みの深い理想世界をもたらす「正義王」などのタームが反植民地主義を説くために用いられ、彼らの間でも少なからぬ支持者を得た。[47]大衆運動の重要性を認識し始めた人々には、イスラーム同盟党よりも反植民地主義と民族主義を鮮明に打ち出した共産党が、より魅力的なものとなっていた。またコミンテルンなど国際的なつながりをもつ共産党は、人々の期待感を一層高めた。ジャワやスマトラで党員を増やした共産党は、一九二六年一一月から二七年初めにかけて、バンテンや西スマトラ、さらにはバタヴィアやスラカルタなどで、植民地政権打倒のための武装蜂起を試みた。これらの蜂起は、オランダの介入を招き、逮捕者約一万三〇〇〇人を出し、鎮圧された。計画は頓挫したが、インドネシア共産党は、大衆政党に発展をとげていたのである。

おわりに

一九一二年のイスラーム同盟の結成から、一九二六年のインドネシア共産党の反乱に至るまでの時期は、オランダ領東インドの住民が広範に政治運動に関与し始め、インドネシア民族意識を形成した時代として一般に理解されている。[48] インドネシアでは、「原住民」志向の強い民族主義運動が展開し始め、中国系住民のみならず、アラブ系住民、さらには欧亜混血者が、インドネシア民族主義運動の主要な舞台から後退した。以後、彼らは、植民地体制下で存続する方法を模索し始め、アラブ系住民は出身地との関係を一層意識し始めた。[49]

後から見ると、アラブ系住民や欧亜混血者の存在は、政治運動の表舞台から消えてしまっている。しかし、彼らは、現地社会においてその存在が脅かされそうになった時、多数派を引き入れたあらたな共同体を創出し、その危機を回避しようと試みた。その結果、オランダ領東インドでは「原住民」意識が人々の間で広範に形成され、インドネシア民族主義運動が展開する起点となった。

インドネシア共産党のバタヴィア支部の幹部たち（1925 年）
〔J. Th. P. Blumberger, *De Nationalistische Beweging in Nederlan-dsch-Indië,* Dordrecht and Providence, 1987〕

「原住民」にせよ、「外来東洋人」にせよ、その概念は、オランダ植民地支配が作り出したものであった。当時のインドネシアに居住した人々の間で、生粋の「土着民」はきわめて限られ、ほとんどが広義の意味で移住者の子孫であったと考えられる。その意味では、彼らの多くが、「外来系住民」であり、かつ「現地住民」であった。[50] 国民国家の枠組みが支配的になるなかで、私たちがむしろ「外来系住民」を固定化して捉え、彼らの外部世界との関係に主要な力点を置いてしまったのである。

インドネシア民族主義運動は、その後スカルノらによってインドネシア国民党、さらにはインドネシア党の運動として進展を遂げた。しかし、共産党の蜂起に衝撃を受けたオランダは、これらの運動を厳しく弾圧し、一九三〇年代中葉以降、民族主義運動は閉塞的状況に陥った。そうした状況下、一九一〇年代にインドネシア民族主義運動からはじき出されたアラブ系住民や中国系住民のなかから、インドネシア独立運動に協力する姿勢を示し始めた人々が登場した。[51] 現地生まれのアラブ系住民や中国系住民のうちから、「アラブ人」「中国人」の意識を有しつつ、インドネシア建国を志向する人々が現れたのである。インドネシア民族主義運動は、再び「インドネシア人」とは何者かという問いを、投げかけられることとなった。アラブ系住民や中国系住民、さらに欧亜混血者は、「外来系住民」に分類されがちであるが、現地社会の主体構築に重要な役割を担っていたのである。

注

1 Reid, A., *Southeast Asia in the Age of Commerce 1450–1680*, Vol. 2, New Haven and London, 1993, pp. 114–123; 弘末雅士『東南アジアの港市世界—地域社会の形成と世界秩序』岩波書店、二〇〇四年、三六—四六頁。

2 Coedès, G., *The Indianized States of Southeast Asia*, (trs. by Cowing, S. B.), Honolulu, 1968; 家島彦一『海が創る文明—インド洋海域世界の歴史』朝日新聞社、一九九三年、三三—五五頁。

3 Mandal, S. K., "Finding Their Place: A History of Arabs in Java under Dutch Rule, 1800–1924", (Ph. D. Dissertation submitted to Columbia University), 1994; Mobini-Kesheh, N., *The Hadrami Awakening: Community and Identity in the Netherlands East Indies, 1900–1942*, Ithaca., 1999.

4 家島、前掲書、三四五—三七七頁；Mobini-Kesheh, *op. cit.*, pp. 17–21.

5 Andaya, B. W., "Adapting to Political and Economic Change: Palembang in the Late Eighteenth and Early Nineteenth Centuries", Reid, A. ed., *The Last Stand of Asian Autonomies: Responses to Modernity in the Diverse States of Southeast and Korea, 1750–1900*, Basingstoke and London., 1997, pp. 196–197.

6 Berg, L. W. C. van den, *Le Hadhramout et les colonies Arabes dans l'Archipel Indien*, Batavia, 1886, pp. 104–122.

7 *Ibid*, pp. 197 and 201.

8 Abdullah bin Abdul Kadir, *The Hikayat Abdullah*, (trs. by Hill, A. H.), Kuala Lumpur, Singapore, London and New York., 1970, pp. 31–34.

9 Freitag, U., "Arab Merchants in Singapore: Attempt of a Collective Biography", Jonge, H. de and Kaptein, N. ed., *Transcending Borders: Arabs, Politics, Trade and Islam in Southeast Asia*, Leiden, 2002, p. 112.

10 Buckley, C. B., *An Anecdotal History of Old Times in Singapore*, 2nd. ed., Kuala Lumpur, 1965, p. 324.

11 "Bevolking", *Encyclopaedie van Nederlandsch Oost-Indië*, Vol. 1, The Hague and Leiden., 1917, p. 299.

12 Mandal, S. K., *op. cit.*, pp. 160–170.

13 吉田信「オランダ植民地統治と法の支配――統治法一〇九条による「ヨーロッパ人」と「原住民」の創出」『東南アジア研究』四〇巻二号、二〇〇二年、二二六―二三〇頁；Taylor, J. G., *The Social World of Batavia: European and Eurasian in Dutch Asia*, Wisconsin, 1983, p. 170.

14 たとえば、ヨーロッパ人の父親とジャワ人の母親の間に生まれた子供は、父親が認知すれば、ヨーロッパ人の法的地位が得られ、認知されなかった場合には、「原住民」となった。

15 Sutherland, H., *The Making of a Bureaucratic Elite: The Colonial Transformation of the Javanese Priyayi*, Singapore, Kuala Lumpur and Hong Kong, 1979, p. 15.

16 うちジャワ・マドゥラ島に約二七万七〇〇〇人（*Volkstelling 1930*, Vol. 7, Batavia, 1935, p. 48.）。ちなみに、東インド全体の「原住民」の人口は、一九〇五年の統計によると、約三七〇〇万人（Bevolking, *op. cit.*, p. 299）で、ヨーロッパ人の人口は、一九〇〇年の統計によると、九万一一四二人であった（*Volkstelling 1930*, Vol. 6, Batavia, 1933, p. 31）。

17 Mona Lohanda, *The Kapitan Cina of Batavia 1837–1942, Jakarta*, 1996, pp. 176–177.

18 Wal, S. L. van der, ed., *De opkomst van de nationalistische beweging in Nederlands-Indië*, Groningen, 1967, p. 97; Shiraishi, T., *An Age in Motion: Popular Radicalism in Java, 1912–1926*, Ithaca and London, 1990, p. 37.

19 *Volkstelling Vo1.7, op. cit.*, p. 48.

20 Mandal, S. K., "Forging a Modern Arab Identity in Java in the Early Twentieth Century", Jonge, H. de and Kaptein, N. ed., *Transcending Borders: Arabs, Politics, Trade and Islam in Southeast Asia*, Leiden, 2002, pp. 172–176.

21 Adam, A. B., *The Vernacular Press and the Emergence of Modern Indonesian Consciousness（1855–1913）*, Ithaca, 1995, pp. 159–177.

22 Niel, R. van, *The Emergence of the Modern Indonesian Elite*, Dordrecht and Cinnaminson, 1984, p. 90.

23 Mobini-Kesheh, *op. cit.*, pp. 42–44.

24 Shiraishi, *op. cit.*, pp. 39–42; “Sarekat Islam”, *Encyclopaedie van Nederlandsch Oost-Indië*, Vol. 3, The Hague and Leiden, 1919, p. 695.

25 Blumberger, J. Th. P., *De nationalistische beweging in Nederlandsch-Indië*, 2nd. ed., Dordrecht and Providence, 1987, pp. 58–59.

26 Mailrapport 490/1913, “Assistent Resident voor de Politie aan Resident van Soerabaja, (21 Feb. 1913)”, in Verbaal 28 Mei 1913/9 (in Nationaal Archief, The Hague).

27 Mandal, *op. cit.*, 1994, pp. 174–187.

28 Blumberger, *op. cit.*, p. 60.

29 Mobini-Kesheh, *op. cit.*, p. 45.

30 深見純生「一九一三年のインドネシア——東インド党指導者国外追放の社会的背景」『東南アジア研究』三四巻一号、一九九六年、五二頁。

31 *Koloniaal Verslag*, The Hague, 1913, p. 4.

32 Chineezen en Arabieren, “Chineezen en Arabieren”, *De Indische Gids*, Vol. 35, 1913, p. 107.

33 Sartono Kartodirdjo, *Protest Movements in Rural Java: A Study of Agrarian Unrest in the Nineteenth and Early Twentieth Centuries*, Singapore, 1973, pp. 161–167.

34 Blumberger, *op. cit.*, p. 60.

35 “Bumi Putra” は、直訳すれば「大地の民」の意味である。オランダ語の「原住民（Inlanders)」に相当する語として、植民地体制下で一般化した言葉である。

36 Mailrapport 1263/1916, “Rinkes aan Gouverneur-Generaal van Nederlansch-Indië, (Weltevreden, 30 Nov. 1915)”, in Verbaal 1 Sep. 1917/33, pp. 46–47; 深見純生「初期イスラム同盟（一九一一—一六）に関する研究（一）」『南方文化』三号、一九七六年、一三九頁。

37 Mailrapport 1263/1916, pp. 46–47 and 50–51; Wal, *op. cit*, pp. 436–439.

38 Shiraishi, *op. cit.*, pp. 66–67; Hirosue, M., “The Role of Indonesian Colonial Officials in the Documentation of Anti-Colonial Religious Movements in the Early Twentieth Century: A Reconsideration of “Agrarian Radicalism”, Umehara, H. ed., *Agrarian Transformation and Areal Differentiation in Globalizing Southeast Asia*, Rikkyo University Centre for Asian Area Studies, Tokyo, 2002, pp. 12–13.

39 Mailrapport 2411/1916, “Sarekat Islam Congres (1e Nationaal Congres) 17–24 Juni 1916 te Bandoeng”, in Verbaal 1 Sep. 1917/32.

40 Blumberger, *op. cit.*, p. 63.

41 土屋健治『インドネシア民族主義研究—タマン・シスワの成立と展開』創文社、一九八二年、九七—一〇五頁；深見、前掲論文、一九九六年、三八—五二頁。

42 Blumberger, *op. cit.*, pp. 65–68.

43 *Ibid.*, p. 69.

44 Jonge, H. de, “Discord and Solidarity among the Arabs in the Netherlands East Indies, 1900–1942”, *Indonesia*, No. 55, 1993, p. 80.

45 McVey, R. T., *The Rise of Indonesian Communism*, Ithaca., 1965, pp. 66–71.

46 永積昭『インドネシア民族意識の形成』東京大学出版会、一九八〇年、一九八―二〇四頁。

47 McVey, *op. cit.*, pp. 179–183.

48 Shiraishi, *op. cit.*, 1990; 深見、前掲論文、一九七六年。

49 Mandal, *op. cit.*, 2002, p. 182; Mobini-Kesheh, *op. cit.*, pp. 48–51.

50 本章の第一節で述べたアブドゥラ・ビン・アブドゥル・カディルは、「外来系住民」でありながら、「マレー人」を自覚していたし（Abdullah bin Abdul Kadir, *op. cit.*, pp. 78–80）、第四節で言及したダウウェス・デッケルは、欧亜混血者でありながら、「東洋人」を自覚し、「東インド人」と称した（Dekker, D. E. F. E., “Oost West”, *Het Tijdschrift*, Vol. 1., 1911–12: pp. 33–37）。

51 Mobini-Kesheh, *op. cit.*, pp. 128–149; Mona Lohanda, *Growing Pains: The Chinese and the Dutch in Colonial Java, 1890–1942*, Jakarta, 2002, pp. 191–193.

第三章

日本と台湾を結ぶ華人ネットワーク
――戦前の日台経済関係における台湾人商人・華商・日本政府

林 満紅

はじめに

本章は、台湾人商人が台湾と日本の間の経済関係を築くうえで、華商や日本政府とどのように相互にかかわっていたのか、また彼らの民族アイデンティティがその関係性にどのような影響を及ぼしていたのかなどについて理解するために、彼ら台湾人商人の日本への移住とそこでの投資活動、日台間の直接貿易や多国間貿易への関与などについて考察する。

日本植民地期の台湾は、約二五五万人から六〇〇万人の人口を有し、そのうち一八万人ほどが台湾先住民であった。(1) 台湾は、文化的傾向から見れば中華社会の一部といえた。とくに一六〇〇年頃から一八九五年までの約三〇〇年間における中国大陸からの移民は、中国大陸と台湾との商業的結びつきを密接なものにした。(2) 植民地期における日台経済関係も、歴史的に形成されてきた華人ネットワークに依拠していた。一九七一年に出版されたある台湾の歴史書によれば、日本植民地期の台湾の外国貿易が台湾総督府や日本の財閥に独占されたのは、植民地統治直後における台湾人は外国貿易の経験が不足していたことによるという。(3) しかし、本章は、日本植民地期の日台間の経済関係において、台湾人商人が活発な役割を果たす基礎が、華人ネットワークによって、すでに築かれていたことを検証することで、この議論を再検討することを目的とする。

戦前、植民地統治の政治的、経済的な力の根源となる関税政策、金融および為替政策、補助金政策によって、日本は華人ネットワークに介入しようとしていた。この時期、日本は、台湾の主要貿易相手国であり、中国大陸にとって代わっていたからである。実際、台湾の対中国貿易額は、対日本貿易額と比較すると、植民地期には激減していた。一九〇二年から三七年には、平均的にみても、台湾と日本や外国との貿易額は対中国貿易額の四倍もあった。実際、台湾の対日貿易額は、日本が中国以外の国とおこなった貿易額に比べて、四倍にのぼっていた。(4) このように、台湾の海外貿易において、日台貿易が中心だったという点は、日本の政治力、経済力と華人ネットワークの相互関係を考察することを可能にしてくれる。

こうした問題を考察するために、本章では連合国総司令部(GHQ)による在日華僑に関する調査、台湾総督府による台湾の貿易産品に関する調査、植民地台湾で発行された『台湾日日新報』、同時期の名士録に記載されている四〇名ほどの情報、そして戦後日本における在日華僑研究の成果を利用することとしたい。

本章では、まず台湾人商人の日本での商店の開設、そこを拠点にした多国間貿易の実施、日台貿易への関与など、日台経済関係における彼らの活発な活動を取りあげる。次に、台湾人商人の日台間での活動と、華中地域、満洲、東南アジアでの活動とを比較する。さらに、福建華僑のネットワークが、日台間の経済活動における台湾人商人の役割にどのような基礎を築いたのか、また日本の台湾統治の政治力、経済力と東アジアにおける資本の相対的供給関係によって、台湾人ネットワークと福建華僑ネットワークの競争がどのように引き起こされたかを検討する。これらの分析を通じて、一八九五年から一九四五年までの日台間の経済活動において、台湾人商人と華商、それぞれの台湾総督府に対する従属性と自律性もあわせて考察してみたい。

1　日本における台湾人商人の商店開設と多国間貿易の開始

現在入手可能ないくつかの名士録によると、日本の台湾統治開始前に日台貿易を発展させるため日本国内に商店を開いた台湾人商人は二人にすぎなかったのに[5]、一八九五年から一九四五年の間に日本に商店を開いた台湾人商人は少なくとも四二人もいたことが確認できる[6]。

一部の台湾人商人は、日本に商店を開き、日本の商品を中国、東南アジア、ヨーロッパに売り、またこれらの地域から商品を買い付けていた。たとえば、一八九一年に台湾北部の台北に生まれた葉徳興は、一九二一年に神戸へ移住したが、一九一七年以降バナナとパイナップル貿易の指折りの商人になった。一九三七年からは、満洲、華南、南アジアで、海産物、食品雑貨類、日常用品、医薬品を取り扱うまでに貿易事業を拡大した[7]。

また、別の台湾人商人たちは、日本と貿易をおこなうために、日本ではなく中国に商店を構えた。たとえば、一九〇一年に台南で生まれた黄木邑は、二七年に汕頭に渡り、四一年に本店を上海に移し、日中貿易をおこなうために廈門、汕頭、広東、香港、南京に支店をおいた[8]。

いずれにせよ、日本商品の華南への輸出において、台湾は重要な役割を果たした。一九二五年から三四年の間に、台湾を中継して華南に再輸出された日本商品は、台湾から華南への輸出のほぼ半分を占めていた[9]。在日福建人商人は幾つかの産品について、次のような貿易をおこなっていた。たとえば、一九一九年当時は福建人商人が海産物取引を支配していたが、織物取引を扱っていた台湾人商人の周子文もこの種の取引をおこなっていた。周は、上海とシンガポールで共同資本の会社を設立し[10]、日本の海産物と織物を華南と東南アジアに売っていたのである。周の商店の支配人だった陳某は、神戸に住んでおり、日本の状況に通じていたからだった[11]。

以下、このような日台間接貿易に加え、台湾人商人は直接貿易でも積極的な役割を果たしていた事実をおさえておきたい。

2　日台直接貿易における台湾人商人の役割

日本で販売された最も重要な台湾産の物品は、米、砂糖、バナナ、パイナップル缶であった。[12] 一方、台湾における日本からの主要輸入品は、織物、肥料、鉄、材木であったが、輸入品のうち四〇%が雑多な品目を占めていたため、輸入のパターンは輸出パターンほど集約されていなかった。[13] 上に挙げた主要物品についての台湾人商人の役割は、以下の通りである。

米貿易

一九〇五年以前、日本人商人は台湾米の輸出にそれほど興味を示さなかったために、台湾米の日本への輸出量は総生産量の八%以下にすぎなかった。ところが、一九二五年頃には、輸出量が総生産量の五分の一を占めるまでに増加したのは、[14] なぜだろうか。

一九〇一年に、台湾米の日本向け輸出において最も大きなシェアを持っていたのは、大和行店主の陳志誠であった。台湾米を神戸、長崎、門司、東京へ輸出していた貿易商の一九人中九人が台湾人であり、その九人で四九三七・六三石（約九〇万リットル）を輸出していた。残りの一〇人は日本人商人で、計二二〇四・八石（約四〇万リットル）を輸出していた。日本人商店のうち最大のものでも四八四・五石（約八万七〇〇〇リットル）しか輸出していなかったのに対し、台湾商の大和行だけで一〇八〇・〇三石（約一九万五〇〇〇リットル）を輸出していたのである。

台湾重要物産同業組合規制の発布により、一九一五年に台湾米の輸出を監督するための台湾米穀移出同業組合が設立された。この組合には、日本人商人一八人、台湾各地の商人二八人が所属していた(15)。同年に一万袋以上の台湾米を日本に販売した米穀輸出商のうち、日本人が一〇人、台湾人が八人、イギリス人が一人だった(16)。ところが一九一六年四月から二二年一二月までの米穀移出同業組合では、三〇の輸出商が台湾人で、一四の輸出商が日本人になっていた。一九〇一年から一六年の間に、米穀の輸出を取り扱う台湾人貿易商の数は二倍になっていたのでる(17)。

台湾北部の米穀商は、一八九九年から台湾米の日本輸出を始めた。米生産の中心地帯である台湾中部の米は、それまでは中国大陸に輸出されていた。しかし、大陸向けの貿易が縮小するにつれて、中部産の米は北部へ移送されて、三井物産や北部の台湾人貿易商によって日本へ輸出されるようになった。一九〇五年以降は、鉄道整備の完了と高雄港の発展に伴い、台湾中部の米穀商が自ら輸出業務をおこなった。これらの米穀商は織物や食料雑貨も取り扱った。一九〇六年には、こうした物品取引をおこなう日本国内の市場は、神戸から長崎、横浜へと広がった。

一九〇七年以降、台湾米穀公司は米の販売を委託されたが、その本店は台中にあり、支店は神戸と横浜にあった。この台湾米穀公司の社長は林季商、副社長は林烈堂であり、両者ともに霧峰林家という台湾中部で最大の一族の出身であった。一九〇七年から〇八年にかけて、台湾米穀公司は一二万袋の米を神戸向けに、四万袋を横浜に向け輸出し、台湾中部米の輸出を拡大した。後に同公司は、林烈堂のグループと林季商のグループに分裂した。林烈堂側は米と砂糖を扱う会社を設立したが、一年半しか続かなかった。林季商のほうは霧峰林家の当主である林献堂をトップとする会社を設立するまでに発展し、台湾米を東京と横浜に輸出し続けた(18)。

一九三二年に書かれたある文章によれば、一八九八年以来日本人米穀商は台湾米を日本へ輸出していたが、台湾原産の米の質が日本の市場の関心をそれほど集めなかったため、貿易量はそれほどでなかったという。一九二〇年代以降に精米された蓬萊米や糯米の生産が始まってからは、日本市場での台湾米に対する関心が高まったが、それでも、米穀輸出商よりもむしろ現地の米仲買人に取引をさせようとしていた。いずれにせよ、日本の台湾米市場は、関西・関東地域から、沖縄、北海道、九州に拡大し、ほぼ日本全国を網羅するようになった(19)。

一九三二年には、台湾米の日本向け輸出において、日本人商人はさらに優位になっていた。三井、加藤、杉原、三菱が四大米輸出業者であった。一九四〇年に米輸出業者が集まった際、出席者のほとんどが日本人であり、例外的に台湾人業者が出席していた。[20] 例外的な一人として、劉金声という米穀商が一九三三年に大規模な取引をおこなっており、米穀商として成功していたことが記録されている。彼は、一九三七年当時、台湾米穀移出同業組合の組合長であり、台湾米穀市場を代表する人物だった。[21] また、一八九八年に台北州の樹林で生まれた黄逢時は、一九四三年当時、愛国的な皇民奉公会のメンバーとして、台北州議会の議長に就任しており、台湾米穀公司の社長でもあった。[22] これらの例により、一九三二年以降に日本人商人が台湾米穀市場で急速に勢力を延ばした後も、そして戦時動員の時期においても、台湾人商人は、台湾の米輸出業においてそれなりの役割を果たしていたことが明らかであった。

砂糖貿易

日本統治初期には、日本の資本が不足しており、新しく改良された砂糖工場は現地企業が独占していた。近代的な工場の大多数も、台湾人が経営していた。日露戦争後、日本の資本は力を増し、一九〇九年から日本の企業は現地の近代的な工場を合併し、それを再編成し始めた。一九一二年、法律によって、台湾人商人は経営権が剥奪され、砂糖の株式会社で経営に携わるよりも、株主となることを強いられた。台湾銀行は砂糖会社を整理統合するために、独占的な五つの日本企業に補助金を支給した。一九二八年までに、そのうち残った三つの企業が、台湾の砂糖生産量の八四％と砂糖資本の八七・四％を独占した。これら三社は、台湾の砂糖生産における支配的な立場を利用して、日本への砂糖輸出を独占した。[23]

柯志明がその著書で描いた上記の変化は、部分的にではあるが、名士録によって確認することができる。しかし、その一方で、台湾人商人は一九三五年まで経営に関するいくつかの権利を維持していたこともうかがえる。たとえば一九一〇年頃、江口音三と王雪農は、合名で投資して斗六製糖会社をたちあげた。同社の三分の一の株を陳冠英が所有しており、陳はさらに砂糖を精製するために安部幸兵衛と陳晋臣と協力して、安泰製糖組合を設立した。[24] このほか、宜蘭出身の黄再

大阪の高島屋長堀店で開催された台湾物産展覧会（1925 年 8 月 1 日～ 25 日）［提供：朝日新聞社］
日台間における台湾人商人の経済活動は，実際には，華人ネットワークの上に築かれた．日本植民地期に日本に商店または会社を開き，名士録に載った台湾人商人のほとんどが神戸に店を開いていたことがわかる．台湾が日本へ割譲された当時，日本の東アジア向け貿易の半分が神戸港を通じておこなわれており，神戸の福建商人の出身地による結びつきは，台湾人商人が日本へ行くための足がかりとなっていた．写真には，謝平安将軍と范無救将軍の頭物人形が写っている．

寿は、砂糖の製造と販売に従事し、台湾、日本、朝鮮へ出荷していたこともわかっている。[25]

茶貿易

台湾の烏龍茶は、主にヨーロッパと米国に輸出されていた。この輸出には、イギリス人、アメリカ人、日本人だけが関与しており、台湾人商人がこの部門で演じた役割は比較的小さかった。一方、緑茶に近い烏龍茶の一種である包種茶は、その主要な市場が東南アジアにあり、輸出は台湾人商人と東南アジアの華商がおこなっていた。このほか、台湾の紅茶は一九二〇年以降に開発され、主に日本、満洲、ヨーロッパ、米国、東南アジアに輸出された。[26]日本人商人だけでなく、台湾人商人にも、紅茶貿易に関与するチャンスがあった。たとえば、新竹州の関西で生産された紅茶は、東アジアだけでなく、世界中でも人気商品であったが、一九〇二年に関西で生まれた羅享錦はこれを取扱い、しかも関西茶組合の組合長として活躍した。[27]

帽子貿易

一九一三年までに、台湾の帽子は、大阪の商人によって日本でも売られるようになっていた。一三年頃、台中に台湾帽蓆同業組合が設立された。裕福な帽子商は神戸に支店を開き、神戸の外国企業に帽子を直接販売するようになった。弱小の帽子商は、自分たちが取り扱う帽子の販売を、裕福な帽子商に委託した。[28]表3―1が示すように、一九三〇年までに四六の帽子輸出商が神戸に支店を構えていた。

一九三〇年に、中国本土、満洲に輸出されたわずかな数の台湾製帽子を除き、ほとんどの帽子が神戸に輸出された。そのうちの一〇%は日本国内で販売され、残りの九〇%中五〇―六〇%が米国に輸出され、四〇―五〇%がヨーロッパおよび東南アジアに再輸出された。台湾製帽子の生産地は、新竹、台中、台南などだったが、清水の帽子商が輸出品の六〇%を取り扱い、大甲の帽子商が二〇%、残りの二〇%が新竹、苑裡、彰化、通霄の帽子商によって取り扱われていた。[29]

表 3-1　台湾帽子の製造と移出業者（清水帽子検査所轄区）（1930 年）

商号	移出業者	資金（円）	成立時間	營業地	神戸出張員	帽子検査所轄区
泉興利商行	蔡螺	50,000	明治 44.2	大甲郡清水	蔡謀匏等 4 人	清水
興産帽蓆商行	蔡金	20,000	大正 5.1	大甲郡	蔡幽香等 5 人	清水
振順商会	蔡謀富	50,000	昭和 3.7	同上	蔡全等 4 人	清水
永和帽子商行	黄才樹	16,000	大正 14.9	同上	蔡謀啓等 4 人	清水
大成帽蓆商会	王静嶸	14,000	昭和 4.2	同上	王継徳等 2 人	清水
成昌商会	李欲成	5,000	昭和 3.4	同上	紀清雲	清水
源昌商会	陳生	8,000	昭和 4.6	同上	陳火枝	清水
協栄商会	顏約	5,000	昭和 3.11	同上	蔡式濤	清水
利春商会	王花九	10,000	昭和 4.4	同上	王春財	清水
共成商会	楊辛彬	15,000	昭和 15.4	同上	楊秋冬	清水
共栄組	倪萬春	10,000	大正 15.3	同上	蔡接枝	清水
共益公司	蔡謀燦	15,000	大正 43.4	同上	楊緒勳等 2 人	清水
源和帽蓆商会	顏陳鐸	5,000	明治 43.4	同上	陳金鐘	清水
裕盛帽蓆商会	蔡杉	15,000	昭和 4.4	同上	蔡欽賜	清水
瑞和商会	鄭硯	6,000	昭和 4.4	同上	林江	清水
興業製帽公司	紀慶霖	10,000	昭和 4.8	同上	紀清山	清水
栄昌商会	李義修	4,200	昭和 3.4	同上	李義招	清水
林慶春帽蓆商行	林海	10,000	昭和 4.4	同上	林再来	清水
共産帽蓆商会	蔡源	10,000	昭和 4.4	同上	蔡河	清水
林源商会	林清欽	2,000	大正 6.5	同上	林清忠	清水
元泰商行	李皆得	130,000	明治 42.4	大甲郡大甲街	呉海涼	大甲
泉徳商行	柯清河	100,000	明治 42.4	大甲郡	柯清標	大甲
徳明商店	陳啓明	70,000	大正 11.9	同上	王昭徳	大甲
甲産商行	王錐	20,000	大正 13.4	同上	東京，大阪，神戸と直接に取引	大甲
曾源益商行	湖文石	20,000	大正 13.2	同上	蔡接枝	大甲
美利堅商会	呉蕃薯	10,000	大正 14.2	同上	呉水	大甲
蔡隆順商店	蔡明月	5,000	大正 10.4	同上	蔡監	大甲
新盛進商行	呉士茂	4,000	昭和 4.2	彰化郡彰化街	紀乃文に委託	彰化
合豊商会	黄法	10,000	昭和 4.2	同上	王升	彰化
源美商会	李業頭	5,000	大正 14.1	同上	呉水に委託	彰化
昭和商会	周英	13,500	昭和 3.11	同上	王記	彰化
清水興産商会	洪溪	5,000	昭和 2.8	同上	蔡幽香	彰化
線西公司	林品	20,000	昭和 4.4	同上	林江に委託	彰化
茂泰商行	陳金鎮	20,000	大正 14.7	同上	黄聯陞	彰化
勝興商会	李金益	16,000	昭和 4.9	同上	周鎮	彰化
慶裕製帽公司	蔡裕元	16,000	昭和 4.2	彰化郡鹿港街	周火仁	彰化
榮昌商会	郭添丁	5,000	昭和 4.3	新竹州苗栗郡苑裡庄	郭金柱	苑裡
協和益商会	陳貴風	不詳	大正 4 年	同上	陳貴心	苑裡
豊益商会	葉炎	20,000	大正 13 年	同上	葉文章	苑裡
義豊商会	郭本	6,000	昭和 4.4	同上	陳義方	苑裡
劉和利商店	劉和尚	30,000	明治 43 年	同上	劉枝玉	苑裡
益田商店	益田律三	10,000	大正 7.4	新竹州新竹街	益田律三	新竹
竹産製帽公司	陳水來	15,000	昭和 4.3	同上	張栄金	新竹
泰誠株式製帽会社新竹出張所	勝田次郎	20,000	昭和 3.7	同上	本社	新竹
龍津商行	翁薛石龍	12,000	昭和 3.10	同上	杜茂川	新竹

［台中州『本島に於ける帽子』1930 年，51－54 頁.］

表 3-2　台湾貿易商人の国籍または属性（1929 年）

単位：千円

対外／対日	商人別	移出	移入	計	比率
対外貿易商	内地	11,145	39,364	50,509	52%
対外貿易商	本島	10,621	17,055	27,676	28%
対外貿易商	外国	9,628	6,282	15,910	16%
対外貿易商	台湾総督府	1,794	1,840	3,633	4%
対外貿易商	合計	33,188	64,341	97,728	100%
対日貿易商	内地	203,034	90,264	293,299	77%
対日貿易商	本島	31,020	39,222	70,241	19%
対日貿易商	外国	68	3,469	3,537	1%
対日貿易商	台湾総督府	4,583	7,314	11,998	3%
対日貿易商	合計	238,705	140,369	379,075	100%

［『台湾日日新報』1930 年 10 月 2 日；『台湾時報』第 132 号，1930 年 11 月，38 頁（許世融氏の親族より提供）．］

帽子業は神戸に住む台湾人商人の最もポピュラーな投資先であった。(30)実際、神戸の台湾人商人は、ほとんどが帽子商だった。(31)

輸入業

多くの輸出業者は、同時に輸入業者でもあった。たとえば、一八八五年に新竹で生まれた張聡明は、炭の輸出業者であり、香港、広東、上海、廈門など中国各地で活発に営業活動をしていた。一方、張は、三井物産や三菱商事、そして他の国からも肥料とセメントを輸入していた。(32)

一九三〇年一〇月二日付の『台湾日日新報』は、台湾の対外貿易に従事するさまざまな業種のシェアを簡潔にまとめている。それによると、日本人商人は（日台貿易以外の）台湾の外国貿易では五二％、日台貿易では七二％のシェアを有していた。台湾人商人は、外国貿易では二八％、日台貿易では一九％のシェアを占め、全商人中二位につけていた。対中貿易や対東南アジア貿易では、台湾人商人が、文化的またはその他の理由で最も優勢だった。石炭、樟脳、アルコール、砂糖、蜂蜜、セメントは、主に日本人商人によって台湾から輸出された。茶は、場合によっては日本人商人や外国の商人によって売られ、別の場合には台湾総督府も扱っていたが、台湾人商人のシェアは小さかった。大豆油粕、硫黄、小麦、ジュートバッグ、ランプ用油、ディーゼル油、燃料に使うケロシン、鋼鉄は、主に日本人商人によって輸入された。アヘンとタバコは台湾総督府が直接輸入した。

輸出の面では、台湾人商人は、しばらくの間活発であったが、日本人商人の興隆とともに、その役割は縮小していった。砂糖の輸出が増加したのは、主に日本人商人の影響によるものであった。台湾人商人は、日本人商人に太刀打ちできなかった。輸出と比べ輸入品については、台湾人商人はいくらか有利な立場を獲得する傾向にあった。しかし、ほとんどの商品は日本人商人によって輸入されていて、彼らは特殊な商品も販売していた。表3-2は、台湾の対外貿易に携わる商人の、それぞれのシェアを示している。

3 台湾—日本、台湾—華南、台湾—東南アジア 台湾—満洲間の経済関係の比較

まず、台湾人商人の日本への移住と投資と、台湾人商人の華南や東南アジアでの同様な活動とを比較してみよう。台湾人の日本移住者における商人の割合は、東南アジア移住者におけるそれよりも低く、ましてや満洲移住者における商人比率と比べるとずっと低かった。

日本の国勢調査によれば、一九三七年に盧溝橋事件が起きた時、多くの台湾人が徴兵を逃れるために日本へ移住し、労働者または職員として働いた。一九四五年一一月一日当時で二万五二九一人の台湾人が日本に在住しており、その八一％が一五歳から三〇歳の青年であった。その一部は、日本で勉強している学生であり、兵器工場に勤める若い労働者たち、戦場から引き揚げた兵士たち、兵士となるかわりに軍需工場で働いていた労働者たちもいた。[33] これらの戦時移民を含むと、日本における台湾人移住者の総数は、一九四〇年に頂点に達していた。しかし、このような戦時の状況を除外すれば、日本へ移住した台湾人は、わずか一万五〇〇〇人しかいなかった。この数字は、華南における台湾人移住者数よりも低かっ

たが、東南アジアと満洲よりは多かった。
一方、一九三七年以前、華南の福建省では二万から二万一〇〇〇人の台湾人がおり、廈門にはそのうちの一万八〇〇〇人、福州は二〇〇〇人、漳州と泉州に数百名がいた。[34] 福州、汕頭、そしてとくに廈門では、台湾人人口が日本人人口を大きく上まわっていた。[35] 上海の台湾人人口は、一九三五年に六一六人、三六年に六五一人、三七年に六七八人だった。[36]
一九三一年の満洲事変の後、多くの将兵が台湾から上海に派遣されたが、さらに多くの台湾人商人が日中戦争のための物資の取引に関与していた。[37] 満洲の台湾人の数は、一九一一年には六〇人だったが、三二年には五〇〇人、三八年には六〇〇人に増え、[38] 一九四五年には一〇〇〇人以上に増加していた。[39] 東南アジアに移住する台湾人の数は、一九二六年には五二二人と登録されていたのに、四二年には約三〇〇〇人にも達していた。[40]
日本への台湾人移住者の数は、東南アジア移住者よりも大きかったが、その多くは政府や学校に勤務しており、商人の占める割合は一〇%以下であった。[41] これとは対照的に、廈門、タイ、フィリピン、インドネシアの台湾人移住者のほとんどは商人であった。[42]
戦前の東南アジアには、西欧諸国による資本蓄積があったため、台湾人はその投資において、重要な役割を果たすことができなかった。一方、中国向け投資についていえば、一六〇〇年頃から一八九五年までは台湾の方が中国資本の流入する場所だったが、一八九五年以降は台湾人の資本が華南に流れた。そこでの台湾人商人の資本は、日本人の資本よりも影響力があった。なぜなら、日本の海外投資は、満洲と華北に集中していたからであった。[43]
投資の種類に関していえば、日本における台湾人商人の最も重要な投資先は、麦わら帽子、真珠、食料雑貨、飲食店といった中小規模の商売だった。[44] 華南や東南アジアでの台湾人の投資とは対照的に、日本での投資では大規模な製造業に関係するものはわずかだった。また、南京国民政府下の華南や上海における台湾人の投資とは対照的に、日本にいた台湾人は大規模な近代的銀行を持っていなかった。さらに、日本の台湾人は、華中の台湾人が持っていたような大規模なインフラ（電力会社、運河、鉄道）も持っていなかった。華南の台湾人は、近代的または伝統的な商品やサービス、規模の小さな

表 3-3　各地に於ける台湾人による経済活動の比較

経済活動＼地域	東南アジア	満州	華南	日本
貿易	4	2	3	1
投資	2	4	1	3
移住	3	4	1	2

［拙稿「日本政府と臺湾籍民の対東南アジア投資（1895-1945）」『アジア文化交流研究』第3号，関西大学アジア文化交流研究センター，2008年，455-485頁．同「日本の海運力と『僑郷』の紐帯―1930年代の台湾―満洲間貿易を中心に」（松浦正孝編著『昭和・アジア主義の実像―帝国日本と台湾・「南洋」・「南支那」』ミネルヴァ書房，2007年，344-371頁より作成.］

商店に加え、地元の銀行や近代的な銀行、インフラ、砂糖・タイル・製氷・製靴工場を所有していた。東南アジアの台湾人は、コーヒーやゴムのプランテーション、製氷や飴の工場を所有していた。廈門における大規模な事業には、農業プランテーション、炭鉱、製造業が含まれていた。台湾人経営の工場における労働者数は八〇名に達することもあった。(45)

信頼できる数量統計が不足しているが、質的証拠によれば、華南と東南アジアへの移住とそこでの投資は、日本への移住と投資よりも高いランクにあることが表3-3に示されている。

台湾の人々は、主に華南を出自としており、そこは東南アジア華僑の故郷でもあるため、これら二地域への台湾人移住者の多さは、文化的ネットワークの機能の結果として考えることができる。

とくに、中国国籍法が血統主義を採用し、さらに一八九五年の下関条約によって、台湾人は中国に居住していても日本国籍を得ることが許されたため、中国に移住した台湾人は実質的に二重国籍を持つことができた。二重国籍を所有していない場合も、台湾人はたいてい、もともとの移住先であった福建や広東に親族がいた。当時、外国人は、中国で土地を購入したり、中国人の雇用を禁止されたりしていたが、台湾人には可能であった。逆に、彼らは、中国人に賦課されていた「釐金」という国内運搬税を払わなくても済んだ。さらに、日本国籍の台湾人は治外法権の特権を享受しており、開港場の日本領事の保護を受けることができた。(46)これは、あきらかに台湾人の文化的ネットワークと日本の帝国建設に起因する政治的、経済的力が働いたために起こった二重のアドバンテージであった。

台湾人商人の海外投資の配分を「日本∧東南アジア∧華南」と表わすと、この式は東アジアにおける資本の相対的な供給を反映したものだと解釈することができる。台湾人による戦時株式、公債、郵便貯蓄投資を除外すると、[47]一八九五年から一九三七年までの日本の資本剰余金のうち二六〇兆円が台湾に流れており、それが日本植民地期の五〇年間に施設、設備、資本、製品へと生まれ変わった。逆に、台湾の資本が日本に入り込める余地はほとんどなかった。[48]同様に、満洲も多くの日本の資本があったが、それに比べ満洲に流れた台湾資本は少なかった。[49]台湾人の投資が華南と東南アジアで多かったのは、文化的結びつきを反映していただけでなく、東アジアの各地域での資本の相対的蓄積も反映していたことによる。結局、台湾資本は、資本が不足していた華南と東南アジアにおけるニッチを埋めていたということができる。

4 日本人、華商、台湾人商人の間の協力と競争

日台間における台湾人商人の経済活動は、実際には、華人ネットワークの上に築かれたものであった。日本植民地期に日本に商店または会社を開き、名士録に載った台湾人商人四二名を見てみると、そのほとんどが神戸に店を開いていたことがわかる（神戸二七、横浜二、東京七、大阪五、沖縄一）。台湾人商人は、一九〇〇年頃から神戸に移りはじめていた。[50]一九〇一年と〇二年には、台湾人商人は自分の店を持つ前には、神戸の福建出身の大商人の一人である泰益号のもとで、徒弟として働いていた。[51]

台湾が日本へ割譲された当時、関西地方の主要な港のうち、日本の東アジア向け貿易の半分が神戸港を通じておこなわれていた。神戸の広東華僑は香港、ベトナム、タイ、インドネシアとの貿易に特化していた。一方、神戸の福建華僑は廈門、フィリピン、マレーシア、インドネシア、ベトナム、ビルマ、インド、台湾に特化し、それぞれに棲み分けていた。

海外貿易を専門にしていた神戸の福建華僑は、台湾人と同じく、福建省の廈門と泉州を故郷としていた。[52] 神戸の福建商人の出身地による結びつきは、台湾人商人が日本へ行くための決定的な要因であった。

一九〇一年に、台湾最大の米穀商が日本へ輸出した米は神戸に向けて売られたが、日本人米穀商によって移送された台湾米は長崎に送られた。華僑は、すでに日本の米の輸入に重要な役割を果たしていたのである。一九〇七年、主に東南アジアから日本に輸入された米の五九・九五％は華僑によって輸入されていた。[53] 一九〇一年に台湾人米穀商が日本へ米の輸出を開始した時、日本国内の復興号、坤成号、徳源号、福昌号といった華僑の商店がその米の受入先だった。なかでも米の最大の引き受け商は、神戸の徳記号だった。[54] 復興号と徳記号が神戸の最も裕福な福建商人であった。[55] 台湾北部の米穀商に続き、台湾中部の米穀商も、日本の華僑に対して米を売るようになっていた。神戸の復興号、泰益号、東昌号、永発号、義益号、横浜の鼎豊泰、復興号、長崎の泰益号、源昌号、和昌号は、台湾の米穀商から米の販売の委託を受けるために、台湾米の価格を日本の市場価格の八〇―九〇％に設定した。[56]

米に加え、一九一六年に台湾から日本に輸出されたバナナの八〇％が、神戸港に送られた。[57] 一九〇三年以降、台湾のバナナは神戸の基隆商人によって販売された。一九三四年にはバナナは台湾の輸出産品の第三位になっていた。台湾バナナ

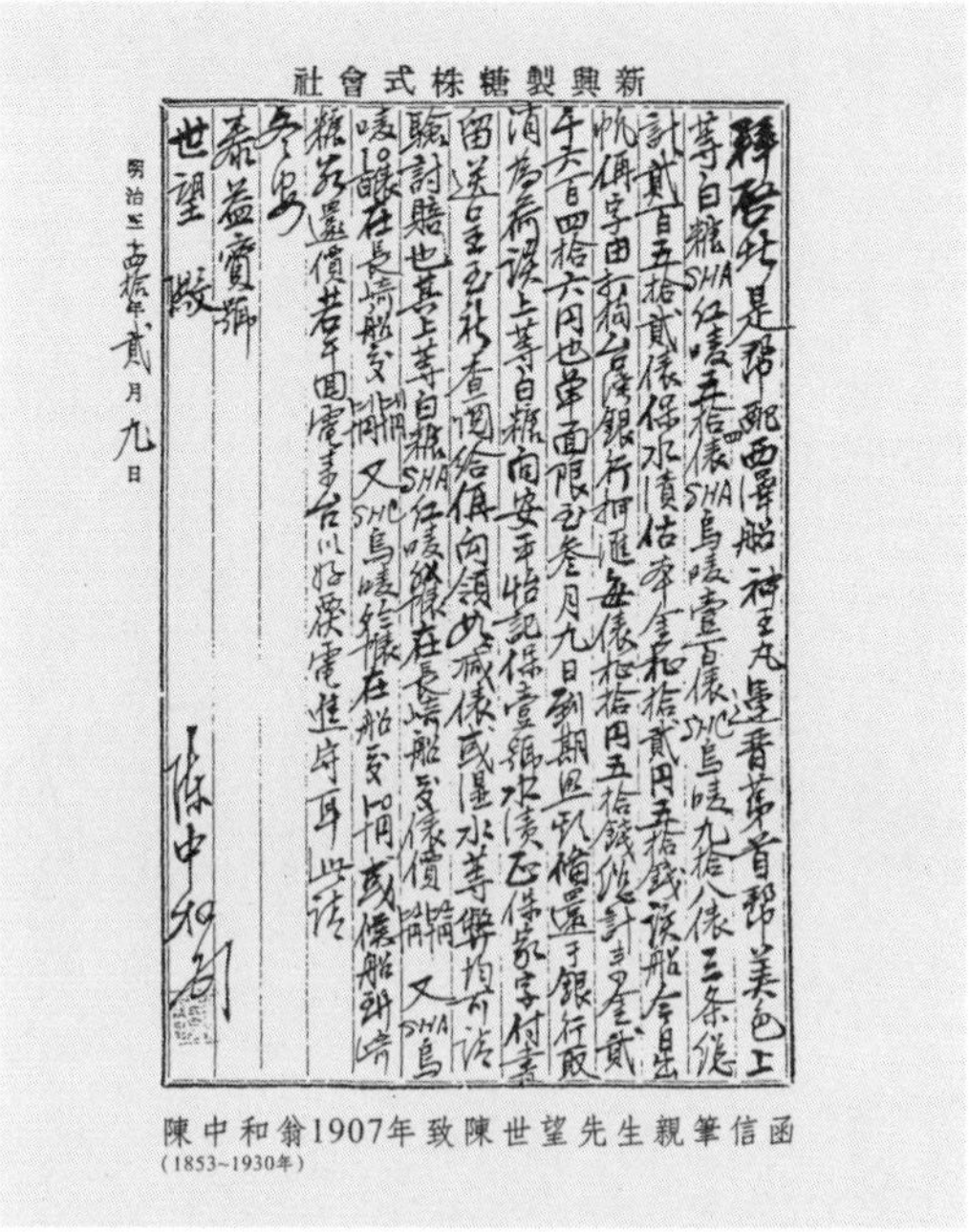

台湾人商人から長崎華商への書簡（1907 年 2 月 9 日）．［国史館台湾文献館］
台南最大の製糖業者陳中和から，長崎の華商泰益号に宛てたもの．書面には，商品内容，利用する船舶，決済方法について詳細に記されている．

を朝鮮や満洲へ転送していた下関などの都市に加え、東京と神戸が台湾バナナを輸入するのに最も重要な都市だった。[58]

一九〇二年から一一年の間、台湾各地の一一〇の商店が泰益号と文書でやりとりをしていた。[59] 泰益号は、台湾最大の一族である板橋林家が上海、廈門、台北に設立した店で、現地の銀行とも商売の上で密接に結びついていた。[60] 華人ネットワークは、中国大陸、日本、台湾にまたがった一族によっても築かれていた。泰益号と同じ福建の金門島を出身とする三兄弟は、隆順桟という名の会社を廈門、基隆、台北に設立し、泰益号と深いつながりを持っていた。[61]

多くの台湾人商人は神戸にまず奉公人または店員として働きに行き、そののち自分で店を構えた。たとえば、一九〇〇年に荘玉坡は台南出身の王雪農の経営する店で奉公人、店員として働いた。そののち、荘は海外市場で野菜、果物、海産物、食料雑貨を取引するために、自分の店を構えた。[62]

華僑と台湾人の間、または台湾人同士の間に、密接なコネクションが存在したことは、文化的結びつきが効果的な結果をもたらしていたことを意味する。しかし、時には、この文化的結びつきも日本の帝国建設の影響にみられる政治的、経済的な力には及ばないこともあった。

日台間貿易では、日本人商人も重要な役割を果たした。トミエイや菊元商店は、日本の織物の問屋だった。[63] 多くの台湾人商人は、こうした日本人商人とも協力関係にあった。たとえば、綿織物商の大稲埕の新義勝は、日本の第一級の企業と協力して、台湾に日本の綿織物を売り込んだ。[64] 何人かの台湾人商人は、一八九五年以前はイギリス企業の買弁だったが、一八九五年以降は日本の財閥の買弁となって、日台貿易を拡大させた。日本が台湾を植民地化した頃に、三井物産が台湾南部から米を購入しようとした。ところが、輸送システムが立ち遅れていて生産地からの直接購入が困難であったため、イギリス人商人に使われていた買弁たちが三井物産によっても使われた。買弁たちは、商品の買い付けに前金を使うため、莫大な買付資金を使った。重要な買弁商人としては、台南の新泰記、盧経堂、謝栄東、打狗の盧潤堂、怡記、張清輝がいた。石慶章、謝栄東、盧潤堂はテート徳記洋行の買弁、盧経堂と張清輝はボイド和記洋行の買弁、新泰記は初期からの三井物産の買弁であった。他の買弁たちも、そのうち三井や他の日本企業の買弁になっていった。[65] この台湾人買弁のうち何人かは、その後独立して商人として成功した。たとえば、一九〇五年から一七年まで三井物産と仕事をしていた張清輝は、その後綿織物業を続けたあと、最後には朝鮮人参輸入を独占する商人になった。(66)

華商と台湾人商人の間には、協力の範囲を超えた競争関係もみられた。一九三四年に台湾人商人の許望が新復興号を神戸に開いた。(67)すでに復興は、神戸の有名な華僑の名前として使われていたため、新復興号の設立は華僑と台湾人商人の競争を象徴するものとなった。さらに、華商の簿記の不正が発覚し、一九〇七年以降台湾中部の台湾人米穀商たちは、自分たちの商社を設立するようになった。(68)

制度的には、華商との競争のために、台湾総督府は組合設立を奨励した。一八九五年以前は日本の東アジア向け貿易において、華商が支配的な地位を占めていた。一八九五年頃には、日本政府が華商に対抗するために多くの組合を設立した。(69)日本政府が台湾を支配するようになった後、一八九九年に設立された台湾銀行は、輸出組合の設立に低利息の補助金を融資した。しかし、台湾における組合設立が奨励されるようになったのは、第一次世界大戦の勃発で、日本製品に対して華南と東南アジアの市場が開かれるようになった時であった。低利息融資以外にも、台湾銀行は関連分野での貿易を促進するために多くの出版物を発行した。(70)

日台の経済関係では、多くの台湾人商人が関連分野の組合長となった。たとえば、茶商だった羅享錦は、関西茶組合の組合長であった。(71)中国大陸から来た商人たちを基礎とした伝統的な台湾人貿易商のギルドは、台湾総督府によって支持されていた日本式の組合へと変容した。王雪農、許蔵村、謝群我といった台湾人商人は、一九一八年頃にこのような組合の長となった。(72)

日本による植民地化の初期には、台湾における日本貿易の一部はダグラス汽船会社と香港・日本居住の華商によって担われていた。大阪汽船が日台間の直接貿易をおこなうようになると、多くの台湾人、日本人商人はそれまで利用していた華商を通じた貿易から、大阪汽船による直接貿易に乗り換えた。(73)香港が日本、台湾にとっての貨物集散地としての役割を果していた時は、台南が積み替え港として重要な港であった。日本植民地期に基隆と高雄が貿易港として重要になると、

表3-4　在日華人人口数

年	中国大陸出身	台湾出身
1920	14,258	1,703
1930	30,386	4,611
1940	19,453	22,499

［過放『在日華僑のアイデンティティの変容』東信堂，1999年，45頁.］

台南は落ち目になった。神戸に店を開いた台湾人商人のうち、台南出身者の割合は、台中州の大甲や清水出身者（帽子貿易のため）の割合と肩をならべ、台湾の他の地域出身者の占める割合を上まわった。このことは、ある商人が語ったように、台南の衰退が原因だったという[74]。

日本植民地期には台湾人の日本への移動に制限がなかったが、中国大陸から中国人が日本に移動するのには制限が設けられていた。広東人や福建人の商人たちの一部は、台湾に二か月程度滞在して日本国籍を得ると、さらに日本へ向かい、そこで貿易や商業に従事した[75]。

日本での台湾人商人の投資は、ヨーロッパの商人が東アジア地域での貿易から一時的に離れた第一次世界大戦期にも盛んになった。たとえば、一八八一年に台南で生まれた蔡炳煌は、単身神戸に行き、ある日本企業に勤めた[76]。彼は、一九一五年に第一次世界大戦によって開かれたチャンスをものにしようと、怡利公司を作って海産物と食料雑貨品の取引をおこない始めた。

その一方で、華南と東南アジアにおける台湾人商人の経済活動は、これらの地域において日本政府が影響力を増した一九三〇年代と四〇年代に急速に増加した。表3-4は一九二〇年、三〇年、四〇年の日本における中国大陸出身者と台湾出身者の人口変化を示している。日中戦争時期、中国大陸出身の華商は、台湾出身の商人に数の上でも完全に圧倒された。これらの現象は、海外への台湾人の移動が、その移住先における日本の影響力の浸透と足並みをそろえていたことを意味している。

おわりに

日台経済関係における台湾人商人の役割を無視してきた何人かの台湾人歴史家に加え、日本人歴史家も台湾人商人の役割を低く評価してきた。たとえば、松井明太は、米と海産物の貿易は日本の企業に支配され、台湾人商人が独占できたのはパナマ帽の輸入のみだったと述べている(77)。

ところが、実際は、台湾人商人は日本国内に自分たちの店を開き、台湾の物産や商品を販売する一方で、日本の商品を台湾に輸入しており、さらに華南、東南アジア、ヨーロッパにも日本商品を輸出するなど、日台の間で積極的な役割を果たしていた。日本統治の開始後、日台貿易は拡大し、これにともなって台湾人商人が活動する機会を得たのである。

台湾人の日本向け投資は、鉄道や銀行といったインフラや、大小の規模の事業を含んでいた華南向け投資とは異なっていた。また、不動産業や近代的銀行経営などがおこなわれた華南とも違っていた。台湾人の微々たる日本投資は、むしろ彼らの満洲向け投資と類似点が多かったことが指摘できる。どちらの地域にも日本の資本が大量に注ぎ込まれたため、台湾資本の需要が低かったのである。その一方で、泉州や漳州との文化的ネットワークや台湾資本の不足によって、台湾は華南や東南アジアと、より密接な関係をもつようになっていた。

日本の華僑は、台湾人商人の日本進出の道を切り開いた。華僑の店で徒弟となり、その後自分自身の店を開くというのがその一例であり、在日華商が日本に台湾商品を最初に売り、それらの台湾商品はまず在日華商に売られていたのである。戦前の神戸は、台湾人商人とのコネクションが多かったので、台湾人の日本向け投資において、とくに重要な都市であった。この点は、次の第四章を参照されたい。

他方、政治的、経済的な力も看過できない。ここでの政治的、経済的力とは、第一次世界大戦中に日本が東アジアにおいて影響力が拡大したことや、台湾人商人の組合結成に対する日本政府の強い後押しがあったこと、日本の台湾支配と日本の汽船や船舶を使用するために基隆と高雄が開港した結果、日本と香港の間の華人ネットワークが日台間の直接貿易にとって代わられたことなどを含んでいる。さらに、多くの台湾人商人が、日本人商人と協力関係を結んだ。華僑のなかには、台湾人商人による貿易機会の取得を制するために、台湾に移って日本国籍を取得する者もいた。

それゆえ、日台経済関係における台湾人商人の活動は、華人の文化的ネットワークと、日本の政治的、経済的な力との相互関係を示しているといってよい。ただし、華人の文化的ネットワークがより機能している場合は、台湾人あるいは華商の自律性を見てとることができる。これに対して、日本の政治的、経済的な力が影響を及ぼしている場合には、本章で見たように、台湾人商人または華商は台湾総督府への従属性を強めたのである。

注

1 拙稿『台湾的人口変遷與社会変遷』(台湾研究叢刊)、台北：聯経出版事業公司、一九七九年、一八、二九頁。*British Parliamentary Papers: Embassy and Consular Commercial Reports*, Vol. 6, Irish University Press, 1971, p. 116.

2 拙稿「経貿与政治文化認同：日本領台為両岸長程関係投下的変数」『「中国歴史上的分与合」学術研討会論文集』台北：聯経出版事業公司、一九九五年、三三五―三五七頁。

3 台湾省文献委員会編『台湾省通志』巻四(経済志・商業篇)、台北：台湾省文献委員会、一九七一年、二八三頁b。

4 同前、一七〇b―一七一b頁。

5 杉野嘉助『台湾商工十年史　全』台北：台北印刷株式会社、一九一九年、三九八―四八三頁。

6 台湾新民報社調査部編『台湾人名辞典』台北：台湾新民報社、一九三七年、三七、四五、一〇二、一五三、二三七、二四六、二五九、二七三、三三五、三七一―二、三八四、四五四頁。興南新聞社編『台湾人士鑑』台北：興南新聞社、一九四三年、九、六六、一四七、一五六、四一九頁。台湾新民報社調査部編『台湾人士鑑』台北：台湾新民報社、一九三四年、復刻版：湘南堂書店、一九八六年、一五四、一八一頁。角田嘉宏「神戸の華僑企業」(甲南大学総合研究所編『神戸と華僑』甲南大学総合研究所、一九九三年、一二三頁)。尤昭福「神戸における台湾系華僑の歳時」(同上、一二四頁)。『台湾人名辞典』三七一―二頁。菅原幸助『日本の華僑』朝日新聞社、一九七九年、九五、三一四頁。

7 浦田丈夫、上野幸佐『台湾米穀年鑑』台北：台北活版社、一九二三年、一七七頁。

8 興南新聞社編、前掲書、一五六頁。

9 井出季和太「時局と支那貿易概況」、之吉英樹「台湾の中継貿易」(『台湾時報』台北：台湾時報発行所、一九三四年、七〇、一〇〇—一〇一頁)。

10 台湾総督府『台湾列紳伝』一九一六年、五八頁。

11 台湾日日新報社『台湾日日新報』一九一八年一月六日。

12 周憲文「日据時代台湾之対外貿易」『台湾銀行季刊』Vol. 9, No. 1、台湾銀行経済研究室、一九五七年六月、四七頁。

13 同上、五八頁。

14 Ka Chih-ming, *Japanese Colonialism in Taiwan: Land Tenure, Development, and Democracy, 1895–1945*, New York: Westview Press, 1995, p. 67.

15 上野幸佐『台湾米穀事情』台北：台北活版社、一九二七年、八四—八八頁。

16 台湾総督府民生部殖産局『台湾の米』一〇三号、台北：殖産局、一九一五年、四六—四七頁。

17 『台湾米穀年鑑』台北：活版社、一九二三年、一七七頁。

18 台湾銀行総務部調査課『中部産米の取引及金融の沿革』台北、一九一二年、二、四、一六、二六、四七—八、五六—七、六七—八、七〇—一、七四頁。

19 石川宙平『台湾の米取引問題について』台北：台湾経済タイムス社、一九四二年、二、八、二一、三六頁。

20 台湾総督府陳列館『台湾商品概説』一九三一年、九頁。

21 興南新聞社編、前掲書、四四三頁。台湾新報社編『台湾人名辞典』四一九頁。『台湾日日新報』一九四〇年。

22 興南新聞社編、前掲書、一五九頁。

23 Ka Chih-ming, *Japanese Colonialism in Taiwan*, pp. 79–81.

24 杉野嘉助、前掲書、四八三頁。

25 前掲『台湾人名辞典』一二七頁。

26 Man-houng Lin, “The Multiple Nationality of Overseas Chinese Merchants: A Means for Reducing Commercial Risk, 1895–1919, *Modern Asian Studies*, Vol. 35, Part 4, October 2001; 拙稿「華商と多重国籍—商業的リスクの軽減手段」『アジア太平洋討究』第三号、早稲田大学アジア太平洋研究センター、二〇〇一年、九五—一一二頁。

27 『新日本人物大系』東方経済学会出版部、一九三六年、六九〇頁。

28　台中州『本島に於ける帽子』一九三〇年、三、七五頁。
29　「在日華僑経済実態調査報告書」『華僑資料』第三巻、一九四七年、四六—四七頁。
30　台湾総督府殖産局『商工資料』No. 1、一九三〇年、二二—二三、二九—三〇頁。
31　中華会館編『落地生根—神戸華僑と神阪中華会館の百年』研文出版、二〇〇〇年、四〇〇—四〇六頁。
32　経済安定本部総裁官房企画部調査課『在日華僑の経済実態調査報告書』四六—七頁。
33　許淑真「第二次大戦後在日台湾出身者の国籍取得について」『近百年日中関係の史的展開と阪神華僑』科学研究成果報告書、一九九七年、四〇頁。
34　林真「抗戦時期福建的台湾籍民問題」『台湾研究集刊』廈門、一九九四年二月、七一頁。
35　台湾総督官房外事課『台湾と南支那』台北、一九三七年、一三頁。
36　荻洲生「在滬台湾人の近況」『台湾時報』一九二八年五月、一六〇頁。
37　同上、一五七—九頁。
38　『盛京時報』一九三八年八月九日。
39　拙稿「日本の海運力と『僑郷』の紐帯——九三〇年代の台湾—満洲間貿易を中心に」（松浦正孝編著『昭和・アジア主義の実像—帝国日本と台湾・「南洋」・「南支那」』ミネルヴァ書房、二〇〇七年、三四四—三七一頁）。
40　拙稿「『大中華経済圏』概念の一考察—日本統治時代の台灣商人の活動」（飯島渉編『華僑・華人史研究の現在』汲古書院、一九九九年、一八五—二二八頁）。
41　経済安定本部総裁官房企画部調査課『在日華僑経済実態調査報告書』四六—七頁。
42　拙稿、前掲「『大中華経済圏』概念の一考察」。
43　拙稿、前掲「経貿与政治文化認同：日本領台為両岸長程関係投下的変数」三四四—三五七頁。
44　内田直作編『留日華僑経済分析』河出書房、一九五〇年、一七九頁。
45　華南、東南アジア、満洲における台湾人の投資については、拙稿「日本政府と台湾籍民の対東南アジア投資（一八九五—一九四五）」『アジア文化交流研究』第三号、関西大学アジア文化交流研究センター、二〇〇八年、四五五—四八五頁〉を参照のこと。上海での台湾人による投資については、拙稿、前掲「経貿与政治文化認同：日本領台為両岸長程関係投下的変数」を参照。
46　台湾総督官房調査課『台湾と南支、南洋』一九三五年、一六頁。
47　周憲文、前掲論文、二七頁。

48　台湾総督官房外事課『台湾と南支那』一八―九頁。中村隆「『台湾籍民』をめぐる諸問題」『東南アジア研究』四二四頁。子固「台湾経済与日本」『台湾銀行季刊』創刊号、台湾銀行金融研究室、一九四七年六月、一四三―一四四頁。
49　朱徳蘭『長崎華商貿易の史的研究』芙蓉書房、一九九七年、六八、一〇四―五頁。
50　前掲『台湾人名辞典』二〇五頁。
51　前掲『台湾人名辞典』七五、八二頁。
52　盧冠羣『日本華僑経済』台北：海外出版社、一九五六年、一八―二三頁。
53　中華会館編、前掲書、三九頁。
54　『台湾日日新報』一九〇一年七月二一日、同年八月二五日。
55　陳來幸「鄭孝胥日記に見る中華会館創建期の神戸華僑社会」『人文論集』三一―二、神戸商科大学、一九九六年、一五頁。
56　台湾銀行総務部調査課『中部産米取引及金融の沿革』一、二、四、一六、二六、四七、四八、五六、五七、六七、六八、七〇、七一、七四頁。
57　台湾総督府殖産局『台湾に於ける甘蕉』殖産局出版、一九一六年、一三三頁。
58　台湾総督府殖産局『台湾に於ける産業』殖産局出版、一九三五年、一、四八頁。『大阪時事新報』（一九二一年五月三一日～六月一九日）によれば、日本人や台湾人商人がバナナを神戸と門司に輸出したのは一九〇二年からである。また、台湾中部がバナナを日本向けに販売開始したのは一九〇八年だった。
59　朱徳蘭、前掲書、一〇五頁。
60　朱徳蘭、前掲書、六八、一〇四―五頁。
61　朱徳蘭、前掲書、一〇八―一一〇頁。
62　前掲『台湾人名辞典』二〇五頁。
63　杉野嘉助、前掲書、五〇二、五〇五頁。
64　杉野嘉助、前掲書、五〇六頁。
65　杉野嘉助、前掲書、一二二頁。
66　興南新聞社編、前掲書、一一四頁。
67　前掲『台湾人名辞典』八二頁。
68　台湾銀行総務部調査課『中部産米の取引及金融の沿革』一、二、四、一六、二六、四七、四八、五六、五七、六七、六八、七〇、七一、七四頁。
69 陳來幸、前掲論文、一五頁。
70 『台湾銀行十年後志』台北：台湾銀行、一九一六年、四九五頁。
71 前掲『新日本人物大系』六九〇頁。
72 杉野嘉助、前掲書、四九三頁。
73 『台湾日日新報』一八九九年六月一日、一九〇一年八月一日。
74 『台湾日日新報』一八九九年九月九日、前掲『台湾人名辞典』一五三頁。
75 内田直作、前掲書、一八九頁。
76 前掲『台湾人名辞典』一五三頁。
77 松井明太「神戸と台湾出身華僑」『神戸と華僑』甲南大学総合研究所、一九九三年。

第四章

在日台湾人アイデンティティの脱日本化
――戦後神戸・大阪における華僑社会変容の諸契機

陳　來幸

はじめに

本章の目的は、世界他地域の華僑華人との比較において際立つ日本華僑の特色を抽出し、それによって日本社会に内在する固有の特質を逆照射することにある。第一に留意したのは、法制度と華僑社会の存在形態との因果関係という側面であり、第二に注目したのは、日本がおかれた国際政治情勢によって規定された、戦後華僑社会の変容という側面である。華僑社会におけるこの変化は、五〇年間の日本統治下で形成された台湾人の民族アイデンティティが、中華民国国民の身分付与という制度転換とともに、新たな国民意識の形成を要請されたことに端を発する。

以下では神戸、大阪を中心とする関西地域の事例を検証の対象とするが、指摘される諸点は東京、横浜など他地域の華僑社会にも底通する問題である。主として阪神地区を分析する理由は、ひとつに、第一節で言及する日本の入国管理制度の根幹が定まった一八九九年当時、日本の対中国貿易総量の過半は神戸港経由であり、その後神戸港の座を脅かしたのは隣接する大阪港であったことによる。戦後の自由貿易復活期にも対アジア貿易の重要拠点としての役割が官民あげて期待された。なによりも、第三章でも紹介したように、戦前神戸の台湾人帽子商グループが現地の有力華商に勝るとも劣らない活躍をしていたことの意味が大きい。戦後一転中国国民となった台湾人の帰属意識を扱う第二節では、『華僑文化』『僑風』『僑聲』『国際日報』『新民主報』などの華僑刊行物を用いたが、多くは関西地域から発信されたものであり、戦争直後に華僑がもっとも集中していたのは神戸であった。

さて、台湾人のアイデンティティや戦後台湾人の帰属問題を扱ったものとしては、戴国煇、永野武、湯熙勇などの研究を挙げることができる。(1) また、戦後華僑社会の組織的変遷を扱う専門書や華僑内部から組織史の出版が最近相次いでいる。(2) なかでも、東京を中心とする華僑組織の当時の関係者たちによって編纂された陳焜旺主編『日本華僑・留学生運動史』は、戦後華僑史研究の空白を埋める貴重な成果であるといえる。これに加え、戦後資料の所在が確認され、整理が加えられるとともに、これらを利用した本格的な研究も出始めている。(3) 本章では、これらの研究を踏まえつつ、華僑が集中していた京阪神地区を中心に、その華僑社会の変容過程を、台湾人の帰属意識とリーダーシップの確立という視点から見ていきたい。台湾人が戦後の日本で「新華僑」となった事実、そしてそれを受けて大きく進んだ戦後華僑社会の変動の様相を再確認し、一九七〇年代の終わりに至るまで在日華僑のほぼ半数を台湾省人によって占められてきたことの意味を改めてここで問い直してみたい。

在日華僑華人社会の構成が、一九八〇年代以降改革開放後に来日した大陸からの新たな「新華僑」の大量参入によって再び大きく様変わりしようとしている現在、戦後の台湾人参入による構造変化の分析と評価をおこなうことなく、日本の華僑華人社会を論じることはできないと考えるからである。

1　戦前における在日華僑社会の法的制約に関して――入国管理・就労居住制限・職業

十九世紀半ば、日本は、黒船の来港を契機に不平等条約にもとづく開国を迫られたが、約四〇年後の世紀転換期に、不平等条約の象徴と目されていた居留地と、本書第六、七章で問題とされる領事裁判権の撤廃を実現して、自主の国民国家として国際世界に立ち現れた。一方で、日本は台湾を一八九五年に領有するとともに、一九一〇年には朝鮮を併合した。欧米諸国との不平等条約関係化過程とアジアへの植民過程の二つが時を重ねて進行した点に、日本の近代の特徴がある。それゆえに、以下に焦点を当てる在日華僑の法的資格を軸とした二つの社会的事象、つまり、不平等条約の撤廃に伴い日本華僑の一部が内地雑居を始めたことと、戦後台湾人が日本の敗戦で一転戦勝国国民となったという事象は、日本が歩んだ特異な歴史過程の象徴的現象である。

一八九九年七月、日本は、欧米各国との個別の不平等条約の改訂を経て、国土内の外国人居留地を完全に撤廃し、不平等な治外法権が存在しない自主国家としての面目を取り戻した。同時に、それまで居留地での活動と、限定された雑居地での居住しか認められなかった外国人に対し、広く日本内地への門戸を開放して「内地雑居」を許可することとなる。この時発せられた内務省令三二号「宿泊その他に関する件」により、九〇日以上滞在する外国人については、警察への届け出が義務づけられた。現在の外国人登録制度の原型をなすものである。

さらに、無条約外国人と無国籍外国人に関しては、勅令三五二号「条約若は慣行に依り居住の自由を有せさる外国人の居住及営業に関する件」と内務省令四二号「施行細則」を発令し、労働者（農業、漁業、鉱業、土木建築、製造、運搬、挽車、仲士業、その他雑役に従事する者）の内地雑居と内地就業は、行政官庁（庁府県長官）による許可制をとることとした。そして、「公益上必要あり」と認められた場合には、いったん与えた許可を取消すこともできると定めた。(4) 時を同じくして発せられた内務大臣訓令第七二八号は、この勅令三五二号が、日本人労働者と業務上競争の結果軋轢を生じ、紛擾を来たし、「公安秩序を害する」おそれのある「清国労働者を取締る」ためのものであることを明言し、「雑役に従事」し得る者の許否は当分の間、いちいち内務大臣の指揮を待つこととされた。

つまり、許可を得て「雑役」に従事できる労働者と、炊飯、給仕などの目的で個人の家で使用される家事従事者以外の非熟練単純労働者に対しては、原則内地雑居と内地就業を禁止する、という基準で、日本の労働市場が中国人に開放されたのである。

つづいて、一九一二年一一月一六日の内務省訓令第一九二号により、理髪従業者と料理従業者に限り、内務大臣に伺いを立てなくとも地方長官に認可権限が一任される旨周知された。(5) 要するに、理髪と料理の二職種については、特別扱いがなされたのである。このことは、大正期以降中国人の理髪、料理従業者の入国を促し、他の職種の従業者の進出については相対的に歯止めをかける結果を招くことになった。

入国が制約されなかった華商と比較して、数量的には多数を占めるが、その詳細が明らかではなかった江蘇省出身の華僑理髪従業者と広東省出身の華僑ペンキ職人を例にとり、その日本への入国と内地での就業についての制度的相違について、筆者は別稿で分析を試みたことがある。(6) 両者の決定的な違いは、地方長官に認可権限が移譲され、日本内地での就業が比較的容易であった理髪従業者と、そうではなかったペンキ職人のその後の発展の違いである。理髪従業者は親方のもとで修業したあと独立し、国鉄の沿線に沿い、内地へ内地へと店舗を展開した。地の利を得た一部の理髪従業者は、終戦を契機に飲食店や遊戯業などへと転業して成功し、改革開放後には中国に進出するまでに発展を遂げた者もいる。一方、ペンキ職人は、日本の業者との競合の恐れがあると判断されたからであろう、居留地外での無許可労働は厳しく禁止された。従前から華僑が就労していた職業であるという理由で、旧居留地とその周辺の制限的雑居地内という狭い範囲に就労が制限された。不許可就労を摘発された中国人労働者は、従前の居留地雑居地での就労、あるいは転職、もしくは本国への帰還を選択せざるを得なかったのである。(7)

一九三六年における大阪と兵庫の華僑理髪従業者の数はそれぞれ四三七人と四六七人であるのに対し、同じ年のその他の職人・労働者の数は、兵庫が八〇二人であるのに対して大阪はわずか三三人と少なく[8]、旧居留地でサービス業に従事する広東人が多かった神戸（兵庫）と、理髪以外の雑業層がきわめて少数しか存在しなかった大阪の違いは明白である。

現在我々が目にする神戸市中央区中山手通三丁目一帯の広東人の集住状況や、広東人が圧倒的多数を占めたかつての横浜中華街の華僑集住状況が創出された原因のひとつは、外国人の就労および居住に課せられた制度的制約にあったことを指摘しておきたい。決して好んで集まって住んでいたわけではないというべきであろう。

平和な時代が日中全面戦争の時代に入ると、国内移動の届け出制など、敵性外国人に課せられたさまざまな制度的制約が、強圧的捜査、人権侵害という形をとって日増しに強まっていったことは改めて強調するまでもない。

2 戦後台湾人「新華僑」の誕生と華僑社会

台湾人の国籍回復と大陸籍華僑との統合

日本の無条件降伏により、在日台湾人はあいまいな身分の時期を経て、中国国籍を正式に回復した。中華民国行政院がすみやかに公布した「在外台僑国籍処理辧法」（一九四六年六月）は、台湾出身者の中国国籍の回復を一九四五年一〇月二五日にまでさかのぼって認めたが、日本政府が正式に台湾出身者と朝鮮出身者に対してその国籍の扱いを確定するのは、サンフランシスコ平和条約発効（一九五二年四月二八日）時である。それまでの間、旧植民地人である台湾人と朝鮮人に対しては、時に従前と同様の日本人として、時に都合よく外国人としての扱いがなされた。もはや日本国民ではなくなった彼らに対して、戦勝国としての連合国側にも属さないという意味で「第三国人」という呼称が使われたことは周知のことである。被排除感を募らせた台湾人はこれを一種の蔑称として受け止め、自らを「台湾省民」と呼ぶことが多かった。そして、これら台湾出身者は一時期、それまでの老（＝旧）華僑との区別の意を込めて「新華僑」と呼ばれた。華僑社会からは、戦後華僑の定義範囲は大きく「拡大」したと認識され、古い定義にこだわる人は「保守的」かつ「了見が狭く」「誤った考え」の持主と見られたのである。(9)

植民地時代の台湾から日本内地への移動による在日台湾人総数は一九二〇年が一七〇三人、一九三〇年が四万六一一人、一九四〇年が二万二四九九人であり、一九三〇—四〇年代が内地移動のピークを形成している。(10)この現象は戦前の一般華僑雑業層の入国と就業、結果としての同業組合結成のピーク時とも一致しており、日本の労働力市場の需要増によってもたらされた。日中間の戦争が激しくなると、日本占領地区の長江沿いの都市からも、応召による日本男子労働力の空白を埋めるように、理髪従業者などとなるために中国人青年が日本に入国している。そして、大戦末期には、台湾から徴用や少年工募集などによる非常時の内地移民がさらに増加した。

終戦直後、少年工らを含む短期滞在者の引き揚げ帰国が一段落した、一九四六年三月一八日現在における在日中国人総数三万〇八四七人中、台湾籍は一万五九〇六人で、全体の五一・六％を占めたが、二年後の七月時点でもそのほとんどは、さまざまな個人的理由により帰国せずに日本に残った。(11)これら台湾人のうち、約半数は戦時中台湾から徴用や召集によって来日し、残留した人々であったと見られている。(12)その後の台湾人総数の推移と在日中国人に占めるその割合は、約三〇年にわたって半数を占め続けた。(13)しかも、一九四七年一一月時点における在日中国人の数は、兵庫（神戸）、東京、大阪の順で神戸に最も集中し、阪神地区だけで一万一〇〇〇人を超えていた。(14)過半を占めた台湾人は華僑社会に新風を吹き込むと同時に、構造変化をもたらすこととなった。

戦後の混乱の収拾と身分不安定な華僑の権益保護に乗り出し、プレゼンスを大きくしたのが、戦勝国であり、ＧＨＱと太いパイプを持つ中華民国政府とその派遣使節としての駐日代表団であった。つまり、これまでになく祖国の国家としての力が個々の華僑の生存権の領域にまで及び、重要な役割を果たしたのである。

各地の大陸出身華僑と台湾出身者は駐日代表団の指導のもと、すみやかに華僑聯合会（地域によっては「華僑総会」と称した）を形成していく。一九四六年四月、各地華僑団体の代表は、熱海に集まり、第一回代表会議を開催して留日華僑総会を発足させた。ここでの決議に基づき、都道府県毎に統一した華僑聯合会が設立されることとなった。日本各地ではすでに別々に結成されていた台湾同郷会や台湾省民会と、大陸出身者からなる華僑団体などとの合併が進み、新たに華僑聯合会や華僑総会が成立していった。華僑聯合会は、留日華僑総会を通じ、準外交使節として駐留した中華民国駐日代表団僑務処の下部団体として位置づけられ、華僑登録から国籍取得の申請、紛争の解決、戦争中逮捕された華僑の保釈、戦勝国民としての配給に関するＧＨＱとの交渉、華僑の一括納税、復興時期における政令の解釈と施行に関する日本政府およびＧＨＱとの交渉など、さまざまな面において華僑の生活擁護のため、実質的かつ重要な役割を担ったのである。

とりわけ台湾人においては、一九四六年一二月三一日までに各地華僑聯合会などを通じて僑務処に登録し、「華僑臨時登記証（後に正式に「中華民国僑民登記証」）」を受領してはじめて「食料加配証」を得、華僑聯合会（総会）を通じてＧＨＱから食糧などの配給を得ることができた。そして、この「食料加配証」の所持は、中立国と戦勝国国民が特別配給受給の特権を享受するための必要条件でもあった。食料などの配給は、このように、ＧＨＱ――駐日代表団僑務処――華僑聯合会（総会）というルートを通じて個々の華僑にもたらされたのである。帰国の道を選ばず、日本に残留することを選んだ台湾人のほとんどは、華僑身分を進んで取得したといわれている。そして、他の華僑と同様に、一九四七年五月二日に公布された「外国人登録令」（勅令二〇七号）にもとづき、居住する市町村に登録し、外国人登録証明書の交付を受けるよう僑務処を通じて勧告され、これ以後はこの外国人登録証明書が配給受領のための証明書となる。

学生団体の合併も同様にスムーズに進んだ。学生が集中していた東京では、大陸出身の留学生と台湾人学生とが、戦後まもなくそれぞれ東京留日同学会（一九四五年一二月一六日）と台湾学生聯盟（同月一日）を成立させていたが、一九四六年一二月に両者は正式に合併し、中華民国留日学生東京同学会が発足した。同時に、全国の都道府県を統括する中華民国留日同学総会が一九四六年四月に成立し、主席に博定、副主席に羅豫龍が選任された(15)。発足当時約一七〇〇名いた中国籍の学生のうち、一一〇三名が同学総会に登録されていたといわれている。大陸・台湾出身を問わず、在住華僑の子弟たちもこの組織の一員となり、一九四七年春には『中華留日学生報』[16]が創刊された。
以上の通り、社会人、学生組織のいずれの場合においても、台湾人は大陸系の組織呼称に従うことに同意し、形式的にも実質的にも「華僑聯合会」や「同学会」の一員となった。「台湾は売られた子羊が再び牧場の飼い主の所にもどされた様ななつかしさで祖国に帰った」、と表現したある台湾人青年の言葉を借りれば、「吾々の血管に流れる祖国愛の血」[17]なるものが、この時代の台湾人を衝き動かしたといえるのであろう。同時に、学生と社会人とが協力して新しい時代を創っていこうという情熱が存在したことも、この時代の特徴であった。一九四七年四月に伊東で開催された第二回留日華僑総会代表大会では、黄廷富会長のほか、甘文芳、孫歩英とともに、元留日同学総会主席の博定が副会長に選ばれた。一般華僑と留日学生の両者が相提携することによって祖国の復興に貢献し、世界平和に寄与することが期待されたのである。[18]
祖国の政府の存在が、この時この場所におけるように、求心力を持ちえたことはかってなかったかも知れない。中国と日本が戦勝国と敗戦国の関係にあり、植民地支配から制度的に脱した台湾人が過半を占める華僑組織が、きわめて短期間で成立した。その上、かつての傀儡政府からの派遣生など、さまざまな背景を持った留学生が、急速に進行する中国本土のインフレの直接の影響を受けて困窮を極めていた。本土での国共内戦の行方と二・二八事件後の台湾情勢が懸念されるなか、さまざまな人々が中国政府の代表使節を後ろ盾に、自らの権益を守りつつ、日本社会で根を下ろそうと懸命にもがいていたのである。

台湾人知識層のリーダーシップと印刷メディア

留日華僑総会の機関誌『中国公論』(創刊号)に掲載された「在日華僑言論出版界の現状」から、戦後直後から一九四七年にかけて、雨後の筍のごとく叢生した新聞雑誌の概要を表4－1に示しておこう。この表から見てとれる明瞭な傾向とは、とりわけ新聞の刊行において、代表者が出身地不明の二紙を除き、残る一七紙のうち一五紙までが台湾人が代表者であった点である。つまり、華僑の言論をリードしていたのは当時「新華僑」といわれ、日本語が堪能な台湾省出身者であった。また、児童雑誌など一部を除いて、ほとんどが日本語あるいは日中両言語で出版されていたことから、一般華僑の共通語がほとんど日本語化していたことも窺い知れる。

なかでも、印刷部数一〇万部の『中華日報』（東京）と『国際新聞』（大阪）の二大華僑紙の役割は大きい。とりわけ、『国際新聞』は公称部数四〇万を誇り、華僑以外にも広範な読者層を獲得していたことから、報道内容の普遍性が評価されてしかるべきであろう。『国際新聞』は、一九四五年一〇月に創刊されたが、一九四七年六月に駐日代表団の指導のもとで改組された結果、中華国際新聞社株式会社として再出発を切った。第一回株主総会が六月二四日に開催され、正副理事長黄万居（台湾、大信実業社長、神戸）、林炳松（台湾、松永洋行社長、京都華僑総会副会長）、黄金火ならびに、正副社長林清木（台湾、東京商大卒、神戸）、梁永恩（広東省梅県、大阪華僑総会会長、国際新聞編集局長）が選出され[19]、翌年には、中国語紙の『華文国際』を発刊している。一方、東京の『中華日報』は、一九四六年一月二四日にタブロイド版の『中日公報』として創刊したものが、五月六日から大型紙となり、一二月一〇日以降週二回刊から日刊紙に切り替わった[20]。創立一周年に当たり羅錦卿社長は、中華日報社が「国民政府の意志を以て意志とする経営方針」のもと、印刷工場を充実させ、GHQと駐日代表団文化組に支えられて発展してきたことを強調したが、発刊三年後の一九四九年一月、用紙配給権を読売新聞社に売却して廃刊にしようとしたことが発覚して大問題となり、結局はその経営権は華僑の手から離れた。紙の入手が困難であった戦後直後の時期、華僑や留学生たちの表現と言論の場は、特別な配慮で確保された用紙配給の恩恵により、百花繚乱たる新聞雑誌が登場することによって確保された。GHQにつながる本国政府の一員としての帰属と、その法制度の傘の保護があってこそ実現できた言論の場であり、啓発の場であった。

日刊紙は、主として日本語で発行されたが、あえて中国語文で自らのアイデンティティを主張しようとした出版の動きも存在した。たとえば、京都で刊行されていた『僑風』誌は、華僑一般読者を対象とし、華僑の「文化レベルを向上させる」ことを目的とした。発刊に寄せた論説は以下のように分析する。在日華僑社会においては戦後に新華僑が生まれ、台湾同胞の国籍復帰によって、華僑の人数は大きな変動が生じた。多くの人々は、祖国の言語から永年にわたって隔絶を余儀な

表 4-1　戦後在日華僑言論出版界の状況（1945.10—1948.1）

名　称	発行社名（発行地）	創刊年月	代表者名（出身）	備　考
【新　聞】				
国際新聞	株式会社国際新聞社（大阪）	1945.10	林清沐（台湾）*	日刊，部数 40 万
中華日報	中華日報社（東京）	1946.1	羅錦郷（台湾）*	日刊，部数 10 万
中民公報	中民公報社（名古屋）	1946.10	黄清夏（台湾）	廃刊
中国科学産業新聞	中国科学産業新聞社（東京）	1946.10	陳克譲（台湾）	停刊
国際中国新聞	国際中国新聞社（茨城）	1947.5	連竹蛍（台湾）	廃刊
華民新報	華民新報社（東京）	1947.5	林師敬（広東）	旬刊，停刊
版画文化	新集体版画協会（神戸）	1946.9	李平凡（北平）	中日両文，停刊
民鐘新聞	国際民鐘社（東京）	1947.7	劉勝光（台湾）	週刊
政治経済新聞	政治経済新聞社（大阪）	1947.5	康啓楷（台湾）	週刊
中日経済新報	中日経済新報社（東京）	1947.8	林茂慧（台湾）	週刊
衛生新聞	衛生新民社（大阪）	1947.10	印栄新（台湾）	週刊
中国民衆公論	中国民衆公論社（神戸）	1947.10	鐘滬鴻（台湾）	週刊
週刊体育	週刊体育社（東京）	1947.8	蔡長庚（台湾）	週刊
中華通訊	中華通訊社（大阪）	1947.5	陳復明（台湾）	中文，日刊，停刊
中国通訊	中国通訊社（東京）	1946.10	曾永安（台湾）	三日刊
貿易通訊	貿易通訊社（名古屋）	1947	李鴻基（台湾）	週刊
華日経済新報	華日経済新報社（水戸）	1947.5	徐添鳳（台湾）	週刊
中華新情報	中華新情報社（小倉）	1947.9	程松権	週刊
国際産業貿易新聞	国際産業貿易新聞社（大阪）	1947.8	馬鶴宣	週刊
【雑誌】				
［総合雑誌］				
華光	華光社（東京）	1946.5	王金毓（東北）	中文，月刊
桃源	吉昌社（東京）	1946.10	韓吉昌（東北）	月刊
民鐘	国際民鐘社（東京）	1946.12	劉勝光（台湾）	月刊
僑風	僑風社（京都）	1947.3	劉光斗（華北）	中文，月刊
黄河	黄河社（大阪）	1947.5	荘三奇（台湾）	中文，月刊
中国文化	中国文化協会（京都）	1947.6	邱玉成（上海）	不定期
大同	中華民国留学生在日本文化研究所（京都）	1947.7	于中鎮（青島）	中日英三文，季刊
黄金	世界文化社（大阪）	1946.10	荘三奇（台湾）	月刊，廃刊（1 号）
中華公論	中華公論社（大阪）	不詳		停刊
中華パック	中華パック社（大阪）	1946.8	荘三奇（台湾）	週刊，廃刊（4 号）
新世紀	新世紀出版社（大阪）	1947.6	楊世統（台湾）	月刊，停刊
大都会	国際文化協会（名古屋）	1947.6	張清人（台湾）	月刊，停刊
特ダネ	国際文化協会（名古屋）	1946.5	張清人（台湾）	週刊，停刊
華文国際	国際新聞社（大阪）	1948.1	林清木（台湾）	中文，週刊
［科学雑誌］				
文化建設	経済学界（京都）	1946.9	房穎泰（広東）	中文，季刊，停刊
歯友	歯友社（大阪）	1947	邱栄新（台湾）	月刊，停刊
［婦女雑誌］				
新主婦	国際新聞社（大阪）	1946.8	康啓楷（台湾）	月刊，廃刊
淑女	中華学芸社（東京）	1948.1	門殿英（東北）	月刊
［児童雑誌］				

名　称	発行社名（発行地）	創刊年月	代表者名（出身）	備　考
児童読本	中国少年社（東京）	1946.3	不詳	中文，廃刊
中国少年	中国少年社（東京）	1946.12	楊大海（東北）	中文，月刊，廃刊
中華児童	中華民国留日華僑教育会（東京）	1947.7	詹永年（広東）	中文，月刊，停刊
我們的作文	東京中華初級中学校（東京）	1947.10	李敏徳（東北）	中文，廃刊
［経済雑誌］				
経済通信	華僑経済振興会（東京）	1947.6	林進輝（台湾）	月刊，廃刊（4号）
【華僑団体会報】				
僑声	大阪華僑総会	1946.8	中日両文，旬刊	
建設	新生台湾建設研究会	1946.8	日刊，不定期，謄写刷り	
留日華僑総会会報	留日華僑総会	1947.2	中文，15 日刊	
東京華聯会報	東京華僑聯合会	1947.9	中日両文，旬刊	
華僑婦女	東京華僑婦女会	1947.10	中日両文，月刊	
産研所報	中国産業科学技術研究所	1947.12	不定刊	
【留日学生団体会報】				
中華留日学生報	中華民国留日同学総会	1947.1	中日両文，月二回	
橄欖	中華留日一高同学会	1947.9	中日両文，不定期	
白日旗	留日東京同学会第二部	1946	謄写刷り	
龍舌蘭	台湾学生聯盟	1945.11	旬刊，謄写刷り	
白蘭	大阪同学会	1946.5	月刊，謄写刷り	
星火	神戸同学会	1947.1	中日両文，月刊，謄写刷り	
崑山	京都同学会	1946.6	中日英三文，不定期，謄写刷り	
牡丹	北九州同学会	1946.9	月刊，謄写刷り	

［陳蕚芳「在日華僑言論出版界の現状」『中国公論』創刊号（華僑総会機関誌），1948 年 6 月，16–19 頁より作成.］
注記：* 林清沐は林清木，羅錦郷は羅錦卿の誤植であろう.

くされてきたため、文化教育においても、言語教育と成人教育という二つの問題が存在するのである、と。[21] 京阪神華僑に関する記事が豊富で、留学生と華僑との協力体制が見て取れる。東京同学会の主要メンバーが中心となって発行された『華光』誌は、『中華留日学生報』が日本語主体であったのに対し、中国語で発信された。留学生の要望に応える意味もあったのであろうが、朝鮮在住の華僑や中国国内にも読者層を拡大していたことから[22]、海外に向けて情報発信の役割を果たしていたといえるであろう。

やや時期が下がるが、神戸では一九四八年一二月に『華僑文化』（一九五四年六月まで計五八号、日中両文形式）という月刊機関誌が刊行された。発行母体の華僑文化経済協会は、台湾省民会が神戸華僑総会と合併した後に、その余剰金によって設立された組織で、事務所は神戸栄町通りの国華ビル三階に置かれ、進歩的知識層から構成されていた。同じ頃、神戸の同学会組織も同じところに事務所を置いていた。会長は陳義方[23]、副会長は高砂商行社長の李義招[24]と華僑福利合作社董事長の王昭徳[25]が務め、第一号の発行兼編集人は陳仰臣[26]であった。これら首脳陣は、帽子業者として成功した神戸の台湾人社会の名望家であり、さもなくば台湾青年知識人であり、いずれも華僑組織の中心的リーダーとなった人々である。『華僑文化』は、食料配給に関し、GHQのP・D・食料覚書に基づく日本政府の次官通牒を華僑に周知させる「華僑総会告知」を掲載し、あるいは大学教授や中国からの帰国日本人を招いた座談会やレコード音楽鑑賞会を主催し、その旨を「本会行事報告」に掲載するなど、華僑の生活文化の質の向上のために努力を惜しまなかった。この機関誌は、食料の特別配給がおこなわれていた一九四九年四月頃まで、配給物資授受の際に神戸華僑総会を通じて一般華僑に配布されていたが、配給停止の後は華僑団体と神戸中華同文学校学生の手を経て各家庭に届けられた[27]。

『華僑文化』発刊の趣旨は、「新生活文化運動を向上させ、僑胞の教育と体育を普遍化し、経済の発展を増進させ、国際上の親善を図り、国家に貢献し、社会に貢献する」ことにあり、華僑が「互いに仲良くし、文化経済事業に心を配る」ことにあった[28]。「文化」とは、文明の進化を意味する。台湾人知識分子を中心とする主宰者たちは、一般華僑が『華僑文化』に積極的に文章を発表し、それによって自然に「衆志が城を成し」「衆口が同音」となり、「無形のうちの団結」が実現し、さらに「華僑の一切の文化が徐々に向上していくこと」を望んだのであった[29]。

発刊された一九四八年頃は、戦後の無秩序社会にようやく整頓の手が加えられ、連合国国民が享受してきた優遇制度（無賃乗車、飲食税の不納、特別配給）にも改変が迫られた時であった[30]。つまり、華僑にとってはまさに戦後一時の華やかさの直後の転機にさしかかっていたわけである。いわゆる「統制外」経済によって膨張した華僑経済にあって、チャンスを掴んだ華僑成金が贅沢を極めた生活を送り、その結果ヘロインを常用しては中毒に陥るなど、きわめて怠惰な風習が華僑社会に蔓延していた。『華僑文化』刊行の目的のひとつは、「文化」というスローガンのもとで、このような悪習を一掃することにあった。そして、この華僑の文化推進の原動力となっていたのは、台湾出身者を主とする当時の「新華僑」のエネルギーであった。

3 冷戦体制のはざまで

華僑政策と華僑社会の対応

大阪華僑総会は、一九四七年二月、大阪華僑聯合総会と台湾省民会が合併して成立した。聯合総会会長であった潘鐸元（別名潘今政、広東省梅県）は、一九四五年終戦直後の双十節（中華民国の建国記念日）を中心となって盛り上げた人物で、一〇月に創刊した『国際新聞』の初代副社長となり、編集局長を翌年夏まで務めた。そのもとで神戸の鄭孝舜や陳宇翔（国民党駐神戸直属支部）ら青年が育ち、旧満洲国領事館の建物の接取は彼の尽力なくしては実現しなかったとされる。[31] 一時大阪華僑聯合総会も台湾省民（同郷）会も、駐日代表団神阪僑務分処も、ともにこの旧領事館の建物に入っており、国民政府からの信任も厚かった。同じ梅県出身の梁永恩が国際新聞編集局長の役を引き継ぎ、合併後の大阪華僑総会会長となった。中国人の弱点は結束力に欠けること、とはしばしば指摘されている所である。その弱点を克服するために、かつてないスピードで華僑社会の組織化が進んだことは前述したとおりである。潘鐸元は、華僑の組織化とともに早くから合作社の設立を鼓吹し、華僑への特別配給の発案者であったともいわれる。以上のような実績が評価されたのであろう。一九四七年一月公布の中華民国憲法に基づき、一九四八年三月に召集されることになった国民大会日本地区代表の候補人に選出された。国民党駐神戸支部長で、第一回国民大会の日本地区代表であった楊寿彭の子息楊永康（広東省五華県）が立法委員候補となったのに並んだ。[32] いずれも国民党員であることが候補者となる必要条件であった。戦前の国民党支部の復活で始まった日本における海外党部再構築の動きは、台湾人ではなく戦前の旧大陸籍華僑にのみ政治的活躍の場を与える結果となった。

「大阪華僑総会直属刊物」と銘打った機関紙『僑聲』は一九四七年七月の一六号が重刊記念号となっている。そこに掲載された「駐日代表団僑務処訓令（僑字〇〇六八三号）一九四七年二月六日」は、「海外華僑団体登記規程」にもとづき、すべての華僑団体は国民政府僑務委員会に登記しなければならないことを周知させている。特配物資の配給日時の通告をおこなった福利組ほか、文化組、戸籍組、商工組はそれぞれに、各種手続きの方法など、留日華僑総会からの伝達事項を華僑に知らしめる役割を果たした。国民政府の華僑政策が、着実に華僑の自治団体を通じ、個々の華僑に行き届いてゆくさまが克明に記されている。特別配給物資などＧＨＱが介在するサービスのシステマティックな授受が実践され、公布された法律や制度の運用方法が、新たな方式で「華僑」という組織替えしたばかりの日本の一外国人コミュニティに伝達されていったのである。

やがて、華僑営業者に対する統制の強化や徴税強行のニュースが華僑系新聞の紙面を賑わせ、ついには華僑の土地家屋取得の権利に関わる「外国人の財産取得に関する政令（五一号）（一九四九・三・一五発布）」の問題が浮上し、華僑の福利と生活権を擁護する運動が盛り上がる。[33] ちょうどその頃、大陸で優勢が明らかになってきた中国共産党と人民解放軍の動向に関心を寄せ、「民主中国」を支持する人々によって、一九四八年一〇月には東京で「華僑民主促進会」が発足した。[34] これに続き、大阪では「華僑新民主協会」が成立し、京都や神戸にも分会が発足し、[35] 四月には機関紙『華僑新民主報』が創刊された。東京では遅れて七月に『華僑民報』が創刊された。これらの新しい華僑団体は、「御用機関化」した華僑総会や華僑聯合会とは異なる方向、つまり、「あらゆる力量を結集して新中国建設への物心両面の準備をおし進める」と同時に、「失われた自主性を取り戻さねばならない」と考えた。[36] 前述した神戸の『華僑文化』もこの時期に発刊されたもので、新華社の社説を掲載するなど、大陸中国の新しい息吹を華僑に伝えるとともに、足元の華僑社会においては華僑総会、同学会、青年会、国民党などと協力して四五〇名が参加する「華僑生活権擁護大会（三・二二）」を開催するなど、華僑が一致団結して苦境からの脱却のために、ともに戦ったのである。[37] 配給が終了して以降、直接台湾から物資を輸入して独自の配給を実施する方策や困窮学生への支援などが図られるなど、[38] 官僚主義的風潮への批判などはあったにせよ、国民党支部と駐日代表団は一九四九年の時点までは、基本的には大方の華僑の信頼を得ていたし、華僑もその指導のもとで自治団体を組織し、活動していた。ただ、各地華僑総会内では明らかに民主団体系の勢力が強まっていった。

人民政府の誕生を伝えた一九四九年一〇月一一日の『華僑民報』は、民主促進会が満場一致で新政府支持の声明書を発表し、全国各僑会に働きかけ、「三反主義（反帝国主義、反封建、反官僚資本）」を掲げて強力に運動を展開することに決定したことを報じている。(39)この東京の民促、京阪神の民協、横浜に成立した生活擁護同盟など、各地の民主団体は大同団結を進めることにより、一九五〇年二月には留日華僑民主促進会が発足した。その年の六月に朝鮮戦争が勃発すると、前後して米国の反共レッドパージが始まった。同時に、国民党の反共を基調とする対日華僑政策も具体化され、「左傾化」してゆく日本の状況に対応し、駐日代表団団長も召還された。新たに何世礼が代表団代表に就任すると、一九五一年一月、東京華僑聯合会副会長陳焜旺に対して解任命令が出されるに至り、(40)代表団と華僑社会との対立の図式は決定的となった。

略奪物資処分の問題などをめぐり、駐日代表団や中華民国政府の腐敗に対して学生や華僑側の不満が鬱積していたうえ、国民党政府の華僑自治団体に対する非民主的な干渉はその後エスカレートしてゆき、大使館が創設された後も、華僑学校校舎再建問題などさまざまな事件を節目に、国民党政府は学生や華僑の人心を失っていった。(41)やがて、五〇年代から六〇年代を経て、大陸の共産党政府支持派と台湾の国民党政府支持派に華僑社会が二分されてゆき、現在に至ることは周知の通りである。

台湾人知識層が主な担い手であった神戸の『華僑文化』もまもなく大きく毛沢東の手書き絵を掲げ(42)て新中国への支持を明確に打ち出すようになる。その後神戸では一九五二年の選挙で華僑総会から進歩的台湾人理事が排除されると、一九五三年には協商会議が結成され、京都や大阪と協力して華僑の大陸への帰国運動が展開された。帰国ブームが下火になると、北京政府支持を明確にする華僑聯誼会が発足し、それを母体に新たに華僑総会が成立した。北京政府と正式に結びつくいまひとつの華僑団体の正式な成立である。神戸華僑聯誼会発足時のメンバー四〇人中三〇人は台湾人であり、初期の会長の多くも台湾省出身者であった。進歩的なグループの中心は台湾人であって、大陸出身華僑は態度をあいまいにする傾向が一九七二年の日中国交正常化に至るまで続いたという。(43)このねじれ現象形成の根源は、台湾人による戦後直後の華僑社会におけるリーダーシップの掌握と、東アジアの冷戦体制の深刻化が及ぼした結果としての台湾政府による強権的な華僑政策の遂行にあったように思う。民主的な方法によって華僑社会をまとめあげた台湾人は、台湾に退却した外省人国民政府官僚による非民主的な華僑社会への干渉に強く反発したのである。故郷台湾でおこった二・二八事件への対処とその後の戒厳令体制と政府の腐敗に対する不信も当然指摘されるべきであろう。国民大会代表や立法委員の選挙に見られたように、忠実な国民党員として国民政府が信頼を寄せた人々が、戦前の大陸系華僑に偏っていたことも、いまひとつの相互不信の原因であったのかもしれない。台湾出身者が北京政府を積極的に支持し、大陸出身者が台湾政府を擁護するという錯綜した現象が生じたのである。(44)

一方、一九四七年八月に再開した日中間の民間貿易は、中華民国側からバイヤーとして商務代表を派遣するという形で始まったものの、国民政府が大陸から敗退するなか、実質的には官僚による特権と強く結び付いた日台間貿易関係へと収斂された。日本の政財界は、必然的に大陸との貿易再開の道を、北京政府との間で模索していった。華僑社会でもこのような情勢判断のもとで、大陸との貿易再開が台湾人たちによっても大きく期待されていた点も忘れてはならない。

日本国内における存立基盤を求めて―「国際」が意味するもの

先に取り上げた『国際新聞』のネーミングに見られるように、戦後の華僑社会を特徴付けたことばのひとつに「国際」がある。この国際新聞社の西宮支局長であった張文龍は、当時阪神間にあった週刊旬刊の地方紙数社を合併して、一九四七年一〇月三〇日に『国際日報』（週刊）を創刊している。当時の中華国際新聞社社長林清木は、この日中両国人による共同紙の創刊を祝し、各社が小異を棄て、新聞の健全なる発達のために合同を実現した寛容さに敬意を表している。巻頭では、兵庫県知事岸田幸雄が、国際日報を通じ県民が「国際人としての教養」を積むようを切望すると語り、西宮市長辰馬卯一郎は「文化的平和国家建設」と「日華親善」に寄与することを期待する内容の祝辞を本誌創刊号に贈っている。張文龍社長は、「国際文化の交流に依り真の提携をし、永久の和平を招来すべく」鋭意邁進しようという決意を表明したのである。[45] 一か月余りののち、神戸支局の成立に伴い神戸市長小寺謙吉が祝辞を贈るが、そこには、「日本人が今日ほど国際人になるに好い機会はない」、「日本人が国際意識に就いて反省し、之を体得するのに今程よいときはない」と視野の狭い日本にとってもよい言論の登場である、と評価した。

ここでいう「国際」とはさまざまなレベルでの日本人と在日華僑との交流と協働を指すばかりでなく、在日朝鮮人との協働をも指した。神戸支局開設後初めて主催された三宮自由市場に関する座談会では、戦後の混乱から中国人、朝鮮人、地元日本人の三者が衝突と摩擦を繰り返しながらも、三宮から神戸駅にわたる高架下自由市場（通称ヤミ市）を秩序ある商店街へと変貌させた経緯が振り返られている。[46]

戦後直後の時期、工員や船員などとして徴用され、日本に一時的に在留していた台湾人青年の多くは日本政府から三〇〇円ほどの復員資金が与えられ、帰国船が出港する焼け野原の神戸に放り出されていた。多くは職もなく、ガード下などに寝起きし、一部は台湾省民会などに収容されていた。神戸の自由市の発生はここに求められる。彼らはひとつ五円の揚げパンを売っては小銭をため、屋台を出し、古着商売などを始める者もいた。屋台が立ち始めるとあらゆる人が集まり、けんかが発生し、泥棒は増え、薬物で倒れるものも続出するなど、治安が悪化していった。元町駅東側はとくに「地獄谷」とよばれた。中国人や朝鮮人が幅をきかせる神戸のヤミ市は日本一の悪名を轟かせることとなる。

当時日本の警察では手におえず、元町駅を中心に林徳旺と范根炎を総副隊長とする国際自警団が成立し、[47] 治安維持にあたった。やがて、元町駅一帯は商人を組合員とする国際総商組合（薫両儀理事長）が成立し、三宮側は朝鮮人自由商人聯盟（組合）が成立し、神戸駅側は日本人によって松明会、神農会が成立し、やがて高架通商業協同組合が成立した。取り締まりにあたった当時の兵庫県経済防犯課の実態調査によると、約四キロにわたって三〇〇〇軒の自由市場商店主がいたという。国際自警団による治安維持の努力と警察の取締りと粛清の結果、神戸の自由市場は一九四七年末には汚名を返上して危険地帯ではなくなり、市民にとって必要不可欠なものとなる。多くの市民はこの自由市場によって生命を支えられ、戦災ですべてを亡くした商人も自由市場を踏み台として再起できた。国際総商組合員一五〇〇人のうち、七〇〇人はこの頃までには相当な店舗を構えるようになる。国際日報社主筆の小川寿夫は「我々亜細亜の民族は従来の相うとんじ、争った立場を清算して、先ず親善することが何より大切」との言葉で座談会の締めを飾った。

「国際」とは、戦後直後の摩擦と混乱のなかで、老華僑（中国籍）、新華僑（台湾人）、在日朝鮮人、日本人との共生状況をもたらした、内なる国際化の過程を象徴する言葉として使われていた。この国際化の任務を遂行した重要な主体として台湾人が一役買っていたことを強調しておく。

おわりに

本章では、戦前戦後の二つの異なる時期に焦点を当て、在日華僑社会の変容過程を法制度の側面から検証した。はじめに、大陸から来日し、当初制限的雑居地内に生存空間を確保していた華僑が、外国人の内地雑居を日本が受け入れて以後、どのような在留状況であったのかを概観した。この時に確立した外国人に対する入国管理と就労制限の原則は、日本華僑の職業、居住形態を決定的にした。日本の華僑社会は、入国が許可された商人と雑業層を中心に形成され、基本的には単純労働者と農鉱業従事者を排除した形で、特殊な職業構成を持つに至る。欧米系商人に付随したサービス業で旧居留地にかつて入国していた華僑の多くは、ペンキ職人の例で検証したように、一八九九年以降も旧居留地と旧雑居地の範囲内に就業の場が制限された。一方、理髪従業者や料理従業者はその限りではなく、全国に拡散する傾向を見せた。本章では言及しなかったが、福建省福清人を中心とする行商も内地での就業が広く許可された職種であったことはつとに指摘されているところである。(48)

戦前、内地への移動という形で来日した「日本人」としての台湾人の就業に制約はなかったが、その多くは学生、商人、職員としてやってきた。戦時中、徴用や少年工の増加により在日台湾人の数は一時期増加するが、戦後の送還が一段落した一九四六年の台湾人数は、在日中国人数をやや上回る程度に落ち着いた。ＧＨＱ占領下の日本で、中華民国の国籍を回復した台湾人はほぼ全員が外国人登録をおこない、華僑（在日外国人）としての法的身分を選んだ。戦勝国特権の享受というインセンティブが根底にあったことは否定できない事実であったであろう。在日台湾人の政治的帰属意識は一辺倒に「脱日本化」したのである。そして、アイデンティティ確立のひとつの手段あるいはプロセスとして、積極的に大陸出身者の華僑組織や留学生組織との合併を実現していった。

以上のことは、当時の日本がおかれた国際政治関係のなかで出現した稀有の現象として理解すべき一面を孕んでいる。かつて同じく植民地であった香港の住民が中国への香港返還後もなおイギリス籍を保有したこととは情況が異なる。日本の敗戦という現実がもたらした必然でもあろう。

東西冷戦と台湾の戒厳令時期を経たのちの世界各地の華僑華人社会とは異なる現象が、日本の華僑社会で進んだ。つまり、台湾人と大陸出身華僑との融合が進んだのである。大陸からの新しい移民が三〇年余りの間途絶え、中国語が共通言語とはならなかった日本の華僑社会において、台湾籍新華僑と大陸籍老華僑との間を取り結んだのは、植民地状態から脱した台湾の興奮であり、敵対国民から戦勝国民となった大陸籍華僑の優越感がもたらすエネルギーであったであろう。このようにして、政治的には「台湾人の脱日本化」、社会的には「台湾人と大陸出身華僑との融合」という二つの現象が同時に進行していったのである。

本章では、台湾人インテリを中心に、その華僑社会および地域社会におけるリーダーシップ確立の問題を具体的に見てきた。戦後の一時期、物資が極度に欠乏していたにもかかわらず、在日華僑の言論は百花繚乱の勢いを示した。それは華僑自身の福利厚生や日中問題だけに特化せず、「国際」というキータームのもとで、アジアの諸民族との共生と協働をめざすものでもあった。言論界でのこの国際化の方向性は、政治における日中両国の左派政党の連携や地域の治安と秩序の維持など、さまざまな領域においてもみられた新しい動きであった。

注

1 戴国煇『台湾と台湾人――アイデンティティを求めて』(研文出版社、一九七九年)、『華僑――「落葉帰根」から「落地生根」への苦悩と矛盾』(研文出版、一九八五年)、永野武『歴史とアイデンティティ――在日中国人』(明石書店、一九九四年)、拙文「神戸における台湾人の歴史」『創立三〇周年記念誌』(社団法人兵庫県台湾同郷会会報、二〇〇三年一〇月)、湯熙勇「国籍回復とそれをめぐる争い――戦後在外台湾人の国籍問題(一九四五―四八)」『阪神華僑の国際ネットワークに関する研究』Ⅲ、科研報告書、二〇〇五年)。

2 中華会館編『落地生根――神戸華僑と神阪中華会館の百年』(研文出版社、二〇〇二年)、朱慧玲『日本華僑華人社会の変遷』(日本僑報社、二〇〇三年)、陳焜旺主編『日本華僑・留学生運動史』(日本華僑華人研究会、二〇〇四年)、『横浜華僑婦女会五十年史:横浜華僑婦女会百年歴程』(横浜華僑婦女会、二〇〇四年)、『横浜山手中華学校百年校誌』(学校法人横浜山手中華学園、二〇〇五年)。

3 拙文「神戸の戦後華僑史再構築に向けて――GHQ資料・プランゲ文庫・陳徳勝コレクション・中央研究院档案館文書の利用」『海港都市研究』第五号(二〇一〇年三月)に詳しく紹介している。また、神戸の華僑組織に関する資料は陳徳仁コレクション・石嘉成コレクションとして神戸華僑歴史博物館に収蔵されている(詳細は安井三吉「神戸華僑歴史博物館と孫文書「天下為公」」同誌第五号所収。)これらを利用した博士論文に許瓊丰『戦後日本における華僑社会の再編過程に関する研究』(兵庫県立大学経済学部提出博士論文、二〇一〇年三月)がある。

4 勅令三五二号の問題については許淑真「日本における労働移民禁止法の成立――勅令第三五二号をめぐって」(『東アジアの法と社会』汲古書院、一九九〇年)及び「労働移民禁止法の施行をめぐって」(神戸大学社会学会『社会学雑誌』七号、一九九〇年)に詳しい。

5 内務省警保局編『外事警察関係例規集(昭和六年)』(龍渓書舎、一九七九年)三五六―三五八頁。

6 拙稿「阪神地区における技術者層華僑ネットワーク一考――理髪業者の定着とビジネスの展開を中心に」(山田敬三先生古稀記念論集刊行会編『南腔北調論集』雄松堂出版社、二〇〇七年)。

7 「支那人労働不許可の実例(ペンキ塗職)」前掲『外事警察関係例規集(昭和六年)』三六九―四〇二頁。

8 「東京・兵庫・神奈川・大阪・長崎華僑職業別統計表(一九三六年)」(高橋強「両大戦間日本華僑社会の変容」長崎華僑研究会『長崎華僑と日中文化交流(年報第五集)』一九八九年)八四頁。

9 「談華僑的新範疇」『華光』(国立国会図書館憲政資料室所蔵プランゲ文庫)第二巻第七/八期、一九四七年八月、五頁。

10 前掲永野書、一三四―一三五頁。

11 黄嘉琪「第二次世界大戦前後の日本における台湾出身者の定住化の一過程――ライフコースの視点から」『海港都市研究』第三号(二〇〇八年三月)一二九―一四一頁。

12 「留日華僑之特別教育（申報からの転載）」『留日学生旬報』第三号（一九四七年三月一〇日）、鹽脇幸四郎「在日華僑の実勢力」『民主評論』第四巻第六号（一九四八年六月）二五頁。

13 在日中国人総人口に占める台湾省藉比率の変遷は以下の通り（厚生省援護局『引揚と援護三十年の歩み』一九七八年、各年度財団法人入管協会『在留外国人統計』より作成）。

	一九四六年	一九五九年	一九七四年	一九八八年	二〇〇二年
在日中国人総数	三〇、八四七	四四、五九九	四六、九四四	一二九、二六九	四二四、二八二
台湾省籍総数	一五、九〇六	二〇、九九三	二四、〇八〇	四三、〇〇一	三九、六六八
台湾籍／総数（%）	五一・六%	四七・一%	五一・三%	三三・三%	九・三%

14 神戸・大阪・東京三大都市における華僑の出身は以下の通り（経済安定本部総裁官房企画部調査課『在日華僑経済実態調査報告書（昭和二二年度調査総括）』、華僑調査資料第三号、一九四八年九月九日）。

	兵庫（神戸）	大阪	東京
大陸出身者	四、〇六七	一、五九七	二、三三七
台湾出身者	二、九七〇	二、九四六	三、三三六
総計	七、〇三七	四、五四三	五、六七三

15 前掲『日本華僑・留学生運動史』五五―六三頁。

16 前身紙は『中華民国留日学生旬報』（留日同学総会編、中華学芸社印刷）。五月一日刊の五号から『中華留日学生報』（中華民国留日同学総会編）と改称した。旬報創刊号は一九四六年一月三〇日に刊行されている（「学生報創刊一周年大記念祭」『中華留日学生報』第一五号、一九四七年一二月一五／三〇日合併）。

17 「民声――台湾省出身学徒の悩み」『中華日報』第一五二号、一九四六年一〇月二六日。

18 「論会――博定氏に與ふ」『中華留日学生報』第六号、一九四七年五月一五日。

19 五月二八日に僑務処副処長羅絡深が派遣されて改組委員会が発足した（「特報――国際新聞改組全面成功」『僑聲』中華民国大阪華僑総会文化組発行、第一六号、一九四六年八月）。創設者は台湾出身者の康啓階。一九五九年に経営不振となり倒産した。記者の三分の一が華僑で、残りは日本人からなっていた（許淑真「国際新聞」可児弘明、斯波義信、游仲勲編『華僑・華人事典』弘文堂、二〇〇二年、二七七頁）。

20 「社論――夙願達成に際して」『中華日報』第一六四号（一九四六年一二月一〇日）、「創立一周年記念に当たりて」同紙第一八一号（同一二月二九日）。

21 徐新元「関於僑風的創刊」『僑風』創刊号、一九四七年三月（滋賀県立大学図書館陳徳勝文庫所蔵）一頁。

22 「朝鮮総経售処設立啓事」『華光』第一巻第五期、三二頁。

23 台湾苗栗県苑裡出身。一八九七年生―一九七二年没。代々漢方医の家系。戦前はパナマ帽子を扱う。戦後は台湾省民会会長、華僑文化経済協会会長、神戸華僑総会会長、神戸華僑信用金庫副理事長などを務めた。一九五七年には友人と協商会議を組織して人民共和国政府支持の立場を明確にし、神戸華僑聯誼会会長を務めた（拙文「陳義方」前掲『華僑・華人事典』五一六頁）。

24 台湾台中県梧棲人。台湾パナマ帽子商。高砂商行創設者。台北師範学校を卒業。のちに神戸華僑幼児園第一代董事長（一九五二年）及び理事長（五三―六八年）となる（学校法人神戸華僑幼児園『創立四十周年紀念刊』一九九〇年、張仲堅編著『台灣帽蓆一七二七―二〇〇〇』、南天書局、二〇〇二年、四三一頁）。

25 台湾台中県大甲出身。一八九九年生―一九六三年没。台湾製パナマ帽子商。日本時代には神戸台湾商工会会長を務めた。戦後は台湾人を代表して神戸華僑のリーダーとして活躍。神戸華僑福利合作社董事長（一九四七―五一年）。神戸華僑総会会長（一九五〇―六三年）、神戸中華同文学校董事長（一九五五―五八年）などを歴任した（拙文「王昭徳」『華僑・華人事典』六八頁）。

26 台湾台北市出身、日本生まれの二世。一九二八生―一九九七年没。当時は関西学院大学生。神戸中華民国留日同学会会長。父業を継ぎ、貿易商社泰安公司代表。神戸華僑総会理事、中華会館理事長などを務めた。

27 「本誌配布方法変更の謹告」『華僑文化』第六號、一九四九年五月。

28 王昭徳「創刊感想」『華僑文化』第一号、一九四八年一二月。

29 陳義方「創刊詞」同右。

30 この点については拙稿「戦後神戸地区経済における台湾人の役割と華僑社会の変遷」（徐興慶主編『第一屆日本研究台日関係日語教育国際学術研討会論文集』中国文化大学日本語文学系日本研究所、二〇〇〇年七月）を参照されたい。前掲『在日華僑経済実態調査報告書』の内容はこの間の事情を反映しており、外交上の配慮を加えつつ、膨張した華僑経済の収束とその軟着陸が提言されている。

31 緑茵「読潘先生和我一文以後」『僑風』第六号、一九四七年一二月、二七―三一頁。

32 「在日僑胞的国大代表及立法委員是誰?」同右、二六頁。

33 たとえば、「外資政令は中日親善の害虫（京阪神各民主団体華僑と共に起つ）」『華僑新民主報』（一九四九年創刊号、四月三〇日）。第三条で、外国人が土地家屋、株式及び事業の権利などを取得しようとするときは日銀内に組織された外資委員会の認可を得なければならないと規定され、このことは華僑にとっては死活問題であった。これに対して留日華僑総会は日本政府に抗議と交渉を行った結果、最終的に華僑一世帯一軒の土地家屋取得の申請はほぼ認可され、結果として華僑の土地建物の取得と売買がこれをもってはじめて正式に認められることとなった（前掲『日本華僑・留学生運動史』二五一頁）。

34 初代委員長は劉明電。機関紙『華僑民報』を刊行したが、レッドパージにあい、新中国成立一周年記念号を直前に停刊させられる（GHQ／SCAP 一九五〇年八月—一九五一年四月「GS（B）〇四二四七（七六）KAKYO MIMPO（華僑民報）」国立国会図書館憲政資料室蔵）。

35 「（京阪神）新民主協会神戸分会発会式」『華僑文化』第五号、一九四九年四月二一日。

36 「主張——在日華僑はどこへゆく」『華僑民報（華僑民主促進会機関紙）』第一号、一九四九年七月一一日。

37 「僑界消息」『華僑文化』第五号。

38 「華僑的援助物資節々在実現中」『華僑文化』第一〇号、一九四九年九月二一日。

39 「堂々「人民政府」誕生」「声明——衷心から喜ぶ」『華僑民報』第八号。

40 前掲『日本華僑・留学生運動史』二七七—二七八頁。

41 華僑学校の問題については、許瓊丰「戦後中華民国政府の華僑政策と神戸中華同文学校の再建」（『華僑華人研究』第六号、二〇〇九年）に詳しい。略奪物資処分問題は前掲『日本華僑・留学生運動史』六九—七二頁。

42 『華僑文化』第二三号、一九五〇年一〇月一日、表紙。

43 初代会長は陳義方（「神戸華僑の歴史を語るパートⅢ」石嘉成氏に対する予備調査インタビューより、二〇〇七年九月）。

44 この点については別稿「戦後日本における華僑社会の再建と構造変化——台湾人の台頭と錯綜する東アジアの政治的帰属意識」（小林道彦・中西寛編『歴史の桎梏を超えて——二十世紀日中関係への新視点』千倉書房、二〇一〇年九月）で論じているので、併せて参照されたい。

45 「国際日報の創刊を祝して」、「社長ご挨拶」『国際日報』創刊号、一九四七年一〇月三〇日。

46 「三宮自由市場を語る＝神戸支局主催の座談会（一二月五日）」『国際日報』第四号、一九四七年一二月一五日。

47 台湾出身。当時台湾省民会の責任者として省民会本部にとまりこんでいた。神戸華僑総会理事。

48 許淑真「日本における福州幇の消長」『摂大学術』B、人文科学・社会科学編、七、一九八九年、五九—七七頁。

第五章

朝鮮人の移動をめぐる政治学

——戦後米軍占領下の日本と南朝鮮

小林　聡明

はじめに

二十世紀は戦争の世紀であった。「政治」のひとつの形態である戦争は、人の激しい移動を引き起こした。[1] 戦場に向かう軍人・軍属、疎開する婦女子、新天地を求める移住者。そこには生活の糧を求める自発的な移動だけでなく、徴兵や徴用による半ば強制的な移動も含まれていた。二十世紀の前半から、いくたびかの戦争を通じて、権域を拡大させてきた帝国日本でも激しい人流が発生した。なかでも植民地朝鮮では、激しい人口流出が生じており、一九四四年には朝鮮の全人口の約一一・六%が、半島の外部に居住していた。朝鮮人は世界でも類を見ない離散民族（ディアスポラ）となっていた。[2]

第二次世界大戦終結後、世界には「平和」がおとずれた。だが、「平和」な世界でも人の移動は継続し、いっそう激しさを増した。アジアでは、復員や引揚げ、抑留や留用による移動が大規模におこなわれた。「平和」が実現した「戦後」も、人の移動は継続した。「平和」もまた戦争の延長線上にあり、国家権力による管理と統制、民衆の知恵によって実現される移動は、紛れもなく「政治」のひとつの現場であった。それは、たんに日本人の物語として収斂されるものではなく、朝鮮人や台湾人、中国人、沖縄人らさまざまな主体が紡ぎ出す重層的な物語として位置づけられる。

本章では、このうち朝鮮人の移動をトレースしながら、彼らが「日本」や「米国」と出会うことで、どのようにして、自らの民族アイデンティティを立ち上げたのか。そして、彼らが、ホスト社会日本で「日本国民でないこと」をひとつの政治的資源として、いかに自身の居場所を確保しようとしたのか、その生き抜きの戦略と、彼らに行使された力の内実に光をあてる。日本帝国崩壊後、米軍は日本列島と朝鮮半島南部を占領下においた。南朝鮮における米軍統治が終了する一九四八年八月までの約三年間、日本と南朝鮮は米軍占領という経験を共有した。本章の目的は、米軍占領下の二つの地域間を移動した朝鮮人の物語を叙述することで、移動の力学と構造を解明し、そこに付着した「政治」を描き出すことにある。ここでは列島—半島間の移動を帰還、密航、送還の三局面から捉えたい(3)。帰還とは、主に一九四五年夏から四六年初めにかけて見られた在日朝鮮人による日本から南朝鮮への移動である。密航は、主に一九四六年春以降に増大した南朝鮮から日本への移動であり、送還はＧＨＱや日本政府による日本から南朝鮮への移動を意味する。帰還や密航が、朝鮮人によって主体的に選び取られた移動であるのに対し、送還は、朝鮮人を南朝鮮へと追い出そうとする強制的な移動であった。本章は、こうした三つの局面に照準して、日本と南朝鮮間の移動を跡づけることで、そこで展開された「政治」を描き出すことを目的とする。

1　故郷への帰還

帰還を急ぐ在日朝鮮人

一九四五年夏、日本がアジア太平洋戦争に敗北するや、日本で暮らしていた二〇〇万人以上の朝鮮人は、ただちに故郷に帰還するべく準備に取りかかった。徴兵から解除された朝鮮人兵士や軍属、単純労働者らは、一刻も早い帰還を目指し、仙崎や下関、博多などの各港に殺到した。[4] 日本政府は、国営船舶運営会の船舶を朝鮮に送るなど、敗戦直後から日本人の引揚げ実施にむけて奔走した。[5] 反面、在日朝鮮人の帰還には具体的な対策をとらなかった。彼らが帰還するには、自分で漁船を調達せざるをえず、それができない人びとは、各地の港で帰還船を待つしかなかった。一九四五年末には仙崎や下関に二万人、博多には一万人以上の朝鮮人が滞留し、衛生状態も極度に悪化していた。[6]

ＧＨＱは、朝鮮人の帰還に非協力的であっただけでなく、日本人炭坑労働者が確保できるまで、朝鮮人炭坑労働者に朝鮮への帰還を思いとどまらせようとさえした。[7] だが、北海道や常磐地区の朝鮮人炭坑労働者からの強い反発を受け、これを鎮圧する事態にまで発展した。ＧＨＱは、朝鮮人の早期帰還実現へと方針転換を余儀なくされた。[8] 一九四五年九月三日、朝鮮から日本人引揚者を乗せて博多に帰港した徳寿丸は、翌四日に復員軍人、軍属の朝鮮人二五五二人と一般の朝鮮人一六人を乗せて朝鮮に向けて出港した。日本政府による初の帰還支援であった。[9]

解放直後から林立した大小三〇〇以上の在日朝鮮人団体は、帰還希望者への支援を活動の中心に据えていた。[10] 一〇月一五日に統一的な組織として発足した在日本朝鮮人連盟（朝連）は、綱領のなかで帰還支援の実施を謳っていた。一一月以降、ＧＨＱによる帰還対策は本格化し、帰還船が定期的に運航されるようになった。ＧＨＱは、日本政府に朝鮮人や中国人のうち、復員軍人や強制連行者を優先し、遅くとも一一月一四日から一日一〇〇〇人の割合で、仙崎や博多、呉から帰還させるよう指示した。[11] 朝鮮人帰還者や日本人引揚者には持てる範囲の荷物と最大一〇〇〇円の現金とする財産持出の制限が課せられた。それは一義的には日本からの資産流出の防止であり、二義的には円貨の南朝鮮への流入によって惹起されるインフレへの懸念に基づいた措置であった。[12] 八月半ばから一一月末までに、約五五万人の在日朝鮮人が漁船などによる独力で帰還し、ＧＨＱの輸送支援を受けて帰還した者は、約一七万五〇〇〇人にのぼった。[13] 朝鮮は、ソウルや釜山に設置した支部を通じて、南朝鮮に帰還した人びとへの住宅や就職の斡旋などを米軍政に要求するなど積極的な支援活動を展開した。[14]

南朝鮮における帰還対策

一九四五年九月七日、米陸軍第二四軍団が仁川に上陸し、程なくして米軍政庁が設置された。同庁企画部は、ただちに朝鮮人の帰還と日本人の引揚げの計画立案に着手した。釜山港には、朝鮮人帰還者に住居や食糧、移動手段を提供する企画部の出張所が設置された。だが、指揮権や組織間の調整で混乱したため、企画部による帰還支援は十分に機能しなかった。九月二三日、日本人の引揚げと朝鮮人の帰還支援業務が、企画部から外務部難民課に移管された。外務部は、帰還者支援を南朝鮮の民間救護団体を活用して、帰還支援業務にあたることを決定した[15]。だが、救護団体間での対立が絶えず、救護活動に支障をきたしていた。九月三〇日、外務部長エンダースは、朝鮮人帰還者の救護にあたっていた一三の団体を結集させ、援護団体中央委員会を発足させた[16]。同委員会では、①収容所やキャンプの設置、②救援物資の配給所の設置、③応急処置を行う診療所や病院の設置、④朝鮮人の日本から朝鮮への不法な移動および日本人の朝鮮から日本への不法な移動の停止を目的とした米軍政への支援が検討された。

外務部の帰還支援は、民間団体と協調して実施された。輸送業務は、釜山地域を管轄する米陸軍第四〇歩兵師団などが担当し、釜山港から故郷への鉄道移動は交通局の所管となった[17]。帰還者の衛生・医療支援は、保健厚生局が担当した。南朝鮮における帰還者対策は、外務部の主導のもとで、民間救護団体や米軍政庁内の各機関が連繫して実施された[18]。

悪化する南朝鮮経済

敗戦後、朝鮮駐留の日本軍や朝鮮総督府などの公的機関は、貯蔵していた膨大な統制物資を南朝鮮内の市場に放出・転売した。さらに莫大な政府精算資金が無制限に支出され、南朝鮮では極度のインフレが発生し、経済は大混乱に陥った[19]。一九四五年八月半ばから同年末までに約一三〇万人の朝鮮人が日本から朝鮮に帰還した。その大半が失業状態にあり、帰還者への住居や食糧、就職の斡旋などが、南朝鮮の救護団体によって支援された。だが、南朝鮮に居住してきた人々でさえ厳しい生活を送るなかで、帰還者がただちに安定的な生活基盤を築くことは不可能であった。

慶尚南道米軍地方軍政部は、帰還者の状況について、こう分析した。経済状況が日増しに深刻化するなか、帰還者が持参した一〇〇〇円だけでは数日も生活できず、生計を立てる術を持たない。こうした状況は、生活するために不法行為に手を染める人々を増加させており、警察や軍にとって大きな負担となっている。貧しい人々に優しい言葉をかけたり、救護団体のもとへ送り届けたりする程度の現在の米軍支援では、米軍政庁だけでなく、米国政府自体の威信を喪失させる可能性があると指摘された[20]。

一九四五年一二月末、モスクワ三相会談にて、朝鮮の信託統治案が決定された。だが、それは南朝鮮社会に信託賛成派と反対派間での激しい対立を引き起こす火種となり、南朝鮮社会は経済的だけでなく、政治的にも大混乱に陥っていた。こうした状況は、口コミのほか、メディアを通じて在日朝鮮人社会にも届いていた[21]。情報が伝わるにつれ、彼らは、南朝鮮への帰還を思いとどまり、日本残留を選択し始めた。帰還者数は大幅に減少した。

2 生き抜く術としての密航

監視される不法な移動

日本人引揚者や朝鮮人帰還者は、許可された持出財産だけで、新生活を立ち上げることに大きな不安を感じていた。事実、それは極めて困難であり、彼らは生き抜くための手段を模索し始めた。そのひとつが、密航であった。それはある種の障害や制限によって移動が妨げられている者が、通常の手段以外の方法で実現しようとする試みとして捉えることができる[22]。だが、こうした試みは、彼らの生きる空間領域を支配する者――日本本土と南朝鮮を占領統治する米軍――によって、「不法行為」と規定された。不法な人の移動としての密航は、しばしば不法なモノの移動である密輸をともなっていた。密輸や密航は、日本人引揚者や朝鮮人帰還者を問わず、おこなわれていた。

こうした人やモノの不法な移動は、一九四五年から数年間にわたって、朝鮮半島南部と日本列島を占領統治した米軍によって監視されていた。それは、警備行動だけでなく、人びとが日常的に利用する手紙や電話などの通信物を検閲するという方法でもおこなわれていた。本節では、米軍政期南朝鮮で検閲を実行した対朝鮮民間通信諜報隊（ＣＣＩＧ－Ｋ）が検閲した私信を分析史料として、これまで十分に明らかにされてこなかった日本人および朝鮮人の密航と、それに付随しておこなわれた密輸の実相を検討してみたい。

引揚げと財産持出

ある在朝日本人の私信には、制限額の一〇〇〇円で引揚げ後の日本で新生活を始めなければならないことへの強い憂慮が綴られていた[23]。引揚げ後の生活に対する強い不安にさいなまれていた在朝日本人社会のなかで、不法行為であることは承知のうえで、制限額以上の財産を持ち帰ろうとした人々があらわれたのは、当然のことであった。ＣＣＩＧ－Ｋは、検閲を通じて、できるだけ多くの財産を持ち帰ろうとする人々の姿を捉えていた。

一九四五年一〇月一九日消印　日本人Ａ（日本在住）から日本人Ｂ（釜山在住）への手紙[24]
――密航船によって対馬に戻るときには、お金を隠して持ってきてください。あなたが乗船する密航船は、千鳥丸、海王丸、キョシン丸（漢字不明）の何れかになります。……日本にお戻りになるときには、船長に大豆や塩、米などを積むようにお伝え下さい。

米軍の取締りを避けながら、現金や生活必需品、さらには人そのものが、南朝鮮から日本に運搬されており、あちこちに闇市が出現していた。

一九四五年一〇月一〇日消印　日本人C（南朝鮮木浦在住）から日本人D（朝鮮在住　推定）への手紙[25]

——Eさん（日本人）は、闇取引をおこなったために木浦警察に逮捕されてしまいました。米軍政の通訳をやっている友人がいるので、彼が釈放されるように掛け合ってみます。

南朝鮮で開かれていた闇市には在朝日本人も関与しており、なかには在朝日本人と朝鮮人が協力し合いながら、運営される闇市もあった[26]。公式の引揚船を待ちきれない在朝日本人は、闇市を通じて日本に引き揚げるための闇船を見つけようとした[27]。闇船を利用した引揚げは活発化していたが、米軍は人の不法な移動よりも、むしろ財産の不法持出に関心をむけていた。CCIG—Kは、日本人引揚者を支援する日本人世話会に疑惑の目を向けるようになった。同会が、引揚者に闇船の手配や制限額以上の財産持出の方法を指南しているのではないかというのが、その理由であった[28]。

一九四五年一〇月一五日消印　日本人F（釜山在住）から日本人G（居住地不明）への手紙[29]

——釜山には多くの密航船を運営している会社があります。料金は公示してあって、だいたい一五〇円ほどです。闇船で行けば、軍警察や朝鮮人女性による検査を逃れることができます。日本人世話会は、どの会社の船が密航できるか教えてくれるでしょう。日本人世話会は釜山駅の前にあります。密航船は今月の十六、十七、十八日に出航いたします。

追伸　お知恵があれば、たくさんのお金を持ってくることができます。

CCIG—Kから情報提供を受けた対敵諜報部隊（CIC）は、差出人だけでなく、ただちに日本人世話会などへの捜査に着手した。だが、立件は嫌疑不十分で見送られた[30]。このころ、在朝日本人の間では、所持品検査を逃れるには、女性が有利であるとの情報が広まっていた。

一九四五年一〇月一三日消印　日本人H（北朝鮮・新義州在住）から日本人I（南朝鮮在住）への手紙[31]

——日本に行かれるのでしたら、米軍は女性に対する検査を厳しく行いませんので、現金は女性にもたせてください。そうしない限り、あなたは一〇〇〇円しか持ち出しを許されません。

一九四五年一〇月二〇日検閲　日本人J（釜山在住）から日本人K（ソウル在住）への手紙[32]

——日本の婦人方は、日本への引揚げに際しおこなわれる所持品検査において、軍警察（MP）にお金を没収されないよう、下着や水筒のなかに隠しております。

一九四六年一月二九日検閲　日本人L（日本在住）から日本人M（ソウル在住）への手紙[33]

——米軍兵士は、釜山から日本に帰還する日本女性や少女の検査をおこないません。歌子さんがお金を隠し持てば、見つかることはないでしょう。

検査担当の米軍兵士は、女性や子どもが哀れであり、こんなみすぼらしい人々が貴重品を持っているはずがないと感じ、厳格な検査を実施しなかった。[34] 在朝日本人にとって郵便物とは、制限額以上の財産を持ち出すために欠かせない情報交換のためメディアとなっていた。そこには、なんとか財産を持ち出そうとする、在朝日本人の生き抜くための知恵が広がっていた。南朝鮮占領の最初期において、米軍は、こうした在朝日本人の不法行為に重大な関心を寄せ、検閲を通じて、情報を収集し、積極的に取締まった。だが、一九四五年末から一九四六年初頭にかけて、米軍による検閲の関心は、在朝日本人から朝鮮人の通信物へと変化した。在朝日本人引揚者の減少と朝鮮人密航者の急増が、その要因であった。[35]

朝鮮人に対する渡航制限

一九四六年二月一九日、米軍政庁は、事実上の出国制限措置である軍政法令第四九号「朝鮮に入国または出国者移動の管理および記録に関する件」を公布した。朝鮮を出国する者に、軍政庁外務部での旅行証明書の取得を義務づけた。だが、一般の人々にとって、必要書類の取得は非常に困難であり、事実上、出国の道を閉ざすものであった。日本側でも入国は制限された。三月一六日付GHQ基本指令は、商業交通が利用可能になるまで、本国に引き揚げた非日本人(Non-Japanese)が、連合軍最高司令官の許可のなく、日本に戻ることを禁じた。正規の手続きを経ない日本入国は不法であり、それを試みる者は不法入国者とされた。

一九四六年春から夏にかけて、南朝鮮で大流行したコレラは、政治経済的な混乱状況に拍車をかけ、日本に密航を試みる朝鮮人が急増した。GHQは、コレラが朝鮮人密航者によって南朝鮮から日本にもたらされることを危惧し、彼らの取締りを厳格化した。六月一二日、GHQは「日本への不法入国の抑制に関する総司令部覚書」を通じて、不法入国した船や人を逮捕し、米軍官憲への引渡しを日本政府に命令した。七月一五日には、大蔵、内務、厚生、司法、運輸の各省は、相互に連携して、密貿易および不法入国者の取締りにあたることが次官会議で決定した。[36] さらにイギリス連邦占領軍(BCOF)は、在日朝鮮人に関する大部分の情報を日本人通訳や協力者、地元警察などに依存しながら、不法入国を試みる朝鮮人の取締りを積極的に実施した。[37]

だが、コレラの発生を理由として強化された日本入国の制限は、それが沈静化した後も解除されなかった。一九四六年六月に公布され、七月に施行された勅令三一一号は、不法入国を「占領目的への有害な行為」と規定した。[38] 不法入国たる密航は、もはや公衆衛生上の問題ではなく、占領体制を揺るがしかねない、取締まるべき重大な犯罪行為とみなされた。

密航者たちの群像

一九四六年七月、仙崎の引揚者収容所には毎日約一五〇人の朝鮮人不法入国者が送られてきていた。同収容所には、すでに二〇〇〇人が収容されていたが、そのうちの五〇〇人が正規の手続きを経た帰還希望者であり、残りの一五〇〇人は密航者であった。[39] ある米軍報告書は、すべての密航者がもともと日本で暮らしていた朝鮮人であるとしたうえで、密航者を次のように分類した。[40]

第一に生活の困窮を動機に密航する人びとであり、密航者全体の八〇%を占めている。大部分が、日本に不動産や貯金を残したまま、南朝鮮に帰還した人びとである。彼らは、生活の糧にするために、財産の現金化を目的に日本への密航を試みている。第二に、日本に残した家族を連れに密航する人びとであり、約一〇%を占めている。日本敗戦時、南朝鮮の状況を探るために、夫や親、息子が家族を残して先に帰還するケースが頻繁に見られた。彼らは、家族全員を南朝鮮に帰還させることを目的に再度日本に渡ろうとした。第三に、残りの一〇%を占める密輸を目的とした密航者である。

別の分析では、日本にいた頃の生活への回想や日本の学校への入学希望が、密航の動機となっているとの指摘もあった。[41] なかでも、CCIG—Kが検閲した私信は、密航者の大多数を占めていた生活困窮者が、南朝鮮に見切りをつけ、日本への密航を目指す姿を明確に示していた。

朝鮮人A（昌善在住）の手紙[42]

——朝鮮は解放されたにもかかわらず、政府もなく、物価の高騰を引き起こしています。できるなら、日本に行こうと思っています。

釜山から日本に密航する朝鮮人Bの手紙（一九四六年六～七月頃に投函）[43]

——最近日本から帰還した同郷の一人は、もし日本から帰還した朝鮮人の数が二〇〇〇名ならば、日本に再び戻った朝鮮人は三〇〇〇名にのぼると言っています。……朝鮮に帰還したときは嬉しかったですが、すべての金を失い、再び日本に戻ることにしました。

再渡日を目指した元帰還者の多くは、南朝鮮での新生活の立ち上げに苦労し、「所持金がないため、路上を生活して乞食のように生きていく」[44] ことを余儀なくされた。同じ頃、南朝鮮では闇市が乱立し、闇取引が大規模におこなわれていた。植民地時代の官吏や商人出身のブローカーらは、砂糖や塩といった生活必需品の売買だけでなく、[45] 朝鮮通貨と日本通貨の闇両替や日本への密航手配にも関与していた。[46] 元帰還者といった密輸や闇両替に必要な資本を持たない人びとは、自らの身体を越境させることで生活の糧を得ようとした。

日本と南朝鮮の間には、人とモノの不法な移動が見られ、それはＧＨＱにとって重大な関心対象であった。こうした不法行為には、朝鮮人だけでなく、日本人も関与していた。朝鮮人であれ、日本人であれ、密航や密輸は困難な状況を生きる人びとにとって、生き抜くための日常的実践にほかならなかった。にもかかわらず、占領下の日本社会には、朝鮮人の不法行為だけを強調する言説が立ち上げられていた。(47)

3　日本社会からの追放としての送還

日本政府による帰還促進策

南朝鮮情勢の厳しさが在日朝鮮人に伝えられると、日本に残留することを選択する人びとが急増した。日本政府は、彼らの残留を望まず、朝鮮半島への帰還を強力に推進した。一九四六年二月一七日、ＧＨＱは朝鮮人らに帰還希望の有無を登録させるよう日本政府に命じた。(48)未登録者および帰還を希望しないと登録した者は、帰還の特権を喪失するとされた。当初、約六四万人の朝鮮人登録者のうち、七九％にあたる約五二万人が、南北朝鮮のいずれかへの帰還を希望した。ＧＨＱは、在日朝鮮人の輸送を一九四六年八月末までに完了すると考えていた。だが、輸送計画は順調に進まず、実際の帰還者は予定された人数よりも遙かに下回った。ＧＨＱは、一日あたりの輸送人員を拡大し、登録の締め切りを延長するなどの対策を講じたが、帰還者数の増加にはつながらなかった。(49)日本政府は、在日朝鮮人の帰還を促進するため、いくつかの方法を編み出した。

当初、日本政府は、在日朝鮮人の帰還対策における朝連の協力が有効であると見ていた。朝連は、日本交通公社などとともに、帰還希望の朝鮮人に鉄道パスの発給や案内業務などの輸送援護をおこなった。だが、それは、ＧＨＱには、帰還者の輸送を妨害するものとうつっていた。一九四六年五月二〇日、GHQは、日本政府に対して、朝鮮人の帰還を計画し、実施することは日本政府の責任であり、いかなる朝鮮人団体にもその責任の一部あるいは全部の委任を禁ずる指令を発した。[50] 五月二四日、引揚援護院業務課長から、各都道府県教育民生部長に宛てた通達には、こう記されていた。[51]

朝連のなかには、計画輸送を強制送還と捉え、強制送還絶対反対と宣伝している地方支部がある。各都道府県では、それらの支部に計画輸送の趣旨の理解を徹底させ、反対の態度が持続される場合は、現地進駐軍軍政部や各都道府県の警察部と連絡を取りあい、断固たる処置を講ずるものとする。

七月三一日、ある県の主催で「朝鮮人帰還促進に関する協議会」が開催された。同協議会には、内務、厚生、総務、警務、刑事、経済などの各部課長が出席した。ここでは、帰還希望として登録した在日朝鮮人が、①南朝鮮の諸事情が思わしくなく、②それに引きかえ、内地の事情は彼らが縦横に跳梁することのできる千載一遇の絶好条件に恵まれており、③その上、朝連が消極的妨害をしているために帰還を留保しているとの非難の声があがった。同協議会では、日本当局が「或る程度舐められている感が多分にある」と指摘され、在日朝鮮人に舐められないように断固たる処置をとれば、彼らは帰還するだろうとの意見が示された。[52] 在日朝鮮人に圧力をかければ、帰還促進に繋がるという発想であり、それは政府から市町村レベルにいたるまで貫かれていた。

八月七日、各市町村長宛の県の通達には、「終戦直後から一部朝鮮人等が跳梁跋扈し闇商人悪質ブローカーとなり或は幽霊人口等不正申告による重々配給等々社会の公安秩序を紊り敗戦日本の再建途上少なくない暗影を投じつつあることは周知の事実」であり、「彼等が敗戦と云ふ弱味につけこんで不正極まる生活手段」をとっている。それは、在日朝鮮人に「日本の方が住みよい」との判断を働かせ、こうした「不健全なる思想行動」は、一掃すべきであるとされた。[53] そのうえで、各市町村には帰還の趣旨を説明したポスターの掲示や、市町村内に居住する朝鮮人の実態を常に把握し、機会あるごとに接触して指導監督を実施することが要請された。警察署や駐在警官が緊密に連絡をとり、帰還の意思を喪失した在日朝鮮人に、帰還の意思を奪回喚起させる。帰還希望の朝鮮人には、親切に対応し、出港地に向かう列車の乗車の世話のほか、荷造材料の特別配給もおこなうものとされた。

在日朝鮮人に対して圧力をかけることでなされる帰還の促進とは、彼らを日本から追放することを意味していた。さらに効果的な追放の実施には、在日朝鮮人がいかに日本社会に有害な存在なのかを喧伝し、追い出すための「正当性」をもった言説を立ち上げる必要があった。

不法行為の喧伝

一九四六年五月一一日、福岡のある駅前で靴修理の朝鮮人少年が、警察官に呼び止められた。「おい、君の本籍はどこか。」少年は「朝鮮だ」と答えると、警察官は「そうか。朝鮮人は皆残って悪いことばかりして困る。行橋署の留置場は朝鮮人で一杯だ。お前等も居れば、悪いことばかりする。早く帰れ、何をぼやぼやしているか」とまくし立てた。(54) また「日本に在留する朝鮮人は、どうして一斉に自分の祖国に帰ってくれないのだろうか、八〇〇〇万の日本国民も食えず苦しんでいる日本の食糧事情に、朝鮮人が帰国することによって、いくらかでも負担が軽減出来るのではないか」(55) という声も、日本人の一般的な感情をあらわしていた。在日朝鮮人を追放しようとする言説は、日本社会のあちこちに拡がっていた。日本残留を選択した在日朝鮮人は失業状態、もしくは失業に近い状態であり、闇市や密造酒造りなど無許可あるいは禁止になっている仕事をしながら、生活を営んでいた。警察は、在日朝鮮人がかかわっていた闇市を相次いで摘発し、日本の新聞も摘発の記事を書き立てた。(56) 一九四六年七月一三日付『朝日新聞』は、在日朝鮮人に対して社会秩序を乱す存在と位置づけ、彼らを批判する社説を掲げた。(57)「(在日朝鮮人の)終戦後の生活振りについては、率直にいって日本人の感情を不必要に刺激したものも少なくなかった。たとえば一部のものが闇市場に根を張り、物資の出回りや、物価をかき乱し……朝鮮人が、政府の統制の圏外にあるものとして、自らの生活擁護にのみ急な余り、政府の食糧、物資政策などに悪い影響を及ぼしている」。これに対し、在日朝鮮人側から反論がなされた。(58) まず「朝鮮人はかかる偉大な犠牲を払はせられた過去をも忘却してなほ日本の法律と社会的秩序維持に協力しながら凡ゆる不自由を忍んで商行為あるひは労力奉仕の正当なる報酬によって同生共死をしているといふ事実に感謝して貰ひたい」と主張し、日本人や日本政府をこう批判した。

朝鮮人がみながみな善良なりとはいはないが、終戦後日本人諸君は我々に対して温かい言葉一つ言ったか、解放された祝ひの言葉一つ言ったか―政府ですら償ひの言葉一つ聞かないのである。そればかりか生活の活路一つ与へず、救済の一策たりともほどこしたであらうか？　却って既成事実の一、二を誇大に宣伝し依然として弾圧のみであったと僕は断言する。

在日朝鮮人の不法行為は、政治家によっても言及され、在日朝鮮人に対する負のイメージは、さらに増幅された。一九四六年八月一七日、国会にて進歩党の椎熊三郎は、在日朝鮮人の傍若無人ぶりを強調し、彼らが日本の治安に絶大なる不安をもたらすと主張した。(59)朝連はただちに反駁声明書を作成・公表し、衆議院議長と椎熊に謝罪を要求した。だが、政治家による在日朝鮮人についてのネガティブな発言は止まなかった。九月二日、貴族院予算総会にて内相の大村清一は、「多数の朝鮮人は解放民族としてのあやまった優越感をもってをり、また戦時中の日本の彼らに対する圧迫に対して仕返しをするというくらいな反抗的な心持のものもある」と指摘した。闇市や密入国をおこなっている朝鮮人の取締りを強化する方針が示された。(60)在日朝鮮人が、不法行為にたずさわる理由は一顧だにされず、不法行為のみが喧伝された。在日朝鮮人の追放を正当化する言説が、次々と打ち立てられた。

在日朝鮮人を追放しようとする力は、言説レベルに留まらなかった。朝鮮からの密航者への官憲による虐待、虐殺、大阪での居住証明問題、在日朝鮮人に対する財産税課税、特殊預金の封鎖など、在日朝鮮人に対する経済的な圧迫もおこなわれた。(61)在日朝鮮人は、自らの生活の権利を守るための闘争を開始した。

送還の実施

一九四六年一〇月五日、朝鮮人生活権擁護運動の実施に向け、朝連中央総本部に準備委員会が組織された。一四日から一七日まで開催された朝連第三回全国大会で「朝鮮人生活権擁護闘争要綱」が決定された。一一月一〇日、第一回朝鮮人生活権擁護委員会全国代表者会議が、朝連中央総本部で開催され、二六府県四〇余名の代表が参加し、朝鮮人生活権擁護委員会が正式に発足した。自らの生活権を守る朝鮮人生活権擁護闘争が開始された。闘争活動の一環として、機関紙『朝鮮人生活権擁護委員会ニュース』が発行され、在日朝鮮人に運動方針を伝えるメディアとなった。同時に「(日本人の)古い朝鮮人観を打破して日本における朝鮮人の地位を確定する」ことも発行目的とされた。[62]そこには、日本社会において、朝鮮植民地時代から流布され続ける在日朝鮮人への負のイメージを流布する狙いがあった。

一九四六年一二月二〇日には、宮城前広場で朝鮮人四万人が結集し、在日本朝鮮人生活権擁護全国大会が開催された。大会後、一万五〇〇〇人が、予定通りに首相官邸に向けてデモ行進をしていたところ、デモ隊側と警察官側が衝突する事態が発生した。GHQは、日本警察に扇動者の逮捕を指示し、大会で選出された一〇人の代表を含む一四人が検挙された。一四人のうち一〇人が一万人の暴動を引き起こし、首相官邸への乱入と警官への襲撃を試み、麹町区民を恐怖と混乱に導いたとして、占領目的違反の容疑で起訴された。一二月二六日に開かれた軍事裁判では、容疑のうち一部は無罪と認められたが、デモ行進に際し、暴動を起こさないとの約束に違反したとして懲役五年、罰金七万五〇〇〇円の判決が下された。それは、在日朝鮮人の活動や日本警察への在日朝鮮人の反抗に対する米軍第八軍の警告であった。[63]

米軍の強硬姿勢は、在日朝鮮人新聞への検閲にも見られた。『解放新聞』が掲載を予定していた判決の不当性を訴える記事は、米軍批判であるとして発禁となり、書き直しが命じられた。[64]朝連は判決の不当性を非難し、さらに、米軍政庁東京連絡事務所のゴッフ少佐や南朝鮮内の革新勢力などからも、不当性を指摘する声があがった。その後、第八軍は一〇人に対する懲役を一年に減刑し、罰金刑を撤回したが、[65]この一〇人は朝鮮に送還するという新たな量刑が追加された。第八軍司令官アイケルバーガーは、一〇人の在日朝鮮人受刑者を朝鮮に送還することで、在日朝鮮人の抵抗を押さえ込もうとした。GHQは在日朝鮮人の強制的な追放に法的な障害はないと判断した。一九四七年三月八日、釈放された一〇人の朝鮮人は、家族一二人とともに朝鮮に送還された。(66)

朝鮮への送還決定は、いくつもの矛盾を抱えていた。GHQの基本的な方針によれば、在日朝鮮人は非日本人(Non-Japanese)であるが、日本国民(Japanese Nationals)であった。日本国民が、日本から他国・他地域に強制的に送還されることは法手続き上、問題のある措置であった。また、在日朝鮮人の帰還は、自らの意思に基づいておこなわれなければならないとされており、被告ではあったが、本人の希望を無視した強制退去は、米国政府の指示から逸脱していた。(67) GHQによる在日朝鮮人に対する強制的な送還は、法的な問題が曖昧にされたまま決定・実施された。だが、それは初めてのケースではなかった。すでに一九四六年七月の時点で不法に国境を越えて、朝鮮から日本へと渡ろうとした人びとが、法的な手続きを経ることなく強制的に送還されていた。(68) 日本政府内務省も、GHQとの打合せに基づき、一九四七年二月以前に、すでに朝鮮人や台湾人らの強制退去を実施していた。(69) GHQや日本政府は、在日朝鮮人の追放という共通の目的を有していた。

一九四六年四月二日、GHQは日本政府に入国を許された外国人を登録し、日本国内居住を合法化するのに必要な書類の交付を日本政府に要請した。(70) 五月二日、在日朝鮮人の取締りを主目的とする外国人登録令が施行された。それは、GHQの基本方針としては日本国民である在日朝鮮人を「外国人」としてみなすことで、居住権を否認する法的根拠となった。依然として日本国籍を持つ在日朝鮮人の強制退去を可能にする外国人登録令は、国籍法規の遵守を規定する日本国憲法第九八条に違反する疑いが極めて強いものであった。(71) 日本政府は帰還しない在日朝鮮人に圧力をかけることで、日本から朝鮮へという境界を越える移動を実現させようとした。その一環として公布された外国人登録令は、彼らを「外国人」とみなすことで、すでに境界を越えているという状態を作りだすものとなった。

送還に抵抗する在日朝鮮人

在日朝鮮人新聞のなかには、不法行為を説明することで、日増しに強まる追い出し圧力に抗おうとする動きも見られた。一九四六年九月二〇日、『解放新聞』は、特に教養が欠けている在日朝鮮人のなかには、解放民族としての体面も考えず、不法行為に手を染めている者もいたのは事実である。だが、それは十分な生活の糧を持っていなかった多くの残留朝鮮人にとって、生活のためには致し方ないことであった。そのうえで、「日本支配階級の現政府が真情に民主主義のために、そして国際平和を愛するというのならば、当然過去の罪悪を精算する意味で、わが同胞が帰国するときまでの生活を絶対補償する義務があるにもかかわらず、何ら考慮されていない」として、日本政府の姿勢を強く批判した。(72) 在日朝鮮人にとって不法行為とは、日本政府による無策によって生み出された被抑圧者にとっての生きるための術であると主張した。さらに『朝鮮人生活権擁護闘争委員会ニュース』は、こう訴える。(73)

われわれは密航者を擁護はしない。然し、数千或は二、三萬にすぎない密航者を口実に、百萬近い在留朝鮮人の、社会的活動を抑圧し基本的人権をジュウリンするごとき居住証明を発行せんとして議会や新聞を動員しこれを世論化し、政治問題化せんとする所に、陰にかくれた、軍国主義者や、侵略者共の遠大にして巧妙なる陰謀や策略があるのではないか。

同記事は、不法行為である密航の喧伝が、在日朝鮮人を追放しようとしていると批判した。在日朝鮮人新聞は自らを追放しようとする力が、どのように作動しているのかを的確に捉えていた。在日朝鮮人新聞は、不法行為がおこなわれている根本的な要因を説明していた。在日朝鮮人新聞というメディアの特性上、主に在日朝鮮人が読者層であったが、共産党員などの日本人にも、こうした説明は届いていた。さらに、ＧＨＱは検閲を通じて在日朝鮮人メディアの動向に注意を払っており、その説明は確実にＧＨＱにも届いていた。在日朝鮮人メディアによる不法行為の説明は、在日朝鮮人を追い出そうとする力を作動させるＧＨＱや日本政府に向けられたひとつの抗いの方法であった。

自重を求める在日朝鮮人メディア

送還への抵抗は、在日朝鮮人によって立ち上げられたメディアが、在日朝鮮人自身に自己の行動を省察させ、自重を求めるという方法でもなされていた。一九四六年九月三〇日付『国際新聞』は、在日朝鮮人自らの行動のあり方を反省する記事を掲載した。(74) ソ連は朝鮮人を被圧迫民族とみなし、当初同情の念を示していた。だが、次第にその愛情や信頼感が薄らいでおり、また米国も同様であった。その原因は、いずれも在日朝鮮人自らの態度にあり、われわれは深く反省自覚し、友人から愛されるようになるべきであると主張した。また、在日朝鮮人と日本人との衝突を避けるための呼びかけや、友好の必要性を説いた記事なども掲載された。在日朝鮮人の存在が、不法行為の観点から焦点化されることで、日本人の感情を刺激し、在日朝鮮人を追放しようとする雰囲気の高まりを抑えるねらいがあった。在日朝鮮人を圧迫することで不法行為をおこなわせ、それによって日本社会の排外的な世論をつくり出し、追放しようとする力に絡みとられないための在日朝鮮人メディア側の戦略であった。

ここで一九四七年九月二八日付『朝鮮新報』の社説を見ておきたい。同社説は、密輸や密航が在日朝鮮人と南朝鮮在住朝鮮人が結託しておこなわれていることを指摘していた。密航は「売国的謀利行動」であり、南朝鮮での食糧難を引き起こす一因となっているだけでなく、朝鮮建国をも妨害する悪行であるとして厳しく批判した。同社説は、密輸や密航が、南朝鮮社会だけでなく、在日朝鮮人にとっても大きな問題になっていると主張した。不法行為としての密輸や密航は、在日朝鮮人を管理・統制する外国人登録令実施の口実を与えており、結果的に在日朝鮮人に被害を与えているという論理であった。在日朝鮮人メディアは、一部の人々によっておこなわれる不法行為によって、自らもまた被害者であると強調することで、追放圧力をかわそうとした。在日朝鮮人メディアは、送還に抵抗するための多様な戦略を立ち上げており、それは在日朝鮮人が自らを追い出そうとする力をいなしながら、なんとか日本社会に居場所を確保しようとする政治的な実践に他ならなかった。

おわりに

日本敗戦／朝鮮解放から数年間に見られた朝鮮人の移動は、帰還、密航、送還の各局面で作動した重層的な力によって引き起こされていた。本章で述べたことについて、簡単にふり返っておきたい。

日本敗戦直後、多数の朝鮮人が故郷への帰還を目指し、日本各地の港に殺到した。ＧＨＱや日本政府、朝連、メディアなどは、朝鮮人の帰還を積極的に支援した。だが、南朝鮮社会の政治的、経済的混乱状況が、在日朝鮮人に伝えられるようになると、彼らは、帰還を躊躇し始め、帰還希望者は急激に減少した。

こうしたなか、困難な生活を生き抜く術として、密航や密輸に携わる者が急増した。米軍は、人やモノの越境的な移動を不法行為として厳しく取締まった。朝鮮人や日本人のいずれもが、不法行為にかかわっていた。にもかかわらず、朝鮮人の不法行為のみが、日本社会でクローズアップされた。

日本政府は、在日朝鮮人の帰還を強く望んでいた。帰還希望者が減少し続ける状況を前に、日本政府は在日朝鮮人を追い出すための方法を編み出した。第一の方法は、朝鮮人に対する直接的な圧力の行使であった。それは内務省や警察、ＧＨＱと協調しながら、市町村レベルにいたるまで徹底して実施された朝鮮人の監視と帰還の説得によるものであった。朝鮮人への圧力が、帰還を促進すると考えられていた。第二の方法は、在日朝鮮人を追い出すための風潮を生み出すことであった。在日朝鮮人の不法行為は、『朝日新聞』などマジョリティ・メディアを通じて大きく喧伝された。そこには、かつての「不逞な朝鮮人」というイメージが重ねられた。多くの日本人は、在日朝鮮人が社会の安寧秩序を乱す存在であり、追放されるのは当然であると考えていた。

在日朝鮮人を追放するための、さまざまな「工夫」がなされたにもかかわらず、在日朝鮮人の帰還希望者数は、大きく伸びなかった。第三の方法として編み出されたのが、在日朝鮮人を「外国人」とみなすことであった。ＧＨＱや日本政府は、在日朝鮮人が日本国籍者であるとの原則を有していたものの、一九四六年に施行された外国人登録令により、彼らは、「外国人」とみなされるようになった。それは、GHQと日本政府が、「外国人」である彼らから、日本での居住権を奪う権限を手にしたことを意味していた。これにより、在日朝鮮人を強制的に追出する手段としての送還が、法的に確立された。こうした強制的な移動を合法的に迫る力に対して、在日朝鮮人は自らのメディアを用いて抵抗を繰り広げていた。在日朝鮮人のメディア利用とは、彼らによる言説戦であり、日常的な政治実践にほかならなかった。三局面で構成される朝鮮人の境界を越えた移動は、彼ら自身による生きるための意志とGHQや日本政府、地方自治体による行政的な権力のほか、メディアや一般民衆が作り上げた暴力的で排外的な言説との闘争のなかで形づくられた「政治」物語であった。

権力の諸関係のなかで形成される移動は、世界のグローバルな状況が進展するなかで、いっそう加速化している。だが、それは決して移動の自由が保障されていることを意味しておらず、さまざまな制限が課されている。とかく北朝鮮から／への移動は、近年、大きく制約されている。[75]本章で明らかにした移動の力学と構造は、朝鮮半島をめぐって現在も続く移動とどのような関係を有しているのだろうか。二十世紀の世紀転換期前後から生じた世界レベルでの人びとの越境に注目しつつ、戦後東アジアでのさまざまな主体による移動経験を紡ぎ出すことで、そこで展開された、あらゆる「政治」のかたちを描き出すことが今後の課題となる。[76]

注

1 移動／越境をめぐる政治に関する理論的な問題提起は、加藤哲郎「政治の境界と亡命の政治」『差異のデモクラシー』加藤哲郎他編、日本経済評論社、二〇一〇年を参照。

2 カミングス、ブルース、鄭敬謨・林哲訳『朝鮮戦争の起源—解放と南北分断体制の出現 一九四五—一九四七年』第一巻、ソウル：シアレヒム社、一九八九年、九八頁。

3 昨今、韓国で活発化する「帰還研究」と称する在外朝鮮人の移動研究について、二つの問題点を指摘しておきたい（先行研究として二〇〇四年以降の『韓国近代史研究』（韓国近代史学会）を参照）。第一に半島の外から内への移動である帰還のみに注目が集まっていることである。だが帰還とは逆方向の移動である密航が、正規移動と重なりながらおこなわれていたことは看過できない（成田龍一「「引揚げ」と「抑留」」『岩波講座アジア・太平洋戦争』第四巻、岩波書店、二〇〇六年）。帰還のみへの着目は、境界を越える人びとの多様な姿を捨象する限界を孕んでいる。第二に、統計データなどの側面から人の移動を検討している点である。それは、移動の多様な論理に十分に光を当てられないという点で、第一の問題点と同様の限界を有している。

4 『在日朝鮮人処遇の推移と現状』法務研修所編、一九七五年、五三頁。

5 朝鮮総督府は、約八五万人の在朝日本人のうち、六五万人が引揚げを希望しており、満洲から朝鮮経由で引揚げる一三〇万人とあわせ、引揚者は二〇〇万人にのぼると試算した。（森田芳夫、長田かな子『朝鮮終戦の記録―日本統治の終焉』資料篇　第一巻、厳南堂書店、一九七九年、一四九頁。）

6 法務研修所編、前掲書、五五頁。

7 朴慶植『解放後在日朝鮮人運動史』三一書房、一九八九年、四六頁。

8 ワグナー、エドワード・W『日本における朝鮮少数民族一九〇四年―一九五〇年』湖北社、一九七五年、六六―六七頁。法務研修所編、前掲書、五五頁。

9 金太基『戦後日本政治と在日朝鮮人問題―ＳＣＡＰの対在日朝鮮人政策一九四五～一九五二年―』勁草書房、一九九七年、一〇二頁。

10 『総務部経過報告』在日本朝鮮人聯盟。

11 「非日本人の日本よりの帰還に関する件」ＳＣＡＰＩＮ―二二四、一九四五年一一月一日。

12 金太基、前掲書、一三八頁。

13 ワグナー、前掲書、一三七頁。

14 *"A Petition for Rescue of the Refugees, Su Yung Dai, Chief of the Pusan Branch of Seoul Commitee Meeting Korean Association in Japan"*, 17 Dec. 1946, Gillette Papers, Harvard Yenching Library.

15 *"Repatriation-from 25 Sept. 1945 to 31 Dec. 1945"*, USAFIK, XXIV Corps, G-2, Historical Section, Box34, RG554, NARA.

16 *"Repatriation-from 25 Sept. 1945 to 31 Dec. 1945"*, USAFIK, XXIV Corps, G-2, Historical Section, Box34, RG554, NARA.

17 「米軍政法令第18号」一九四五年一〇月二七日。

18 *"Standard Operating Procedure for Repatriation through Port of Pusan"*, 30 Aug. 1946, American Red Cross, RG200, NARA.

19 『朝鮮経済年報』朝鮮銀行調査部、一九四九年、一一―三三頁。

20 *"Critical Refugee Situation, through: Commanding General, 40th Infantry Division, to the Governor General, Hq., USAFIK, Seoul, Korea, Dec. 26, 1946"*,

Gillette Papers, Harvard Yenching Library.

21　一九四五年一〇月一〇日、解放後初の在日朝鮮人による新聞として『朝鮮民衆新聞』が創刊された。以後、一九四九年までの間に一二〇タイトル以上の新聞、二〇タイトル以上の雑誌が創刊された。在日朝鮮人による新聞のなかには一〇万部以上を発行していたものもあった。在日朝鮮人によるメディアは、米軍占領下の日本において一定の存在感を示していた。（小林聡明『在日朝鮮人のメディア空間――ＧＨＱ占領期における新聞の発行とそのダイナミズム』風響社、二〇〇七年）

22　外村大「日本帝国の渡航管理と朝鮮人の密航」『日本帝国をめぐる人口移動の国際社会学』蘭信三編、不二出版、二〇〇八年、三一頁。

23　"*SEOI/740, October 20, 1945*", Criticism of US Forces in Korea, USAFIK, Box21, RG554, NARA.

24　"G–2 *Special Report*", Headquarters 40th Infantry Division, Assistant Chief of Staff, G–2, Oct. 29, 1945, MOR KOREA 1945–1947, GHQ/SCAP, Box8536, RG331, NARA.

25　"G–2 *Special Report*", Headquarters 40th Infantry Division, Assistant Chief of Staff, G–2, Oct. 29, 1945, MOR KOREA 1945–1947, GHQ/SCAP Records, Box8536, RG331, NARA

26　"*HQ, USAFIK G–2, Weekly Summary, December 16, 1945 – December 23, 1945*", RG554, NARA.

27　"*Periodic Report October 10, 1945*", RG554, NARA.

28　"*G–2 Weekly Summary*", October 28, 1945 – November 4, 1945, HQ, USAFIK G–2 Weekly Summary: Headquarters, United States Army Forces in Korea, NARA.

29　"*Periodic Report No. 54, November 3, 1945*", RG554, NARA.

30　"*Korean Digest*", GHQ/SCAP, Box8523, RG331, NARA.

31　"*Periodic Report October 28, 1945*", RG554, NARA.

32　"*Periodic Report No. 52, November 1, 1945*", RG554, NARA.

33　"*PUS/506, AFPAC/K/3*", GHQ/SCAP, Reports-AFPA-K, GHQ/SCAP, Box8547, RG331, NARA. HQ, G–2, Periodic Report January, 29, 1946, RG554, NARA.

34　"*40th Infantry Division, History of Evacuation and Repatriation through the Port of Pusan, Korea, 28 Sept 45–15 Nov 45*", History of USAFIK and USAMGIK Source Material, USAFIK, XXIV Corps, G–2, Historical Section, Box32, RG554, NARA.

35　小林聡明『韓国検閲体制の形成』一橋大学大学院社会学研究科博士論文、二〇一〇年三月。

36　「不法入国不法密輸入事犯等の取締に関する次官会議決定」。

37 テッサ・モーリス・スズキ「占領軍への有害な行動――敗戦後日本における移民管理と在日朝鮮人」『継続する植民地主義――ジェンダー・民族・人種・階級』岩崎稔他編、六八―七〇頁。
38 法務研修所編、前掲書、八五頁。
39 *"Incoming Message from CG 8TH Army to SCAP"*, July 23, 1946, Illegal Entry of Koreans into Japan, GHQ/SCAP Records, Box382, RG331, NARA.
40 *"A Report on Stowaways"*, August 19, 1946, Illegal Entry of Koreans into Japan, GHQ/SCAP Records, Box382, RG331, NARA.
41 法務研修所編、前掲書、八五頁。
42 *"AFPAC/K/7"*, Reports-AFPA-K, GHQ/SCAP, Box8547, RG331, NARA.
43 *"AFPAC/K/27"*, Reports-AFPA-K, GHQ/SCAP, Box8547, RG331, NARA.
44 *"PUS-330"*, Criticism of US Forces in Korea, USAFIK, XXIV Corps, G-2, Historical Section, Box21, RG554, NARA.
45 *"A Digest of Financial Conditions in Korea, December 24, 1945"*, Korea Digest, GHQ/SCAP Box8523, RG331, NARA.
46 *"SEOI/TL/543, A Digest of Economic Conditions in Korea, December 31, 1945"*, GHQ/SCAP, Box8523, RG331, NARA.
47 『西日本新聞』元編集委員の星野力は、次のように述べていた、「朝鮮の人たちの密航問題とか、ヤミ商売――朝鮮人がどの程度にヤミをやっておるかは知りません。日本人もヤミをやっておる。朝鮮の居留民だけがヤミをやっておるのじゃないが――それからいろいろな犯罪の問題こういうことが時には実際以上に伝えられて日本人の感情を刺激しておる。」『世紀新聞』(一九四七年二月一四日付)
48 「朝鮮人、中国人、琉球人及び台湾人の登録に関する総司令部覚書」SCAPIN-746、一九四六年二月一七日。
49 法務研修所編、前掲書、五九―六一頁。
50 ワグナー、前掲書、七二頁(SCAPIN-972/2 Repatriation, 1946. 5. 20.)。帰還業務から朝連を排除した理由は、必ずしも明確になっていない。だが、そこにはGHQの左傾化する朝連への警戒感があったことは間違いないであろう。
51 一九四六年五月二四日「引揚援護院発業第二九六号」。
52 一九四六年七月二九日「朝鮮人帰還促進に関する協議会開催に関する件伺」。
53 一九四六年八月七日「案」内務部長、警察部長、経済部長発　各市町村長宛。
54 『世紀新聞』一九四六年五月二三日。
55 『世紀新聞』一九四六年五月三〇日。
56 朴慶植、前掲書、一一五―一一六頁。
57 『朝日新聞』一九四六年七月一三日。

58 『朝日新聞』一九四六年七月一四日。
59 朴慶植、前掲書、一一七―一一八頁。
60 『朝日新聞』一九四六年九月三日。
61 朴慶植、前掲書、一一八―一二〇頁。
62 『朝鮮人生活権擁護委員会ニュース』一九四六年一一月二九日。
63 金太基、前掲書、三一三―三一四頁。
64 "*CIS Progress Report, Part III, Jan. 1947–Jun. 1947*", GHQ/SCAP Records, CIS-02537（国立国会図書館）。
65 金太基、前掲書、三一四―三一六頁。
66 『朝鮮人生活権擁護委員会ニュース』一九四七年三月八日。
67 金太基、前掲書、三一七―三一八頁。
68 モーリスースズキ、前掲、六七―六八頁。
69 一九四七年二月五日「解放民族等の強制送還に関する内務省公安第一課庁通牒」。
70 SCAPIN-852.
71 大沼保昭『在日韓国・朝鮮人の国籍と人権』東信堂、二〇〇四年、二二九―二三〇頁。
72 『解放新聞』一九四六年九月二〇日。
73 『朝鮮人生活権擁護闘争委員会ニュース』一九四六年一一月二九日。
74 『国際新聞』一九四六年九月三〇日。
75 越境的な移動が持つ現代的意味については、在日朝鮮人の北朝鮮への帰還である「帰国事業」や脱北者に関するテッサ・モーリス・スズキ（オーストラリア国立大学）および朴明圭（ソウル大学）のコメントから示唆を受けた。ソウル大学校日本研究所企画特別講演会「봉인된 디아스포라：재일조선인의 ‘북한행 엑서더스’를 다시 생각한다」(Exodus to North Korea Revisited: The Repartiation of Ethnic Koreans from Japan) 二〇一〇年五月二八日開催。
76 政治性や歴史性を抱え込んだ世界レベルの越境については、町村敬志『越境者たちのロスアンジェルス』平凡社、一九九九年から示唆を受けている。

Ⅱ　不平等条約体制下における公共性とガバナンス

この部では、第Ⅰ部で明らかにしたようなアイデンティティの輻輳化を促すホスト社会および母国社会の制度や法規を重視し、「外国人」をも包括するホスト社会のガバナンスと、社会全体の公共性の問題について考察する。たんに制度史的な叙述を目的とするのではなく、むしろ、各地域あるいは地域間の制度的な多様性、ときにはそれらの相入れない実相を明らかにすることが目的である。

第六章（荒野泰典）は、近世の日本が「鎖国」ではなかったと同じ論理的なレベルで、ペリー艦隊による「開港」以後の日本は「開国」ではなかったという鋭い問題意識から、開港以前の日本の慣例と領事裁判権の付与との間には、制度的にはさほど大きな懸隔はなかったことを実証する。このことは、中国で租界が成立した初期の状況と似ている。

第七章（小風秀雅）では、領事裁判権撤廃問題が起こるなかで締結された樺太千島交換条約が、領事裁判権の基礎概念となっている法権の属人主義から近代的な属地主義への転換が実現した国際条約として、日本政府にとっては重要な意味を持っていたことを再確認させる。外交交渉の推移を描きながらも浮かび上がってくるのが、樺太や千島における日露両国人の微妙な法的地位である。

第八章（川島真）は、十九世紀末に起こった在シャム華人の日本公使館登録・国籍取得問題を取り上げて、日本の新植民地である台湾に関する制度的な曖昧さや、日本の国籍法の運用面の不明確さから、国府寺新作と稲垣満次郎という二人の外交官による、台湾本島外の台湾人の地位について、方針のぶれが生じていた状況を明らかにする。

第九章（貴志俊彦）は、第一次世界大戦時期を通じた中国におけるヨーロッパ人の法的地位の変化を中華民国外交部の文書を用いて検証し、本国と中国との間に国交・条約の有無が彼らの法的処遇を規定したことを明らかにする。また、無条約国国民は保護国化や帰化などの制度的手段を用いて、北京政府の管理体制を逃れようとし、一方北京政府は不平等条約の撤廃、裁判権の独立を通じて、属人的支配を強化しようとしたことを示す。

第一〇章（本野英一）は、十九世紀末期の中国で「商標註冊試辦章程」実施が無期延期になるまでの経緯に続いて、二十世紀初頭に起こった輸入外国製品商標に対する侵害行為の分析から、自国企業の保有する商標に違反する華商、華人企業をめぐる日英両政府の利害の食い違いや、中国政府が制定した商標法に各国政府、在華外国企業が如何なる態度を示したかを検証する。

第六章

言説としての「不平等」条約説
――明治時代における領事裁判権の歴史的前提の素描

荒野　泰典

はじめに

第二部の共通のテーマである「公共性とガバナンス」という視角は、直接は、「内地雑居」にともない、あらたに「外国人」を含めた公共空間がいかに形成され、それにともないガバナンスgovernanceがいかに再秩序化されるのか、という問題意識だ。この視角は、本章でとりあげる、日本の幕末維新期において、いわゆる領事裁判権が成立する事情を検討するにあたっても、有効である。本章で述べるように、その成立事情は、「無知・無能」な幕府が欧米諸国の圧力のもとで「不平等条約」を押しつけられたという従来の言説が成り立たないことを明確に示している。「開港」という新たな事態に対して、開港場におけるガバナンス（条約体制）が構築されていく歴史的過程を、とりあえず、予見を排しながらたどってみることから始めたい。

私たち日本人は、「日米修好通商条約」（一八五八年）以後の欧米列強との通商条約には、伝統的に、次の三つの特徴があると教えられてきた。ひとつは、これらの条約は、幕府の無知・無能によって欧米列強によって押しつけられた「不平等」

で屈辱的な条約であったこと。もうひとつは、それゆえに、この「不平等」を是正して「万国対峙」、つまり、欧米列強と国際的に対等な立場に立つこと、いわゆる「条約改正」が明治政府の外交政策の中心的な課題のひとつとなり（もうひとつは、「国権拡張」、つまり、領土拡大や植民地獲得など、東アジア地域への影響力の拡大）、それが実現したのは、日清戦争直前の一八九四年の日英通商航海条約においてであったこと。そして、三つ目に、「不平等」の理由が、①領事裁判権、②関税自主権の欠如、③欧米列強への一方的な最恵国待遇の付与（日本には認められていないこと）の三点であるとされてきたこと。これらは史実として教えられるとともに、なかば強制的に記憶させられる歴史的な事項でもあった。つまり、高校や大学の入学試験で、出題される頻度の高い史実でもあった。つまり、幕末に徳川幕府と欧米列強との間に結ばれた和親条約や通商条約についての上記のイメージは、中高教育を経たほどの日本人ならば、ほとんど誰もが刷り込まれ、ほぼ共通して持っているものだといってよい。

ところが、三谷博は最近の「ペリー来航」に関する著書の結論部分で、次のような興味深い二つの史実を指摘している。(1) 第一に、これらの条約に対する批判は当時からあったが、それは「天皇の権威を傷つけ、日本の誇りと運命を危険にさらす」という意味で、「不正」とするもので、その「不平等」をあげつらうものではなかった。そもそも、当時幕府の対外政策を批判していた尊皇攘夷派が条約の具体的な内容を知る機会は多くはなかったはずで、その不平等さを批判することは不可能だったろう。条約の「不平等」な内容が批判されるようになるのは、徳川幕府が倒壊して、明治政権が成立してからのことだった。(2)

そこには、次のような事情が介在していた。つまり、明治政権はもともと「攘夷」を主張していた勢力が主体であり、彼らは政権をとると、掌を返すように、欧米列強との和親を強調し、批判していたはずの諸条約を追認することを表明した。そのようにして欧米列強を中心とした国際社会の支持を得なければ、政権を維持することはおろか、掌握することさえ不可能だったからだ。新政権は、「攘夷」を捨て、「和親」を強調することで国際的な支持を取りつけながら、そうすることで失墜しかけた国内的な信用を回復するために、幕府の「屈辱外交」と「失政」をあげつらい、「万国対峙」を実現しうる政権としての自らをアピールしたのだった。つまり、新政権が成立した時からこの条約は、「徳川幕府の正当性を否定し、王政復古政府の正当性を証明する、もっとも有効なシンボルに変った」のだった。

第二に、これらの条約を「不平等」とする理由のうち、確かに「不平等」といえるのは最恵国待遇が欧米列強のみに与えられていることぐらいであり、ほかの二点については、当時の実質的な利害関係に照らし合わせてみると、かならずしもそう断定することはできない。たとえば、本章でとりあげる領事裁判権も、幕府時代において不利益を被ったのは、むしろ日本人によって自国民を殺傷されながら加害者（日本人）の処罰は日本の政府に任さざるを得なかった欧米側だった、と三谷はいう。もちろん、開港以後格段に増えた彼我の国民の接触によって生じるようになったさまざまな紛争の処理とその問題点については、改めて具体的に検討されなければならないと考えるし、三谷も指摘しているように、明治以後の「不平等」の実態についても、虚心に検討してみる必要があるだろう。

しかし、それまで強硬に「攘夷」を主張していた維新政権側が、政権を奪取したとたんに「和親」に転じ、その帳尻併せのために「修好通商条約」の「不平等」性を強調するとともに、その改正を政権の存在理由とせざるを得なかったという三谷の指摘は、十分に説得力を持っている。これを筆者なりに表現すれば、従来説かれてきた「通商条約」＝「不平等条約」説は、維新政府の正当性獲得のための「言説」discourse（英）、disucourt（仏）としての性格を強く持っていた、ということになる。

それは、また、徳川幕府の「無知・無能」説と裏腹の関係にあり、ごく最近までそのように語られ、教えられてきた。しかし、当時日本においてもっとも正確な海外知識と情報を持っていたのは幕府であり、それと国内情勢を摺りあわせながら、ペリー来航前後からの対外的危機を凌いで政権を維新政府に引き渡した幕府が、かならずしも「無知・無能」といえないことも確かだろう。それが領事裁判権の歴史的前提を探るという本章の動機のひとつでもある。

しかし、言説は同時に、現実に裏打ちされることによって長く生命を保つことにもなる。よく知られているように、維新政府は、強引に近代化政策を推し進めながら、一八七一（明治四）年一一月には、外務卿岩倉具視を特命全権大使とする米欧使節を派遣した（〜一八七三年）。日米修好通商条約では、締結後一七一か月経てば、すなわち、一八七二年七月四日以降は改正交渉を始めることができるとされており、その準備交渉がこの使節団の直接の目的だった。しかし、これもよく知られていることだが、条約改正の可能性は最初の訪問国アメリカ合衆国の拒否によって事実上閉ざされ、維新政府は欧米列強によって構成された欧米中心の国際社会の厳しい現実を思い知らされることになる。そのことが皮肉にも、旧幕府の「失政」の取り返しのなさを強調する政府官製の言説にリアリティを持たせることにもなったと考えられる。

1　不平等条約の成立過程——領事裁判権を中心に

ここでは、「通商条約」において領事裁判権が条約締結国に与えられるまでの経緯を概観する。なお、この時期の条約は、当時はさまざまな呼び方や表記がされているが、本章では、通例に従って、ペリー来航による日米和親条約以後ロシア・イギリス・オランダとの間に結ばれた条約群を「和親条約」、ハリスによる日米修好通商条約（一八五八・安政五年）以後各国との間に結ばれた条約群を「通商条約」と呼ぶことにする。

まず、日米修好通商条約の領事裁判権の規定（六条）を確認しよう。この規定は、①日本人に対し法を犯したアメリカ人の場合と、②アメリカ人に対し法を犯した日本人の場合との二つのケースからなっており、①の場合は、合衆国領事裁判所で吟味の上合衆国の法で処罰する、②の場合は日本の役人が取り調べ、日本の法で処罰する、というものだった。およそ、法の適用には、違反が起きた土地の法律を適用する属地法主義と、違反者の所属する国や地域の方を適用する属人法主義とがあるといわれるが、[3] この場合は、属人法主義が取られていると考えていいだろう。この点は次節で検討することにして、ここでは、領事裁判権が、①日本人に対するアメリカ人の犯罪と②アメリカ人に対する日本人の犯罪の二つの場合に分けられていることに注目し、それぞれの場合が条約に組み込まれる過程をおさえておく。

まず、一八五四（安政元）年の日米和親条約（神奈川条約）には、最恵国待遇についての規定はあるものの、領事裁判権、もしくは、それに類する規定はない。つまり、①②ともに規定がない。その理由は、この条約がペリー来航の本来の目的に添ったものだったからと考えられる。ペリーの使命が、日本との「通商」（貿易）ではなく、日本近海で操業するアメリカ捕鯨船と中国へ渡航する貿易船の補給基地の確保と漂流民などの保護のための「和親」（友好）と「開港」だったことは、よく知られている。[4] その目的が条約の内容を規定した。その一〇年前（一八四四年）にアメリカ合衆国が清と結んだ清米通商協定（望厦条約）においては、貿易に関する具体的な規定に混じって、領事裁判権の規定が見られる。すなわち、「シナ」の民が合衆国の民に対して罪を犯した場合には「シナ」の役人がその国法で罰し、合衆国の民が「シナ」で「シナ」の民に対して罪を犯した場合には、合衆国の領事（コンシュル）か、もしくはそのために合衆国から派遣された「公吏」（役人）のみがそれを取り調べ、合衆国の法で罰する、と。これは、一八五七（安政四）年の日米修好通商条約の領事裁判権の規定（四条）と、ほとんど同じ規定である。ちなみに、望厦条約は、日米修好通商条約を結んだタウンゼント・ハリスが、その交渉を進めるために日本側に提出した三つの貿易条約の中のひとつだった。

次に、和親条約の附録協定（下田条約、一八五四）では、下田に上陸した合衆国の船員たちで法に触れる者があれば番兵が捕らえてその船に送るとの規定（一条）が見られる。実際にそういうケースが出てきたことが、この規定の原因だろうが、この場合も、取調と処罰は合衆国側に任せるという原則が現われている、と判断してよいだろう。その三か月ほど後に長崎で結ばれた日英和親条約でも、同様の規定がある（四条）。しかし、これまでの条約に見られるのは①の規定だけで、②の外国人に対して罪を犯した日本人についての規定は見られない。通説に従えば、①②の規定が揃って現われるのは日露和親条約（一八五六・安政元年）[5]においてだが、さらに、この場合の領事裁判権は「双務的」である点で、「他の片務的領事裁判権とは本質的に異なっている」とされる。[6] しかし、この条項が「領事裁判権」を想定したものであること自体については同意するものの、その文章を読むかぎりでは、それが明確に規定されていると断定するのには無理があり、したがって、それが明記されるまでの過渡的な段階にあるものと考える。[7] すなわち、上記の二つの規定が揃って現われるのは、一八五六年一月三〇日（安政二年一二月二三日）の日蘭和親条約においてである、ということになる。

同条約は、第二条でオランダ人が日本の法を犯した場合は「出島在留の高官」がオランダの国法に従って処罰すること、第三条で、オランダ人が日本人から「不都合な取り扱い」（不当な待遇）を受けた場合には、日本において、領事官から日本政府に訴え、日本の重役がこれを取り調べ、日本の国法で処罰する、と定めている。これについて、石井は「対日条約のうちで、片務的領事裁判権を規定した最初のもの」と位置づけている。[8] これより約五か月前に、最後の商館長で最初のオランダ領事官（もしくは理事官）ドンケル・クルティゥスは、「日蘭和親条約草稿」などとともに、同「副章」（添え書き、あるいは、解説）を長崎奉行に提出している（『幕末外国関係文書』一二―八六・八七・八八・八九・九〇）。草稿の四条がオランダへの領事裁判権の付与、五条がオランダ人に対して法を犯した日本人の処罰の規定だ。その「副章」において、クルチウスは、二つの箇条について、次のように説明している。まず、第四条については、北アメリカ合衆国との条約中に同じ規定があることと「符合」（一致）し、第五条については、まったく当時の「振り合い」（状況、または、あり様）に符合する、と。「合衆国との条約」が日米和親条約を指しているとすると、同条約には、既に検討したように、そのような規定が無いことは明らかなので、日米和親条約に仮託しながら、オランダ側の要求を通そうとしたものとみられる。日本人の処罰については、当時の長崎での慣例そのままである。さらに、後に述べるように、当時の日本における外国人との間に起きた紛争処理に関する法の適用は、伝統的に属人法主義だったので、上記の二つの条項ともに、当時の「振り合い」に合致するものだった。この条項は、日蘭の最初の「仮取極書」（一八五五・一一・九）を経て、日蘭修好通商条約（一八五八・八・一八／安政二・九・三〇）の第五条に明記された。長崎での日本人との長い交流の実績があるオランダが、紛争処理に当たっての法の適用方法を、自国民に有利な形で条約に明記することを望んだことは当然だったろう。また、領事裁判権が、法体系も習慣も違う外国で、自国民の権利と安全を確保するよりよい方法であると考えられたことも、また、確かだろう。一方日本側も、他の条項などについてはかなり執拗に議論をしているのに比べて、この条項については、ほとんど議論した形跡がない。

和親条約締結後初代の駐日総領事として来日したタウンゼント・ハリスが一八五六（安政三）年末に日本側の応接係井上清直、岡田忠養に提示した六か条の要望書（「別段所望之目録」）の三条に、①領事裁判権の付与と②日本人の処罰に関する条項がある。これについて、翌年二月に幕府に復命した井上、岡田は、以下のように所見を述べている。すなわち、①②は日蘭和親条約の二・三条によって申し立ててはいるが、じつは、日露和親条約八条にもとづいているので、「一件の趣意不相当の儀」（この件については不都合なこと）もなく、したがって了承して決定し、合意の文書を取り交わすことになる、と（『幕末外国関係文書』一五―一二二）。確かにこの規定は同年六月一七日（安政四年五月二六日）の日米条約（下田協約）の四条に入れられ、すでに見たように、翌年の日米修好通商条約の六条にほぼそのまま組みこまれた。

ところで、ハリスの通訳兼書記を務めたヘンリ・ヒュースケンは、彼の日記の同日の記事で、この条約について記述しているが、四条については、「アメリカ人に治外法権を与え、領事の裁判に服させる」とだけ述べ、もうひとつの条項①、つまり、日本人の犯罪の件については触れていない。[9] このことから、二つの興味深い論点が導き出せる。ひとつは、ヒュースケンはもちろん、ハリスも、領事裁判権の確保を重要な権利の獲得と考えており、[10] それは、ヒュースケンがはっきりと書いているように、実質的な治外法権の獲得と考えていたからだと思われる。しかし、それは、ハリスやヒュースケン、さらには他のヨーロッパ諸国の使者達の考え方であり、次節で述べるように、日本側の考え方は違っていたと考えられる。その違いをお互いに認識していたかどうかはさらに検討する必要があるが、欧米側は領事裁判権の付与が欧米の国際社会で持っている意味についてより具体的に説明することで交渉をさらに紛糾させることを避けるために、故意に立ちいった議論を避け、さりげなくこの箇条を挿入したようにも見える。一方、幕府側は、次節で見るように、外国人の犯罪に関しては伝統的に属人法主義をとっており、その延長線上にあると思われる領事裁判権を認めることについてほとんど疑問を持たなかったのではないかと推測できる。

もうひとつの論点は、ヒュースケンが、日本人の犯罪の処理に関する条項については、一言も触れていないことに関わる。おそらく、日本人の外国人に対する犯罪のことは、彼やハリスの念頭にはなかったのではなかろうか。しかし、これ以後、来日した欧米人は、攘夷派の武士などの度重なるテロに悩まされることになり、三谷が指摘したように、その件数は、日本人が欧米人から受ける被害よりはるかに多かった。ヒュースケン自身もその被害者の一人になったことは、よく知られている。それに対して欧米側は、幕府にその取締りと犯人検挙・処罰を要求する以外は、なんら有効な手段をとることができなかった。それが領事裁判権の付与という事柄のもうひとつの面だった。

2　近世日本において外国人の犯罪はどのように裁かれていたか
――領事裁判権と治外法権の間

ここでは、まず、幕府がなぜ欧米諸国に領事裁判権を付与することを認めたのか、ということの検討から始めよう。理由は二つ考えられる。ひとつは、幕府は領事裁判権の付与は治外法権を認めることとは考えていなかった可能性があることだ。「治外法権」を、その領域内のすべての人に対する管轄権（領土主権）を持つ国家が、一定範囲の人には管轄権をおよぼすことができないという欧米の国際法上の、例外的な権利のことと定義される。[11] 一方、領事裁判権は、領事が任地国内に居住する自国民に対してもつ裁判権のこととされ、居住国の法律の適用や裁判権から除外されるために、治外法権とも呼ばれたという。[12] ヨーロッパ諸国の領事裁判は、イスラム国内に居住する自国民（キリスト教徒）が、異教徒であるために居住地の法（イスラム法）の適用を受けられず、領事が自国の法によって裁判をおこなったことに始まる。西洋列強のアジア進出にともない、自国民の生命・財産を居住国の未開な法にはゆだねられないとして、自国民を居住国の行政権や裁判権から除外される特権として獲得された。それゆえ、領事裁判権は、列強によって国家主権を侵害された半植民地国の象徴と見なされるようになった、といわれる。[13]

それに対して、日本側は領事裁判権の付与はかならずしも国家主権の侵犯とは考えず、むしろ、ある社会集団に自治的な権限を保障しながら自らの国家主権のもとに組みこむ、徳川政権の伝統的な統治手法のひとつと考えていたのではないか。その集団がどこの国民や民族で構成されていようと問題ではなかった。たとえば、日蘭和親条約以前においては、長崎に来航し出島に居住していたオランダ人たちは、商館長を責任者・統率者とする自律的なオランダ人社会を営み、それと同時に、長崎の日本人社会における一要素（社会集団）としては、出島町の借家人として、家持の出島町人と乙名（他地域の町名主や庄屋に当たる）、および、オランダ通詞の支配と監視のもとにあった。その居住と貿易が幕府から認められるためには、日本の社会的・政治的な秩序に従い、将軍家に対して一定の「奉公」をすることが前提となっていた。商館長の江戸参府（お礼）やそのたびに将軍以下幕府高官などに対してなされるおびただしい贈物、情報提供（オランダ風説書など）、さらには、貿易を通じて日本側が求めているものを供給することまでが、「奉公」の一環だった。また、オランダ商船は長崎港内に停泊した後に、大砲の弾と火薬を日本側に預ける慣例になっていたが、それは、そのことを通じて日本側の秩序に服しているということの儀礼的表現でもあった。[14]

一八四四（天保一五）年に、オランダ国王の、いわゆる「開国」勧告の国書をもたらしたオランダ軍艦パレンバン号がそのような事実上の武装解除を拒否し、ペリーが徹底して自分流を貫こうとしたのも、従来からの関係のあり方にとらわれずに新しい形の関係を構築するためだったことは、言うまでもないだろう。それにもかかわらず、日英和親条約の四条では、まず、日本の港に入津するイギリス船は日本の法律に従うべきことが規定され、次に、船中の高官・指揮官が日本の法を犯す時はその港を閉ざし、それ以下の身分の者はその船の指揮官に引き渡して、指揮官が処罰することになっている。つまり、その集団全体としては日本の法に従うということと、日本側は、その法の遵守についてはその集団の自治能力に依存、あるいは委任するという点では、従来のオランダ船・中国船の長崎での法制度的な位置と共通している。それはまた、従来長く専制的と評されてきたいわゆる幕藩体制が、じつは、中世以来のさまざまな社会集団を換骨奪胎しながらも、それぞれの自律性を温存しつつ、自らの支配下に組みこんで構築されたものであり、全体としては緩やかでファジーな遊びのあるシステムであった、ということに対応したものでもあった。

もうひとつの理由は、近世日本における外国人にかかわる紛争や犯罪の処理についての慣例で、それはおおむね以下の四点にまとめることができる。[15]

（1）日本の国家領域内で起きた紛争や犯罪を処理する権限はすべて中央政権（豊臣政権・徳川政権）が掌握しているが、その事例が領域外で起き、当事者が外国人同士の場合には、受けつけられない。

（2）それぞれの事例の、具体的な処理に当たっては、それが起きた場所が日本の領域内であるか否か、当事者が誰の支配に服しているか、どこの国民かなど（これを支配の「筋」と言う）が重視され、具体的な処理はその筋の「主」（支配者・責任者）が担当した。外国人の場合は、直接には、その外国人の支配を担当する日本人（大名や長崎奉行など）が取り扱う。

（3）犯罪については、日本の担当者が取り調べて罪状を確定し、盗品の没収など原状回復はさせるが、処罰はせず、犯罪者は本国に送還して、その国の法で処罰させる。

（4）紛争については、当事者同士の「対決」によって理非を裁定し、裁定の基準は証拠主義である。当事者が外国人同士の場合には、それぞれの「主」も同席した。

これらに一貫して見られる特徴は、支配の「筋」の原則とでも呼ぶべきもので、たとえば、日本人の犯罪の場合でも、それが起きた場所、あるいは、当事者の属する社会集団（藩や都市、村・町・寺社など）が主体的に処理にかかわり、処罰もそれぞれの支配の「主」がおこなった。それぞれの社会集団は中央政府（幕府）の支配に服しながらも、それぞれに、中央政府から認められた社会的・経済的な存続の基盤と自前の慣例や法も保持し、それなりの自律性を保っていた。幕藩権力の主な役割のひとつは、それらの社会集団間の紛争処理など、裁定者としてのそれだった。[16]

このように整理してみると、領事裁判権の付与ということ自体は、近世日本の、外国人に関わる案件の伝統的な処理方法と、ほとんど違わないということが理解できるだろう。さらにいえば、東南アジア各地の港市での外国人社会と現地政権のあり方、たとえば、シャーバンダル制などと共通するところの多いシステムでもあることにも、気づかされる。[17] 今後の重要な研究課題のひとつとなるだろう。

近世のほとんどの時期、つまり、一六三五年の海禁施行から一八五四年の開港までの間に来日した外国人たちは、領事に相当する存在を持たなかったために、犯罪の取り調べは日本側の担当者がおこなった。それ以後、和親条約の過渡期を経て、通商条約期からは領事が置かれて、それぞれの国民の案件を処理するようになった。そのかぎりでは、開港以前の日本の慣例と領事裁判権の付与そのものとの間には、さほど大きな懸隔はない。その懸隔を決定的にしているのは、それぞれの前提条件の違い、すなわち、近世のそれが日本政府の支配に服するということ、すくなくとも（つまり、虚偽的ではあっても）、そのような形式をとることが前提となっているのに対して、開港以後の場合には、そのような形式、前提を剥ぎ取って、対等な国家同士の自由な関係という言説にもとづき、しかも、決定的な武力の差に裏打ちされて設定されたものだ、という点にある。それ自体は合理性を持つ場合もあった領事裁判権が、国家主権の侵犯でもある治外法権と混同される理由も、そこにある。

おわりに――残された課題

以上の検討から以下の四点が明らかになった。

（1）領事裁判権の規定が明確に表れるのは、日露和親条約においてではなく、日蘭和親条約においてである。

（2）この規定の成立に当たっては、日本側（幕府）との間に認識の違いがあり、欧米側がいわゆる「治外法権」と同じ文脈でとらえていたのに対して、幕府側は、開港場における伝統的な紛争処理の原則＝属人法主義にもとづいて解釈して、後に問題とされるような国家主権の侵害とはとらえていなかったと推定される。

（3）日本側のそのような解釈の前提には、東アジアの国際社会に共通する、開港場における紛争処理をはじめとするガバナンスの在り方、たとえば、東南アジア社会で広く見られた、そして、近世日本の長崎の出島や唐人屋敷の統治方式にも通底するものであったと推定される。

(4)以上から、幕末維新期の条約体制の構築に当たって、幕府は、それまでに構築してきた伝統的なガバナンスの原理と方式にのっとって欧米諸国に対峙したのであって、欧米諸国の武力を前にして、「無為・無策」のままに「不平等条約」を押しつけられたのではなかった、ということが明らかになる。[18]

このテーマについて残された課題は多いが、とりあえず、取り組まなければならないのは、和親条約から通商条約に移行する間にこの問題が日本と欧米列強との間でどのように議論されたか、当事者たちはどのように意識していたのかを、具体的に明らかにすることだろう。

また、領事裁判権固有の課題としては、次の二点があげられる。

(1)領事裁判権が設定された各国のそれぞれの歴史的状況についての、本章における日本と同じ視角での事例の紹介と検討。

(2)領事裁判権についての各国の研究状況。とくに、中国やベトナム・タイなど、東アジア・東南アジア諸国の事例、とくに属人法主義やシャーバンダル制などとの比較・検討。

以上の議論を経て、領事裁判権の問題を世界史的な視野の中において考えること、これを当面の筆者の作業計画としたい。

注

1 三谷博『ペリー来航』吉川弘文館、二〇〇三年。なお、三谷は、本文でとりあげた諸点の他に、いわゆる「開国」後も日本は多くの閉鎖的な部分を残していたことを周到に指摘している。その点でも、筆者は、三谷の意見に賛成である。なぜならば私は、近世の日本が「鎖国」ではなかったと同じ論理的なレベルで、ペリー艦隊による「開港」以後の日本は「開国」ではなかったと考えており(荒野「世界の中の近世日本――近世国際関係論の構築に向けて」『第五七回歴博フォーラム　国際社会の中の近世日本』国立歴史民俗博物館、二〇〇六年)、その立場からすると、従来「開国」と考えられてきた諸事象は、「海禁」体制の近代的再編と位置づけることができる（これについては、註4参照）。

2　新政府関係者で最も早い時期に通商条約の不平等さを指摘し、条約改正の必要を説いたのは、一八六九（明治二）年二月の岩倉具視の意見書「外交・会計・蝦夷地開拓意見書」（『日本近代思想大系　対外観』岩波書店、一九八八年）と考えられている。

3　仁井田陞『中国法制史　増訂版』岩波書店、一九六三年（初版は一九五二年）。

4　さらに付言すれば、この条約の締結をもって伝統的に「開国」と呼び慣わされてきたが、正確には「開港」と呼ぶべきだと、筆者は考えている。「開港」は「開国」ではない。同様に、「四つの口」で国際関係を営んでいた近世日本も「鎖国」ではない。この条約には一般の日本人と外国人との自由な接触や売買を禁じる条項が数多くあるが、それは、じつは、「通商条約」も同様である。徳川幕府は「開港」はするが、一般人がその場での国際関係に自由に加わることまでは認めていない。すべての関係において「役人」を通すこと、としている。つまり幕府は、条約を結ぶことによって欧米列強をはじめとする諸外国との国際関係は拡張したものの、その関係を一般の人々（市民、あるいは、国民）にまで開放しようとはしなかった、と言うことができる。その姿勢は明治政府も、そのまま受け継いでいる。たとえば、先の岩倉の「意見書」でも、広く「万国」と交通せざるを得ないというのが「宇内」（世界）の情勢だとする一方で、「皇国ノ臣民」の留学・貿易のために海外に渡航する者には「外国官」（後に外務省）から「印鑑」を与えて、その取締りを厳重にすべきであり、「無頼ノ徒」が勝手に渡航すれば様々な弊害を生じて、ついに皇国の恥辱となるので、「府藩県」に命じて、あらかじめその取締りをさせるべきである、それも「今日の急務」である、と述べている。つまり、留学や貿易など、国家的目的に添うもの以外の日本人の海外渡航は、厳しく制限するということだ。たとえば、九州西南地方から海外（主に東南アジア地域）に出稼ぎに行った女性たち、いわゆる「からゆきさん」たちの多くが、同地方から輸出される石炭にまぎれて出国せざるをえなかった制度的背景が、ここにある。このような支配者側の国際関係に関する意識は、旧幕府も維新政府も共有しており、部分的にではあるが、現在の日本政府や外務省なども保持していることが確認できる。

5　日露和親条約が幕府の代表筒井・川路らとプチャーチンとの間に結ばれたのは、日本暦の安政元年一二月二一日で、この日は、西暦（グレゴリウス暦）では、一八五六年一月二六日に当たる。従ってここでは、一八五六（安政元）年と表記した。

6　石井孝『日本開国史』吉川弘文館、一九七二年。

7　本章でとりあげる条約は、とくに断らないかぎり、いずれも『幕末維新外交史料集成』第一巻、および第三巻（第一書房、一九七八年復刻、初版一九四三年）によっている。さて、日露和親条約の第八条は、日本側の全権筒井政憲・川路聖謨の花押のある正文では「魯西亜人の日本国にある、日本人の魯西亜国にある、これを待つこと緩優にして禁錮することなし、然れども若法を犯す者あらはこれを取押へおき処するに各その本国の法度を以てすべし」（句点は筆者、適宜読み下し、仮名遣いも現行のものに改めた、以下同）となっていて、前段は、難解である。附属の漢文も、ほぼ同じ文脈であり、文意だ。一方、「魯国下田条約和解」（ロシア側のプチャーチンによる条約本文とその解説の日本語訳）では「一、魯人日本において、また日本人魯西亜においても常に自由にして何なる不都合にも及ばれまじき事、一、法を犯したる者は罪すべき事、但し自国の法に従うべし」とされており、前段の文の意味するところは、日本側正文と同じく、理解しづらい。第六条には、止むを得ない場合には、箱館・下田のうち一港にロシア政府の派遣する「官吏」を置くことになっており、これがやがて「領事」となっていくことは想定できるが、八条との論理的関連は明らかではない。日露の和親条約が、日米和親条約を下敷きにしていることは明らかだ。そこで、改めて日米和親条約を点検すると、漂流民の待遇の条項（第四条）に、次のような文章がある、すなわち、「一、漂着あるいは渡来の人民取り扱いの儀は、他国同様緩慢にこれあり、閉じこめ候儀いたすまじく、しかしながら、正直の法度には服従致し候事」（傍線または下線は引用者による。以下同じ）、と。明らかに日露和親条約の八条と文章の構造はほぼ同じであり、この前段の文章の対象が「漂流民、もしくは渡来の人民」であることと、後段が、「正直の法度」（正しい法律）となっている点が違う。

そのことを念頭において先の八条を読むと、「両国の国民はそれぞれ相手国では寛大に扱われ、禁固されるようなことはないが、法を犯した場合には、それぞれ自国の法によって裁かれる」というような意味であることが判明する。前段が、和親条約の下での両国国民の、それぞれの相手国における対等な待遇と、後段が法の適用の属人法主義を確認したものである。この段階では、領事裁判権の付与は、まだ、明確な形をとっていないと考える。ただし、後に触れる、ハリスの要望書（安政四・一一・一七）による領事裁判権付与の要求に対して、幕府の応接係井上清直・岡田忠養は、ハリスの要求は日蘭条約に基づいているようではあるが、その実、ロシア条約第八条によるものだと述べている（『幕末外国関係文書』一五—二一二）。当時すでにこの八条は領事裁判権に関する条項との認識が日本側にはあったと推測される。そして、ロシア側は当初からそのような意図を持って来航した。ロシアの使節プチャーチンが一八五四年一月三〇日（ロシア暦一八日）（安政元・一・二）に幕府に提出した「日露修好条約草案」（全八条）によれば、彼の使命が、ペリーとは違って、日露両国の修好を前提として、国境の画定、日本の二港開港とロシア人の居留と信教の自由、貿易章程、漂流民の保護などのほかに、「館長」（領事）の駐在（六条）、属人法主義と「領事」裁判（七条）、最恵国待遇（八条）など、多様な関係の構築をめざしたものだったことが解る（『幕末外国関係文書』四—六八）。それが「和親条約」の枠内にとどまったのは、日米和親条約という制約と関係をその枠内に押し込めようとする幕府の抵抗、さらにそれを、大地震と津波によるプチャーチンの乗船ディアナ号の大破という事故が後押ししたと考えられる。プチャーチンの当初の目的は、二度目の来日による日露修好通商条約（一八五八・八・一九／安政五・七・一一）に明記され、ようやく実現することになる。

8　注（六八）の石井、前掲書。
9　『ヒュースケン日本日記一八五五—六一』青木枝朗訳、岩波文庫、一九八九年。
10　『ハリス　日本滞在記　中』全三冊、坂田精一訳、岩波文庫、一九五三—五四年。

11　波多野里望「治外法権」『平凡社大百科事典』平凡社、一九八五年。
12　藤村道生「領事裁判権」注11書。ちなみに、領事裁判権が設定された諸国は、トルコ、イラン、エチオピア、タイ、中国、エジプト、チュニジア、アルジェリア、モロッコ、およびトルコ治下のブルガリア、セルビア、ギリシャ。日本はオランダに認めたのを皮切りに、計一六か国に認めている（なお、藤村は日米修好通商条約が最初としているが、本文で述べたように、日蘭和親条約が最初である）。日本がこれを回収したのは一八九九年、トルコ一九二三年、イランが一九二七年、中国は一九四三年、エジプトが一九四九年で、これを最後に領事裁判権は過去のものとなった、という。
13　藤村。注12書。
14　荒野泰典「長崎口の形成」『幕藩制国家と異国・異域』校倉書房、一九八九年。
15　荒野泰典註14論文、および「近世中期の長崎貿易体制と抜け荷」『日本近世史論叢　上』吉川弘文館、一九八四年。のち『近世日本と東アジア』東京大学出版会、一九八八年に採録。
16　藤木久志「境界の裁定者――山野河海の紛争解決」『日本の社会史第二巻　境界領域と交通』岩波書店、一九八七年。
17　弘末雅士『東南アジアの港市社会――地域社会の形成と世界秩序』岩波書店、二〇〇四年。
18　その痕跡は、日米和親条約という条約そのものによくあらわれている。この条約の締結に当たって、日本側は条約の日本語版のみに、米国側、つまりペリーもそれに対抗して英語版にしか署名しないという奇妙な結果になっている（実際に、条約原文でそれが確認できる）。その経緯については、『ペリー艦隊日本遠征記　上』（オフィス宮崎訳、万来社、二〇〇九年）所収の「日本語版によせて」（加藤祐三）を参照のこと。そのこと自体に、両者の葛藤が端的に表れているが、それは条文そのものにも明確に表れている。本章の本文でも検討をしている和親条約の第四条は、その観点から検討すると、きわめてきわめて興味深い。
　この条文は、本論中でも難解なものの一つで、他の箇条にも、同じように難解なものがあるのだが、とりあえず、第四条についてみよう。この箇条は、日本語原文では、「一　漂着或は渡來の人民取扱之儀ハ、他國同様緩優に有之、閉籠メ候儀致間敷、乍併正直の法度にハ服従いたし候事」となっている。難解なのは、傍線部分で、何度読んでも私には、前の文章とのつながりが理解できなかった。そこで、英語ヴァージョンを見ると、次のようになっている。
　Those Shipwrecked persons and other Citizens of the United States shall be free as in other Countries, and not subjected to confinement, but shall be amenable to just laws.
　これを左記の万来社版の『遠征記』の訳文によれば、「監禁されてはならないが、公正な法律には従うものとする」となっている。ちなみに、本論が依拠した『外交史料集成』（注七参照）の「蘭文翻訳」では、「合衆國之漂民及其土人ハ、他の諸國にあることく自由ならしめ、是を寵居せしむるなく、愼て公正之法ニ依て待遇すへし」となっていて、文意は通りやすいが、日本語原文と『遠征記』訳とは、文意が異なる。つまり、日本語原文・英文オリジナルでは、漂流民と米国民は拘留されることはないが、「公正な法 just low」には従わなければならない、という意味になり、傍線部分は、漂流や何らかの理由で日本を訪れた米国民の処遇と義務について述べていることになるが、上記蘭語訳では、彼らを処遇する日本政府の対応について規定していることになる。

そこで、オランダ語オリジナルの第四条を見ると、次のようになっている。

Schipbreukelingen en ingezetenen van de Vereenigede Staten zullen vrij zijn als in andere landen, en niet opgeslotenworden, doch deugelijck onderworpen zijn aan regtvaardige wetten.

傍線部分が、問題の部分で、英文オリジナルと同様に、「拘束はされない、しかし、公正な法には忠実に従わなければならない」という意味になっている。なお、オランダ語のコピーは、オランダ語通詞森山栄之助署名のものと米国側のオランダ語通訳A・L・Cポートマン Portman の二通あるが、一語一句異同はない。

次に、漢文コピーの第四条は、以下のようになっている（コピーの作成者日本側の儒者松崎満太郎、米国側の中国語通訳S・W・ウイリスの二通にも異同はない）。

漂民及到港合衆国人、応同海外諸国之俗従容待之、不得一処安置也、但至日本正理之例合衆国衆人不得不甘心従順

オランダ語・中国語のコピーともに、文意は同じで、左記の「蘭語翻訳」は誤訳であることが明らかになる。

以上の検討から、第四条は、合衆国の漂流民や合衆国民は、日本国内においては、他の海外諸国と同様に、自由で、かつてのように、むやみに拘留されるようなことはないが、彼らも日本の法には従わなければならない、という意味であることが明らかになった。この条約においては、幕府は自らの主権を明確に担保していたことは、明らかである。しかし、注7で検討した日露和親条約の趣旨とは違うことになる。このような、条文の厳密な比較・検討は、「おわりに」で提示したものの他に、今後の中心的な作業課題のひとつとしたい。

なお、日米和親条約オリジナルと、四か国語のコピー八点は、米国ワシントンDCの国立公文書館 The National Archives and Records Administration（NARA）に所蔵されている（日本側のものは、安政期に焼失）。左記の条約文の検討に当たっては、同館から提供された Digital Image を使用した。これらの画像の取得に当たっては、同館のアーキヴィストジェーン・フィッツジェラルド Jane Fitzgerald 氏に多大の便宜を図っていただいた。ここにその旨を明記するとともに、深い感謝の意を表したい。

第七章

法権と外交条約の相互関係
——不平等条約体制下における日露間の領事裁判権問題と樺太千島交換条約の締結

小風　秀雅

はじめに

十九世紀後半の東アジアにおける不平等条約体制が、協定関税、領事裁判権、片務的最恵国待遇条項によって形成されていたことはいうまでもないが、不平等条約体制下における外国人の法的地位を考える場合に最大の問題となるのは領事裁判権である。[1]

本章は、一八七五年に締結された樺太千島交換条約によって、樺太島および千島列島という地域的また適用対象において限定的であったとはいえ、領事裁判権が廃止され、日露両国人に対する法的支配が、属人主義的ではなく属地主義的な原理が採り入れられるに至った交渉過程を追うことによって、東アジア北部における法権の変化の端緒を明らかにしようとするものである。

幕末に締結された国際条約のなかで、他の列強とは異なり、ロシアは日本と国境を接する隣国であり人的交流が存在したことから、領事裁判権において他の列強とは異なる規定がなされていた。すなわち日露和親条約では第八条において、両国人は互いに相手国において「緩優」に扱われ「禁固」されることなく、法を犯した場合はそれぞれの本国法を適用するという属人主義的な処置として相互に領事裁判権を認めており、また日露修好通商条約もこれを継承して第一四条において領事裁判権を相互に認めていた。安政の五か国条約のうち、唯一領事裁判権および最恵国待遇が規定されていたことが日露条約の大きな特徴であるが、とくに属人主義的な領事裁判権の規定が、その後の両国関係においてどのような役割を果たしたのか、という点は、十九世紀後半の東アジアにおける外国人の法的位置を考える上で重要な問題であろう。

本章で扱う樺太千島交換条約では、樺太における在留日本人および千島列島における在留ロシア人に対してそれぞれロシアと日本の法権の下におかれることが規定され、地域的・適用対象において限定されていたものの、領事裁判権が廃止された。換言すれば領事裁判権の基礎概念となっている法権の属人主義から近代的な属地主義への転換が部分的に実現した国際条約であった。樺太問題は、これまで国境画定・領土問題や日露関係史の文脈の一部として研究されることが多く、不平等条約体制との関係で論じられることはほとんどなかったが、国境画定の面から理解されてきた樺太千島交換条約に含まれた属地主義的な原理の実際的な有効性について、こうした視点から再検討することが必要であると考える。[2]

また、これまでの条約改正史の研究においては、改正の重点は明治初年には協定関税の改正におかれていたが、明治一〇年代の井上馨の改正交渉以降は、領事裁判権の撤廃に焦点が移動していったとされている。しかし、領事裁判権の撤廃については、内地通商権を求める列強に対して、日本側はすでに明治初期から、居留地外においては日本法を開国人にも適用する、として内地開放要求に対抗する論理として利用し、領事裁判権を外国人居留地内に限定するとともに、近代的法体系の整備を前提としつつも、内地通商権の付与は領事裁判権の撤廃が不可欠の条件であると主張していた。[3]そうしたなか、明治一〇年代における井上馨の条約改正交渉期に、下田条約および日露通商条約における最恵国待遇および治外法権の相互承認の条項の存在を基に、サハリン島で日本の領事裁判権が一時的に施行されたことは後に述べるとおりである。

以下、樺太千島交換条約の意義について解明し、井上外交以前において、領事裁判権撤廃問題がどのように進展していたかを明らかにし、明治初期の外交方針の転換について指摘したい。

1 榎本武揚の使節任命——副島外交と大久保外交

副島による樺太問題交渉

樺太問題の歴史的過程についての詳細は研究史に譲るが、問題の本質は樺太が日露雑居の地として、国境が未確定であったことにあるということを確認しておきたい。

樺太の領有権については、日露通商条約の締結交渉以来日露両国の主張が対立したため、それまでの日本人とロシア人の日露雑居状態が続いていた。雑居状態の解決策として日本側は島上分界を主張し、ロシア側が全島領有を主張したため、妥協策として「是迄ノ仕来通」日露雑居の状態が継続していた。一八六七(慶応三)年のペテルスブルクにおける日露交渉においても、両国の主張が平行線をたどったため、締結された樺太島仮規則の第二条において「両国の所有たる上は魯西亜人日本人とも全島往来勝手たるへし且いまた建物並園庭なき所歟総て産業の為に用ひさる場所へは移住建物等勝手たるへし」[4]と規定された。以後の交渉との関連でみると、ここで注目すべきは、ロシアが全島領有を主張する一方で、「樺太島規則書」の第三条でサハリン全島の領有の代償として、ウルップ島とその近傍三島の日本への割譲が明記されたことであろう。

しかし、国境が未確定のまま雑居が進んだため、その後日露間に紛争が頻発し、一八七三(明治六)年には函泊出火事件が勃発したのであった。

一八六九(明治二)年二月、樺太国境問題で、日本はアメリカ公使デ・ロングとの会談の結果、アメリカに調停を依頼し、北緯五〇度を境界として、以北をロシア領、以南を日本領として、「新定界以南に此迄住居を占め土地を開闢せし魯西亜人はその儘その所に安んせしめ但地租を日本政府に納むるを要す新定魯西亜境内にある日本人も同様たり」との提案をまとめたが、ロシア側はアメリカ合衆国の仲介を拒否した。(5) 一八七〇(明治三)年一〇月、駐日公使への転出が決まった駐清ロシア代理公使ビュツオフが一時来日、ビュツオフはロシアとの直接交渉を提案し、日本側もアメリカ合衆国の仲介を取りやめて直接交渉に切り換えることとして、樺太境界交渉のため、副島をポシェットへ出張させることとした。

一八七一(明治四)年五月、副島に公布した全権委任状においては、明治政府は樺太問題に対して、日露雑居状態の解消のため、全島購入、島上分界、樺太島放棄と代替利益の獲得の三案が併記されている。(6) これは、前年のビュツオフとの会談以来日本側が提示してきた問題解決方法の順番に沿っており、ロシア側の主張である全島譲渡論が最後に記されているのは、パークスによる樺太放棄勧告を意識したものであろう。この問題については、すでにアメリカ合衆国やイギリスが強い関心を寄せ、日本やロシアと協議をおこなっており、たんに日露二国間の問題に止まらない国際的広がりをもち始めていたのである。一八七一年一月にビュツオフはパークスと会談しており、アメリカの調停を不服とするいっぽう、イギリスの日露直接交渉の勧告に謝意を表し、ロシアの方針として全島領有論をあらためて伝えている。(7)

しかし、副島が函館に到着してもロシア側からは交渉開始に関する回答がなく、一八七一(明治四)年七月に至って、ビュツオフが駐日公使に任ぜられ、交渉権を委任されたことが伝えられたため、副島全権一行は帰京し、一八七二(明治五)年五月より交渉が開始された。

交渉は一時中断したが、七三年に至ってビュツオフは本国政府の回訓があったとして、ロシア側はあらたな主張として、樺太を流刑地として必要で譲渡することができないので、樺太全島領有の代償として相当の利益を与えると提案した。(8) これに対して副島は領土売却に強い嫌悪の情を持っており、ロシアによる全島領有論は、「徒手ニシテ人ノ土地ヲ奪ワントスルモノナルヘキ」と結論づけたが、ビュツオフは「魯政府ヨリ日本政府又ハ人民ニ対シ右相当ノ利益ヲ与フヘシ。其為両国間ニ条約ヲ結フモ可ナリ」と応じ、交渉は領有に関する原則的な対立から進んで、具体的な代償となる利益

の内容に立ち入ったようである。(9)

それについて副島は、征韓論による下野後の七三年一〇月にパークスに対して、「全島をロシア領として認めるならば、日本人の漁業権・鉱山採掘権その他すべての財産権の保持を認めるというものであった。またロシア側は、ウルップ島およびカムチャトカにもっとも近い島――パラシムルだと思う――を除くすべてのクリル諸島を日本に譲渡する、と提議した」と述べている。(10)また参議副島種臣とロシア公使ビュツオフとの会談は副島の「自宅談判」によっておこなわれたため、日本側には詳細な記録が残っておらず、確認できない。しかし、この時に代償の一部として示されたのが、ロシアが日朝交渉に中立の立場をとることであるといわれており、これが副島の征韓論の根拠になったと思われる。榎本もこの条件が存在していたことを想定していたことは、後述するとおりである。

しかし、副島は一八七三(明治六)年三月に、日清修好条規の批准書交換のため渡清したため、交渉は再び中断したのである。

副島の渡清と征韓論・台湾出兵

副島の渡清の目的のひとつは、一八七一(明治四)年に起きた台湾における琉球漂流民の殺害事件に対して、清国側の態度を打診するところにあった。その結果、清は台湾に対しては、「生蕃」を化外の民であるとして「蕃地」に対する主権の存在を主張しなかった。琉球漂流民殺害事件については、清側は、「生蕃ノ暴横ヲ制セ不ルハ我政教ノ逮及セ不ル所ナリ」(11)として、「生蕃」は化外の民であることを認める発言をおこなった。これを以て副島は、「伐蕃ヲ告クルニ至リテハ、清ノ政府ヲシテ黙止言フ所無ラシメ」「生蕃ハ当サニ日本ノ問罪ニ帰スヘキモノ」(12)と交渉の成功をうたったのである。

副島は渡清の前、出兵派に対して「而後専ラ諸君ノ力ヲ用ヒ、此地ヲ取リテ我有ト為シ、永ク皇国ノ南門ヲ鎮メン事ヲ」(13)説いており、台湾出兵を琉球問題に止まらず、先占の権の行使による領土化まで視野に入れていた。(14)蕃地が化外の地であるとの言質を清から得たことにより、台湾出兵は大義名分を得たと判断された。また、『副島種臣伯』では、副島使清のもうひとつの目的として、「韓国との関係を質し、其の経略を正うして半島を開拓せむ」ことを挙げており、「支那行は即ち韓国問題解決の前提」[15]であったとしている。六月二一日の会談で、清側は、宗主権は属国の外交権を制約するものでないこと、すなわち朝鮮の「和戦権利」に対して清が関与しないと述べ[16]、朝鮮問題への清の介入に対する日本側の懸念を払拭し、征韓論の根拠を与えたものであるとされている。

しかし、樺太問題では、副島の渡清中の三月二六日に起きた函泊出火事件を機に、積年の問題であった日露雑居問題の切迫が叫ばれ、日本人保護のための出兵の必要が主張された[17]。

つまり一八七三（明治六）年八月から一〇月にかけての日本は、樺太、朝鮮、台湾のいずれの問題においても、開戦の可能性をはらんだ状況が現出していた。開戦が否定できない以上、この三問題を同時に解決することは不可能であり、優先順位をつける必要が生じたのである。

征韓論では、朝鮮と樺太の優先論が対立した。大久保利通らの征韓反対論をみると、外征派に対する内地派の反論もさることながら、朝鮮問題優先への反対論としての性格が強い。大久保は、「征韓論に関する意見書」において[18]、「未俄に朝鮮の役を起す可らすとする」理由のなかで、朝鮮出兵はとくに「北方に地方を占め兵を下して樺太に臨み一挙して南征するの勢」（第五条）あるロシアの介入の危険性が高いことに懸念を表明している。大久保は、樺太問題をめぐって、「彼我の関係穏かならす商議半にして其結局未た何れに決するやを知らす」という状況にあり、「我国の独立不羈確然不可犯の基礎あるに非されは他日其禍を免るゝ能はさるは是皆世人に能く知る所なり」として、朝鮮出兵には十分なロシア対策が必要であること、すなわち樺太問題の解決が先決であることを主張している。結論として、大久保は、朝鮮への出兵がロシアまたは清の干渉を招きかねないことを指摘し、「魯也支那也夫の一二朝臣の語或は黙諾に依り朝鮮の事件に関渉することなきを諭すと雖も又是を確定するの実証あることなし譬へ実証ありとするも彼両国政府は謀略を施し間隙を伺ひ其機に乗し突然不慮の禍を来すことあるや亦計る可らす」と述べている。このロシアと清の不干渉の「語或は黙諾」を引き出したのは副島であり[19]、大久保は副島の外交交渉の甘さを痛烈に批判したのである。

樺太問題に関する使節の決定

征韓論政変後の外交政策にとって、当面の課題は、政変の経緯から見て、樺太問題解決のための使節派遣とその人選であった。一一月二八日、大久保は岩倉具視に宛てた覚書で、「魯国使節年内早春ニ懸ケ被差出候事」[20]と述べ、岩倉も一二月七日に大久保に「(魯国使節の事は)速ニ御心配被下御決定不相成候テハ天下ノ事モ去リ可申と存候」[21]と、その迅速な決定が必要であるとしていたが、一二月末になってこの問題は紛糾した。

副島側の巻き返しにより、三条実美が副島前参議の復職と樺太問題の担当を主張し、さらに一二月二八日に三条実美が、西郷参議復職の意見を述べるに至り、「益御確定之廟模を以順序を不失神速実地之行跡相挙候様昼夜苦慮罷在義に有之……今日之の形勢天下安危之の所分必死切迫之の情態」[22]となった。樺太問題と使節のロシア派遣問題は、一二月三一日の閣議でも議論された。征韓論反対の根拠のひとつが樺太先議にあった以上、副島の復活は、征韓論政変を逆回転させる可能性があるだけに、政治的にも絶対阻止しなければならなかった。

翌一八七四年一月六日、黒田は大久保に宛てて、副島がロシア公使と会談したり、イギリス提督に何事かを依頼するなどの動きを示しており、「段々先導スルハ副島氏ニ間違ハ有之間敷居弥浮説等敷モ無之断然副島氏ニ御詰問可然ト存候」と書き送っており[23]、副島の復活への動きは激しくなっていたようである。

岩倉、大久保は、この状況に対して、「是非御究リ相付正月ハ判然御発表順序相立候様無御座候てハ瓦解と奉存候」[24]として、副島の介入を排除するためロシア派遣使節の人選を急ぐこととし、一月五日、大久保は黒田を自宅に呼んだ。さらに、大久保は、翌六日の岩倉宛書簡において、「魯使節人体之事猶又條公御示談之趣も可有之候得共過日御内話申上候通断然小臣江拝命被仰付度奉存候此義者厚御勘考被成下候様千万誠願仕候」[25]と、みずからが出向く意向を示したが、その一方で、同日の黒田清隆宛の書簡においては、「今般之使節ハ平凡之人物にては決而任せられ申ましく与愚考仕候」[26]と使命の重大さを強調し、「魯使節之事少々勘考も有之候得共時宜ニ依而ハ過日御内話承候通榎本氏ならては外ニ見込之人体も無之」[27]と黒田の推薦した開拓使中判事の榎本武揚以外にはいないとしている。翌日、岩倉は大久保宛書簡で「貴卿如何ニ御願ニ而も決シテ不被行條公ニモ殆ント心配被致候……明日極内ニ而御見込承リ度存候」[28]と大久保のロシア行きを否定するとともに、真意を聞き出そうとしており、八日の岩倉・大久保会談で榎本に内定したと思われる。八日の大久保宛黒田書簡によれば、内密に榎本に見込みを聞いたところ、

勿論邦家之為メ死力ヲ尽し御奉公仕ルハ兼ネテ懇祷ノ事又使節云々ノ論ニモ次第順序モ有之初メ公使江懸合手尽くケハ又彼レ外務卿江懸合術計尽果テ断然決策ノ日ヨリ使節之役ニテ実ニ不容易事ニ付行レズンハ決戦ノ格（ママ）悟ニ無之候てハ迚テモ六ケ敷旧幕代度々魯シヤ江モ度々使節モ出レトモ全ク無益ニ属し国辱ト罷成ル計ニテ実ニ遺恨千万トノ事ニ付又外国の（ママ）例ヲ見テモ頂（ママ）デ使節ノ重ナル事論ヲ待タス彼是見込ノ話モ承リ申候

と述べており、[29]躊躇を示したが、一一日朝、黒田が榎本に使節内定を知らせたところ、「中々容易御請難相成段申募遂ニ承服」[30]して、榎本は使節を内諾した。[31]おそらく、政府内に榎本の登用に反対する勢力があったことによる躊躇であったと思われる。[32]

こうして、一二日榎本を海軍中将に任じ全権公使に命ずることが決定した。榎本は、一四日に海軍中将に任ぜられ、一八日特命全権公使を兼任することとなった。[33]

ちなみに、アジアに対して大久保は、「琉球両属ノ淵源ヲ絶チ朝鮮自新ノ門戸ヲ開ク」[34]ことを眼目としており、大隈を参謀として対策を練り、台湾出兵および朝鮮使節派遣問題に関する基本方針を打ち出した。それが、二月六日の大久保・大隈連名による「台湾蕃地処分要略」[35]と、二月（日付不明）の大隈による「朝鮮遣使に関する取調書」[36]である。これは、台湾については問責の出師をおこない、朝鮮については刺激しないように（使節の名義を用いず、小人数で和船を以て渡航する）政況を調査し、直接交渉の可能性を探ることを目的としていた。

こうして、交渉順序は、（一）樺太、（二）台湾、（三）朝鮮、と決定したのである。

2 樺太千島交換条約の締結とその意義

榎本の渡露と交渉の開始

一八七四(明治七)年、樺太問題に関して、ロシアのペテルスブルクへ使節を派遣した。ロシアへの使節派遣は三度目であったが、幕末における前二回の使節、すなわち一八六二(文久二)年(ペテルスブルク滞在は七月一五日〜八月二四日)の竹内下野守、一八六六―六七(慶応二―三)年の小出大和守(交渉は慶応三年一月二日〜二月七日、二月二五日に樺太島仮規則を調印)が特使であったのに対して、榎本の場合は樺太問題に関する特使ではなく特命全権公使としての正式な赴任であり(帰国は七八年九月)、たんなる樺太問題解決のためだけの派遣ではなかった点が重要であろう。

三月五日、日本政府が榎本に示した訓令においては、①雑居を廃し境界を定めること、②樺太全島をロシア領とする場合は「釣合」うべき地の譲渡を受けること、③クシュンコタンに理事官を設置することを認めさせること、などのほかに、

第十二款　各民是迄在住セル地ヲ引払フコトヲ望マスシテ依然其地ニ於テ生計ヲ営ムヲ願出ルトキハ各政府之ヲ拒ム事ナシ只其民ハ新領主ノ国律ヲ以テ支配シ其民ノ苦情等ヲ旧領主政府ニ於テ関係スル事ナシ(37)

との司法権の承認を求める条項が、はじめて盛り込まれた。

榎本の主たる使命が日露雑居の解消、すなわち国境問題の解決にあり、解決策の選択肢が①および②であったことは、すでに明らかであった。

しかし、①②のいずれに決定しても、国境の画定を伴う以上、日本領に編入された地域におけるロシア人に対する領事

裁判権が問題になる可能性があり、他国との領事裁判権に抵触する危険性があった。幕末に締結された日露通商条約において、領事裁判権が双務的であることは、樺太における日露雑居に対応したものと考えられるが、国境画定後この点がどう解決されるかは不透明であり、第一二款はその意味において、日本にとって重要な交渉項目となったのである。

三月に横浜を出帆した榎本は、六月にペテルスブルクに到着したが、皇帝がドイツ、イギリスに外遊中のため、六月二二日、ロシア外務省アジア局長ストレモウーホフを訪問した際に、樺太問題に関する使命を帯びていることを伝達した。これに対して、ストレモウーホフは、これまでの交渉を担当していたビュツオフの帰国により、スツルウェをあらたに任じて、全権を与えて派遣したのに対して、日本は「予メ相談モナクシテ突然貴公使ヲシテ交渉セシメントスルモ……肯セサルヘシ」[38]と述べた。しかし、交渉自体を拒否したわけではなく、スツルウェへの訓令の変更を示唆したため、七月に日本は、大綱をロシアで議論したうえで、東京において協議することとした。

しかし、一八七三（明治六）年一二月に花房義質が臨時代理公使に任ぜられ、七四年三月にペテルブルクに最初の日本公使館を開設していた。また、七四年一月二一日、寺島外務卿が、駐日ロシア臨時公使オラロフスキーに、榎本の駐露全権公使任命を本国に伝達するよう依頼している点から見て[39]、榎本の派遣を承知していなかったとするストレモウーホフの対応には、政治的駆け引きの可能性があるように思われる。

交渉の進展と条約の締結

一八七四年八月二〇日、榎本は談判委任状をアジア局次長オステンサッケンに示し[40]、交渉は八月に開始された。当初は樺太における露兵の暴行事件の頻発などの処理に関する交渉が主であった。ちなみに、ロシア側が駐日公使スツルウェを通して、榎本の全権を公式に確認したのは、首相兼外相のゴルチャコフが帰国した後の一一月一一日であり[41]。ここにおいて交渉の状況が転換し、日露会談が本格化したのである。

樺太問題に関する事実上の第一回会談である一一月一四日、榎本はストレモウーホフに対して、あえてこれまでの日本

國境標天第一號（東海岸遠内海
岸より約二百五十米の点）より
西方を望む巾三十間に亘る北緯
五十度の伐開線が見える

日露国境を示す「国境標天第一号」を撮った写真絵はがき

もともと，樺太（現在ロシア領サハリン）では，日露国境が未確定のまま，日本人，ロシア人の雑居が進んだ．その後，日露間に紛争が頻発し，1873（明治 6）年の函泊出火事件を契機に，国境確定の必要性が強く意識された．

の主張であった島上分界を主張し、ロシア側の意向を探る方針に出たのに対して、ロシア側からはカラフトは「懲罪人を差遣す為には不可欠の要地」として、犯罪人と日本人との紛擾解決手段として、代償と引き換えに全島所有を主張した。[42]これに対して榎本は、ウルップおよび一二の小島では「釣合品」とはいえないとし、分界論は利益上の論ではなく、「有国権利上」の問題であり、権利の譲渡は全国民の民心にかかわるとした。ロシア側がこれを認めなかったため、交渉は一時的に暗礁に乗り上げた。

この間、ロシア側は駐日公使に命じて榎本の訓令の内容に関して秘密のうちに探ろうとしたが、日本側がこれを探知したため、島上分界の権を有していることが伝えられただけであり、訓令の全体像は探知されなかったようである。[43]

榎本は、ロシアが全島領有を主張する背景として、ウラジオストクから外洋に出る戦時通航自由ルートとして宗谷(ラペルーズ)海峡の確保を図っていることを指摘していた。樺太島南部が日本領になることによって、宗谷海峡が国際海峡としての意味を失うことをロシア側が恐れていたことを指摘したのであろう。

同時に、万一日朝間に戦争が勃発してもロシアは必ず介入しないが、対馬の対岸の一部を日本が占領するとウラジオストクの出口を塞ぐことになり、日ロ関係に影響がでる可能性があるとして、[44]前外務卿副島とビュツオフとの会談において島上分界に不同意のビュツオフとの間で、「釣合品」のひとつとして、副島が征韓の際におけるロシアの中立を考えていたとして、[45]次回ロシア側がこの問題を提示してくることを予想し、「現下我国征韓の企なくとも隠に魯と密約を結び置き以て前文釣合品中の一部分となすも亦しかるべし」[46]としていた。

樺太放棄代償に関する交渉

事実上、島上分界の可能性がない以上、問題は、樺太島放棄に対する日本側への代償に絞られた。この間ロシアとの間で、さまざまな案が検討され、樺太放棄の代償問題が初めて交渉の俎上に上ったのは、一八七五(明治八)年一月のことであった。

一月二日の第五回会談で、榎本は「拙者一存の見込み」としながらも、ウルップおよび近辺の三小島と軍艦を以て代品とすること、およびクシュンコタンを無税港とすることを提案した。この点について、三日、寺島に対して、千島列島は「気候冱寒にして物産も多かる間敷に付「ウルップ」並に外三島是は「ラッコ」猟多き由丈けを代地とし其余は魯国軍艦を持って代品と致候方御都合に可有之存候」と説明しているのをみると、条件の範囲内と考えていたようである。[47]

こうした代償は、ゴルチャコフらロシア上層部にとっては意外であったようで、ストレモウーホフは即答しかねる、とし、榎本に対しては、本国からの訓状がなければ皇帝に奏聞し難いとした。これに対して、榎本は本国に代償の訓状を求めるにはロシア政府で承知するかどうかを承知しなければ申し立て難い、としている。

ロシア側の提案は、千島列島の代地として、アンフィトリット海峡以南の群島の譲渡であったが、榎本はホロシムル島も含め、カムチャツカ半島に近接する一島のみを残してはどうかと切り返した。

一月一二日、ロシアのストレモウーホフが来館し、軍艦譲渡は同意し難い、パラシムル島とオンネコタン島の間にあるアンフィトリット海峡における他国船の通航を認めることになって、海軍省が不承知であること、クシュンコタンの無税港化は同意すると評議が決したと報告してきた。[48]

しかし、三月四日におこなわれた第六回会談において、さらに榎本は、ロシアが交渉の早期成立を望んでこの条件を受諾すると予想して、[49]千島全島を譲渡することを要求した。また、アンフィトリット海峡の問題は、樺太を領することにより宗谷海峡（ラペルーズ海峡）の航行が自由になること、とし、このほかに、初めて属人主義的な領事裁判権ではなく、属地主義を原則とする法権の相互承認を含む以下の提議をおこなったのである。[50]

一、各島（樺太島及「キュリル」諸島）ニ在る各民は（日本人及魯人）留て業を営むも去て自領に移るも共に其意に任すべく但し留る者は互に新領主の支配（jurisdiction）に帰すべき事

これについて、ロシア側は、「至極御同意にて三五年内に去る者も或は永く留て業を営むも又は日本人民の魯籍に入り、

魯民の日本籍に入るも可相許事可有之また各民の各島に留る者は其新領主の支配に帰すべき事にて候[51]」と、全面的に賛成している。

この点について榎本は、「本文各民其支配を易る事に付恐らくは「スツレモウホフ」氏前後の考なくして一致せしかとも被存候何となれば此件は是迄我と訂盟各国の不承知なる所なればなり[52]」と治外法権に関するロシア側の不注意であると観測している。しかし、この点に関しては、日露通商条約において、領事裁判権については、双務的であることが規定されていることを考慮すべきであろう。ロシア側には、樺太に居住する日本人に対してのみ、属地主義的支配権を及ぼす片務的な状況を生み出す意図はなかったと思われる。また、ロシア側が交渉の成立を急いでおり訂正交渉がおこなわれていないことから考えて、ストレモウーホフのミスというよりも、属地主義への転換をロシア側も承知していたと思われる。

この三月四日の会談の大意は、フランス語にてロシア外務省アジア局に送られた[53]。その第三には次のように記されている。

第三是迄各島ニ住居スル各民ハ十分ノ自由ヲ保有シテ其地ニ留ルヲ得只其支配法令裁判等住は転シテ新領主ニ帰スベシ即チ樺太島ニ在ル日本人ハ魯西亜ノ支配ヲ受ケ「キュリル」諸島ニある魯西亜人ハ日本ノ支配ヲ受ベキ事

三月二四日、第七回会談が、日本公使館にておこなわれ、ロシア側は、千島全島を譲渡し各政府の動産不動産を買収すること、それぞれの地域における属地主義による支配を認めること、を文章で提示するとともに、当初条約は東京にて日本外務卿と駐日ロシア公使スツルフェとの間で締結するとしていたのを改め、ロシアにて締結したいと申し入れてきた[54]。その理由は、「我皇帝は成丈け速に此事を決了して貴国との交際を親睦にせられ度御意[55]」というものであり、榎本が三月に観測したようにロシアは「今は樺太島一條を成丈け早く取纏度[56]」意向を有していたのである。

調印を急ぐロシア側の方針変更により、榎本は再び全権公使としての立場を取り戻した。ロシア側の方針変更に関して、その確認が本国政府との間でおこなわれた後の四月一九日、榎本公使に樺太境界に関する条約締結の全権委任状が交付され、条約はロシアで締結されることとなった。[57]ロシアが千島における所有地・特許権調査により、列島に永住するロシア人がおらず、特許も存在しないため、[58]榎本の全権委任状が未だ到着しないにもかかわらず日本から発送したという電報を根拠に、五月七日、榎本とロシア側首相兼外相のゴルチャコフとの間で樺太千島交換条約が締結された。そして、八月二二日、東京において樺太千島交換条約が調印され、即日批准されて翌日交換された。

樺太千島交換条約の法的意義

本条約について注目すべき点は、第一に属人主義から属地主義への転換である。条約の第五款において、法権に関しては、

交換セシ各地ニ住ム各民（日本人及魯人）ハ各政府ニ於テ左ノ条件ヲ保証ス、各民並共ニ其本国籍ヲ得ル事、……其交換ノ地ニ留ルヲ願フ者ハ其生計ヲ充分ニ営ムヲ得ルノ権理及其所有物ノ権理及随意信教ノ権理ヲ悉ク保全スルヲ得ル全ク其新領主ノ属民（日本人及魯人）ト差異ナキ保護ヲ受ル事、雖然其各民ハ並共ニ其保護ヲ受ル政府ノ支配下（ジュリスディクション）ニ属スル事[59]

と規定された。この条項により、これまで居留していた両国人の国籍を認め、引き続き居留の自由と漁業の継続および営業に関する諸権利を保障するとともに、限定された地域ではあったが、属地主義に基づく支配権の確立＝治外法権の撤廃が実現し、サハリン島における日本人の法的地位に大きな変化が生じたのである。この条約により領事裁判権という属人主義的な原則を超えて、属地主義の原則が一部とはいえ採用された点は画期的であったということができよう。

ただしこの条約が従来からの居住民について規定しただけで、条約後に渡ってきた新来の人民についての規定を欠いていたため、後者の権利をどのように認めるかについて、翌年より早速交渉が開始された。結局条約の第五款が適用され諸権利が保障されるのは、これまで樺太において生計を立てていた日本人（旧漁民）に限られ、新たに出稼ぎ漁をおこなう

魚民（新漁民）には後述する第六款の最恵国条款によって漁業権を認められ、漁業免状を下付することで決着した。これは千島におけるラッコ漁を新たにロシア人に認める場合も同様であった。

第二は、アイヌ民族の国籍が居留地に帰属することが決定したことである。一八七九（明治一二年）に、在コルサコフ日本領事館に宛てられた「魯領薩哈連――島出稼漁民心得」の第一条において、サハリン島のアイヌ民族は「既ニ魯国ノ籍ニ入リタル上ハ魯国人民一般ノ者ニ付接待ニ敬礼親睦ヲ主トシ従来ノ慣習ヲ一洗シ決テ過酷ノ処置ヲ施ス事ナカレ」[60]と規定している。

第三は、欧米列強同様の最恵国待遇の適用である。第六款において、樺太譲渡によるロシアの利益に酬いるため、クシュンコタン（コルサコフ）入港の日本船に対して一〇年間港税および関税を免除すること、日本領事館の設置を認めること、オホーツク海およびカムチャツカの諸港における日本の通商航海および海岸での漁業は最恵国条款により権利および特典を与えること、としたのである。この条項により、日本は最恵国待遇を受ける国の船舶・商人と同一の権利を享有することとなった。これは、漁業貿易について、樺太における日本人と、千島におけるロシア人の相互主義の範囲を超えて、日本に最恵国待遇が認められたものであり、第一点の属地主義の採用とともに、ロシア領サハリン島における日本人の法的地位に変化が生じたのである。

第四に、領事館設置問題については、三月四日の交渉において、榎本が朝鮮国境よりカムチャツカまでの沿海州諸港の開港と領事館の設置を要求した。しかし、ロシア側は、開港については「西洋各国商船通商ノ例」に準じて問題ないとしたものの、領事館の設置については、同地方にイギリス領事館の開設を望まないため各国にも許可していない、として、コマーシャル・エージェントの名義ならば差し支えないとし、沿海州貿易は最恵国条款によると規定され、日本の希望したウラジオストクへの領事館の設置は決定しなかった。しかし、ウラジオに商事支配人（コマーシャル・エージェント）を設置し、現地のロシア官憲との折衝にあたることについては、一八七六年五月の榎本全権公使とメルニコフアジア局長の対話において、「貴国は別段の事にて特に近隣の交誼を保全したき」[61]ものと申し入れ、ロシア側から「拙者一存丈け」としつつも「其人の権利は通例の領事の如く認可すへき段を内命にて申渡候様可致」との発言を引き出し[61]、政府に任命された支配人をおくことを承諾させている。なお、一八七六（明治九）年には、コルサコフ（クシュンコタン）に副領事を在勤させ、漁民の管理、日本人の保護およびロシアとの交渉にあたらせることとなり、七九年五月に副領事小林端一の赴任が決定されている。

しかし、開港と領事館設置の根拠が西洋各国と同列であるところに求められたことは、オホーツク海およびカムチャツカに限らず、日露の国境付近全域に日本の最恵国待遇が容認されたことを意味しており、その点からみても、樺太千島交換条約がたんなる領土交換問題に止まらず、日露関係において、日本の外交的地位の向上という大きな変化が発生したことを意味していたと評価することができよう。

ただ、樺太千島交換条約によって全面的な属地主義が採用されたわけではないことは、確認しておかなければならない。条約締結後、日本人漁民の漁場の営業権が保障されないケースや、これを外国人へ密売する行為や酒類の売り渡しなどが問題化したさい、小林在コルサコフ副領事から、同領事に領事裁判権が付与されなかったため、日本人の犯罪行為に対して裁判権を主張できないとして、一八八三年三月、旧漁民についてはロシアの法権に属すが、新漁民については、日露通商条約の規定により日本の領事裁判権の下に置かれるべきことを井上馨外務卿に伺いが出されている[62]。これに対し、同年七月司法卿大木喬任は、領事裁判権を容認し[62]、八二年に火酒類のロシア人への密売を取り締まるためにコルサコフ領事に判事を兼任させていた権限を拡大して領事裁判権を施行した。こうして一時的に、サハリン島に日本の領事裁判権が施行されたのである。しかし八五年四月、公信局の局議を受けて外務卿井上馨は、サハリン地方に日本が領事裁判権を暫定的に有することを認めたものの、他の列強が有する治外法権をロシアにも均霑されることから、これを持続することは困難であるとして、領事裁判権を停止し判事の兼任を解く事を太政大臣三條実美に上申し、承認された後、副領事久世原に指令している[64]。条約改正交渉が大詰めにきていることを受けての決定であると思われる。

領事裁判権の一時的行使という事実は、属人主義から属地主義への転換という観点からみれば一種の後退であるといえようが、サハリン島における領事裁判権の行使は当時の外務省では国権を保全するものとして評価されていることからも分かるように、日本の法権がロシアという列強の国内において行使された希有な例であり、不平等条約体制下における東アジアの国際法的なガバナンスとしては極めて例外的な事例であった。条約改正と領事裁判権をめぐる議論の上では、重要な論点となろう。

おわりに——条約改正交渉への影響

最後に、樺太千島交換条約がその後の条約改正交渉に及ぼした種々の影響について、みておきたい。

樺太千島交換条約の締結の副次的な外交的成果として、交渉が駐日公使との間でおこなわれたのではなく、特命全権公使を派遣し、本格的な外交交渉が直接本国の外務省当局とおこなわれたため、日本側の主張が比較的通りやすく、条約の内容にも日本側の意向が反映されたことを指摘したい。

一八七四（明治七）年五月六日、パリのフランス公使館のお雇い外国人フレデリック・マーシャルはイギリス外相ダービーに対し、私信の形で、七三年八月に日米郵便交換条約が締結されたことに関連して、日米郵便交換条約は、①在日郵便局を廃止すること、②日本の在外公館を通じた外交交渉を成功させることにより、列強の在日外交団を経由しない外交ルートを確立すること、の二点において、日本の国権回復に寄与したとして、日本の立場を非公式に説明した[65]。

全権公使榎本武揚によって締結された樺太千島交換条約は、このマーシャルの私信で指摘された在外公館の役割を充分に発揮させた事例であったが、まさにこの時期、日本は、外交代表をほぼ一斉に弁理公使から、国家を代表して外交交渉をおこなう権利を有する全権公使へと格上げし、駐日公使との交渉から本国との直接交渉へと軸足を移したのである。任命状況は表7-1の通りであるが、そうした本国との直接交渉戦略が、不平等条約の改正にむけてはじめて成功をみたの

表 7-1　列強に対する特命全権公使の任命状況

国　名	任　命　年　月	公使名
イギリス	1873 年 2 月 20 日	寺島宗則
オランダ	1873 年 9 月 30 日	柳原前光（兼ベルギー）
オーストリア	1873 年 11 月 22 日	佐野常民
フランス	1873 年 11 月 22 日	鮫島尚信
ドイツ	1873 年 11 月 22 日	鮫島尚信
	1874 年 9 月 3 日	青木周蔵
清	1873 年 11 月 26 日	山田顕義
ロシア	1874 年 1 月 18 日	榎本武揚
アメリカ	1874 年 11 月 9 日	吉田清成
イタリア	1876 年 11 月 19 日	河瀬真孝（二等特命全権公使）

［戦前期官僚制研究会編『日本官僚制の制度・組織・人事』　東京大学出版会，1981 年］

が、樺太千島交換条約であったということができよう。

協定関税をめぐる日米交渉の進展と新条約の調印、樺太千島交換条約における日露間の法的関係の変化、さらには欧米諸国が求めていた一八七六（明治九）年における日朝修好条規の締結による朝鮮の開国など、日本の国際的地位の向上は急速に進展した。ここに至って、条約改正交渉の実現性が増大した。

日本のヨーロッパ各国駐在公使は、「日本の正統なる要求は関係国政府の首脳部に対し本邦在外使臣を通じ直接容易に了解せしめ得るのみならず、関係列国政府に於ても当今の世界情勢上日本の主張を無視するを得ず」として、ヨーロッパでの交渉を主張した。

日本の本国交渉方式が奏功すると、駐日外交団とくに公使の存在意義は低下することになる。この点について、一八七九（明治一二）年三月二日、条約改正交渉のため帰国の待機状態にあったパークスはこう記している。[66]

> 日本政府の意図は、私たちを分裂させて、米国とすでに結んだように、個別に交渉することである。一方で私たちは、全体が一つとなって協力してゆこうと努力している。いま私が江戸から離れたら、日本政府の思うつぼとなる。

条約改正交渉の方式は、本国政府との交渉は「自然の勢として本邦は列国の連合により圧迫を蒙る」という寺島外務卿の判断により、結局東京において開催することとし、イギリスの主張する合同会議とすることに決定したが、一八七四（明治七）年にはまったく条約改正交渉に応じようとしなかったイギリスを交渉の場に引き出すことに成功した背景に、こうした日本の外交戦略が存在したことを指摘しておきたい。(67)

注

1　ただし、第六章で問題とされたように、これは国家主権の侵犯を意味せず、むしろ異文化共存のシステムであったことに留意すべきである。拙稿「十九世紀世界システムのサブシステムとしての不平等条約」（東アジア近代史学会『東アジア近代史』一三、二〇一〇年）を参照されたい。

2　この点については、拙稿「英仏駐屯軍撤退期の国際関係――不平等条約の再編をめぐるイギリスと日本」（横浜対外関係史研究会・横浜開港資料館編『横浜英仏駐屯軍と外国人居留地』東京堂出版、一九九九年）で若干触れたが指摘に止まったため、本章で論じてみたい。研究史としては、秋月俊幸『日露問題とサハリン島』（筑摩書房、一九九四年）がサハリン問題を幕末から明治初年にかけて扱った研究書としてもっとも本格的であるが、サハリンを対象とした通史的観点をとったため、樺太千島交換条約の独自の国際関係史的意義については触れられていない。石井孝『明治初期の日本と東アジア』（有隣堂、一九八二年）は、イギリス外交文書を駆使して日露国境問題に関する実証的水準を大きく引き上げたが、交渉の経過については詳細であるが、やはり条約の国際関係史的意義については触れられていない。安岡昭男『明治維新と領土問題』（教育社新書、一九八〇年）も領土問題からアプローチをしており同様の問題点を有している。

これに対して、麓慎一「樺太・千島交換条約の締結と国際情勢」（明治維新史学会編『明治維新とアジア』吉川弘文館、二〇〇一年、所収）は、この条約を東アジアにおけるロシアの南下政策との関連からロシアの脅威の低下を指摘しており、国際関係史的観点を打ち出しているが、不平等条約体制とこの条約との関係については論じていない。また、犬飼ほなみ「樺太・千島交換条約の締結交渉」（『明治維新史研究』2、二〇〇五年）は、当時の日本を取り囲む国際情勢のなかで、大久保政権がどのような外交戦略のもとに対処していったかを論じたものであり、不平等条約体制と冊封体制とに起因する日本の外交課題について、対ロシア問題から明らかにしたものであるが、国際政治史分析であり、不平等条約との関係については論じられていない。

3　前掲拙稿「英仏駐屯軍撤退期の国際関係――不平等条約の再編をめぐるイギリスと日本」（前掲『横浜英仏駐屯軍と外国人居留地』）、拙稿「華夷秩序と日本外交―琉球・朝鮮をめぐって」（前掲『明治維新とアジア』）を参照。

4　外務省政務局『日露交渉史』一九四四年、一〇一頁。

5　石井前掲書『明治初期の日本と東アジア』一二三八頁。

6 『岩倉具視関係文書』七、日本史籍協会、一九四三年、四四七―四四八頁。
7 F. O. 46, 137, Parkes, No. 15, 28 Jan. 1871. 石井前掲書、二四四頁。
8 『日露交渉史』一二七頁。
9 外務省編『日本外交文書』五、三七〇―三七一頁。
10 F. O. 46, 168, Parkes, No. 93, 3 Nov. 1873. 石井前掲書、二五二頁。
11 『日本外交文書』六、一七八―九頁。
12 「副島大使適清概略」(『明治文化全集』一一、外交篇、七五頁。
13 「副島大使適清概略」六五頁。
14 明治六年二月一七日の大隈宛て副島書簡では、「台湾半島丈ならハ舌上にて受取義ハ随分受合可申全島ならハ兵戈にも可及歟も難計併半島受取居候ならハ四五年間にて全島も舌上にて手に入可申」(『大隈重信関係文書』二、三三頁)と書いており、渡清以前から領有に積極的な姿勢を示していた。
15 丸山幹治『副島種臣伯』(日社、一九三六年年、二〇六、二三一頁。
16 『日本外交文書』第六巻九五、一七七、八頁。
17 秋月俊幸『日露関係とサハリン島』筑摩書房、一九九四年、二一三頁。
18 『大久保利通文書』五、五三―六四頁。
19 副島とロシア公使ビュツオフとの秘密会談の内容および中断の経緯については、「樺太境界談判ニ対スル露国政府ノ意向等報知ノ件」『日本外交文書』第七巻二三三、四四五頁を参照
20 『大久保利通文書』(日本史籍協会、一九二八年、五、一七九頁。
21 『大久保利通文書』五、二一三頁。
22 『大久保利通文書』五、二五四頁。高橋秀直「明治維新期の朝鮮政策」(山本四郎編『日本近代国家の形成と展開』所収、吉川弘文館、一九九六年)を参照
23 「明治七年一月六日大久保宛て黒田書簡」『大久保利通文書』五、二八七頁。ただし、大久保はその後も外交問題について、副島に助言を求めている
24 「明治六年一二月三〇日岩倉宛て大久保書簡」、『大久保利通文書』五、二六二頁。
25 『大久保利通文書』五、二七九頁。

26 『大久保利通文書』五、二八五頁。
27 『大久保利通文書』五、二八四頁。
28 『大久保利通文書』五、二八三頁。
29 立教大学日本史研究会編『大久保利通関係文書』三、吉川弘文館、一八六八年、一四頁。
30 『大久保利通関係文書』三、一四頁。
31 『大久保利通文書』五、三〇九頁。
32 『大久保利通関係文書』一、一九六五年、三二六頁、同二、一九六六年、三九七頁。
33 『大久保利通文書』五、三一二頁。
34 『日本外交文書』七、一五七頁。
35 『大久保利通文書』五、三四三頁。
36 『大隈重信関係文書』二、二五〇頁。
37 『日本外交文書』七、四二一頁。
38 『日露交渉史』、一三一頁。
39 『日本外交文書』七、四一八頁。
40 同上、四二八頁。
41 同上、四四八頁。
42 同上、四四一頁。
43 同上、四四八頁。
44 同上、四四六頁。
45 同上、四四五頁。
46 同上、四四六頁。
47 『日本外交文書』八、一六八頁。
48 同上、一七八―一七九頁。
49 同上、一八四頁。
50 同上、一八七頁。

51 同上、一八七頁。
52 同上、一八七頁。
53 同上、一八九―一九〇頁。
54 同上、一九四頁。
55 同上、一九五頁。
56 同上、一八四頁。
57 同上、二〇二頁。
58 同上、二七一頁。
59 同上、二三〇頁。
60 『日本外交文書』一二、三四二頁。
61 『日本外交文書』九、三六二頁。
62 『日本外交文書』一六、四三〇頁。
63 同上、四三七頁。
64 『日本外交文書』一八、四三八頁。
65 Marshall to Derby. F. O., 410/14. 54. May 6, 1874. 前掲拙稿「英仏駐屯軍撤退期の国際関係」を参照。
66 F.V.ディキンズ『パークス伝』平凡社、一九八四年、二六九頁。
67 前掲拙稿「十九世紀世界システムのサブシステムとしての不平等条約」を参照。

第八章

台湾人は「日本人」か？

——十九世紀末在シャム華人の日本公使館登録・国籍取得問題

川島　真

はじめに

本章では、一八九五年の日本の台湾領有後にシャムのバンコクにて発生した、現地の華人による日本国籍取得および登録をめぐる状況について、主に日本外務省記録を用いて検討する。この事例を採り上げるのは、十九世紀後半の東アジアにおける「外国人」の法的地位をめぐる状況が、比較的濃縮されて表れている案件だと考えられるからである。[1]不平等条約体制下にあっては、そもそも誰がその特権を享受できるのかということが大きな問題であった。つまり、空間的のみならず、人的にも法的権利が錯綜していた当時、そこでの公共性やガバナンスは、空間や構成員それぞれによってモザイク状に入り組んだ状態になっていた。そしてその状況は、外見的に判断できる人種や言葉、辮髪などの文化的なシンボルにより可視的に判断できたわけではない。地理的に中国の出身者であっても、外国に出向いて何かしらの身分を取得、購入して中国で特権を享受する者もいたのである。また、日本が条約改正を成し遂げ、植民地を獲得する過程で、こうした国籍という識別はいっそう複雑になった。日本は一八九九年に、中国はその一〇年後に国籍法を制定するが、たとえば、中国で特権を享受できるようになった日本の国籍を取得したほうが中国において得になると海外華人が考えるようになり、日本側にもそれを利用しようとする者がいたからである。

本章で議論を進める前提として、まず十九世紀後半の東アジアにおける「外国人」の法的地位をめぐる状況について、華人を中心にして、先行研究の紹介を交えた背景説明をしておきたい。それは、当時次第に制度化されつつあった、不平等条約体制下の多元的な属人的・属地的な法制度の概況であり、またその多元的な制度の下での華人の活動、動向の概要だとも言えよう。(2) なお、十九世紀後半に華人が東アジア各地に拡がったことの背景には、中国内の混乱や人口圧もさることながら、奴隷制廃止に伴なう労働力需要が世界的に存在していたことがある。

十九世紀の後半は、西洋諸国における国籍法が次第に整備される過程にあった。日本の旧国籍法（一八九九年法律第六六号）も一八九九年三月一六日に制定され、四月一日に施行されている。植民地などを多く有するイギリスも、一八四四年に外国人法、一八七〇年に帰化法（一八七二年、一八九五年に改正）などを、イギリス国籍および外国人地位法を一九一四年に制定した。(3) 東南アジアや香港に植民地を有するイギリスの諸制度は、海峡植民地の華人などがイギリス臣民の資格を得て帰国し、領事館で登録をおこなって領事の保護対象として認定された場合、不平等条約の関係でイギリス人としての在華条約特権を手に入れることができる可能性があったので、中国にとっても影響があったと考えられる。(4) また、オランダについては、一八五〇年に国籍法、一九一〇年に統治法が制定されている。(5) とくに東インド植民地における統治法の施行が、現地の華人に、「原住民」と同様に扱われるとの危機感をもたらしたとされる。(6) また、東南アジアでは植民地臣民となることのほか、たとえばシャムでフランス臣民と同様の特権を得られる地位を一時的に購入するような、保護民（登録民）という地位も存在した。(7) シャムと中国の間には第二次世界大戦以前には国交がなかったが、一般に無条約国国民は地位が曖昧で、自らに有利に条約特権を有する欧米諸国の在外公館の庇護下に身を置こうとするが、現地国は自国民と同等に扱おうとするのが通例である。

十九世紀の後半、東アジアで植民地となった地域では、特権を有するヨーロッパ人＝支配者と「原住民」とが分離していく。[8] その中で、現地の華人は欧州諸国に帰化したり、西洋人の地位を現地で一時的に購入したりした。しかし、次第に海外華人保護に関心を持ちつつあった清に領事館設置などを求めるという選択肢も生まれた。[9] 中国は、一八六〇年の北京条約で対外的に臣民の海外渡航を、一八九〇年代までに対内的にそれを認めたとされる。そして、近代主権国家の国民保護という論理を用いながら、一面で皇帝の徳が国境を超え拡大するという論理で華人保護を図っていった。[10] 華人たちは、諸列強だけでなく、清も含め、さまざまな「保護」主体を利用しながら利益の最大化を図り、さまざまな社会結合を利用した。日本は、遅れて登場する帝国として、十九世紀末に台湾を領有し、華人をめぐる法的地位の問題に本格的に関わることになったのである。

他方、清のように植民地とならなかった空間では、不平等条約体制下で、一般に国土が（条約に基づく）開港場とその周辺（西洋人の活動範囲）と非開港場空間に分けられ、前者では治外法権と領事裁判権を片務的に容認していた（北京条約で内地旅行が認められた清は異なる）。また、開港場に特別に設定された外国人居留地には、原則として現地国の司法権が及ばず（開港場と居留地が一致するか否かは論争が存在する）、現地住民もその特権空間に入りこめばその特権を享受することができた。これは属人的な多元性とともに、属地的な多元性をもつ法圏が形成されていたことを意味する。[11]

このように十九世紀後半から二十世紀初頭の東アジアには、属地的、属人的に多元的な法域・法圏が複雑に重なりあっていた。これが、十九世紀から二十世紀初頭の東アジアの外国人をとりまく法的状況のひとつの特徴なのである。華人たちは、あるいは、条約特権を有する外国人や、それを有さない無条約国臣民も、こうした状況を踏まえて、選択的に自らに有利な地位を得ようとし、また自らに有利な空間を選択しながら活動していたのだと考えられる。

1　日本の台湾領有と「新臣民」取扱

一八九五年四月一七日、日清間に下関条約が調印され、台湾および澎湖諸島が日本に割譲された。これは、香港や澳門といった外縁の島嶼に続き、中国の省のひとつが外国の植民地になることを意味した。そこにはその植民地内部の日本人／外国人／現地住民間の法的地位の問題だけでなく、その台湾出身で海外に移民していた者や中国大陸に在住していた者の法的地位という、あらたな問題を惹起する可能性を孕んでいた。[12]

では、日本は、台湾領有に際して、台湾の人々の国籍をどのように扱ったのか。下関条約第五条は、「日本國へ割與セラレタル地方ノ住民ニシテ右割與セラレタル地方ノ外ニ住居セムト欲スル者ハ自由ニ其ノ所有不動産ヲ賣却シテ退去スルコトヲ得ヘシ其ノ爲メ本約批准交換ノ日ヨリ二箇年間ヲ猶豫スヘシ但シ右年限ノ滿チタルトキハ未タ該地方ヲ去ラサル住民ヲ日本國ノ都合ニヨリ日本國臣民ト視爲スコトアルヘシ」とある。この条約は、五月八日に芝罘にて批准書が交換されたので（五月一三日公布）、一八九七年五月八日までに台湾の住民には、日本の臣民となるかならないかの選択肢が与えられたことになる。[13] しかし、当時の台湾では茶園の季節労働者である中国人や、対岸の福建と台湾の双方に居を構えて往来する商人、あるいは一族の中の男性を南洋に移民させている家など、人が台湾島や澎湖島に一元的に帰属しているわけではなかった。

日本軍の台湾上陸後、初代台湾総督に任命された樺山資紀は、一八九五年九月に下関条約第五条の台湾における告示方法について、台湾事務局総裁たる伊藤博文に書簡を送った。[14]

本島住民ニ国籍選択ノ自由ヲ与ヘラレタルコトハ下ノ関媾和条約第五条ニ於テ保障セラルル所ニ有之候処、嚮キニ報告致置候通、本島受渡ノ際ハ清国暴兵ノ擾乱ニ引続キ、匪徒蜂起ノ為メ、清国政府ハ実際形式上ノ引渡ヲ為シタルマテニテ、本島住民ニ対シテ、其退去ノ自由及二カ年ノ猶予ヲ許与セラレタルコトヲ普ク告示スル能ハサリシ状勢ニ付キ、本官ヨリ左案ノ通、告示スルヲ至当ト存候、依テ案ヲ具シ、茲ニ稟議候也。

この樺山の提案には、ただ清の官僚がおこなわなかった第五条の周知徹底を実行するということだけでなく、次のような下関第五条の実施細則たる「台湾及澎湖列島住民退去条規」案が含まれていた。

第一条　台湾及澎湖列島住民ニシテ本地方ノ外ニ転居セント欲スル者ハ、累世ノ住民ト一寄留ノ住民トニ論ナク、其郷貫・姓名・年齢・現住所・不動産等ヲ記載シ、明治卅年五月八日以前ニ台湾総督府ノ地方官庁ニ届出ヘシ。其携帯スル家族ニ就テモ亦同ジ。

第二条　幼者ノ戸主及地方ヘ旅行中ノ者ハ、後見人管理人又ハ代理人ニ於テ退去ノ届出ヲ為スコトヲ得。

第三条　土匪暴徒ノ擾乱ニ与ミニ官軍ニ抗抵シタル者ト雖モ、帰順降服シテ兵器ヲ納メタル上ハ、本島地ヲ退去スルコトヲ許ス。本地ヲ退去スル者ノ携帯スヘキ家財ニ就テハ総テ海関ニテ免除ス。

これは「退去条規」であると同時に、非退去者は（もちろんグレーゾーンは残されていたが）日本の臣民として認められることも示していた。この案は、西園寺公望外相から伊藤博文総裁宛の書簡で異存なしとされ、台湾総督府に転送された。(15)

しかし、この条規には大きな問題があった。すなわち、この猶予期間に台湾から外に出ていく場合には臣民となる／ならないという選択肢があったのと同様に、この期間に台湾に流入してきた人々にもまた日本国臣民として認められる可能性があったのである。この点には台湾総督府も気づき、「清国人台湾上陸条例」を起案して、一八九五年五月八日以前に台湾にいた人々と、以後来台した人を弁別しようとし、台湾に来る清国人に清の旅券携帯を義務付けるなどした。(16)だが、この条例には三つの問題が存在した。第一に、当時の中国人には海外への出稼ぎに際して清の旅券を携帯する習慣がなかったことである。第二に、台湾北部のイギリス系の茶園などに福建省などから集団出稼ぎに来る人びとの旅券獲得には困難が伴ったことである。実際、これに対して、イギリス領事が抗議するに至った。[17] 第三に、台湾総督府は、この条例を台湾への渡航者が存在する可能性のある地域の日本の在外公館に通知しなかったことである。そのため、この条例を知った台湾渡航（帰島）希望者が日本領事館などに出向いても、公使館、領事館側は対応できなかった。後に問題にするシャムの日本公使館も当然情報共有の埒外にあった。なお、この期間に台湾外に出稼ぎに出ていた台湾人は、論理的には戸主が登録すればいいものの、同時に旅券を出稼ぎ先で獲得しなければ帰島できないなど、実際にはその地位が不明であった。この点が後述する事例に関連する。

日本では、治外法権撤廃と内地雑居の実施にともない、一八九八年に戸籍法、一八九九年に国籍法が定められ、次第に制度的な意味での「日本人」（と同時に非日本人）が形成されるが、新領土たる台湾では、そうした制度化はやや遅れて進行したと見るのが妥当だろう。また、台湾総督府の政策の影響もあって、台湾の対岸の福建では正式に帰化したり、不正に日本国籍を取得したりした、いわゆる「仮冒籍民」が一八九九年から二十世紀に初頭にはすでに存在していた。遠藤正敬は、彼らに対する日本外務省の政策について、「台湾籍民の取得した利権を玉虫色のまま保障するプラグマティックな方針が選好された」としている。[18] だが、以下に紹介するシャムの事例は、日本本土における旧国籍法の捉え方をめぐる議論と関連しつつ、福建とは異なる処理がなされた事例だとも見做すことができる。

2　旧国籍法施行とシャム華僑の状況——国府寺新作の要請

シャムは、十九世紀半ばに清との所謂朝貢関係を停止し、第二次世界大戦後まで中国との条約関係を締結しなかった。首都のバンコクはじめ、国土には中国の在外公館は設けられず、中国側からの「国民保護」の論理をも遮断し、華人たちのシャム国民化を進めた。[19] その中で、税の支払いやそのほかの待遇の面で、シャム国民と同様に扱われることを嫌った華人たちは、フランス公使館などで「登録」し保護民となったり、あるいは東南アジアの他の植民地で地位を得て、シャムにおける外国人としての立場を保持しようとしたりしていた。[20] 不平等条約改正を目指し、また華人の同化を進めるシャム政府は、そのような登録を批判していた。

一八九〇年代後半、日本ではすでに治外法権撤廃が約されたものの、それと引き換えに内地雑居が認められたため、「人の移動」を前提としたルール作りが進められていた。一八九八年以来、法典審議会から衆議院、そして貴族院の審議を経て、前述の通り、一八九九年三月一六日法律第六六号として国籍法が制定された（旧国籍法、四月一日施行）。この審議の過程で論点となったのは、浅川晃広の研究に従えば、あらたに国籍を取得した者の就任制限（たとえば外交官になれるか）、そしてその配偶者の国籍をめぐる問題などであった。[21] この審議の過程で、中国人が帰化を望むことが想定されていなかったわけではない。勅選貴族院議員の渡正元議員は、「帰化法ヲ制定スルハ欧米諸国ノ人ハ固ヨリノコト支那人朝鮮ノ人モ続々帰化スルヲ許可スルモノト認メネバナラヌ」と述べていた。[22] なお、この旧国籍法は、台湾にも適用された（以後、朝鮮には適用されない）。だが、それは先の条例で台湾での日本臣民と認められた人を対象としたのではなく、結果的に台湾に住む中国人の帰化などに適用されることになった。[23]

この旧国籍法の施行前後、シャムでは稲垣満次郎公使の一時帰国に際して、一八九八年一〇月二六日に国府寺《こうでら》新作が代理公使となっていた。国府寺は教育学者、数学者、史学者としても知られるが、また杉浦重剛、小村寿太郎らが一八八六年に設立した乾坤社のメンバーであるなど、国粋主義者としても知られている。[24] 一八九九年四月一〇日、稲垣の不在時に一等書記官から代理公使となった国府寺は、青木周蔵外相宛に、「支那人ヲ本領事館籍ニ登録スル件」を送付した（五月一日外務省本省接受）。旧国籍法の施行が四月一日であるから、そのわずか一〇日後にあたる。

往々当地ニ永住スルニ至ルニモ拘ラス、其無条約国ニ属スルカ為メ、当国政府ニ人頭税ヲ納シ、単ニ兵役ノミハ之ヲ免カルルモ、他ノ関係ニ於ヒテハ総テ其法律ニ服従シ、縦令ヒ之ヲ快トセス、亦必シモ他ノ外国領事館ニ登録スルコトヲ好マス、却テ本館ニ頼リ来リ之カ保護ヲ仰カントスルモノアルハ、即チ支那人ニシテ……（中略）……本館ニ向ヒ、或ハ旧台湾ノ避難民タリ、或ハ長崎・横浜其他日本港ノ出産タル等ノ理由ヲ開陳シテ頻ニ登録ヲ請求スルモノ近来漸次増加ノ傾向有之候。[25]

国府寺は、日本に登録、保護を求める華人たちが、台湾や長崎・横浜と縁あることを主張していることを重く見て、彼らの苦境と対日感情の良さとともに、当時シャムのフランス領事館などが、登録・保護の手続きを簡便化し、登録者数を増やしていたことに鑑み、日本もそれに乗り遅れてはならない、と主張したのである。[26] だが、ここで留意すべきは、彼らが出生地を日本の長崎や横浜、そして台湾としている点であった。無論、旧国籍法において、出生地が日本であっても、「第一条　子ハ出生ノ時其父カ日本人ナルトキハ之ヲ日本人トス其出生前ニ死亡シタル父カ死亡ノ時日本人ナリシトキ亦同シ」との規定によって、父親次第で判断された。問題は台湾であり、彼らの場合、台湾人である父親が一八九七年五月八日以後に日本臣民となり旅券を携帯していれば日本人と見なされたし、また台湾の家族が総督府に届け出ていれば、台湾に戻り日本臣民と見なされる可能性もあった。だが、国府寺の文面は、この段階では、旧国籍法や台湾における国籍付与をめぐる問題に言及せず、ただ登録による保護を謳うだけであった。

また、国府寺は、自らの登録・保護に関する施策と、上司である稲垣満次郎公使との相違も承知していた。

殊ニ稲垣公使在勤ノ際ハ、支那人ヲ本館ニ登録スルコトハ暹羅政府ノ機嫌ヲ損シ、条約締結ノ成功ニ障礙アリトシ、断然之ヲ拒絶シタル趣聞及居候ヘ共、斯カル遠慮ノ必要ハ爾後毛頭無之様被存候而已ナラス、当国ニ本邦ノ勢力ヲ伸長シ、其ノ政府ヲシテ我ニ多少ノ重ヲ措カシムルニハ、右等自ラ保護ヲ求メ来ル支那人ヲ一括シテ我法権ノ下ニ収ムルコト、其第一策タルカ如ク相見ヘ……（後略）

国府寺はまた、条約（日暹友好通商条約）を締結したのだから、稲垣のように「遠慮」することなく「支那人」を利用して国権の伸長を図るべきだと主張している。ここでは、とくに台湾人を対象とする発想は見られない。国府寺は屢々登録の必要を説くが、その理由は下記の三点に大別できる。第一は、在シャム華人の地歩につき、数も多く事情に通じ、商権を獲得していること。第二は、日本商人の数が少なく、地盤もなく、日暹間の貿易も実質的に華人の手に依ること。第三に、華人が日本に好意的なこと。国府寺は、在シャム華人ネットワークを日本の下に取り込もうと考えていたのである。

国府寺の結論は、次のようなものであった。「自今右等ノ支那人登録ヲ自由ニシ、縦令ヒ本邦政府ノ旅券を有セサルモ、凡ソ其出生地ノ本邦版図内ニ属スルコト判然ナルモノハ之ヲ本館ノ籍ニ入レ、其管轄ニ帰セシメルコトニ致度、此段及御伺候。」日本の国籍法第四条に、「日本ニ於テ生マレタル子ノ父母カ共ニ知レサルトキ又ハ国籍ヲ有セサルトキハ其子ハ之ヲ日本人トス」という条文があるにしても、日本の国籍法は出生主義をとっていない。だが、国府寺はその華人の出生地が「本邦版図内」であることを理由に、登録しようと言っている。ただ、在シャム華人を登録するなら、出身地は要件とならないわけだが、「本邦版図内」という出身地と登録を関連づけた点に、属人（男性）主義的な旧国籍法とも、台湾における制度とも、また通常の登録とも異なる、あるいは混在する側面が存在したといえる。

このような国府寺の考え方は、当時の情勢を反映したものだとも見ることができる。次の一文は、五月二日付の国府寺の青木宛の意見書の一節である。[27]

其事（フランスの海南島占領―筆者注）実トナルナレハ今回約定中ノ登録条款ノ如何ニ拘ラス暹羅国ノ困難ハ日々其度ヲ加ヘ到底仏国ハ一兵ヲ労セサルハ勿論半言ノ外交的談判ヲモ要セスシテ盤谷《バンコク》市其モノノ幾分ヲ占領シタルト同様ノ結果ヲ得ルニ至ルハ自然ノ次第ニ可有之候。

ここで国府寺が言っている、今回約定中の登録条款云々というのは、「其領事館登録法ヲ改メ今後ハ実際仏国版図内ニ属スル人民ニアラサレハ之ヲ登籍セサルコトトシ」という、両国間の新約定に関する方針を指している。国府寺は、もし海南島がフランスに占領されると、[28]（実際には仏国版図内に属していないはずの）バンコクの海南島出身者と目される人々が皆フランスの勢力下に入ると考えたようである。実際にバンコク華人の大半を占める潮州出身者は海南島を経由して移民することもあったので、バンコクの三分の一が占領されるなどと考えたのだった。[29] なお、フランスが（海南島全体ではなく）海南島の北にある雷州半島の付け根にある広州湾を租借地としたのは、一八九九年一一月のことであった。

3　日本公使館で登録される「支那人」たち――国府寺新作の政策遂行

一八九九年五月、外務省通商局長は国府寺代理公使に返答し、青木周蔵外相の国府寺の要請に対する基本的同意を伝えた。[30] 時の通商局長は林権助である。この返答では、「貴地ニ於ヒテ商権ヲ握リ居レル支那人ヲシテ我保護ノ下立タシムルコトハ、我国貨物ニトッテヨイ」とし、彼らに「扶翼ヲ与ヘル」などと述べていた。外務省が想定していたのは、もちろん旧国籍法に基づく帰化ではなく「一般帝国臣民ノ登録トハ多少性質ヲ異ニスル」登録、すなわちシャムにおいてのみ日本公使館がシャム国民と一律に扱われないように保護を加える「登録保護民」であった。もちろん、これは登録であって、国籍とは関係づけられていなかったから、登録要件として「本邦版図内出生か否か」は想定されていなかった。

この後、国府寺は、実際にシャム公使館にて登録業務を開始し、八月半ばの報告には次のように記していた。[31]

> 出願者日々有之、其内ニハ純然タル労働者体ノモノ多ク候ニ付、詳ニ其身元ヲ調査シ、正当ノ営業ニ従ヒ居レルモノニシテ当地ニ於テ確乎タル一家ヲ構ヘタル本邦人、若クハ同郷人ニシテ其出産ノ事実ヲ証明スル場合ニ限リ、之カ登録ヲ許可スルコト取計居候……（中略）……多クハ台北又打拘及其近傍出産ニ係リ、既ニ久シク当地ニ流寓シタルモノモ有之、何レモ当地ニテハ勿論其出生地ニ於テ戸籍等無之候共、其自身ハ概シテ□ナカルモノニシテ……（後略）。

ここで興味深いのは、身元のしっかりした本邦人や同郷人がその出生の証明をして始めて登録すること、また登録希望者には台湾出身と称する人々が多かったことであろう。これは、国府寺自身が出生地にこだわったために華人がそう応じたのか、あるいは華人たちがはじめからそう名乗ったのかは別にして、「帝国版図内」という属地的な発想をもった国府寺の考えと希望者の申請内容が適合するような情況が生まれたのである。これは、もしかしたら、先のフランスと海南島の関係を意識した結果であるかもしれないが、この点は定かでない。しかし、いずれにせよ、これは外務省の想定した「登録保護」とは異なるものであった。

一八九九年八月末、国府寺は登録を暫時停止せざるを得なくなった。申請者数過多のためで（国府寺は当初一〇〇枚の申請書を外務省に要請していた）、対応可能な予算と人員増を外務省に求めた。[32] 他方、この九月から一〇月にかけて国府寺はシャム情勢に関するいくつかの報告を青木に送っていた。そこでは、フランスによる海南島「占領」関連の危機であり、いまひとつは、仏領インドシナにおける「支那人軍隊」の組織などであった。国府寺は、前述のバンコクの三分の一がフランスに占領されるという危機を強調し、日英で共同して逆に海南島の不割譲宣言を清に発せさせられないか、と青木に意見具申したほどであった。[33]

八月末の経費増額、人員増員申請は、青木周蔵外相の目に止まったようである。もとより国府寺の「登録」は、たとえフランスへの対抗であれ、外務省が当初想定していた「登録保護」とは異なっていたし、台湾での条例や旧国籍法から見ても、制度的に矛盾があった。青木は、この問題に気付き、一〇月一三日に国府寺に書簡を発し、方針の修正を求めた。[34] まず、台湾関連について、「抑々台湾土人ノ日本国籍ヲ取得シタル者ハ素ヨリ帝国臣民ト同様ノ取扱」を受けるべきだという前提を述べる。一八九七年五月八日を過ぎているのだからこれは自明だろう。次いで、「台湾総督府ノ規制ニテハ本国臣民タル台湾土人ノ外国へ旅行セントスル者ハ、必ス旅券ヲ携帯スヘキ筈ナレハ、若シ旅券ヲ携帯セサル者ハ、縦令自分カ如何ニ申立ルトモ、果シテ該総督府ノ法規ニ従テ日本国籍ヲ取得シタルモノナルヤ否」などと述べ、台湾総督府の法規に準じた取り扱いをおこなうように求めた。だが、これは、もともと外務省の想定した出生地にかかわらない登録をやめるようにと言っているのではなく、台湾総督府の認定していないものを、台湾出身者として公使館が認定することを控えるようにと忠告したのである。それは、青木の旧国籍法に関する意見からも窺える。すなわち、「又帝国版図内ニ出生シタル者ニ就テハ、其範囲茫漠トシテ、外ヨリ異論招ク概念ナシトセス、故ニヨリ狭義ニ解釈シ、母ハ日本人ニシテ清国若シクハ其他ノ国籍ニ在ラアサルモノトセハ、或ハ他ノ異論ヲ受ケタル際、弁解ノ口実ト可相成ク存シ候共……」というように、旧国籍法の第四条「日本ニ於テ生マレタル子ノ父母カ共ニ知レサルトキ又ハ国籍ヲ有セサルトキハ其子ハ之ヲ日本人トス」を拡大解釈せず、第三条「父カ知レサル場合又ハ国籍ヲ有セサル場合ニ於テ母カ日本人ナルトキハ其子ハ之ヲ日本人トス」の規定で認定するようにとの基準を示したのであった。青木は、国府寺の施策が最終的に華人に利用され、「徒ラニ多数ノ支那人ヲ収容シテ我煩雑ヲ招キ、之ガ為ニ館費ト費用ヲ要スルコトヲ無之様」要請したのだった。

しかし、この青木の書簡が到着するまでの間、国府寺は彼なりの解釈に基づいた登録を実施し続けた。九月三〇日、国府寺は青木に報告書を送った[35]。「挙証精確ノミナラス、事情愨然タルヲ以テ、不得止収録致スモノ数名有之、目下総計百廿六名ノ多キニ及ヒ、随テ此等ノ為メ内地旅券ヲ当政府ニ請求スル等ノコトモ屡々有之、且ッ在留本邦人昨冬ニ比シ、二十余名増加……(後略)。」国府寺は一〇〇名以上登録し、中には「内地旅券を申請」したとか、在留邦人が増加するとかいった内容があった。つまり、国籍付与をした可能性も示唆したのであった。

4 「支那人」保護民とシャム政府——国府寺新作領事召喚要請と稲垣満次郎公使

一八九九年一一月一九日、稲垣満次郎公使が帰任した。前年から約一年あまりにおよぶ国府寺代理公使の時代は終わりを告げた。稲垣は、一八九七年のシャム公使館開設後の初代の公使で、一八九八年に日暹友好通商条約締結に尽力し、当時シャム国政治顧問であった政尾藤吉と並称される初期日暹関係史の立役者だとされる[36]。稲垣は、一般に南進論者、アジア主義者などと評される人物であり[37]、シャム華人のとりこみにも関心があったとされるが、登録保護をめぐる政策では国府寺と真っ向から衝突した。興味深いのは、稲垣が旧国籍法や台湾での規則に基づいて反論するのではなく、日本の対シャ

稲垣満次郎［国立国会図書館のご厚意による］

ム政策という見地に立って国府寺を批判し、方針を撤回していく点である。(38)

帰任一か月後の一二月三〇日、稲垣は登録保護に関する長文の意見書と、オランダ領事が登録問題でシャム政府の不興を買い本国に召喚されたことに関する報告を青木外相に送付した。(39)ここで稲垣は、国府寺に正面から反対した。

　十九世紀末欧州列国ノ外交ナルモノヲ見ルニ、勿論其背後ニハ常ニ強大ナル兵力ノ厳然トシテ立ツモノアリト雖モ、多クハ穏々ノ裡、縦横ノ策ヲ回ラシ、恰カモ喫煙者ガ其昏睡挟夢ノ間ニ不知不識、煙毒其骨髄ニ入ルヲ覚ヘサルカ如ク、或ハ名ヲ商業ニ籍リ、或ハ文化啓発ノ美名ノ下ニ呑唾ノ慾ヲ恣ニスルモノ多シ。

これは当時の稲垣の列強観を示したものである。このような武力に基づかぬ浸透は、国府寺がフランスの海南「占領」関連で心配したことに繋がる。しかし、稲垣と国府寺が明確に異なるのは、「支那登録問題ハ暹羅王国ヲ腐ラスヘキ亜片」と認識し、「暹国ガ其全力ヲ尽クシテ之ヲ争フ決シテ故ナキニアラサルナリ」などとし、一八九三年のシャムとフランスとの戦争を取り上げ、その戦争での敗北が国家の危機となったことは認めながらも、「支那人登録問題ニ至テハ然ラス、該問題ノ消長ハ真ニ暹羅王国興廃ノ掛ル処ニ候」とした点である。実際、その登録問題が重要だとの認識では両者は一致しているものの、国府寺は列強との競争のためにその「亜片《アヘン》」を多くシャムに吸わせようとし、稲垣はシャムの立場に立とうとしたのである。国府寺が国粋主義者か否かは別にして、国権伸長のために欧米と同様の手法を採るのに対し、稲垣はそれをしりぞけ、シャムの立場を尊重するという性向が認められよう。

在シャム華人については、シャムと清の間に通商条約などが無いことから、納税面で負担があっても、華人には内地雑居が認められ、その分だけ商業機会が多く、商工業の全権を握っていると稲垣は述べる。国分寺が無条約国国民であることを否定的に捉えたのと対照的である。また、治外法権については、一八九九年に日本が治外法権撤廃に成功したことに鑑み、日本の状況と比較する。「翻テ欧米諸国ガ暹国ニ於ケル治外法権ノ濫用ヲ以テ昔日我国民ガ治外法権ノ下ニ苦シミシニ比較スレハ殆ド同日ノ談ニ無ノ候。単ニ司法ノ事ニ止マラス行政立法其他万般ノ事列国ノ常ニ之ニ干渉シ殆ト暹国主権ヲ認メサル程ノ場合至リ候。」つまり、治外法権により受けている被害は、日本よりシャムの方が重いというのである。

そして、この治外法権に関連付け、保護民問題について稲垣は述べる。

暹国ハ更ニ特殊ナル事情ノ下ニアリ。夫ハ欧米諸国ノ領事館ニ於テ保護政策ヲ取リ競フテ無条約国ナル支那人ヲ登録シ其保護下ニ置キ、更ニ自国臣民ニ等シキ取扱ヲナス事ニ候。

ここでの欧米諸国は、イギリス、オランダ、ポルトガル、フランスを指すが、稲垣は、正敵は「フランス」だとする。この点は国府寺と同じである。「暹国ハ正敵ナル仏国ト登録問題ヲ争ハンカ為、英国ニ対シテモ亦全力ヲ尽クシテ争ヒッツ」あり、正敵たるフランスとの交渉に備えて、イギリスとの間で、次のような内容を含む合意を得たという。すなわち、①植民地臣民と英国臣民を問わず、シャム人と結婚してシャムで子どもが生まれた場合、孫の代からシャム国人と見なす。②イギリスのビルマ占領前、シャムに移住したビルマ人はシャムの法権の下に置く。このうち、後者は国府寺の施策にとって、きわめて重要である。日本の台湾領有前にシャムに移住した台湾人はシャムの法権の下に置く、と読み替えられるからである。

また、シャムが登録を続けたオランダやポルトガルの本国の外務省に、その遂行者たる駐シャム領事の召喚を働きかけ成功した事例を指摘し、国府寺の召喚要請がなされる可能性を示唆した。後述の如く、実際にシャム政府はそれを準備していた。対仏交渉のために、英蘭葡と交渉や調整を進めるシャム政府内部では、日本の今回の登録保護政策が問題視されていたのであった。稲垣はそれを厳しく指摘する。

右登録ノ事、暹政府一度ヒ之ヲ聞クヤ非常ナル恐慌ヲ来タセシモノノ如シ。勿論暹国ハ東洋ニ於テ我国ヲ兄分ト恃ノミ、互ニ相扶翼センコトヲ期シ、殊ニ両国間既ニ条約ノ訂結セルアリ、我国ニ対シテハ深厚ナル交情ヲ抱キ居ルニモ拘ラス、暹国ガ国家存亡ノ問題トシテ争ヒツツアル支那人登録問題ニ於テ間接ニ仏国ノ暴挙ヲ助クルノ挙ニ出デタルヲ見テ非常ニ其ノ感情ヲ害シタル。

そして、国府寺の召喚の件については、すでにシャム政府は決心したものの、総務顧問たるジャクミン（G. R. Jacquemyns）が不在であったので、結論を出せずにいたという[40]。そして、ジャクミンが一八九八年一二月二日に帰国すると事態は大きく進展する。

然ルニジャクミン氏過ル一二月二日当府ニ帰任スルヤ、越ヘテ八日外務大臣ト会見シ、日本領事館ニ於ケル支那人登録問題ニ関シ討議決定スル処アリシカ如シ。外務大臣及ヒジャクミン氏モ日本領事館ニ於テ百四十名ノ支那人ヲ登録セルヲ見ルニ及ンデ大ニ意外ノ感ヲナシ、且ツ台湾ニ於ケル支那人ニシテ当国ニ往来セルモノ斯カル多数ニ上レル筈無之ト為シ。

そして、日本公使館（領事館）における「登録甚シク公明ヲ得サルノ證ヲ握リ居ル」とし、国府寺領事の召喚請求を決定したとのことであった。しかし、シャム政府は政尾藤吉顧問を通じて本件を稲垣に打診、稲垣もシャム政府に召喚見合わせを要請しつつ善後策を講じることになった。もともと国府寺の施策に懐疑的であった日本外務省も、これを追認したものと考えられる。

5　日本国籍付与・登録保護の取消と限界――稲垣満次郎とシャム政府

稲垣公使は、国府寺のおこなった「登録保護」の実態を調査した。国府寺の要請に基づいて、日本外務省は「登録保護」を容認したものの、国府寺の施策が登録保護を逸脱していたために外務省は懐疑的になった。また、シャム政府が反対したのは「登録保護」であった。国府寺が登録したのは一四〇名に及ぶ。だが、そのうち九名には台湾出生が明白として日本国籍が付与され、一三一名が登録民・保護民とされていたが、その大半が台湾出身者とされていた。

前述の通り、旧国籍法においては第四条「日本ニ於テ生マレタル子ノ父母カ共ニ知レサルトキ又ハ国籍ヲ有セサルトキハ其子ハ之ヲ日本人トス」という条文はあるものの、第三条「父カ知レサル場合又ハ国籍ヲ有セサル場合ニ於テ母カ日本人ナルトキハ其子ハ之ヲ日本人トス」の規定で認定すると青木外相は明言していた。また、これも前述のように、この第四条を台湾に遡及適用するかについては、台湾総督府の発した条例と関連するものと考えられ、旅券を携帯しないものを軽々しく認定しないよう外務省は求めていた。

稲垣は国府寺を批判してこう述べる。「台湾出生ノ故ヲ以テ日本臣民トシテ登録スル九名及保護民トシテ登録セル百十人ノ如キニ至ラハ、殆ト多少ノ常識ヲ有スルモノノ、倣スヘカラサル事ト存候。」実際、国府寺は、①台湾における出生地が村落名まで判明していること、②家族が台湾に居住し、その家族との往来を示す手紙などを所持すること、以上を条件に「臣民編入」をしていた。稲垣は語気を強め、「我国国籍法ニ依レハ国籍収得ノ手続極メテ慎重ヲ要スヘキニ拘ラス、領事館ニ於テ僅ニ一片ノ信用スヘカラサル願書若シクハ口述ニ対シテ日本臣民トシテ登録シ、而シテ国籍ヲ之ニ付与スルコト、誠ニ穏カナラヌ処置ト被存候」と結論づけた。もちろん、この九名は旅券不携帯であり、稲垣は、華人が偽証、偽名、その他の詐欺行為を頻繁に働くなどと不信感をあらわにしている。なお、稲垣の言う旧国籍法における慎重さが、立法趣旨を指すのか、それとも帰化関連のことを述べているのか、判然としない。

次に保護民のうち台湾出身と自己申告していた一一四名について、稲垣は「筆ニスル猶冷汗ノミヲ湿ホスヲ覚」えるほどで、「一トシテ信ヲ置クニ足ルモノ」がない状態だとし、「多クハ広東若クハ海南出生ノ支那人ヲ台湾出生ノモノトシテ登録シタルモノ」だと断定する。国府寺がフランスの海南占領に対抗するものであるとすれば、海南の人びとを日本が吸収したことはフランスへの対抗措置として有意義なのだろうが、稲垣から見ればそうは判断されない。「顧ミテ領事館登録ノ現状ヲ見ルニ其疎漏不規則ナル、殆ント言語ニ絶セリ。若シ一朝暹政府トノ交渉事件ノ起ルアラハ、真ニ耻辱ノ極ミ」だとし、さらに「支那人登録簿」もなく、家族調書もなかったために、稲垣は「途方ニ暮レル」有様となった。家族調書が問題となるのは国籍保持者の配偶者など家族の国籍獲得の有無が旧国籍法と関連づけられたためと考えられる。

以上が、稲垣が一八九八年一二月三〇日に東京に送った報告書の概要であるが、そこには青木外相の「訓令」を求める一節があった。それはシャム政府の要請に基づいていた。じつは、稲垣は帰任の二日後の一一月二一日、また一二月一四日にシャムの外務次官と会見している。シャム政府は、国府寺を批判し、その杜撰かつ無法な登録について確証を掴んでいるとしながら、次のような要請をした。

支那人登録問題ハ暹国ノ死活問題ニシテ国家存亡ノ係ル処ナリ……暹国ハ此問題ニ就テハ絶局迄之ヲ争ハサルヲ得ス。勿論日本領事館ガ正当ナル手続ヲ経テ日本国籍ヲ取得シタル支那人ヲ登録セラルル事、更ニ異議無之ト雖モ、台湾島ノ日本領土ニ属セシ以前ヨリ当国ニ来往シ既ニ暹国法権ノ下ニ服従セシ支那人ヲ駆テ単ニ台湾出生シタルノ故ニ日本領事館ニ於テ之ヲ登録シ若クハ台湾以外ニ出生シタル支那人ヲ御登録ノ事、暹政府ハ徹頭徹尾之ヲ争ハサルヲ得サル処ニ候。

これを受けて稲垣は、「日本帝国台湾領有以前ヨリ当地ニ来往シタル支那人ニシテ帝国台湾領有ノ当時同地ニ不在ナリシ為メ日本国籍ヲ収得セサルモノハ日本領事館ニ於テ登録セサルコト」としていた。

しかし、第一節で述べたように、日本の台湾領有当時、台湾以外への出稼ぎ者の国籍認定にはグレーゾーンが残されていた。それは戸籍法の台湾への施行、実施などの過程などで次第に明確化されたわけであるが、本件の発生当時は未確定であったと想像される。そのためか、以前の国府寺への指示を踏まえた青木外相の稲垣への返答もきわめて曖昧なものとなった。①「台湾土人ノ日本国籍ヲ取得シタル者ハ素ヨリ帝国臣民同様ノ取扱」をすること。②台湾総督府の規定に基づき、旅券を携帯しない「台湾土人」は何を申し立てようとも登録しないこと。③帝国版図内に出生した者で母が日本人だという場合、旅券が無くとも、帝国版図内での出生が明白な場合、登録が可能かもしれないこと。④帝国政府の旅券が無くとも、帝国版図内での出生が明白な場合、登録が可能かもしれないこと。このうち、①は当然としても、②については、事実上「台湾出身者」は一切考慮しないということを意味している。台湾出身を主張せず、ただ日本公使館に登録を求めるケースは説明していないが、稲垣の上記の請訓への返答であるからこのような回答になるのであろう。③④は登録というよりも、旧国籍法適用の可能性を論じている。前述のように、青木の国府寺への指示では、旧国籍法の第四条「日本ニ於テ生マレタル子ノ父母カ共ニ知レサルトキ又ハ国籍ヲ有セサルトキハ其子ハ之ヲ日本人トス」を拡大解釈せず、第三条「父カ知レサル場合又ハ国籍ヲ有セサル場合ニ於テ母カ日本人ナルトキハ其子ハ之ヲ日本人トス」の規定で認定するとの基準を示したのだが、この稲垣への指示では、第四条適用の可能性も示唆していた。稲垣は、この青木の訓令のうちの二点、「帝国版図内」に台湾が含まれるのか、また「母が日本人」の日本人に台湾にて日本国籍を得た人々が含まれるのかということが不明だった。それを稲垣に問われた青木は、「帝国版図内トアルハ日本本土ヲ意味シタル義ニ有之候」、「『日本人』トアルハ台湾人ヲ含蓄セサル義ニ候」と返答する。(41) これが台湾総督府や法務省と調整した上での返答か否かわからないが、青木は旧国籍法第三条と第四条の適用について、「帝国版図」が日本本土、「日本人」が台湾人を含まない概念であるということを明示したのだった。これは結果的にシャム政府の要請に応じ、また台湾総督府の残したグレーゾーンを明確にしたものに見えるが、これが前例となって、以後の他のケースに適用されたかは不明である。

その後、稲垣は国籍付与や登録保護民の解消を目指すが、もともと記録があいまいなため、作業は難航した。彼の後任の公使たちは、登録再開は避けたが、国府寺のおこなった国籍認定や登録保護の解消を積極的にはおこなわず、自然消滅を待つという消極策を採用した。他方、シャム政府は一九一〇年までに保護民問題を全面的に解決することに成功した。だが、二十世紀初頭の十年は、孫文がバンコクを訪れるなど、シャム華人社会に中国ナショナリズムが流れこんだ時期でもあった。

おわりに

本章では、十九世紀後半という西洋諸国や日本が国籍関連法規を漸次的に制定していた時代に、日本というあらたな植民地を有する帝国が出現し、その新植民地たる台湾に関して定められた制度の曖昧さと、その曖昧さを含めた時代状況を捉えたある外交官が起こしたシャムでの華人登録問題とその顛末を扱った。当時、イギリスやフランスはシャムにおける勢力伸張を企図し、自国の植民地の出身者を拡大解釈して保護したり、無条約国国民でありながら当地で商権を有する華人を登録民にしようとしたりした。シャムの周辺にはイギリス、フランス、オランダ、などの植民地が犇めき、当地の出身の華人の扱いなどが問題となっていた。

華人たちも、自らにシャム人と同様の納税義務を課すシャム政府の同化方針に抵抗すべく、各公使館などに登録して保護民となり、外国人としての地位を保とうとした。しかし、治外法権撤廃に向け、登録保護民問題の解決を目指すシャム政府は、そうした行動全体を抑制しようとし、一定の成果を上げつつあった。また、清は東南アジア各地に領事館を設置して華人保護にのり出していたが、シャムは清と国交を結ばず、清の公使館、領事館は設けられていなかった。

日本は、一八九五年の下関条約で数百万の人口を有する台湾を植民地として領有し、その結果台湾人の島内外での身分を定める必要が生じた。だが、日本は島外の台湾人の地位や、国籍法の運用の適否についても明確にしていなかった。それは、福建などでは「仮冒籍民」などとして利用される局面にも結びついたが、同じように国府寺新作がシャムにおける国権伸長の意向にも、またおそらく日清間の不平条約体制を自己に有利に用いようとする在地の華人の意向にも結びついた。その華人の意向と国分寺の発想が結びつき、国府寺の提案は青木周蔵外相に認められた。国府寺は、華人たちの日本との属地的な結びつきを意識した登録を想定した。外務省はそれを要件としていなかったが、西洋諸国も（少なくとも形式上は）自らの植民地出身者たちを登録保護したりしていたからであろうか、日本公使館には台湾出身や日本本土生まれと名乗る華人が殺到した。国府寺は結果的に一四〇名の登録をおこない、そのうち九名には国籍を付与したが、そのほとんどは台湾出身と自己申告していた。国府寺の事務処理は杜撰であったが、台湾という植民地の出現にともなう制度設計の曖昧さと、旧国籍法と植民地の関係の隙間に、国府寺の国権伸長の意図と、次第に登録の場を失いつつある華人たちの要請が重なりあうかたちで生まれた現象であった。

一八九九年末に帰任した稲垣満次郎は不平等条約体制の撤廃を企図するシャム政府の抗議を受け、それに同調しながら、国府寺の政策を撤回し、青木外相に求めて新たなルール作りをおこない、制度の隙間を埋めようとした。しかし、国府寺の登録した人びとすべての身分が撤回されることはなく、当面彼らはどこかで日本公使館登録保護民として活動することになったのである。これらの事例には、東アジアに存在する不平等条約体制と列強、また不平等条約体制を克服しようとする日本とシャム、そしてそこでの多元的な制度を自己利益拡大のために利用しつつ動く華人、さらにはそれを自己に有利に利用しようとする存在などが複雑に絡みつつ、情勢がいっそう複雑になるさまが読み取れるであろう。

注

1　本章は、拙稿「装置としての『台湾』と日本人の外縁」（『日本台湾学会報』第一号、一九九九年）を全面的に改稿したものである。なお、この案件を直接扱った先行研究は管見の限り見当たらない。たとえば、遠藤正敬『近代日本の植民地統治における国籍と戸籍――満洲・朝鮮・台湾』（明石書店、二〇一〇年）は満洲国を中心に、近代日本の国籍・戸籍を植民地統治など、空間を広げて包括的に論じた著作で、国籍法制定前後の諸議論について紹介しているものの（三九―四四頁）、本章で紹介する案件は検討されていない。また、同書は一八九九年の国籍法施行以後、海外の台湾出身者に日本国籍が与えられたことを指摘しているが、それをすべて所謂「台湾籍民」の一部である「仮冒籍民」だとしており、事例としても福建などを挙げるにとどまっている（八七―九三頁）。このほか、卞鳳奎「二十世紀前半タイ国における台湾籍民の活動」（『南島史学』六〇号、二〇〇二年一一月）も、本件はもとより、二十世紀初頭の情況にはほとんど言及がない。

2 東南アジアにおける国籍と華人の関係についての研究史は、田中恭子「マラヤ・シンガポール華人の国籍問題――自治・独立の過程（一九四五年―一九六三年）を中心に」（平野健一郎編『地域システムと国際関係』［講座現代アジア四］東京大学出版会、一九九四年所収）を参照。

3 柳井健一『イギリス近代国籍法史研究―憲法学・国民国家・帝国』日本評論社、二〇〇四年。

4 たとえば、十九世紀半ばの厦門では、海峡植民地でイギリス臣民となった華人が帰国してイギリス領事に保護を求め、清の地方政府と紛争をおこすものの、同領事の華人保護には限界があったとされる。一八四九年、中国人を両親とするイギリス臣民の取扱は、開港場外では中国人と同等となった。それは一八六〇年の中英北京条約第九条でイギリス人の内地旅行権が認められても同様であった。そのため、在郷の財産を守る必要のある帰国華人たちは自衛組織としての小刀会を組織するに至ったという。村上衛「五港開港期厦門における帰国華僑」（『東アジア近代史』第三号、二〇〇〇年三月）参照。また、一八七〇年帰化法では、帰化した者が、帰化の結果として原国籍の国籍を喪失していない場合、当該原国籍国の領域に在る限りにおいて、その者はイギリス臣民とはみなされないとの規定があった。つまり、植民地臣民となった華人が中国国籍を放棄しない限り、その地位は保証されなかったのである。また、帰化証書は所得者が永久に連合王国に居住することを条件とし、許可なく二か月以上外国にあった場合には帰化証書の効力が喪失するとされていた。つまり、帰国華人が自由に中国との間を往来して特権を享受した、という話には、法的には一定の留保が必要なのである（柳井健一前掲書、二六七頁、二七一頁）。この点、青山治世の教示に依る。

5 吉田信「オランダ国民の形成―一八五〇年国籍法の検討を通して」『神戸法学雑誌』第五〇巻三号、二〇〇〇年一二月を参照。

6 袁丁『近代僑政研究』天馬図書有限公司、二〇〇二年を参照。

7 飯島明子「タイにおける領事裁判権をめぐって――保護民問題の所在」『東南アジア研究』一四巻一号、一九七六年六月を参照。

8 吉田信「オランダ植民地統治と法の支配――統治法一〇九条による『ヨーロッパ人』と『原住民』の創出」『東南アジア研究』第四〇巻第二号、二〇〇二年九月を参照。

9 青山治世「在外領事像の模索――領事派遣開始前後の設置論」（岡本隆司・川島真編著『中国近代外交の胎動』東京大学出版会、二〇〇九年所収）参照。

10 茂木敏夫・岡本隆司「中華帝国の近代的再編――在外華人保護論の台頭をめぐって」（岡本隆司・川島真、前掲書所収）参照。

11 川島真『中国近代外交の形成』（名古屋大学出版会、二〇〇四年）、川島真「領域と記憶――租界・租借地・勢力範囲をめぐる言説と制度」

（貴志俊彦・谷垣真理子・深町英夫編著『模索する近代日中関係――対話と競存の時代』東京大学出版会、二〇〇九年）を参照。

12　台湾および帝国日本の法圏については、遠藤正敬、前掲書、浅野豊美・松田利彦編著『植民地帝国日本の法的展開』信山社、二〇〇四年、同編著『植民地帝国日本の法的構造』信山社、二〇〇四年を参照。中国大陸での台湾籍民については、若林正丈「『台湾籍民』問題初探」『外国語科研究紀要』三四巻五号、一九八六年、中村孝志『「台湾籍民」をめぐる諸問題〈特集〉「近代日本の南方関与」Ⅱ『東南アジア研究』一八巻三号、一九八〇年一二月、中央研究院近代史研究所刊行の『日據時期台灣人赴大陸經驗』のシリーズ（一九九四―一九九五年）などを参照。

13　台湾人で日本国籍を取得した者には、一八九七年から旅券の発行が始まっている。そこでは、「新臣民」という語が用いられていた。なお、記載された渡航先にシャムは見られない。台湾総督府『海外旅券下付表　明治卅年四月至六月』（日本外務省保存記録、旅〇一三）。拙稿「日本外務省外交史料館所蔵台湾人出国護照相関資料之介紹」（『台湾史研究』第四巻第二期、一九九九年六月）参照。

14　明治二八年一〇月一八日、台湾事務局総裁伊藤博文ヨリ外相代理西園寺公望宛書簡、「在台湾島清国人退去ノ自由ニ関スル条規告示一件」（日本外務省保存記録、三・九・四―五二）。

15　明治二八年一〇月一九日発「同日起草」、外務大臣臨時代理西園寺公望ヨリ台湾事務局総裁伊藤博文宛函（日本外務省保存記録、三・九・四―五二）。

16　「台湾島ニ清国人ノ上陸条例制定一件　附英国領事ノ異議」（日本外務省保存記録、三・九・四―五二）を参照。

17　「清国人製茶職工台湾へ上陸許可一件」（日本外務省保存記録、三・九・三―五五）を参照。

18　遠藤正敬、前掲書、九三頁。

19　小泉順子『歴史叙述とナショナリズム――タイ近代史批判序説』東京大学出版会、二〇〇六年、川島真前掲書参照。

20　飯島明子前掲論文参照。

21　浅川晃広『近代日本と帰化制度』渓水社、二〇〇七年を参照。

22　一八九八年五月三一日「第一二回帝国議会貴族院議事速記録　第九号」一五頁（『帝国議会貴族院議事速記録』一三、復刻版、東京大学出版会、一〇一頁）。

23　浅川晃広前掲書、一八〇―一八一頁。

24　広瀬玲子『国粋主義者の国際認識と国家構想――福本日南を中心として』芙蓉書房、二〇〇四年には、国粋主義者としての国府寺新作と、万国公法体制に対するアンチテーゼの提唱者としての稲垣満次郎の双方がそれぞれ登場する。

25　「暹国在留清国人登録並ニ同国人保護関係雑纂」（日本外務省保存記録、三・九・五―六）。

26 一八九九年には、英暹間で懸案とされていたマレー半島上の境界画定交渉が始められ、また一八九九年にはメコン川流域で仏領インドシナ植民地政庁とシャム政府の間で境界を繞る紛擾が発生するものの、インドシナ総督がシャムを訪問するなどして、事態が沈静化するなど、イギリスやフランスとシャムの間での紛争、調停、接近が頻繁に見られた。国府寺はこれら列強とシャムの関係を注視し、日本の勢力拡張を狙ったものとも考えられる。「英暹条約並交渉雑件」（日本外務省保存記録、JACAR/RC/B03041185600）、「暹仏条約並交渉雑件」（第一巻・第二巻、JACAR/RC/B03041219700 / B03041219800）。

27 明治三二年五月二日発〔接受日判読困難〕、国府寺ヨリ青木外相宛「暹仏新約定ニ関スル件」（日本外務省保存記録、「暹仏条約並交渉雑件」第二巻、JACAR/RC/B〇三〇四一二一九八〇〇）。

28 海南島は、一八九七年三月一五日の不割譲宣言に基づき、フランスの勢力範囲と看做されていたが、この時期にフランスが占領を企図していたかは不明である。

29 シャムの華人の概況を示す古典的な著作として、William G Skinner, *Chinese Society in Thailand: An Analytical History,* Cornell University Press, 1957. を参照。

30 明治三二年五月一一日発〔五月一六日起草〕、外務省通商局長ヨリ青木外相宛函「在暹清国人登録ニ関スル件」（日本外務省保存記録、三・九・五―六）。

31 明治三二年八月一六日発〔九月一六日接受〕、国府寺公使ヨリ青木外相宛「在暹清国人登録ニ関スル件」（日本外務省保存記録、三・九・五―六）。

32 明治三二年八月三一日発〔九月一九日接受〕、国府寺公使ヨリ青木外相宛「在暹清国人登録ニ関スル件」（日本外務省保存記録、三・九・五―六）。

33 明治三二年九月二七日発〔一〇月五日接受〕、国府寺代理公使ヨリ青木外相宛「海南島不譲与ニ関スル意見」（日本外務省保存記録、「暹仏条約並交渉雑件」第二巻、JACAR/RC/ B03041219800）。

34 明治三二年一〇月一六日発〔一〇月一三日起草〕、青木外相ヨリ国府寺公使宛「支那人登録ノ件」（日本外務省保存記録、三・九・五―六）。

35 明治三二年九月三〇日発〔一〇月二一日接受〕、国府寺公使ヨリ青木外相宛（日本外務省保存記録、三・九・五―六）。

36 石井米雄・吉川利治『日・タイ交流六〇〇年史』講談社、一九八七年。

37 稲垣の評価については、広瀬玲子の次の整理が有用である。① 南進論者（矢野暢）、②南進論者＋アジア主義者（吉川利治・清水元）、③環太平洋主義者（脱亜入欧）（頴原善徳・広瀬玲子）。また、広瀬は、稲垣が万国公法体制に対する挑戦という思想的文脈を有していたことも指摘する。広瀬玲子「明治中期日本の自立化構想――稲垣満次郎における西欧とアジア」『史艸』三八号、一九九七年一一月を参照。

また、村嶋英治「タイ華僑社会における中国ナショナリズムの起源」(和田春樹ほか『岩波講座東アジア近現代通史②日露戦争と韓国併合』岩波書店、二〇一〇年)は、稲垣がタイ華僑の中に日本の勢力を拡大させることに高い関心を有していたと指摘し、柏原文太郎がタイで設立した東亜商務公所を稲垣が後押ししたとする。同公所は、その会員となった華人に保護を加えようとしていた。

38 実際、国府寺の用いた政略的な国籍付与にも前例がある。特例として日清戦争に際して、日本に協力した「清国人」に国籍を付与した「特別の詮議」の事例が存在していた。このような政略的な国籍付与は日露戦争の際にもおこなわれた。浅川晃広前掲書参照。

39 明治三二年一二月三〇日発[明治三三年一月二五日接受]、稲垣公使ヨリ青木外相宛「在暹清国人登録ニ関シ請電訓ノ件」、および「和国総領事召喚ノ件」(日本外務省保存記録、三・九・五―六)。

40 ジャクミンを始めシャム政府には多くの顧問がおり、少なからず回想録などもあるが、同氏に関する以下のものでも本件についての言及は見られない。Walter E. J. Tips, *Gustave Rolin-Jaequemyns and the Making of Modern Siam*, White Lotus, 1996.

41 明治三二年二月二〇日発[二月一七日起草]、青木外相ヨリ稲垣公使宛「在暹支那人登録ニ関スル件」(日本外務省保存記録、三・九・五―六)。

第九章

第一次世界大戦後の中国におけるヨーロッパ人の地位
——中華民国外交部檔案からみる条約国と無条約国との法的差異

貴志　俊彦

はじめに

本章は、第一次世界大戦終結を契機として、中華民国北京政府が新興ヨーロッパ諸国との関係をいかに築き、国内にいるそれら新興諸国国民を法的にどのように処遇したかについて考察する。この問題は、大戦後の対外関係の変化が、国内の政治的ガバナンスにいかなる影響をもたらし得たのかを検討するとともに、出入国管理の制度化、「外国人」問題や無国籍人問題の取扱いなどにより、自国内に秩序ある公共空間を形成するために、避けられない緊急課題であった。このことは、第三、六、七章で取り上げられている領事裁判権の問題とも密接に関係している。

中華民国は、第一次世界大戦中の一九一七年三月、ドイツ帝国、オーストリア＝ハンガリー帝国と国交を断絶するとともに、すべての条約を破棄して、八月それらの国々に宣戦布告した。また、この年に革命が起こったロシア帝国とも関係を途絶したが、ロシア（ソ連）と締結した条約の法的有効性はその後も継続させた。こうした条約の継承関係をめぐる紛争が、のちに中華民国と新興独立諸国との間で領事裁判権の継承問題と関連して起こったのである。

大戦後、ヨーロッパ中部や東部には多くの独立国が成立したが、中華民国は一九一九年六月のベルサイユ条約、八月のセーブル条約の批准を拒否し、また一九二〇年六月のトリアノン条約の調印もおこなわなかったため、各国と個別に独立国承認問題、旧宗主国の条約の継承問題、新興の条約未締結国国民、すなわち本章でいう無条約国国民をめぐる問題などについて交渉をおこなうことになった。また、帝政ロシア崩壊後にヨーロッパ東部や北欧、イランとの国境に成立した新興独立諸国とも、同様な問題を抱えた。中華民国は、こうした戦後ヨーロッパ秩序の変化に対応を迫られる一方で、国内的には領事裁判権の撤廃をにらんで租界、租借地などにいる無条約国国民（あるいは「無領事裁判権国人民」）と称する「外国人」たちの法的処遇を整備する必要に迫られた。

これは、清末、第三国の保護国民と化した南洋華僑に対して国籍法（一九一〇年）を整備することで法的規制を試みたことと類似しており、中華民国政府は、保護国民以外の無条約国国民のみならず、清とは違って新興諸国の無条約国国民を領事裁判権の対象外であることを確定することを最大の課題とした。一方、条約国は、これら無条約国国民を、自国の領事裁判権の下におく保護国民として登録したり、あるいはたんにその外交上の代理事務を担ったりしたが、以下述べるように両者の問題はときとして条約国側や無条約国国民によって混在して取り扱われることもあり、中華民国政府との紛争の原因となったのである。

さて、第一次世界大戦後の中華民国北京政府の無条約国国民に対する政策評価については、外交史の立場から、R・T・ポラードが一九一九年四月以降の彼らの法的処遇の変化に注目しており[1]、これを受けて坂野正高はその変化について無条約国国民を中華民国の法令の管轄下におく方針への一大転換であったことを指摘した[2]。また、最近では、北京政府によるこうした国権回収の成果を、「修約外交」の成果として評価する研究も表われている[3]。本章では、こうした外交史研究の成果を踏まえながらも、これを国内にいる無条約国国民の管理問題として地域行政の側から、事例をふまえて検討したい。すでに、拙稿で、この時期の中華民国の都市行政における主権確立の問題を天津の旧ドイツ租界、オーストリア＝ハンガリー租界、ロシア租界の返還問題を事例として検証し、租界の接収＝主権の確立とはいいがたいことを明らかにし、当時の内政問題の複雑な状況について論じたことがある。[4] こうした租界回収問題につづき、本章では台湾の中央研究院近代史研究所檔案館所蔵の「管理無条約国人民案」「待遇無条約国人辦法案」など一群の外交部未公刊文書を用いて、とくに第一次世界大戦後、中華民国が不平等条約の撤廃、裁判権の独立を試みるなかで、無条約国国民をいかに法的に位置づけようとしたかについても検討を加えるものである。

1 清末における「護照」発給問題

無条約国国民の処遇については、第一次世界大戦期に起こった新しい問題ではなかった。十九世紀末、清朝の統治下において、とくに「護照」の発給をめぐって、さまざまな交渉が進められていた。このことで、「中国人」と「外国人」の線引きを明らかにする必要がおこった。

当時の「護照」には、三つの意味があった。ひとつはパスポートに類似するもので自国政府発給のもの、二つめは「内地」(一八六九年の日清通商航海条約第六条では通商貿易港を中心とした五〇キロ以内の地域と指定)以外を旅行する際の「内地遊歴護照」または「内地遊歴簽証」、そして三つめは清の在外領事館などが外国人向けに発給するもので、今日の入国ビザに近いものである。このように、「護照」の意味は異なるため、本章では原語どおり「護照」のまま用いる。

清末に問題とされたのは、このうち「内地」への旅行および居住の許可に関する事柄だった。一八五八年六月に締結された英清天津条約第九条および仏清天津条約第八条の規定では、外国人の居住地区は「内地」に限り、また「内地」外への旅行を希望する場合は、居住証明書を「内地遊歴護照」に換える必要があった。この「内地遊歴護照」および居住などの許可証である「居住執照」は、各国領事が発給し、地方の官吏が証明印を押したものが正式なものとされた。今日では、租界や租借地は諸外国の支配の象徴であるとされるが、一九三〇年代戦争が激化するまでは外国人の旅行や居住の権限を制

限するための区画地だったのであり、日本内地の外国人居留地とその性格が類似していた。(5)

外国の領事館がこうした「護照」を発給するのは、もちろん自国民に対してであったが、条約締結国が第三国国民を保護国民として処遇する場合や、たんに中華民国に外交機関がないときに代わって代理事務をおこなう場合には、他国の国民についても発給が可能とされた。たとえば、一九〇八(光緒三四)年七月四日、ドイツ帝国外交部はトルコ政府から清との交渉を代理してもらいたいとの要請を受けた。トルコは自国民が中国人と同じ司法環境におかれるのを回避するため、ドイツに外交上の代理事務を委託することで、ドイツ人と同様な条約国国民としての待遇を求めたのである。(6)トルコ国内では、オスマン帝国内のキリスト教徒諸民族が自立に向けた運動を開始したことで、それまでトルコの領事業務を代行していたフランスに代わって、ドイツに協力を求めたのである。さらに、トルコは、フランスの領事館がトルコ人の「護照」の発給も請負っていたことから、中華民国外交部に対してこの種の代理発給事務がドイツでも可能かどうかを打診した。トルコの意図は、たんなる外交事務の代理という範囲を超える保護国民として処遇されるかどうかの申し立てであった。これに対し、中華民国外交部は無条約国国民への「護照」の発給など一切のことは中国人と同様におこない、清代の裁判権を保持すると返答した。その根拠は、一九〇八年一〇月外務部が旧宗主国を離脱した新興独立国は旧宗主国が締結した条約上の諸権利を継承することなく、清の版土内の訴訟や課税についての法令を遵守し、第三国の保護は認めないとする重要な通達に準拠していた。(7)

さらに、翌一九〇九(宣統元)年の通達では、清の版土内を旅行する際に発行する「内地遊歴護照」について、各省の地方外交官である交渉使または税関官吏の関道が発給することが確認され、その書式が定められた。(8)こうした「護照」発給措置によって、外務部は地方官が「内地」外の無条約国国民を中国人と同様に取り扱えるようになったと考えた。(9)しかし、現実には依然として、無条約国国民であっても条約締結国の保護によって隠蔽されたり、税負担が軽減されたりした例があった。たとえば、サン・ステファノ条約以来、オスマン・トルコ帝国から独立したブルガリア、セルビア、モンテネグロはロシアの保護下にあったが、一九〇九年ロシアは、清と条約を締結していないこれら諸国の領事業務を実施すると通達し、これらの保護民も居住、旅行などにおいて必要ならば「護照」を発給するとともに、治外法権の対象とすることを、外務部に通達した。[10] また、フランスとルーマニア、フランスとギリシアとの間にも、こうした保護―被保護関係は存在した。それゆえ、一九〇九年の通達の法的適用は、条約国の保護を受けていない無条約国国民だけに限定されたと解釈できる。条約国が所有する領事裁判権も、これら被保護国民にも適用されたため、清の法規が適用される「外国人」とは条約国の保護下にない無条約国国民というごく一部に限定されていた。顧維鈞の分析とは異なり、[11] 中国にも第三国の保護国民がおり、条約国の干渉が存在したことが明らかになったことは重要な論点である。ただ、このとき、清に「国籍法」がなかったため、この規定を適用する「外国人」はいかなる対象なのか、依然その定義があいまいだった。一九一〇年の「国籍法」の制定にあたって問題視されたのは、周知のように植民地において外国籍に「登録」した華僑にも国内法を適用するためであると同時に、以上のような規定を適用する「外国人」の範囲を確定することが必要だったからでもある。清末、「国籍法」の制定によって「外国人」との境界が明示されただけでなく、「外国人」管理により条約国の保護を受けていない無条約国国民にも自国法を適用しようとしたことは、外交上の前進と考えるべきであろう。

2　第一次世界大戦後における外国人の法的地位の変化

(1) 新興独立諸国の「国民」への対応

中華民国が成立した後も、清の「内地遊歴護照」や査証制度は踏襲された。しかし、第一次大戦が勃発すると、敵国であったドイツ帝国、オーストリア＝ハンガリー帝国の臣民には「徳奥人注冊辦法」が適用されて、中華民国国内における活動が制限された。さらに、一九一七年八月一四日に公布された「審理敵国人民訴訟暫行章程」によって、それら帝国臣民の審理は中華民国の法廷で実施されることが決定した（この章程は翌年十月に廃止[12]）。さらに、ロシア革命勃発の影響で、在華ロシア帝国臣民の法的地位も微妙になった。ただ、ロシアとの条約は破棄されることなく、また一九一八年一一月新たに公布された「外国法律引用章程」にもとづき、[13]ロシア法の適用は中華民国が適用する法律条例の範囲内であれば差し支えないとの見解が提示されたため、領事裁判権その他の特権は継続されることになった。

大戦後のパリ講和会議では、中華民国が国内における裁判権を掌握するため、領事裁判権の撤廃を主張し、あらためて在華無条約国国民の管理を徹底しようとした。この会議中の一九一九年二月、中華民国は新興独立国で外交関係のない国の国民を無条約国国民と認定することに決定した。その結果、これら新興独立諸国の国民が中華民国に入国する場合は、すべて中華民国の法律を守り、訴訟事件においても同国の司法機関に委ねられることが明確にされたのである。[14]

ただ、問題になったのが「護照」の発給権限をめぐってである。一九一九年四月、外交部は、第一次世界大戦後に成立した新興諸国といかに条約を締結していくべきか方針をたて、また在華「外国人」のうち無条約国国民をいかに処遇するかを検討するために、財政、司法、農商、内務各部に対し共同会議を呼びかけた。[15]内務部は王楊濱、李升培を派遣し、財政部は袁永廉、李景銘、呉乃琛、司法部は林志鈞をそれぞれこの会議に参加させた（農商部派遣員の氏名は不明）。会議は、四月九日と一一日の二回にわたって開催され、国際的な平等の原則のもと、不平等条約の慣例を是正し、新興独立国がこれと同じ特殊な待遇を要求することを阻止するために検討を積み重ねた。何より無条約国国民を処遇するための立法措置をとることが必要であり、その際課税や民事刑事訴訟とも中国人と一律平等であること、清代とは異なり第三国の保護は認めないことなどを基本方針とすることとされた。[16]

ところが、四月二三日には、内戦期のロシア領事館は、中華民国外交部宛に、在華チェコスロバキア人をいかなる機関で管轄するのか、中華民国はチェコスロバキアを国家承認するのかどうか（前年九月交戦団体として承認済み）、通商貿易地において同国の代表をいかなる人物に託すのかなどと打診してきた。周知のとおり、チェコスロバキアは前年一九一八年一一月マサリクを首班として共和国成立宣言をしたばかりだった。この問い合わせは、直後に下記の「待遇無条約国人民辦法」が公布されたため、四月二九日外交部はロシア領事館にもチェコスロバキア国民はこの法令に準拠した処遇を受け

絵はがき「天津における各国の軍人」(双龍洋行発行)［近藤久義氏所蔵］
もともと清には「国籍法」がなかったため，清朝末期，欧米人などが大量に移入するなか，「外国人」とはいかなる対象なのか，その定義があいまいだった．これによる混乱は，1910年の「国籍法」の制定以後も続いた．そして，清代におけるような保護国―被保護国の関係に法規上終止符がうたれたのは，1919年のことである．なお，この絵はがきを発行した雙龍洋行とは，1886年上海に開設されたドイツ商 Agthe & Ismer のことである．その天津支店は，多くの絵はがきを発行している．

ることを伝えた。[17]また、チェコスロバキアと同じ月にピウスーツキを国家首席として独立を宣言したポーランドに対しても、同国国民の処遇が問題になった。たとえば、四月二八日に、中華民国海軍ウラジオストク駐屯代理将軍林建章は、連合軍会議でポーランドの参加が検討されていたことから、同国の独立承認可否の方針を外交部に求めた。五月一七日には、陸軍からも外交部宛に、ポーランドの承認問題を検討するように要請があった。一九日も同じく、陸軍部がベルサイユ条約案第三章でドイツが新興独立国ポーランドを承認したとのロイター電を紹介し、外交部に対してこの件についての調査を促した。[18]

こうしたチェコスロバキアやポーランドの外交上の承認問題と前後して、同国国民を含めた無条約国国民の処遇が検討されて、四月二七日には徐世昌が大総統令「待遇無条約国人民辦法」を各省宛に公布した。この法令によって、中華民国に居住、旅行する無条約国国民は、旧帝国時代の条約の適用を受けることなく、課税や訴訟については中華民国の法令を遵守し、いかなる他国にも代理保護されないことが明示された。[19]これにより、清代におけるような保護国―被保護国の関係に法規上終止符がうたれ、すべての無条約国国民は同一の法的境遇に位置づけられたのである。

この法令はおおまかな内容だったので、各主管機関、例えば民事刑事訴訟については司法部、内地雑居問題については内政部、課税事項については財政部が検討、補足し、国務院会議で審議、決定した。こうして、一九一九年六月二一日、徐世昌大総統が「管理無条約国人民章程」を公布し、即日施行となった。この法令によると、無条約国国民が中華民国に入国するときは行政官署が本章程により管理し（第一条）、その際「護照」および身分、職業を調べなければならない（第二条）、無条約国国民は通商貿易地など外国人が居住を許可されている所に居住することができ、その際、当該地方が定めている賃貸規約を遵守しなければならない（第六条）、無条約国国民が「内地」外を旅行するときは「護照」を持参することとし、旅行する地方での測量は認められない（第七条）、無条約国国民は「内地」で動産・不動産の賃貸業や新聞・雑誌の編集や発行に従事できないし、いっさいの政治活動をおこなうことはできない（第八、九条）などと規定された。[20]

半年にわたる検討の後、内務部は一〇月七日、この章程に基づいて「施行細則」（草案）全八条を策定し外交部に通達したが[21]、外交部と内務部との協議は遅々として進まなかった。そうしたなか、一一月二五日、外交部は内務部宛に江蘇交渉員からの書簡だとして、次のような内容を連絡してきた。すなわち、前年一一月ラトビアのウルマニスが独立宣言を発したにもかかわらず、上海にいるラトビア人は無条約国国民と同一の扱いを受けており、また同国の上海駐在代表が正式に承認を受けていない状況下でラトビア政府が発給した「護照」を合法的なものとして認定されていない、さらに旧ロシア帝国の条約を継承することがない以上、在華所在地での登録手続きなどの保護を受けることはない、内務部は「無条約国人民章程施行細則」でこの種の取り扱いを規定しているが、同細則自体が頒布されていない状況を鑑みて、江蘇交渉員の問い合わせにどう対応したらよいかわからない、というのであった[22]。結局、この問い合わせがきっかけとなって、一二月一〇日「無条約国人民章程施行細則」が国務院会議をへて公布施行された。この章程には、外国人の居住条件が緩和される一方、入出国管理規定をいっそう厳格にするなどの修正が加えられた。修正後の主な内容は次のとおりである。無条約国国民の入国手続きは海関職員（委託も可）や地方行政官がこれをおこない（第一条）、「護照」には入国印を押し、入国した無条約国国民の姓名、出身、職業、入国理由などを記したリストを月ごとに地方の最高行政官署を通じて外交部、内務部とともに交渉公署に提出しなければならない（第二条）、地方居住者は地元の官庁で「護照」を提示した後登録し居住証書を発給してもらわなければならない（第三条）、「内地」外への旅行の期限を三か月とし、旅行する理由、場所、期間を事前に居住地の行政官署に届けなければならない（第五条）、なお本細則が称するところの地方行政官署とは警察庁、警察局をいい、これがない場合は県公署を指す（第八条）などだった[23]。

ところが、入出国管理において重要である「護照」についての準拠規定、管轄機関が充分に検討されていなかった。そのため、一九一九年九月一九日には、中華民国駐デンマーク公使が外交部を通じて内務部宛に、旧ドイツ、旧オーストリア＝ハンガリーの国籍を有するポーランド人は無条約国国民であるが、在外領事館が「護照」を発給していない現状から、かれらが中華民国に入国を希望する場合どのような方法をとったらいいのかとの打診があった[24]。これに対して、外交部は、領事館が「護照」を発行する案を作成し、内務部もこれに同意した[25]。こうして在外公館が「護照」を発行する権限を得たことは、中華民国への入国を制度的に整備することになり、入出国管理において画期点となった。こうして、「外国人」が中華民国に入国すると、一週間以内に「護照」をもって近くの交渉使にその押印をチェックしてもらい、領土内に居住する場合はその住所も交渉使に報告して内務部が発給する居住証明書（居住執照）を取得すること、通商貿易地や租界などにいる無条約国国民は、この種の居住証明書を所持することが義務づけられた。(26)

さらに、内務部は「護照」の形式を統一し、「国籍」「氏名」「入国日」「出発地」「入国地」「携帯物品」「随行家族」「写真添付」「申請年月日」を記録することを義務づけた。(27) これにともない、毎月入国した者の氏名、国籍などの事項を記した報告が編纂され外交部などに提出されることになった。こうして、懸案であった「護照」の形式は統一され、「無条約国人赴華使領各館発給執照辦法」が地方官署および海関に通知され、(28) 一二月二〇日から施行開始となった。

また、無条約国国民の居住証明書発給の問題も残っていた。一九一九年一一月五日、無国籍のシャムロフ（沙木羅浮）は〝無国籍許可証〟の発給を申請したが、中華民国内務部の判断ではシャムロフのような無国籍国民には「管理無条約国人民章程」の規定を適用することはできないので、無条約国国民のこの種の〝証明書〟の発行を受ける資格はないし、国際慣例上こうした申請で証明書を発行することはないとの判断を下した。一方、外交部は、シャムロフが申請しているのはじつは居住証明書にすぎず、各国の慣例ではこれは警察庁で発給が可能であるから、内務部のほうでこの種の発行について対策をたてるようにと要請した。この外交部の要請に対して、内務部は「管理無条約国人民章程施行細則」の第三条第二項の無条約国国民の登録の項に、「居住証明を発給する」を追加することで対応が可能であると返答した。結局、同月七日、内務部はシャムロフの事件をきっかけとして、無国籍国民であれ無条約国国民であれ、条約国国民以外は一律「管理無条約国人民章程」およびその「施行細則」が適用されるべきだと判断し、(29) 外交部もこれを了承した。こうした規則は、それまで法的規制外にあった無国籍者にとっては朗報といえた。

このように制度改正は着実に進展を見せたが、各国が中華民国の施策に理解を示し、すぐさまそれらを遵守したわけではなかった。一二月九日、ラトビアは中華民国外交部宛の書簡で、在上海代表からその年の六月二二日の大総統令で新興独立国家に対する治外法権取り消しの知らせを受けたが、両国の法律は異なり、ラトビアはすでに某大国に在華ラトビア国民の代理保護を依頼したと知らせてきた。これに対し、中華民国はラトビアを正式に承認する以前であったから、同国の要求は将来条約締結後に協議することと通知した。[30]ラトビア側はこれに満足することなく、翌一九二〇年二月一一日、イギリス駐在ラトビア公使を通じて中華民国外交部宛に、ラトビアが旧ロシア帝国時代と同様に、在華治外法権およびその他の利益を享受できないかと問合わせてきた。さらに、五月二二日にも、ラトビア政府は中華民国外交部に対して、在華ラトビア人に治外法権を与えるように依頼してきた。これに対して、同日、中華民国外交部は施肇基に対し、旧ドイツ帝国、旧オーストリア＝ハンガリー帝国と旧ロシア帝国それぞれの旧臣民の間に法的な区別はなく、中華民国と条約締結がなされていなければ無条約国国民と同様に処遇することや、将来中華民国とラトビアが通商条約を締結すれば、領事裁判権は破棄されると通知し、方針を再確認させた。これをもとに、七月二一日施肇基はイギリス駐在ラトビア公使ビセネク（G. W. Bisseneek）宛に返答書簡を送った。すなわち、中華民国外交部は、旧オーストリア＝ハンガリー帝国や旧ロシア帝国から分離独立した新興諸国を含め、すべての条約未締結国の処遇は当然ラトビアにも適用されるが、これについては中華民国がパリ講和会議における領事裁判権撤廃について宣言した声明の通りであると伝えた。[31]ラトビア公使ビセネクは、翌日これに翻訳文をつけて本国に送付した。ただ、この一連のやりとりでは、ラトビアが領事裁判権を破棄したのがいつかがはっきりせず、中華民国側の言い分どおりに事が進んだとは思われない。

このように、中華民国における出入国管理の制度改善が進む一方、新興独立諸国は領事裁判権に執着をみせるという逆行現象が見られた。こうしたなか、一九二〇年八月、前江蘇管理特種財産事務分局顧問のチェコ人エンゲル（M. M. Engel）は外交部に「中国と無条約国」なる意見書を送った。エンゲルは各国言語に通暁しており、ヨーロッパ政治についても詳しい人物であった。しかも、上海の閘北水電工廠、閘北市政庁、そして江蘇管理特種財産事務分局の顧問などを歴任し、在華一〇年の経験のもと中華民国の状況についても知悉していた。エンゲル書簡の論点は、おおむね次のようなものだった。すなわち、上海の公共租界内の無条約国国民は、均しく中華民国の法律の管轄下にあり、地方政府が租界内に設置させた会審公廨がその任にあたること、会審公廨は外国領事団の管理を受けるが、中華民国が設置した法廷であること、それゆえこの法廷は中華民国が定めた法律および規定を遵守させる権限を有しており、租界内の土地・家屋をめぐる紛争が起こったときに権限を行使できるだけでなく、会審公廨も「管理無条約国人民章程」を準拠法として執行できることを主張した。さらに、上海では、内務部に代わって地方長官が代理して発給する居住証明書を取得しないと、無条約国国民も中華民国の官憲が随時逮捕拘禁し、法廷で裁いてもよいのであり、上海租界工部局といえどもこの権限を阻止することはできないと明言した。エンゲルの主張は、当時すでに無条約国の代表が非公式の領事辦公処を中華民国国内に設置して本国国民の登録をするなどの領事業務をおこなっている例があることを憂いていたのだ。実際、ポーランドがそうした代表を設けたほか、チェコスロバキア、ユーゴスラビア、ラトビアなども、同種の組織を設置していたという。国権を揺るがしかねないこうした非公式な領事業務の遂行を阻止するためにも、公共租界内では会審公廨によって「管理無条約国人民章程」が執行される時期が早ければ早いほど良い、というのが彼の主張であった。[32] エンゲルの意見書は、第一次世界大戦終戦直後の過渡的な状況に制度的な改善を加えるように指摘する妥当な提案だった。

(2) 在ウラジオストク領事館発給「護照」の例

一九一九年一二月一〇日、上述した「無条約国人民章程施行細則」が公布されたが、ここではその直後の領事業務の実態を、ウラジオストク駐在領事が発給した「護照」リストを通じて検討しておきたい。表9-1は、一九一九年一二月末から一九二〇年五月までの約六か月間について、在ウラジオストク領事館の外交部宛報告書をもとに作成したものである。わずか半年の統計であり、二月分が欠落する不備がありながらも、この表を通じて、ヨーロッパと中華民国との間の人の移動にとって、極東シベリアの中核都市ウラジオストクが重要な役割をはたしていたことが検証できる。この表によると、ウラジオストク領事は、一二月二二日から「護照」を発給し始めたこと、その直後一か月あまりの間の発給数は多くないものの、翌一九二〇年二月以降になると七〇~九〇の「護照」が発給されていたことが見て取れる。

当時のウラジオストクは、ロシア十月革命やシベリア出兵、第一次世界大戦などの戦禍を逃れた難民であふれかえり、吹き溜まりのような町になっていた。一九二〇年一月五日、ウラジオストク駐在総領事から外交部総長および次長宛の問い合わせでは、戦後ヨーロッパでチェコスロバキア、フィンランド、ポーランド、ラトビア、ウクライナなどが独立したことを伝えるだけでなく、それらの新興国家の国民が、中華民国を訪れたり、国内を通過して他国へ移動することを希望する場合が多くて対処方法に苦慮していることを訴えている。さらに、これらの問い合わせでは、新興諸国家の国民を、旧敵国であったドイツ、オーストリア両国民と同じ無条約国国民として扱ってよいかどうかも外交部に確認していた。

さて、この表9-1を申請者の国籍別にみると、ポーランド九〇（三一・三％）とチェコスロバキア五六（二〇・一％）が半数を超えており、その後にラトビア四八（一七・二％）、エストニア二八（一〇・〇％）、ギリシア二三（八・二％）が続いている。さらに、職業別にみると、商人八一、技師四六、船舶業一四、学生一二、軍人一一、裁縫師一〇が上位を占めていた。このうち人数の多い商人を国籍別にみると、ポーランド人一六、チェコスロバキア人一四、ギリシア人一二、ラトビア人一一、また技師はポーランド人二〇、チェコスロバキア人一三となっている。このほか、婦女とだけ記されている者が三二いるが、これらの女性は職業婦人なのかは判然としない。表の数値からみると、裁縫師はすべてポーランド人であったし、この仕事に携わる婦女も四割近くがポーランド人だった。ニューヨークやフィラデルフィア、シカゴなどの都市部に移住した東欧系ユダヤ人がタバコ、皮革、衣服などの工場労働者となり、自国での経験を生かして裁縫師になったことを考え合わせれば、ポーランド系ユダヤ人の商人が家族をあげて極東に移っていたことを想起することはできる。

いずれにせよ、この表の典拠となった文書によれば、彼らの「護照」発給の目的は、帰国そのほかの理由で中華民国国内を通過するためが一五四（五五・二％）と過半数を超えていたほか、商売のためとする者が五一（一八・三％）、夫に随行、家族の訪問など家庭の事情を挙げる者が一六（五・七％）、そのほか治療や居住、求職や就職のためだった。ロシア内戦のさなかであったため、過半数の者にとって、中華民国を通じて移動するほかなかったのである。彼ら申請者が希望する渡航先をみると、母国への帰国希望者一二九（四六・二％）が半数近くを占めており、その他は上海七六（二七・二％）、ハ

表 9-1 「ウラジオストク駐在領事発給無約国国民『護照』一覧」

（単位：件）

国　籍	合計	目的地	小計	1919/12/22－31	1920/1/	1920/3/	1920/4/	1920/5/
ウクライナ	2	ハルビン	1					1
〃		天津	1					1
エストニア	28	上海	7	1	2		2	2
〃		天津	3				1	2
〃		ハルビン	3					3
〃		帰国	12			2	2	8
〃		ロシア	1					1
〃		アフリカ	2					2
ラトビア	48	上海	9		2	1	2	4
〃		北京	1					1
〃		天津	1					1
〃		満洲里	1				1	
〃		長春	1			1		
〃		ハルビン	5			2	1	2
〃		黒河	1				1	
〃		帰国	26			6	11	9
〃		シベリア	3					3
リトアニア	2	ハルビン	1					1
〃		帰国	1					1
ベラルーシ	1	ハルビン	1			1		
ポーランド	90	上海	32	1	10	4	12	5
〃		ハルビン	19			11	4	4
〃		綏芬河	1		1			
〃		黒河	1					1
〃		帰国	34			14	10	10
〃		イギリス	1				1	
〃		フランス	1					1
〃		アメリカ	1			1		
チェコスロバキア	56	上海	9		6	1	2	
〃		北京	2			1	1	
〃		ハルビン	3			1		2
〃		帰国	41			23	13	5
〃		イギリス	1					1
ルーマニア	9	上海	3		1			2
〃		ハルビン	2			1		1
〃		帰国	4			1	2	1
セルビア	6	上海	1	1				
〃		ハルビン	2			2		
〃		帰国	3			3		
ユーゴスラビア＊	6	帰国	6			4	1	1
ギリシア	23	上海	11		2	5	4	
〃		ハルビン	10			3		7
〃		奉天	1				1	
〃		帰国	1			1		
グルジア	1	ハルビン	1					1
アルメニア	4	上海	2			1		1
〃		ハルビン	2					2
イラン	1	上海	1			1		
ボリビア	2	上海	1					1
〃		帰国	1					1
	279	小計	279	3	24	91	72	89
			【出典】	①	②	③	④	⑤

① 1920 年 2 月 13 日，駐海参崴総領事→外交部，呈（外交部檔案 03-34，9-(2)）
②同上
③ 1920 年 5 月 15 日，駐海参崴総領事→外交部，呈（同上）
④ 1920 年 5 月 24 日，駐海参崴総領事館→外交部，呈（同上）
⑤ 1920 年 6 月 16 日，駐海参崴総領事館→外交部，呈（同上）

目的地別	件	%
帰国	129	46.2
上海	76	27.2
ハルビン	50	17.9
天津	5	1.8
北京	3	1.1
シベリア	3	1.1
黒河	2	0.7
イギリス	2	0.7
アフリカ	2	0.7
綏芬河	1	0.4
奉天	1	0.4
長春	1	0.4
満洲里	1	0.4
ロシア	1	0.4
フランス	1	0.4
アメリカ	1	0.4
計	279	100

目的別	件	1919/12/22−31	1920/1/	1920/3/	1920/4/	1920/5/	%
通過	154	1	12	57	40	44	55.2
商売	51		1	15	13	22	18.3
家庭の事情	16		1	4	7	4	5.7
治療	12	1	1	2	5	3	4.3
求職	10		3	1	2	4	3.6
居住	7			2	1	4	2.5
就職	6	1	0				2.2
委託／派遣	6			6	1	4	2.2
遊歴	5			3	1	1	1.8
外交／交渉	4			1	2	1	1.4
興行	3		2			1	1.1
武器購入	2		2			1	0.7
車輌購入	1		1				0.4
就学	1		1				0.4
調査	1						0.4
計	279	2	24	15	72	89	100.0

職業別	計	1919/12/22−31	1920/1/	1920/3/	1920/4/	1920/5/	内　訳
商人	81	1	4	24	27	25	ポーランド (16), チェコ (14), ラトビア (11), ギリシア (12)
技師	46		2	19	12	13	ポーランド (20), チェコ (13)
婦女	32			11	13	8	ポーランド (12)
船舶業	14	1	2	3	3	5	ラトビア (8)
学生	12		3	4	1	4	
軍人	11		3	3	3	2	チェコ (4), ポーランド (3), ルーマニア (1)
裁縫師	10	1	1	1	5	2	すべてポーランド
職人	8				1	7	
官吏	6			2	2	2	
銀行員	6		1	4	1		チェコ (4), ラトビア (2)
教師	5			3		2	
医師	4			2		2	
運転手	4		1	1		2	
労働者	4					4	
法曹	3		1		2		
同郷会	3			3			
俳優	2				1	1	
代理人	2			2			
木貴夥？	2					2	
農民	2				1	1	
音楽家	2		2				
電報員	2					2	
パイロット	2			2			
美術家	1		1				
学者	1					1	
会計士	1		1				
電気工	1		1				
鉄道員	1					1	
カメラマン	1					1	
記者	1			1			
通訳	1					1	
工業	1			1			
調理師	1			1			
理髪師	1			1			
劇場所有者	1			1			
事務員	1			1			
宣教師	1			1			
七双員？	1					1	
不明	1		1				
合計	279	3	24	91	72	89	

ルビン五〇（一七・九％）であり、大戦の終結で極東にいた半数近くのヨーロッパ人が故国に向かうとともに、ほぼ同数がウラジオストクから当時東アジアの国際都市であった上海とハルビンに向かうことを望んでいたことになる。より詳細にみていくと、上海を渡航先として申請した者はポーランド人が三二人と半数近くを占め、ギリシア人、チェコスロバキア人、ラトビア人、エストニア人がそれぞれ一割くらいを占めていた。また、ハルビンを渡航先とした者も、ポーランド人が三二名と六割くらい、ギリシア人が二割、ラトビア人が一割を占めていた。多くのポーランド人の在華活動に関する検討は今後の課題になろうが、本書第一四章で明らかにされているように、そこにユダヤ人コミュニティの存在があったことは推測できる。

また、第一次世界大戦後、旧ロシア帝国軍の祖国帰還については、とりわけ日本や米国のシベリア出兵に応じて派遣された東欧軍の将兵残留が問題となっていた。表からは、一九二〇年初頭に中華民国への入国を希望するチェコスロバキア人兵士は四人、ポーランド人兵士は三人と、数こそ少なかったことが示されているが、彼らを取り巻く状況はきわめて深刻であったことが、チェコスロバキア陸軍中尉テク（Tecc）からの書簡からうかがえる。

一九一九年五月一九日付のテクの書簡によれば、ハルビンは白軍の糧食供給の中心地であったため、五〇〇名ほどの将兵がいたという。そのため、彼らは同地の中国人商店との取引が多かった。また、ヨーロッパから輸送してくる供給物資もすべて海関を通過するため海関との交渉も多く、さらに物資の供給のために中国人官吏との交渉も頻繁だった。ところが、チェコスロバキアが独立すると、同国と中華民国との間ではいまだ外交関係が成立していなかったため、現地の中国人官吏はチェコスロバキア軍を直接交渉の相手として認めなくなり、テク中尉は任務遂行上多大な困難を抱えていると訴えたのである。現地の交渉員だった傅彊も、外交部宛にこうした事情を訴え、両者の直接交渉についていかに対応すべきかを打診していた。その返答がいかなるものであったかは明らかではないが、外交関係をもたない国家に属す人びとは、困窮し、疲弊しきっていた様子がうかがえる。

こうした状況が戦後もしばらく続いた。一九二三年末になっても、ロシア白軍の約九〇〇〇人がウラジオストクから中華民国、日本、フィリピンに亡命し、現地の移民コミュニティに加入したとの指摘もある。いずれにせよ、この表からは、極東には、当時ポーランド人、チェコスロバキア人を中心に帰国希望、その他の理由で中華民国への入国もしくは通過を望む無条約国国民が少なからずいたことがわかる。

さきの「無条約国人民章程施行細則」では、いちおうこうした「正当な動機」を持つ者には「護照」の発給を認めていたが、一方、浮浪者や犯罪者、身元を証明する手段のない人々への発給はまったく許可されなかった。そのために遊民化した人々や、旧白軍からの逃亡兵士などは、中華民国への入国はもとより所在地からの移動が認められず、難民となるほかなかった。こうした例は枚挙にいとまがない。たとえば、一九二一年二月一六日、ハルビン交渉員の董士恩から外交部宛に、クーロンやキャフタにいるポーランド人難民の救済について問い合わせがあった。この難民の半分は、ロシアから逃亡してきた軍人で、金銭や証明書がなく立ち往生して、生活苦に喘いでいたという。董士恩は、それぞれ両地にコロストベッツ、クバリスキーを委員として派遣して、その地の状況を調べさせた。この二名の委員は、独自の調査により、当該地の難民の多くはポーランド国籍であることが確認できたので、何か策をたてて、ハルビンまでつれて来て、そこから帰国の途につかせてやれないかと外交部に打診したのである。董士恩から外交部への依頼は、これら派遣委員に対して、現地の中国人官吏が協力するように働きかけることだった。しかしながら、この時期、外交部はこうした難民問題に明確な対策をたてることができず、彼らを放置せざるを得なかった。戦間期の中華民国にとって、無条約国国民の法的処遇はきわめて困難をともなうものであったことが、この例でもわかろう。

3 無条約国国民の訴訟手続き

無条約国国民に関する民事訴訟、刑事訴訟の取扱いについては、一九一九年五月二三日大総統教令第九号として公布された「審理無条約国人民刑訴訟章程」によって、中華民国の法院で審理すると規定された。この章程では、無条約国国民に関する訴訟事件は一九一六年初級審判庁が廃止されたため、代わって地方審判庁あるいは都統署審判処附設の地方法廷で審理されること、これらがない地方では地方官がその案件を近隣の地方庁あるいは地方法廷に移管すること、新疆などの遠隔地でこの移管が困難な場所では司法籌備処あるいはその他の官庁内の臨時法廷で審理されること（第二条）、その審理において留置もしくは刑の執行がおこなわれる場合は、これを区分して新監獄にて収監されること（第三条）などが規定されていた。[33] また、無条約国国民が原告で、条約国国民が被告の民事訴訟は原則的に条約国領事館がこれを審理するが、その他のケースの審理はすべて領事裁判権の適用外であり、領事館での判決は無効とされた。[34] かくの如く、条約国の過度的な裁判権の適用を阻止するこの章程は、外交部から各省の交渉員に発せられた。[35] 一か月後、ヨーロッパの新興独立諸国の国民に対して、大総統令によってその治外法権を認めないことが通達された。

ところが、この通達が各国領事団に書簡にて通知されると、江蘇省の交渉員は、オランダ総領事からの申し立てとして、次のように伝えてきた。すなわち、中華民国のこの種の裁判権についてほぼ同意しながらも、条約国領事館が無条約国国民を保護できないという一節については異論を唱え、世界各国の外交慣例からみてこの種の保護は妥当であり、裁判権を侵犯することにならないし、治外法権にも当たらないとの意見だった。交渉員は、オランダ総領事の主張に異を唱えながらも、これにどのように対応すべきかを外交部に問い合わせたのだ。外交部は、さっそくこの問題の法律上の解釈を司法部に打診したところ、司法部は一九一九年四月二七日の大総統令に準拠して、オランダ総領事の言い分をはねつけ、他国が代理して無条約国国民を保護することなどできないと断固として主張した。外交部は司法部の主張をもとに、江蘇交渉員に対して、一九一八年の「外国法律引用章程」の規定どおり、中華民国の法令に違反しない範囲の保護ならば問題ない旨、オランダ総領事に伝えるように指示した。[36] 後述する在華ロシア人問題とともに、保護民問題と外交上の代理業務の混同は、この時点でも起こっていたのである。

さらに、一九二〇年一〇月一六日の国務会議では、司法部による「修改審理無条約国人訴訟章程」案が建議された。この司法部による修正案は、国務院に回され法制局で審議されることになった。「法制局説帖」によると、①「無条約国」のうち、イラン、ボリビアなどのように中華民国との間で条約が締結された国もあり、もはや「無条約国」という名に値しない国が登場したこと、②旧訴訟章程第二条で規定した都統署附設の地方法廷管轄のクーロン、タンヌ・ウリヤンハイ、ウリヤスタイ、コブドでは、「地方庁辦法」に準拠してそれぞれに審判処が間もなく成立するため、この規定に修正が必要であること、以上二点が提言された。こうした状況の変化に鑑み、司法部が提出した修正案としては、まず章程の名称を「審理無領事裁判権国人民民刑事訴訟章程」とすること、第一条および第三条における「無条約国人民」を「無領事裁判権国人民」に改めること、第二条における「都統署審判処」を「特別区域審判処」に変更することであった。外交部も、この修正案に賛同した。[37] こうして、新興独立諸国のうち国交を樹立した国民の民事刑事訴訟に対しては「審理無領事裁判権国人民民刑事訴訟章程」によって取り扱われることになり、条約未締結国国民に対しては「無条約国人民民刑事訴訟章程」が適用されることとなった。こうして、領事裁判権をもたない条約国との関係は、不平等な関係を脱し、正常化への一歩を踏み出すことになった。

翌一九二一年一月、大総統の指令にもとづいて、おもに行政訴訟を相当した平政院は「審理特別行政訴訟および訴願辦法」を作成し、中華民国政府が在華外国人に下した行政処分についての不服申し立てを改正することになった。この改正案によると、行政処分の不服もしくは権利侵害についての申し立てといった行政訴訟は、平政院もしくは地方の官署において請求が可能であり、条約国国民のみならず無条約国国民にも開かれることが明文化された。[38]

ところで、一九二〇年八月二八日、ベルリンのドイツ外交部のヴォルター博士（Dr. Walter）の談話として、中華民国ドイツ領事館から外交部宛に書簡が届けられた。その談話は五月一二日に発せられたもので、ドイツは領事裁判権を中国に返還することに賛同するが、このことでドイツ側が中国内地の居住や行商などの自由といった利益を得るのかという問い合わせであった。さらに、同領事館辦事秘書官張允愷からは、領事裁判権の返還はきわめて好ましいことながら、山東問題やベルサイユ条約調印問題など諸々の事情から具体的に進んでいないこと、また「管理無条約国人民章程施行細則」や

「無条約国人民刑事訴訟章程」はもっぱら無条約国国民が対象であったが、領事裁判権を返還した国民に対して、これら法令をいかに適用し、民事、刑事の訴訟はいかなる形でおこなわれるのか不明なことなどの意見が添えられた。この意見はもっともなことであった。また、一〇月一四日には、再度、中華民国ドイツ領事館から外交部宛に、ドイツの領事裁判権の返還によって中華民国とボリビアとが締結した条約のように、中国内地の自由な居住や通商に関する特権の取得可否についての問い合わせがあった。さらに、中国の新聞紙上では、ドイツが領事裁判権を返還しなければ通商条約の締結などありえないとの論調が展開されており、在ドイツ領事は外交部に対して、国内世論を踏まえてドイツに対して毅然とした方針でもって対応を望むと伝えた。[39]

翌一九二一年六月二八日、中華民国はドイツ共和国との間で「中独協約」を締結し、その第三条では両国人民は生命および財産は均しく所在地の法廷の管轄下にあること、また在華領事裁判権は撤廃することなどが明記された。さらに外交部は、在華ドイツ人にまつわる訴訟事件について、すべて新設の法廷で新しい法律に則って審理し上告する権利がある、被告が中国人であれドイツ人であれ、訴訟事件はすべて所在地の法廷で起訴され審判を受けること、他国に依頼して「領事観審条例」に準拠することができないことを示した。しかし、こうした法令が地方で即座に周知されたわけではなかった。同年一〇月一五日、重慶関監督兼辦通商交渉事宜の陳同紀からは、大戦後重慶に陸続戻ってくるドイツ人の状況を鑑みれば、中国人と彼らとの間の訴訟手続きはいかなるものかはっきりしないとの問い合わせに対して、中華民国外交部は、すでに領事裁判権のない国民に対しては、一律中華民国の法廷で審理することを徹底するようにと指示した。[40] これは、すでに「中独協約」締結後の問合わせだった。このような事例も、地方では見られたのである。

また、中華民国の制度改革の一環として、国籍問題をめぐる外交交渉も展開された。一九二五年三月、スペイン籍アイシュラ（愛司拉）が上海の会審公廨にアヘン横領の疑惑で中国人葉清和を訴えた。アイシュラはインド生まれでイギリス国籍を保有していたが、その父はバグダッド生れのトルコ国籍であり、アイシュラ自身は二重国籍だった。そこで、アイシュラは一九一一年正式にイギリス国籍を離脱し、トルコ国籍取得を表明したのだが、この手続きによりトルコの利益を代理保護していたフランス領事館に登録された。さらに、上記の裁判の二年前の一九二三年には、スペイン領事館の保護を受けるためにスペイン国籍に変更していたので、アイシュラは裁判ではスペイン人と同様に治外法権を受けることができると主張したのだ。スペイン領事も、彼のような無条約国国民が同国領事館に登録された限り、同国の治外法権の利益を享受できると言い張った。江蘇交渉公署は、この訴えについてイギリス人陪臣官と協議した後、特派江蘇交渉員陳世光を通じて外交部の見解を求めた。[41] 外交部は、「審理無領事裁判権国人民民刑事訴訟章程」により、無条約国国民である限り、第三国の保護を受けることはできないとの規定があり、アイシュラの訴えも、スペイン領事の主張も断固として認めなかった。

ところが、アイシュラの思惑とは異なり、中華民国とスペインとの関係は再構築されることになる。一九二七年一一月一〇日に、前清時代の一八六四（同治三）年一〇月一〇日スペインとの間で締結された天津条約が満期となったのである。中華民国北京政府はこの条約の破棄を宣言し、平等互恵、相互領土尊重の原則のもとに新たな外交関係を樹立しようとした。しかし、プリモ・デ・リベラ将軍の独裁体制がしかれていたスペイン側は旧条約の一方的な破棄に強く抗議し、破棄すべきは旧条約第二三条に規定された関税および商務に関する項目のみであると通知し、そのほかの規定は最恵国待遇の継続を固執した。スペイン外交部のアルメイダ（B. Almeida）は、新条約が締結されるまで旧条約は有効であると主張するとともに、南方の広東政府の存在を意識しつつ、北京政府は「中国の全部を代表することができない」のに一方的な条約破棄宣言をしたことに反感をあらわにした。しかし、中華民国はこうしたスペイン側の抗議にとりあうことはなく、旧条約に代わる臨時の法令を提起するとともに、国内のスペイン人の訴訟事件については「無領事裁判国人民民刑訴訟章程」に準じて審理することを決定し、最高審判機関であった大理院でもこの件について検討をおこなった。[42] いわば、外交次元の問題とは別に、内政問題は先行的にスペインの法的地位を決定づけたのである。いずれにせよ、アイシュラのようにトランスナショナルな存在が巻き起こした事例は、中華民国としても頭を悩ませた一例であった。

次に、旧条約の有効性という点で微妙な立場に置かれたロシア人の事例をみてみたい。一九二〇年九月一三日、大総統徐世昌が旧ロシア帝国の領事権の停止を宣言すると、在華ロシア人の領事業務をいかに処理するかについて検討する必要がおこった。翌月にはロシア人管理の規定が公布され、領事館に代わって各省の交渉員がその権限を代行すること、ロシア人に関する民事刑事訴訟事件や刑事事件は「無条約国人民民刑事訴訟章程」に準拠して中華民国の法廷で審理されることなどが通知された。(43) 同月三一日、さらに徐世昌は大総統令「東省特別区域法院編成条例」を公布し、在華ロシア人が東北三省の鉄道沿線で獲得していた治外法権が取消され、ロシア法廷が撤収されるとともに、ロシア人は中華民国の法廷に管轄されることを通知した。(44) しかし、この附属地以外の在華ロシア人の訴訟事件の取扱いについては、依然として適用法と審理法廷の両面で明確に規定されず、東北三省の満鉄沿線以外のロシア人の司法管理問題は宙ぶらりんの状態になったままだった。(45)

上海のロシア人も微妙な立場に置かれた。一九二〇年一一月一〇日、外交部総長とイギリス領事代理が会談したとき、上海のロシア人問題について協議された。外交部総長は外交部が定めた「管理俄人〔ロシア人〕之辦法」をイギリス政府が承認したのかどうか問い合わせた。すると、イギリス領事代理は、中華民国政府は在華ロシア人の通常業務については前ロシア総領事に委任しており、一方ロシア人の訴訟事件については上海領事団代表がロシア人を合同審理に派遣しているので、領事団と外交部との協議が必要であると答えた。この件は、外交部が上海の事情に疎いため、上海交渉員からの連絡を受けてから再度協議することになったが、実際にはロシア人に関する審理は会審公廨でおこなわれず、なお旧領事による「護照」の発給権限も有効とされた。そこで、一一月一八日、外交部は江蘇交渉員宛に、イギリス領事代理の言い分を伝えた後、具体的な打開策がないのかどうかを確認した。(46) 当時の状況では、旧ロシア租界は警察の管轄下に置かれ、在華旧ロシア法廷およびその職員は存続させるが将来は中華民国がこれらを接収すること、当面はロシア人が被告の場合はロシアと中国の審判官が混合法廷を組織して審理し、中国人が被告あるいは加害者の場合は中華民国の法廷でこれが審理されること、東北三省の鉄道附属地以外などではロシア人の治外法権は保証されること、国内でロシア人が多い場所にはロシア人行政および公証人の職権を保護するため交渉員のなかにロシア人顧問を配置することなどが外交部宛に照会された。[47]このように、一九二四年五月「中ソ協定」の締結まで、同じロシア人といえども、所在地によって適用法が異なっていたのである。[48]

4　無条約国国民による商業活動

在華無条約国国民にまつわる問題は、以上見てきたような入出国管理や訴訟手続きだけではなかった。無国籍民の商業行為にともなう規制も重要な懸案事項であった。そもそも、条約未締結国の商品は中華民国に輸入できないか、それが可能とされた場合でも国内の現行の税則に準じて一律に課税されたが、こうした無条約国国民はしばしば課税の軽減をはかるために条約国国民に商品を委託するということがあった。また、一九一九年四月の「待遇無条約国人民辦法」の公布以来、条約国領事は表面上第三国の保護を受けないとしながらも、自らの通商条約を盾に実質保護と変わらない取り扱いをおこなっていたことも少なからずあった。

そこで、財政部と外交部との協議によって、一九一九年五月、無条約国国民への課税問題は、次のように整理された。[49]

○関税：第一次世界大戦中に対戦国であったドイツ帝国、オーストリア＝ハンガリー帝国との国交断絶後、輸入物品への課税を検討する必要がおこり、農商部と税務処が「国定税率条例」を策定し公布した。戦後、この税目については再検討され、無条約国国民に対しては新たに「関税徴収規定」を策定する。

○内地課税：内地で販売する物品については流通税としての釐金や雑捐が賦課され、これは各省ごとに規定があり、無条約国国民はこれらについて免税の優遇措置はないため、各地方の規定を遵守する。

○田賦および不動産契約税：「租建条約」では外国人が租界以外における田畑、家屋などの所有権を取得できないため、無条約国国民については言及する必要もないが、通商貿易地における措置は未定であるため、この地における田賦および不動産契約税については別に規定を定める。

○鑛税および牙税、當税：「鑛業条例」第四条第一項には、条約国国民と中国人との合資によって鑛業権が取得できることが定められているが、むろん無条約国国民には適用されなかった。また、外国人は中国国内において倉庫兼仲買業（行桟）を営むことが許可されていなかったので、流通税にあたる牙税、営業税の一種である當税については議論する必要がなかった。ただ、東三省においてのみ、この種の営業が許可されており、これら両税を課すことが可能なので、無条約国国民に対する制限を明確にする。

さらに、輸入物品の課税問題も重要な事項であり、財政部はこれらについて新たな規定を検討して、「僑居境内無条約国人民課税簡章」全五条を公布した。この章程では、無条約国国民が物品を輸入する際には、まず海関で課税をうけ、これを内地で販売するときにはいかなる免税措置も受けることができず、すべて地方政府に釐金や雑捐を納入することを義務付け（したがって海関で子口単を請求することは不可）、さらに牙税や當税を納入するような仲介業者に委託することができないことが明記された。

商標登録についても、あらたな規定が必要とされた。外国人が商標の保護を取得しようとする場合、「商標法」第六条による登録が必要だった。ところが、この商標の保護権は、無条約国の商人が取得することはできなかった。そもそも、一九一九年六月には、無条約国国民は中華民国国内で農林業、鉱業、工商業、漁業、農業などにおいて業務上の特許を取得する権利はないとされていた。ところが、甘粛省にいた多くのロシア人商人のうち、セフチェンコ（世福全科）は蘭州で世福全行なる店舗を構え、巨額の資金で当地の金融を独占し、少なからぬ皮革を手中に入れ、地元の警察とも癒着していた。その他のロシア人商人も、各徴収局が天津の海関におこなった報告にもとづいて、国内商品運搬の伝票（聯単）を発給してもらっていた。そのため、世福全行だけでなく、ロシア人の商店が甘粛省財政に与える影響はきわめて大きかった。ところが、税務督辦孫宝琦が指摘するように、このように外国人商人が内地において伝票（聯単）でもって地元の物産を購入することは、条約国の商人にだけ認められたことであり、セフチェンコのようなロシア人商人には許されないと外交部に訴えた。[50] しかし、上述したように、この時点でも、ロシアとの旧条約は有効だったため、孫宝琦の言い分は認められなかった。

また、ハンガリー人商人が、一九二二年六月に上海の海関で商標登録を申請した。ところが、中華民国はハンガリーとの間でトリアノン条約に調印をしておらず、通商条約も締結していなかったことから、ハンガリー人を無条約国国民として認定し、この申請を認めなかった。もとより、海関で商標登録を申請するなど前例がなく、これまた認めることなどできない根拠として伝えた。[51]

こうした無条約国国民をめぐる商標登録問題は、その後も頻繁におこった。たとえば、一九二五年一月、フィンランドの商店が北京に代理人を派遣して、商標登録を申請した。ところが、商標局は「商標法」第六条に従い、フィンランドと通商条約が締結されていないことを理由にこれを拒絶するしかないと外交部に訴えたのである。また、三月には同様にチェコスロバキアの商人が、八月にはギリシアの商人、一一月にはエストニアの商人が同じように商標登録を申請した。このギリシア人商人の場合、ギリシアがフランスの保護国という理由から、フランス人商人と同様な取扱いになるべきだと商標局に訴えた。商標局からの連絡に対し、外交部通商司は、ギリシアとの通商条約が締結されておらず、またフランスの保護国と認定できないという理由から、ギリシア人商人の訴えを却下した。[52] さらに、翌年六月には、オーストリア人商人が商標登録を申請した。これに対して、外交部は、中華民国とオーストリアとの通商条約がまもなく締結されると伝えられているので、いまのところその申請を受諾できないとつっぱねた。[53] 一九二七年七月にも、ハンガリー人商人が商標局で登録しようとしたところ、その商人が在華ハンガリー国民はオランダ領事館の管轄となっているので、中華民国とハンガリーの間で通商条約が締結されていなくとも、その申請は受諾されるべきであると主張したが、[54] これも認められなかった。

こうした問題は、つづく南京国民政府への課題として残されたのである。

このように、通商条約が未締結であるという理由から、中華民国国内での、ヨーロッパの無条約国の商人による商業行為が大幅に規制されていた。これら無条約国の商人からすれば、こうした規制を免れる方法のひとつが、条約国の保護国民であると訴えるか、あるいは条約国の国籍に帰化することが、安易ながら最も有効な方法だったのである。

おわりに

以上見てきたように、第一次世界大戦後、中華民国北京政府はヨーロッパなどの無条約国国民に対する一元的管理を実現しようとした。それは、清末のように条約国による保護国民とそうでない無条約国国民との違いを設定せず、また入国や越境、無条約国国民の生計につながる民事刑事訴訟や商業活動上の特権を解消させ、中華民国の裁判権を回復させる試みだった。中華民国北京政府の外交上の営為は、「修約外交」の成果として評価されてよいし、無条約国国民への規制強化は内政上の裁判権回復のひとつの成果を示すものとして指摘できる。

しかしながら、中華民国北京政府の時代においては、チリなど小国を除き条約国国民への裁判権は及んでおらず、条約国国民の特権を規制することは困難だった。同じ「外国人」に対しても、条約国と無条約国による法規制の差が存在したことは、保護国化や帰化その他の制度的手段を用いて、北京政府の管理体制を逃れようとする「外国人」の存在を否定できず、属人的支配の脆弱化を促す一因となっていたことも看過してはなるまい。本章では、北京政府によるヨーロッパなどの無条約国国民、無国籍民に対する施策とそれに伴う事例をとりあげたが、同時期のもうひとつの中華民国政府であった広東政府についての検討も必要であろうし、一九二八年に成立した南京国民政府の対応も検討することが課題であると考えている。

注

1 Pollard, T. A., *China's Foreign Relations, 1917–1931*, Macmillan, 1933, pp. 92–95.

2 坂野正高「第一次大戦から五卅まで——国権回収運動覚書」(植田捷雄編『現代中国を繞る世界の外交』野村書店、一九五一年、一八—一九頁)。

3 唐啓華「民国初年北京政府的『修約外交』的萌芽　一九一二—一九一八」『興大文史学報』第二八期、一九九八年：川島真『中国近代外交の形成』名古屋大学出版会、二〇〇四年。

4 貴志俊彦「天津の租界接収問題から見る東アジア地域秩序の変動」(大里浩秋・貴志俊彦・孫安石編『中国・朝鮮における租界の歴史と建築遺産』御茶の水書房、二〇一〇年)。

5 江川英文は、外国人の居住地域を開市場から五〇キロ以内とする見解については、条約解釈上の諸説があることを論証し、これを旅行する範囲内にすぎないと述べている(江川英文『中華民国に於ける外国人の法的地位』(一)、中華民国法制研究会、一九三八年、一四二—一五一頁)。

6 一九〇八年七月一〇日、外務部→徳雷使、照会(中央研究院近代史研究所檔案館所蔵外交部檔案〇三—三四、九—(一)「管理無条約国人民案」)。以下にあげる外交部檔案は、すべて同檔案館所蔵のものである。

7 一九〇八年一〇月八日、外務部→南北洋大臣各省督撫、咨(同上)。

8 一九〇九年四月五日、外務部→徳、法、墨、美、和、英、俄、日本、日、葡、比、瑞典、奥、義、古巴各国公使、照会(外交部檔案〇三—三四、一〇—(一)「無条約国人民待遇辦法案」)。

9 一九〇九年四月五日、外務部→各国公使館、照会(外交部檔案〇三—三四、九—(一)「管理無条約国人民案」)。

10 一九〇八年四月二六日、外務部→俄廊使、照会(外交部檔案〇三—三四、一〇—(一)「無条約国人民待遇辦法案」)。

11 Koo, K. W., *The Status of Aliens in China*, 1912 (New York, AMS Press Edition, 1968), pp. 343–344.

12 一九二〇年一二月一六日、王景岐(法権討論委員会委員)「審理東省特別区域以外之俄民訴訟辦法意見書」(外交部檔案〇三—三四、二一—(一)「収回治外法権案：領事裁判権撤銷之文電」)。

13 植田捷雄『支那の租界—商埠地・租借地・治外法権—』朝日新聞社、一九三九年、一五〇—一五一頁。

14 一九一九年二月二三日、内政部→外交部、公函(外交部檔案〇三—三四、九—(一)「管理無条約国人民案」)。

15 一九一九年四月五日、外交部→財政部、司法部、農商部、内務部、函(同上)。

16 一九一九年四月一〇日、外交部→国務院、咨呈稿(同上)。

17　一九一九年四月二四日、ソ連領事館→外交部、函、及び一九一九年四月三〇日、外交部→ソ連領事館、函（ともに同上）。
18　一九一九年四月二九日、海軍部→外交部、函、及び一九一九年五月一八日、一九日、陸軍部→外交部、公函（ともに同上）。
19　『政府公報』第一一六〇号、中華民国北京政府、一九一九年四月二八日。
20　『政府公報』第一一二五号、中華民国北京政府、一九一九年六月二三日。
21　一九一九年一〇月七日、内務部→外交部、咨（外交部檔案〇三―三四、一〇―（一）「無条約国人民待遇辦法案」）。
22　一九一九年一一月二五日、外交部→内務部、函（外交部檔案〇三―三四、九―（二）「管理無条約国人民案」）。
23　一九一九年一〇月一七日、外交部→内務部、咨（外交部檔案〇三―三四、一〇―（一）「無条約国人民待遇辦法案」）：一九一九年一一月三十日、内務部→外交部、公函（外交部檔案〇三―三四、九―（二）「管理無条約国人民案」）。
24　一九一九年九月一九日、外交部→内務部、函（外交部檔案〇三―三四、九―（二）「管理無条約国人民案」）。
25　一九一九年九月二六日、内務部→外交部、函（同上）。
26　一九二〇年一〇月四日、江蘇交渉員→外交部、呈（同上）。しかしながら、東北三省や上海の租界では、これと違った規定も見られ、外国人が中華民国領土内の法的空間を一元的なものとして捉えることは困難だったことが明らかに見てとれる。
27　一九一九年一一月二九日、外交部→駐外各使領館、通函（同上）。
28　一九一九年一二月七日、内務部→外交部、函（同上）。
29　一九一九年一一月五日、内政部→外交部、函：一九一九年一一月一〇日、外交部→内務部、函：一九一九年一一月一九日、内政部→外交部、函：一九二〇年一月七日、内政部→外交部、函（いずれも同上）。
30　一九一九年一二月九日「狄顧問意見書」（外交部檔案〇三―三四、一〇―（一）「無条約国人民待遇辦法案」）。
31　一九二〇年二月一二日、拉脱維亞外交総長→中国外交総長、一九二〇年五月二二日、外交部→駐英施公使、函、一九二〇年八月二五日、駐英使館→外交部、函（ともに同上）。
32　一九二〇年一〇月四日、江蘇交渉員→外交部、呈（外交部檔案〇三―三四、九―（二）「管理無条約国人民案」）。
33　一九二〇年三月、司法部→外交部、咨（外交部檔案〇三―三四、一〇―（一）「無条約国人民待遇辦法案」）。これは、むろん国務院会議での審議案となった。
34　一九二〇年三月二日、司法部→外交部、咨（同上）。翌日、この司法部の主張が国務院会議でも承認され、外交部にほぼ同様の内容が申し渡された（一九二〇年三月三日、国務会議→外交部、議案（外交部檔案〇三―三四、一〇―（二）「無条約国人民待遇辦法案」）。
35　一九二〇年三月六日、外交部→省特派交渉員・埠交渉員、訓令（外交部檔案〇三―三四、一〇―（一）「無条約国人民待遇辦法案」）。

36 一九二〇年三月二九日、江蘇交渉員→外交部、呈（同上）。一九二〇年四月一〇日、司法部→外交部、咨：一九二〇年四月二三日、外交部→特派江蘇交渉員、指令（ともに外交部檔案〇三―三四、一〇―（二）「無条約国人民待遇辦法案」）。
37 一九二〇年一〇月二〇日、院秘書庁→外交部、函：同年一〇月二一日、外交部→国務院、函：司法総長董康「司法部修改審理無条約国人民民刑訴訟章程 附法制局説帖」（一九二〇年一〇月二〇日、国務院→外交部、函）（ともに外交部檔案〇三―三四、一〇―（一）「無条約国人民待遇辦法案」）。
38 一九二一年一月二三日、平政院院長張国淦→外交部総長、咨（同上）。
39 一九二〇年八月二八日、駐和使館唐在復→外交部、公函、一九二〇年一〇月一四日、駐和使館唐在復→外交部、函（ともに外交部檔案〇三―三四、一―（三）「収回治外法権案」）。中華民国の対ボリビア条約に関する最恵国待遇条款については、川島真、前掲書、三二四―三二五頁を参照のこと。
40 一九二一年一〇月一五日、重慶関監督兼辦通商交渉事宜陳同紀→外交部総長、呈：同年一〇月二日、外交部→重慶関監督、指令（外交部檔案〇三―三四、一〇―（一）「無条約国人民待遇辦法案」）。
41 一九二五年三月一九日、江蘇交渉員→外交部総長、代電（同上）。
42 一九二七年一一月二〇日、司法部→外交部、咨。一九二七年一二月一四日、駐日宋善良代辦→外交部、咨（ともに外交部檔案〇三―二三、六三―（二）「日斯巴尼亜案」）。
43 汪之成『上海俄僑』上海三聯書店、一九九三年、一五五頁。
44 一九二〇年一一月一八日、旧白使→外交部、照会（外交部檔案〇三―三四、一―（三）「収回治外法権案」）。
45 前掲「審理東省特別区域以外之俄民訴訟辦法意見書」。
46 一九二〇年一一月一〇日、政務司鈔存「英領問答第四一号」：同月一八日、外交部→特派江蘇交渉員、電（ともに外交部檔案〇三―三四、一―（三）「収回治外法権案」）。
47 一九二〇年一一月一八日、日白使→外交部、照会（同上）。
48 ただし、その後も上海にいる亡命ロシア人をめぐる民事刑事紛争は会審公廨が取り扱うことは少なく、コミュニティ内に組織された「上海俄難民権利委員会」と「上海白俄僑民委員会」によって自治的に処理された。ロシア人コミュニティに中華民国の法が適用されるようになったのは、一九三二年一月にこれらが統一して「上海俄僑公共聯合会」が発足してからのことであるという（汪之成、前掲書、一八一―一八四）。
49 一九一九年五月一九日、財政部→外交部、咨。ほぼ同様な内容は、次の文書にもある。年代未定、財政総長龔心湛→国務総理、呈（外

交部檔案〇三―三四、一〇―（一）「無条約国人民待遇辦法案」）。

50　一九二三年五月八日、税務処↓外交部、咨（外交部檔案〇三―一八、一二三―（二）「匈牙利国人商標案」）。一九三二年六月一六日、トルコでも外国人の営業を制限する法令が公布され、中華民国と同様な状況であったことが知られている。

51　一九二二年六月一二日、農商部↓外交部通商司、函（同上）。

52　一九二五年一月二一日、商標局↓外交部通商司、司函：同年三月五日、商標局↓外交部通商司、司函：同年八月一一日、商標局↓外交部通商司、司函：同年一一月一三日、商標局↓外交部通商司、函（ともに外交部檔案〇三―一八、一一七―（四）「無条約国人呈請商標註冊未便照准案」）。

53　一九二六年六月一日、商標局↓外交部通商司、函（同上）。

54　一九二七年七月一八日、商標局↓外交部通商司、呈（外交部檔案〇三―一八、一二三―（二）「匈牙利国人商標案」）。

【付記】本章は、拙稿「第一次大戦後の在華外国人管理問題―条約未締結国国民の法的処遇をめぐって」（『アジア研究』第五二巻第三号、二〇〇六年七月）をもとに、二（2）を補足したほか、大幅に加筆・修正したものである。

第一〇章

「知的所有権」をめぐる在華外国企業と中国企業間の紛争

――外国側より見た中国商標法（一九二三年）の意義

本野 英一

はじめに

「対外開放体制」移行後、在華外国企業と中国企業間の「知的所有権侵害紛争」が増加するにつれて、歴史研究者はこの問題の重要性に関心を抱くようになった。その歴史上の先例を探し、歴代中国政府がこの難問をどのように検討し、いかなる解決策を模索していたのかを明らかにしようとして、研究者は清末民初期の商標保護制度の発展過程を研究し、少なからぬ著作を発表している。だが、一九二三年の商標法に関する限り、趙毓坤と左旭初の論文・著書[1]以外に、特筆すべき先行研究は見当たらない。しかも、残念ながら、この先行研究とて、中国語史料のみに依拠し、同時期の英文、邦文史料を参照していないため、外国側がこの法律の制定過程に与えた影響を明らかにしていないのである。

商標法に限らず、清末民初に相次いで制定された一連の民法、私法の制定過程は、中国企業の発展に伴って、自然発生的に制定されたのではない。事態は、中国の研究者が考えているような単純なものではなく、外国側からの影響ぬきに考えられないものであった。商標法の場合、その起草制定には、イギリス政府、日本政府、在華日本企業、関西在住華僑からのさまざまな働きかけがあって実現したというのが実情である。外国勢力が中国政府に対して、自国企業製品の商標を保護する法制度の整備を迫るようになったのは、一八九〇年からであり、日本とイギリスに残された史料を見る限り、彼らの働きかけは満洲事変前夜まで続いていた。本章は、上海発行の英文週刊誌『ノース・チャイナ・ヘラルド』（*The Norrh-China Herald*. 以下 *NCH* と略）と、日本外務省外交史料館、ロンドンの国立公文書館、並びに台湾中央研究院近代史研究所に残された未公刊文書に基づき、日本とイギリスが清末民初期の中国商標保護制度制定に及ぼした働きかけ、並びにその背景を明らかにしようとする試みである。[2]

光緒新政期以来、日本政府並びにイギリスを筆頭とする西洋各国政府は歴代中国政府に対し、再三にわたって商標法の制定施行を迫っていた。しかしながら、中国政府が独自の商標法を起草し、この公布施行に到る度ごとに、イギリスを筆頭とする西洋諸国はこれに強硬に反対し、その実施を阻んでいた。イギリスのこの不可解な態度は、如何なる事情を反映していたのであろうか。両国のまったく対照的な態度を理解するには、この時期の在華外国企業と華商・華人企業との間で輸入外国製品商標権をめぐって何が起こっていたのかを解明しなくてはならない。結論を先に述べるならば、日本政府の支援を受けた、歴代中国政府が制定施行を試みた商標法とその施行期間は、決して在華西洋企業が保有していた製品商標の排他的所有権を保護するためのものではなかった。西洋各国政府・企業が所与の前提としていた「公共」のための法制度運用と、中国・日本政府が思い描いていた商標保護制度の構想は、似て非なるものだった。日本政府が制定した商標法をモデルとして制定された、中国の商標法とその施行機関は、先登録主義の原則を採用し、西洋企業の商標を真似た中国・日本企業の製品商標を優先的に保護しようとするものだった。そしてこの制度を利用し、あわよくば西洋企業製品を模造した自社製品商標の優先権を先んじて確立しようと企んだのが、日本政府と日本企業だったのである。

それでは、このような構図は何時、どのようにして形成されたのであろうか。本章は、まず背景として商標法の前例となった「商標註冊試辦章程」が実施無期延期になるまでの経緯を振り返った後、日露戦争期から第一次世界大戦終了期までに中国で起こっていた輸入外国製品商標に対する侵害行為の実態を明らかにすることが第一の課題である。これに対して、日本政府とイギリス政府の利害が如何なる理由で食い違っていたのか、そして列国の要請を受けた中国政府が独自の商標法を制定したことによって各国政府、在華外国企業が如何なる態度を示したかを明らかにすることを以て第二、第三の課題とする。

1　「商標註冊試辦章程」の挫折[3]

一八九〇年代以来、外国製軽工業品輸入量の増加に伴って、在華外国企業は、斉しく華商・華人企業による商標権侵害に悩まされることになった。華商・華人企業による商標権侵害活動の主たる対象は、英米両国産綿布と日本製マッチであった。その具体的方法は、次の三通りであった。第一は、輸入高級綿布の商標を下級品に貼付して、これを売りさばくことであり、残る二つは、日本マッチ製造業者に無断で、中国市場での代理販売権を独占するか、あるいはこれに失敗すると、自ら作成するか、他人に依頼して作成させた偽造商標を貼付するという方法である。この三通りの方法中、第一の方法は、在華外国企業関係者の協力がなければ実現不可能であったし、もしくは日本マッチ製造業者と密接な関係を有する華商・華人企業でなければ実行できなかった。その素材と消費構造ゆえに、中国での需要が限られていた外国製薄地綿布を輸入販売しなくてはならなかった欧米輸入商の場合、その代理販売を引き受けてくれる華商・華人企業に迫られるままに、低級品に付け替える高級綿布商標の入手に泣く泣く協力せざるを得なかったのであろう。これに対して、華商・華人企業による商標権侵害活動から被害を受けた在華外国企業、日本マッチ製造業者は、そのような弱みがない。それゆえ、こぞって自国政府に対策を陳情した。

陳情を受けたイギリス政府、日本政府はそれぞれ独自に対策を進めた。まず、イギリス政府はフランス政府の提案に基づき、両国がモロッコで実施して成功した経験を踏まえ、一八九八年から一九〇四年にかけて、ドイツ、イタリア、ポルトガル、ベルギー、オランダ、デンマーク、ロシア、アメリカ合衆国と相次いで中国における自国民保有の商標相互保護協定を締結した。この一連の相互保護協定によって、イギリスは、協定締結国との間では、自国在華領事裁判所において、自国民が保有する商標の排他的権利を侵害する相手国国民を処罰することが可能になった。とはいえ、中国人はこの一連の協定の適用対象外に置かれていた。そこで、イギリス政府は、一九〇二年、清朝政府との間で続議行船通商条約（以下、マッケー条約と略）を締結するに際して、その中に清朝政府に在華イギリス企業が保有する商標を保護する義務を負わせる条文を盛り込んだ。日本、アメリカ合衆国政府もイギリス政府のやり方を真似て、清朝政府と行船通商条約を締結した時に、同様な条文を盛り込んだ。

イギリス、日本、アメリカ合衆国と相次いで締結した条約により、歴代中国政府は、在華外国企業の商標を保護する義務を負うことになった。この条約上の義務を果たすべく、清朝政府外務部は、まず津海関、江海関に商標仮登記所を設置した。さらに彼らは総税務司ロバート・ハート（Robert Hart）に命じて、商標登記法の編纂を命じた。ハートは、海関のイギリス人高級幹部、イギリス上海総領事館付商務官ジョージ・ジェーミソン（George Jamieson）、主要イギリス人輸入商に、商標保護法草案の起草を依頼した。こうしてでき上がったのが、「商標挂号章程」である。

ところが意外なことに、清朝政府外務部は、自ら作成を命じた「商標挂号章程」を採用実施しなかった。その理由は、商務部が独自に商標保護法の草案、「商標註冊試辦章程」を作成していたからである。「商標註冊試辦章程」は、日本政府がこの目的で北京に派遣した農商務省特許局の審査官小谷鉄次郎の指導の下で起草されたものであった。小谷は、北京に派遣されるに臨んで、時の農商務大臣清浦奎吾から四項目の指示を受けていた。その内容は、①「商標註冊試辦章程」施行前、「日清通商航海」条約上の保護を受けるため、日本人が出願した商標については、諸規則により登録されたものと同じ扱いにすること。②清朝政府による「商標註冊試辦章程」施行以前に日本政府が登録認定した商標については、施行後六か月間は、該章程施行日に登録出願したと見なすこと。③「商標註冊試辦章程」施行以後、日本国内ではじめて登録した商標で、登録日から四か月施行後、日本国内ではじめて登録した商標で、登録日から四か月以内に清国政府に登録出願したものは、〔日本国内での〕最初の登録日に出願したものと見なすこと。④①〜③以外は最初に出願をおこなったものを登録すること、というものであった。

この四項目の要求に隠された清浦の意図は、清朝政府商務部の商標保護法作成に協力する機会を利用して、中国市場における日本企業製品商標の法的地位を、西洋企業製品のそれよりも優先させることにあった。時の外務大臣、小村寿太郎に宛てた書簡に添付された理由書の中で、清浦は次のように本音を吐露している。

> 本邦は欧米諸国に対しては、新商工業国たるを以て、出願の前後に依らずして、使用の前後に依り商標を登録せしむることは、頗る不利益なるを以て、清国の商標規則に於ては先使用主義を採らず、先出願主義を採らしめざるべからず。(4)
> (原文漢字カタカナ表記。引用に当ってひらがな表記に改めてある。)

小谷鉄次郎がその後作成した秘密報告書は、日本政府の隠された意図を次の様に補足説明している。それによれば、当時の日本の工業製品、その商標の品質は非常に低く、西洋先進国家の工業製品の模倣もしくは偽造品と言われても仕方のないものばかりであった。(5) 日本政府にとって、清朝政府商務部に協力して先出願主義(priority of registration)を盛り込んだ「商標註冊試辦章程」を制定することは、自国製品の不利な立場を挽回する絶好の機会であった。この機会を利用して日本政府は、自国工業製品に付けられた商標に、中国市場で優先的な法的地位を与え、あべこべに西洋先進国家の工業製品を日本製品の「偽造模造品」に仕立て上げ、あわよくば中国国内市場から一掃してしまうか、それができなくとも在華西洋企業に過重な商標登録料を負担させようと目論んだのである。

たとえ、日本製品の内容、商標が西洋企業のそれの模造偽造品であることが明白であったとしても、いったん「商標註冊試辦章程」に基づいて、西洋企業製品の商標に先んじて登記手続きを済ませ、「合法」の認可を受けてしまえば、西洋企業製品のオリジナル商標の方があべこべに、「偽造品」もしくは「模造品」に仕立て上げられることになりうる。日本政府の隠された意図は、以下に引用する「商標註冊試辦章程」の四つの条文に反映されている。

第六条　もし同種の商品及び、類似の商標の登録を申請する者が［複数］いた時は、先に申請した商標を優先する。同日同時の場合はどちらの申請をも受け付ける（清浦の指示④に対応）。

第七条　すでに外国で登録済み商標の場合は、最初の登録日から四か月以内に申請がなされたのであれば、外国での最初の登録日で受け付ける（清浦の指示③に対応）。

第二五条　本局［商標註冊局］が開設される以前から、相互保護を謳った条約規定に照らして暫定的な役所に登録を申請した商標について本局は、その申請を有効と認定する（清浦の指示①に対応）。

第二六条　本局［商標註冊局］が開設される以前から外国で登録済みの商標は、註冊局開局から六か月以内に登録を申請すれば優先的に受け付ける（清浦の指示②に対応）。

この四条は、ヨーロッパ大陸国家の商標法が採用していた先出願主義の原則を利用して、中国市場に於ける日本企業製品商標の立場を、在華西洋企業製品商標のそれよりも強固なものにしようと図ったものであった。中国市場での自国企業の既得権益を掘り崩されると危機感を覚えた西欧各国の在華公使館並びに在華西欧商人がこぞって「商標註冊試辦章程」に反対したのは、当然であった。イギリスが主導する西欧諸国（フランス、ドイツ、イタリア、オーストリア）公使館は、清朝政府に対して、ドイツ在華商業会議所（Deutsche Vereinigung）が起草し、イギリス政府貿易省が改訂した版による「商標註冊試辦章程」の実施を要求した。しかし、この要求は最後まで清朝政府の容れる所とはならず、その結果、「商標註冊試辦章程」の実施は無期延期となってしまった。

2　外国商標の無断借用から模造へ(6)

「商標註冊試辦章程」の実施が無期延期になったことから、在華日本企業の置かれた立場は悪化の一途をたどった。清朝政府、並びに北京政府はイギリス、日本、アメリカ合衆国政府と締結した行船通商条約に基づき、外国企業の商標、包装を借用して粗悪品を販売する華商・華人企業を厳重に取り締まったが、[7] 外国製品の商標を模造した商標を使用する華商・華人企業に対しては、必ずしもこれを取り締まらなかった。それどころか、逆にこれを奨励保護しさえしたのである。日本企業製品を対象としたこうした動きが顕在化したのは、一九〇八年から〇九年にかけて発生した「鐘淵紡績対又新公司事件」をめぐる外交交渉がきっかけであった。

この事件は、三井物産牛荘支店の社員が営口で、鐘淵紡績の「藍魚」綿糸商標（図10-1上段　第壱号参照）の偽造商標を付けた綿糸が販売されていたのを偶然見つけたことから始まった。模造商標を付けた綿糸の販売価格が、「藍魚」商標綿糸に比べて一梱当り二両から四両も低かったことから、鐘淵紡績にとってこのままでは見過ごせない事態であることは明らかであった。鐘淵紡績は外務省に連絡し、清朝政府に対して模造商品の製造者が誰であるのか突き止め、その販売を禁止させるよう要請した。[8] 上海日本総領事館の調査によれば、「藍魚」商標の模造商標を付けた綿糸を製造販売していたのは、盛宣懐が経営していた又新公司（元華盛紡織総局）であった。[9] 盛宣懐自らが語るところによれば、本来この偽造商標を付けた綿糸とは、景徳知という華商の依頼を受けて製造販売したもので、その後又新公司が当初の模造商標をさらに改訂し（図10-1中段第三号参照）、自らの製造した綿糸に貼付して販売していたものであった。日本総領事館員の武者小路公共との交渉により、盛宣懐は、この商標をさらに改訂した（図10-1下段第四号参照）上で、これを使用することで合意に達した。[10]

ところが、鐘淵紡績にとって、この合意は到底同意できるものではなかった。鐘淵紡績の代表取締役武藤山治によれば、商標は本体そのものが意味を持つのであり、その周囲輪郭の形状、色彩あるいは本体の形態を多少改変したからといって、偽造模造商標でなくなるといった性質のものではない。こんな主張を受け入れたら、日本は華商・華人企業による全日本企業製品商標の模造商標使用に同意を与えたのも同然だ、というものであった。武藤山治と大日本紡績連合会代表の山辺丈夫は、外務省に対して、この模造商標の使用を停止させるよう要求した。外務省が事態の重大さに気づいた時は手遅れ

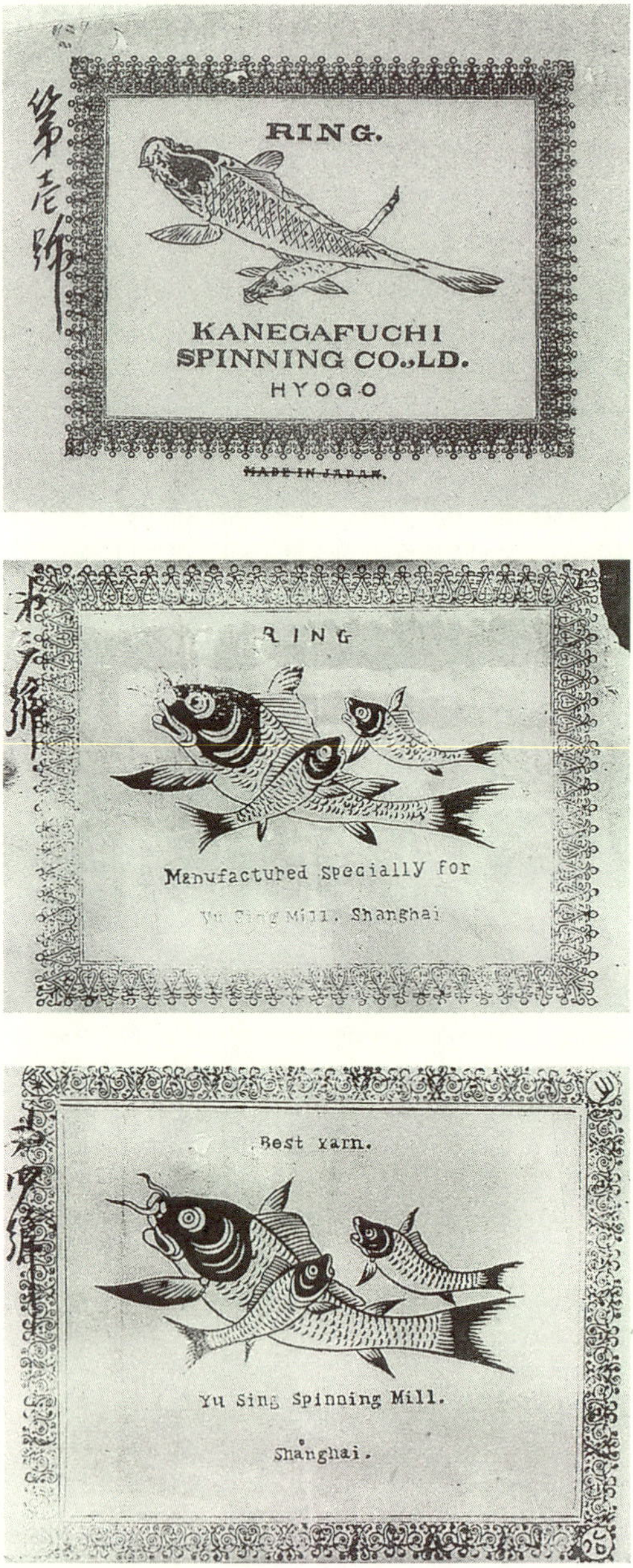

図 10-1　鐘淵紡績株式会社の「藍魚」商標（上段）と、それを模倣した又新公司の商標（中、下段）
［「公信第 86 号在上海総領事館事務代理領事官補子爵武者小路公共外務大臣伯爵小林壽太郎 1909 年 3 月 1 日」（外務省記録 3. 5. 6. 8『支那ニ於テ本邦専用商標保護雑件』）］

表 10-1　清末段階で華商・華人企業から商標権を侵害された日本企業

	商標名
1	稲岡九平専用タオル商標
2	中桐彦太郎専用打綿機及びタオル商標
3	元金巾製織株式会社専用木綿織物商標
4	小西豊兵衛専用木綿織物商標
5	隈田岩次郎・高桑直助専用薬品商標
6	越後定吉専用紙商標
7	元楢次・高橋岩吉専用化粧品商標
8	三矢印、孔雀印炭酸水商標
9	守田口兵衛専用寶丹商標
10	近藤利兵衛専用葡萄酒商標
11	岸田吟香の精奇水商標
12	良隧社専用マッチ商標
13	煙草専売局専用巻き煙草商標

[「在清阿部守太郎臨時公使発機密 130 号別紙丙号：外務部宛照会」(外務省記録 3.5.6.15『清国商標註冊章程制定一件第三巻』)]

だった。盛宣懐は、最早再交渉に応じようとせず、この時以来華商・華人企業は日本製品商標の模造商標を積極的に製造販売するようになった。上海日本総領事館の調査によれば、この時以降、「藍魚」商標の偽造模造商標を付けた綿糸が七種類も出回るようになったという。(11)

日本企業に行使できた唯一の合法的対抗手段は、「存案」制度を利用することだった。「存案」制度とは、在華外国企業が上海道台を通じて上海県知事、会審公廨に対して、ある特定商標の偽造、模造商標の使用を禁止する布告を出させるというものである。「存案」制度の効果は上海公共租界周辺に限定されていたとはいえ、一定の効果はあった。ところが、辛亥革命の勃発によって上海道台の職が消滅してしまうと、日本企業並びに外国企業は、華商・華人企業による商標権侵害行為を食い止めさせる中国機関の後ろ盾を失うことになった。こうした状況下、日本企業は中国の裁判制度に依拠して華商・華人企業による商標模造行為を食い止めようとしたが、それがいつも成功するとは限らなかった。(12)日本は、辛亥革命前後から、華商・華人企業による商標模造によって被害を受けた日本企業の実体を調査して表にまとめている(表10-1参照)。これが、この時期に、日本政府が歴代中国政府に対して商標法の実施を執拗に迫っていた背景である。

北京政府も、日本政府の要求を無視していた訳ではない。彼らは独力で商標法を起草している。これが「商標条例草案(一九一四)」である。だが、その施行寸前になって、その内容を検討したイギリス、フランス、ロシア公使がこぞって反対を申し入れてきた。北京政府がこの三か国公使と交渉を開始しようとした矢先に、第一次世界大戦が勃発し、交渉は一九一九年まで延期を余儀なくされた。それでは、この時、イギリスを中心とするヨーロッパ諸国は、なぜ「商標条例草案(一九一四)」に反対したのであろうか。

3 イギリス側から見た商標権侵害問題

一九二二年に営口で刊行されていた邦字新聞によれば、一九〇二年から二一年にかけて、津海関と江海関に設置された仮登記所に申請を済ませた商標は、全部で三万三一八三件あるが、在華日本企業商標はその中の三二七件のみで、残りはすべて在華西洋企業の商標であったという。[13] しかも、日本企業商標の中には、西洋企業が保有する商標を偽造、あるいは模造したものが少なくなかった。このことを裏付けるのは、一九〇六年から〇八年にかけて起こった「Sir Elkanah Armitage Sons & Co. 対 小西半兵衛事件」である。

Sir Elkanah Armitage Sons & Co. とは、マンチェスターの綿業資本である。一八八一年以来同社は、自社製造の綿布を中国に輸出してきた。事件は、同社の日本代理人が一九〇六年一月八日、一八八六年に同社がイギリスで登記済みの“Crocodile”商標(図10-2・左)の偽商標である「鰐印」商標(図10-2・右)が日本の特許局に登記されていることに気づいたことに始まる。「鰐印」商標を登記していたのは、大阪商人の小西半兵衛であった。彼は、一九〇三年二月二〇日にこの偽造商標の登記手続きを済ませ、神戸在住の華僑商館と一緒になって、この偽造商標を張り付けた低級綿布を朝鮮や華北に輸出して少なからぬ利益を上げていたという。[14]

図 10-2 左　"Crocodile" 商標
［*The Manchester Guardian*, July 3, 1908 re-quoted from FO228/2608 John N. Jordan to FO No. 378, Aug. 21, 1908.］

図 10-2 右　「鰐印」商標
［*The Manchester Guardian*, July 3, 1908 re-quoted from FO228/2608 John N. Jordan to FO No. 378, Aug. 21, 1908.］

Sir Elkanah Armitage Sons & Co. が雇った日本人弁護士は、小西側に対して「鰐印」商標の登記取り下げを要求したが、小西はこれを拒み、逆に Sir Elkanah Armitage Sons & Co. に対して、「鰐印」商標の使用権を高額で買い取るよう要求したのだった。それればかりか、小西はこの偽造商標を江海関に仮登録し、清朝政府が「商標註冊試辦章程」を実施するのを待ちかまえていた。もし「商標註冊試辦章程」が実施されれば、小西は、Sir Elkanah Armitage Sons & Co. が一八八〇年代から中国で使用していた、真正 "Crocodile" 商標に先んじて、その「鰐印」商標の登記手続きを済ませ、同章程の第六、二五、二六条の条文に照らし、「鰐印」商標の合法性を否定しようと企んでいたのである。[15] 小西の強硬な態度には法的根拠があった。それは、登記から三年以内に、誰からも異議申し立てのなかった商標は有効と見なされ、日本政府といえども、これを無効にすることができなくなるという、明治三二（一八九九）年に制定された日本商標法（以下、明治三二年商標法と標記）第一〇条の規定である。[16]

Sir Elkanah Armitage Sons & Co. と、これを支援する在日イギリス大使館は、小西の主張と要求に屈しなかった。彼らは明治三二年商標法の別の条文規定を持ち出して小西に対抗した。すなわち、同法第二条第四号は、他人の商標もしくは類似商標を同一範疇の商品に適用することを禁止している。同じく第二条第五号は、明治三二年商標法実施以前から使用されていた商標もしくはこれと類似の商標を他人が登記することを禁止している。さらに、第一〇条も、この二つの条文に違反する商標の無効を明記していた。彼らは、この三つの条文規定を盾に小西を相手取った民事訴訟を起す準備に着手した。[17]

事態の進捗状況を注視していた日本政府農商務省は、小西には勝訴の見込みがないと悟った。農商務省は、大阪府知事を通じて小西を説得し、「鰐印」商標の登記を取り下げさせた。小西は、知事の説得に応じ、偽商標の登記を取り下げ、Sir Elkanah Armitage Sons & Co. も起訴を取り下げることで、事件は解決した。[18]

この事件の主役は、小西半兵衛ではない。彼に協力して「鰐印」商標を付けた低級綿布を朝鮮や華北に輸出していた神戸華僑商館こそ、事件の黒幕なのである。日本外務省記録は、この商館名を記していない。しかし、この華僑商館が決して例外的な存在ではなかったことは、尾崎洵盛という上海日本総領事館員の報告から伺い知ることができる。それによれば、少なからぬ華商が大阪在住の日本人製造業者に西洋諸国の工業製品の模造品を製造させていたのだという。(19)

この報告を裏付けているのは表10-2に記された、中国で販売されていた、日本人業者製造の西洋企業製品の偽造品、模造品の実例である。さらに重要なのは、表10-3に記された西洋諸国から中国に輸入された工業製品の偽造品、模造品を製造していた日本人、彼らと結託していた日本華僑の商号の実名である。

表10-2と10-3から、当時の在華イギリス商人並びにイギリス政府外交官の関心がどこにあったのかが分かる。彼らは、自国企業の製品、商標を模造する華商・華人企業よりも、同じことをする日本人と彼らに協力する華僑の方をはるかに恐るべき存在と見なしていたのである。もしイギリス政府が中国政府に、日本の商標法を丸写ししたような商標法の制定施行を許してしまえば、日本商人あるいは華商が津海関、江海関に仮登記済みの偽商標ないしは模造商標が、西洋企業が保有する本物の商標に先んじて「合法」とされてしまい、そのモデルとなった西洋企業の真正商標が「非合法」とされてしまいかねないからである。

在日イギリス大使館、在華イギリス公使館は、「Sir Elkanah Armitage Sons & Co. 対 小西半兵衛事件」同様の事態の出現だけは絶対に阻止しなければならなかった。だからこそ彼らは、フランスやロシア公使館をかたらって、明治三二年日本商標法の引き写しのような「商標条例草案」の制定施行を阻止しようとしたのである。十九世紀後半以来中国国内に普及させてきた自国企業の商標を保護するためにも、彼らは中国政府に対して先出願主義ではなく、先使用主義（priority of use in China）の原則に基づく商標法の起草制定を要求した。しかし、この要求をめぐる交渉が、第一次世界大戦の勃発によって中断のやむなきに到ったことは、すでに見た通りである。

表 10-2　民国初期段階で華商・華人企業から商標権を侵害された日本企業

日系企業の商標権侵害事例

本拠地	企業名	対象商品名	商標権侵害地	商標権侵害企業名	模造・偽造の違い	件数
東京	鐘淵紡績株式会社	綿糸・藍魚商標	上海	又新公司	模造品・商標	2
備前	與田銀製織廠	ゲートル・孔雀印	天津	織工廠	偽造品	1
備前	尾崎工場	ゲートル	営口・天津	華盛織帯工廠・同義和記織染工廠	模造品	2
神戸	怡和洋行	三喜，猿子，射鹿印マッチ	広東	馮弼卿，黄麗海，衛省軒，衛心如，何恒広他多数	模造品	2
大阪	難波日本一屋染工場	一億園印レース糸	天津	不明	模造品	2
大阪	森下博薬房	仁丹	四川省・広東省	不明	模造品・偽造品	6
東京	津村順天堂	中将湯	上海	厳大生薬号	模造品	1
大阪	高橋盛大堂	清快丸	上海・広東	光華堂薬局，広東譚頌海	模造品・偽造品	9
大阪	丹平商会	ツバメ歯磨	江西省，漢口，南京，蕪湖	天香堂，慶成廠，項元隆，益華号，振華公司	模造品	6
大阪	丹平商会	健脳丸	中国全土	不明	模造品，偽造品	3
大阪	安住商会薬房	のみとり粉	上海・広東	中国化学工業社（上海のみ），広東については不明	模造品	3
東京	東亜公司	日月水（化粧水？）	寧波	華明製薬公司	模造品	1
大阪	春元石鹸製造所	玖芙拉（石鹸名？）	天津	不明	模造品	2
大阪	中山太陽堂	佳人香膏	上海	上海大陸大薬房	模造品	1
東京	平尾賛平	ダイヤモンド歯磨	上海	中国化学工業社，厳大生	模造品	2
東京	小林富次郎	ライオン歯磨	天津・上海	三玉工廠・晋記香粉老記	模造品	2
兵庫県	稲岡商店	鉄錨印タオル	上海	不明	模造品	3
天津	永信料器廠（日本企業）	錨印ランプホヤ	天津	不明	模造品	1
東京	長瀬	鹿歯磨	天津	不明	模造品	1
富山県	高桑	寶丹錠	広東	鄒家園・大和洞・懋徳堂（全て広東）	模造品	3
神戸	夏洋マッチ株式会社	マッチ商標	広東	不明	偽造品	13
神戸	沈杏村	マッチ商標	杭州	杭州立華公司	偽造品	1
神戸	日本マッチ製造株式会社	マッチ商標	広東	不明	模造品	1
神戸	情霖生	マッチ商標	広東	不明	模造品	2
神戸	公益合資会社	マッチ商標	広東	不明	模造品	3
神戸	松谷	マッチ商標	広東	不明	模造品	8

［「送第 36 号小村外務大臣→在広東瀬川領事付属文書『商標保護願』，1909 年 9 月 2 日」（日本外務省記録 3.5.6.9）：「支那ニ於ケル日本商標権侵害実例」（日本外務省記 3.5.6.22）］

4　中国商標法をめぐる日英交渉

イギリスや他の西洋諸国の出方がどうであろうと、日本政府は、華商・華人企業による日本企業保有商標に対する侵害行為を拱手傍観できなかった。一九一七年三月以来、日本政府は、独力で中国政府に対して日本商標を保護する法律の編纂を要求する活動を開始していた。イギリス政府も、第一次世界大戦講和会議で中国の商標問題を解決する必要性が提起されたことを受けて、この問題に対する関心を再び高めるようになっていた。

イギリス政府は、自国企業保有商標を保護する制度実現のためには、中国政府の同意よりも、日本政府との同意を取り付けるほうが早道であると判断した。この段階にいたっても、イギリス政府は、中国政府の力量を評価していなかったのである。日本政府との交渉準備に当たって、イギリス政府貿易商特許局長テンプル・フランク（Temple Frank）は、日本政府に対して次のような三項目の提案を行った。①各国が互いに協力しあって中国政府に完全無欠な商標法を実施させる。②中国で発生した商標紛争は、この法律に基づいて解決する。③中国で発生した商標紛争は、先使用主義の原則に従って解決する。

この三項目提案は、建前上はフランク個人の提案となっていたが、明らかに日本政府に対して、その商標保護制度の原則を先出願主義ではなく、先使用主義の原則に変更するよう迫るイギリス政府の無言の要求であった。「商標註冊試辦章程」、「商標条例草案（一九一四）」の制定施行に失敗した日本政府も、ここに及んでイギリス政府の要求を呑まざるを得なくなった。在華日本企業の保有する商標を侵害する華商・華人企業対策実現のためには、イギリス政府の主張に歩み寄らざるを得なかったのである。(20)

だが、この譲歩は表面的なものにすぎなかった。在横浜イギリス大使館付商務書記官ヒュー・ホーン（Hugh Horne）との交渉で、日本政府は中国商標法が実施される以前から海関に仮登録手続を済ませていたか、あるいは上海道台が「存案」

表 10-3　在華イギリス領事館が発見した日本製欧米企業製品の偽造模造品

中国で販売されていた，日本人業者製造の西洋企業製品の偽造品

漢口	
商品名	製造者名
Tape-measure	J. Chesterman（英）
Cream & Glycerine	Breidenbach（英）
Rose tooth-powder	Mouson & Co.（独）
Savon a la Rpse	Mouson & Co.（独）
Angelica Violet Glycerine Soap	G. Taussig（墺）
Jugendborn scend	Ferd Mühlens（独）
Lily of the Valley Scent	Ferd Mühlens（独）
Scent	J. Firaud Fils（仏）
Luxtor Crfeam	Vibert Frères（仏）
Scent	Géléé Frères（仏）
[FO228/2606 Hugh Fraser to John Jordan No. 89, Nov. 11, 1907.]	
天津	
商品名	製造者名
underwear	不明（米）
Air gun	不明（米）
Lantern	不明（英）
Russet Cream	不明
[FO228/2606 Enlosure in Consul-General Hopkins No. 66 of November 14/1907]	
上海	
商標名	企業名
Cheling, 3 Joss	Ilbert & Co.
Stag	Reiss 6 Co.
Crocodile	Sir Elkanah Armitage & Sons
Empress and Attendents, Chinese wine cup, 2 gennii	Scott Harding Co.
Crab	Jardine Matheson & Co. Ltd.
Tea　Carrier	James Greaves Cotton Co.
Man & Fish, Woman & Frog, "Stags, Man & Tiger, Kirin	Ward Probst & Co.
[FO228/2606 Enclo. In Consul-General Sir P. Warren's No. 141 of 16 Dec. 1907]	
大連	
商品名	企業名
The Transparent Black Soap	Samson & Co.
Lime Juice & Glycerine	John Grosnell & Co.
Worcester Sauce	特定企業の模造ではない
CAW'S INK, Black	特定企業の模造ではない
Stephen's Blue Black Ink	
H. C. Stephen's Strongset Mucilage	
Lime Cream & Glycerine	
[FO228/2607 Harold E. Parlett To Sir Claude MacDonald, Mar. 18, 1908.]	

西洋諸国から輸入された工業製品の偽造品・模造品の製造業者

対象となった商品とその商標名	模造商標名	出典
ドイツ商人 Fredo Bornmann 輸入の石油ランプ「鹿頭」「泰康」商標 及び謙信洋行（Export-Import & Bank Compagne）輸入の Lion-Sun 商標ランプホヤ	「牛頭」「秦康」商標	日本外務省記録 3.5.6.2『商標偽造関係雑件第 2 巻』
同上	同上	同上
洛士利洋行（Loxley & Co.）製 Stars, Cockates 商標メリヤス	星印，鶏印メリヤス	日本外務省記録 3.5.6.2『商標偽造関係雑件 3A』
アメリカ企業 Standard Oil 社製「美孚」商標ランプ	偽造品	日本外務省記録 3.5.6.2.『商標偽造関係雑件 3A』
アメリカ企業 Cheseborough Manufacturing Company 製品 Pomede Vaseline 商標香油	偽造品	日本外務省記録 3.5.6.2『商標偽造関係雑件 3B』中央研究院近代史研究所所蔵檔案 03-18-128-（1）『外交部案巻 美商控華商経售日商假冒美商商標物品案』
長美洋行（Maitland & Co.）“Crown Britannia” 商標綿布	偽造品	日本外務省記録 3.5.6.2『商標偽造関係雑件 3B』
Goodwin & Co. 製品 “Goodwin's Soap Balls” “Cab Brand”	“Luna Co's Round Soap” “Goodwin's Soap Ball”	日本外務省記録 3.5.6.2『商標偽造関係雑件 3B』
C. E. Morton Ltd. 製品 “Higly Perfumed Hair Oil”	“Sanitary Hair Oil”	FO228/2751 Walter J. Clennel to Beilby F. Alstonh No. 59, Dex. 29, 1916; Conyngham Greene to Ichiro Motono, Feb. 21, 1917; Walter J. Cllennel to Conyngham Greene, Jan. 6, 1917.
Lever Brothers Co. 製 “Sun Light（日光肥皂）” 商標石鹸	「利華日光」「蘭華日光」「桂花日光」商標石鹸	日本外務省記録 3.5.6.2『商標偽造関係雑件 3B』
アメリカ企業 Gail Borden's Condensed Milk Co. “Flying Eagle（飛鷲）” Brand コンデンスミルク	永井勘七（東京府豊玉町渋谷町下広尾）所有の「天狗」商標コンデンスミルク	日本外務省記録 3.5.6.24『商標模偽関係雑件第 2 巻』; US-NA RG 84 Tientshin Vol. 305; 中央研究院近代史研究所所蔵檔案 03-18-129-（6）『東興号售売假冒美国飛鷹商標牛乳案』
Barlow & Co,（泰隆洋行）が輸入販売していたイギリス製こうもり傘	社名を「秦隆洋行」名でこうもり傘の粗悪品販売	日本外務省記録 3.5.6.24『商標模偽関係雑件第 1 巻』
Herbert Whitworth Ld（懐徳公司）製ハンカチ	模造品	日本外務省記録 3.5.6.24『商品模偽関係雑件第 1 巻』, “The Stolen Trade Mark” “Stolen Trade Marks” *NCH* Aug. 9, 1919.

していた商標に、優先的な登録権を与えることを執拗に主張していたからである。イギリス側は、日本側の要求に同意を与えなかった。[21]

一九二〇年一〇月以降、イギリス政府は日本政府との交渉を打ちきり、中国政府に実施を強く要求する商標法草案を独自に起草する作業に着手した。この工作中、イギリス政府は日本政府の意見に耳を貸さず、和明公所(the Shanghai General Chamber of Commerce)、中国協会(the China Association)中国支部の意見だけを参考にした。[22] 一年半後、日本政府が受け取ったその草案の中で最も重要なのは、以下に引用する第七条と第一三条である。[23]

第七条　すでに登記所に登録済みの他者が保有する商標と種類形状が一致する商標は、いかなるものであっても登録を受け付けない。これはその種類、形状、あるいは紛らわしい商標を流通させて人を欺こうとすることを意味する。ただし、以下の場合は例外扱いとし、本法施行日より適用する。

(a)もし、登録を申請する商標が、一八九〇年月一日以前より申請者、もしくは、その前任者によって中国で使用されていた商標であった場合。

(b)もし、登録申請者もしくは事業をおこなっていたその前任者が中国において、その商標を正当に使用し、有効期間中に誰からもその先行使用権、もしくは類似商標を使用していたことを理由とする異議申し立てがなされなかった場合。それでも登録官は、そうするのが適当だと判断した場合は、登録申請のあった商標の使用者等の使用法、使用場所に関して、条件をつけ、補正、修正、改変を要求する場合がある。

第一三条　もし複数の人間が同一商品もしくは同類の商品に使用する同一の商標、もしくはこれとよく似た商標の保有者であることを主張して、そうであることを登記申請し、それが第七条規定に反しない場合、登記官は、その商標を中国で最初に使用したのが誰であり、その商標の所有権に関する特定商品業界での情報のあり方に基づいて、誰にその権利があるかを決定する。

善意の共同使用者の場合、もしくは登録官の見解により、そうした方が適切であると判断された特別な場合、登録官はその商標もしくはこれと非常によく似た商標を同一商品、もしくは商品の説明書に使用することを許可する。ただし、その場合、登録官はそうするのが適当と判断したようなやり方、あるいは使用場所を使用者などに条件、制限として設けることができる。(24)

草案をイギリス政府から受け取り、修正意見を求められた日本政府は、ただちに国内各府県知事、有力商業会議所、在華日本商業会議所に連絡をとって、彼らの意見を諮った。こうして集められた意見は、次の二点に集約できる。第一は、第七条（a）中の「一八九〇年」を「一九〇三年」と改め、中国商標法を先使用主義の原則に改めた場合でも、中国で普及使用されていた日本商標に対する優先的保護権をなくさないようにすること。第二は、第一三条の末尾に「本法実施以前から中国で仮登録もしくは『存案』手続きを済ませた商標に対しては、本条文を適用するに当たって、善意で使用されていた商標と見なす」という文言を書き添えることである。(25)この二つから、西洋企業保有商標の偽造模造と見まがうものが少なくなかった日本企業保有商標の使用権を確保しようとしていた意図が明らかに見て取れる。

ここまでの経緯から浮かび上がってくるのは、中国での商標模造をめぐる日本企業、日本政府の矛盾した態度である。彼らは華商・華人企業が自分たちの保有する商標を無断借用、模造した商標を付けた商品を製造販売することには厳しい取締りを要求した。その反面、自分たちが西洋企業保有商標を模造した商標を付けた製品を製造販売する権利は確保し、この時は華僑・華人企業と協力ないしは、彼らを積極的に利用することを厭わないのである。

このような手前勝手な態度を、イギリス政府は断じて許さなかった。中国政府の意向を無視した、イギリス政府による商標法草案作成と、これに対する日本側の修正要求は、互いの在華権益がからんだ争いだったのである。それでは、当の中国政府は両国に対して如何なる態度に出たのか。次節でこれを見てみることにしたい。

5　中国商標法制定の衝撃

商標登記問題に対する中国政府の正式な態度表明は、一九二三年三月の農商部による商標登録籌備処設立から始まった。中国農商部は、一九二二年九月の国会での決定に基づき、商標登録籌備処を設立するとともに、天津と上海にその支所を開設し、それまで津海関と江海関がおこなっていた商標の仮登録業務を引き継ぐこととした。(26) 継いで、農商部が商標法を公布する前に、日本公使館にその草案を内々に見せ、中国政府の立場を説明した。この中で、最も重要なのは、先出願主義と先使用主義の原則のいずれを優先させるかという問題の扱い方である。この点に直接踏み込んでいるのは、中国商標法第三条の以下の条文である。

第三条　二人以上の人間が同一もしくは類似の商標に対してそれぞれ登記を申請した時は、先にこれを使用していた者の申請を受け付ける。［申請者の］どちらもが申請前に商標を未使用であるか、あるいはどちらが先にこれを使用していたのかを確実に証明できなければ、最初に申請をおこなった者の登記を受け付け、申請が同日になされておれば、申請者同志が話しあって、どちらか一人を申請者とするのでなければ、登記をおこなわない。

中国商標法の内容は、この第三条の条文を除いて、「商標条例（一九一四）」同様、明治三二年商標法をそっくり真似たものであった。しかし、日本政府はそれでも、これに満足していたわけではなかった。小幡酉吉公使の指摘では、「確実な証明ができなければ、中国市場に普及して久しく、販売者、消費者がともに熟知した商標といえどもその登記ができなかった」からである。(27) 野田実之助上海総領事は小幡公使の意見を補足し、日本政府の不満は、中国の官僚の「不公平な行政処分、常識のない認定、偏頗な憶測で登記を取り消し、あるいは無効とする」前例に由来していると述べている。それゆえ、野田総領事は、上海会審公廨と類似した商標紛争処理機関の設置を提案していた。(28) さらに、中国商標には、「存案」、「仮登記」手続きを済ませた商標に対する特別保護規定が含まれていなかった。[29] こうした不備が備わっていたとはいえ、日本政府は中国政府が「不愉快な対応」を引き起こすことを恐れ、当面論評を差し控えることにした。同時に、列国外交団が中国商標法を正式に承認するまで、在華日本企業にも当面中国商標法に基づく登記手続きを差し控えるよう指示した。[30]

イギリス並びに他の西欧諸国公使館の中国商標法に対する反発は、日本政府のそれをはるかに上まわるものだった。イギリス公使が主導する列国外交団は、商標登録籌備処の設立は、マッケー条約第七条に明らかに違反していると主張し、中国商標法の正式承認を拒んだ。[31] そもそもイギリス政府が商標登録籌備処に反対した理由は、その上海支所による商標登記手続き事務が、江海関のそれに比べて粗雑すぎたことにあった。[32] だが、列国公使団がどんなに反対しようとも、仮に華商・華人企業が、この機会に乗じて、外国企業保有の商標あるいはその模造商標を自己の商標と主張して商標登録籌備処に登記してしまえば、在華外国企業は、これを取り消すことが非常に困難になる。少なからぬ日本企業が恐れたのは、こうした事態が発生することであった。[33] 在華日本企業中、事態の成り行きを最も気にしていたのは森下仁丹であった。彼らは、一九一七年から二二年に体験した自らの失敗を踏まえ、日本政府外務省に対して中国商標法に基づく自社商標の登記申請を許可するよう再三にわたって請願を繰り返し、ついにその同意をとりつけることに成功した。[34] 森下仁丹の行動を見ていた他の日本企業も、これに倣って外務省に中国商標法に基づく商標登記申請の許可を要請するようになった。列国外交団との協調を崩したくなかった日本政府は、やむを得ず「すべての結果を自己責任で負う」ことを条件に許可を与えざるを得なかった。[35] とはいえ、日本政府にとってみれば、明治三二年商標法に全面的に依拠した中国商標法の制定公布は、とくに大きな問題とはなり得なかっただろう。「存案」と海関に仮登記済みの商標を如何に扱うかという問題を除けば、在華日本企業にとってとくに有害になるようなことはなかったからである。[36]

中国政府がイギリスを筆頭とする西欧諸国と日本との立場の違いを見分けていたのは間違いない。彼らは日本企業の行動を見極め、在華西洋企業も日本企業を追随すると予想し、彼らにも中国商標法に基づく商標登記手続きを早く済ませるよう促すとともに、列国外交団の抗議には頑として応じなかった。[37] 在華西洋企業は、はじめのうちこそ自国公使館の指示に従って中国商標法に基づく商標登記手続きを控えていたが、やがてこれをおこなう華商・華人企業が日一日と増加し、自分たちが保有している商標が、彼らの商標であると登記認定されて損害を被る企業が出始めた。[38] こうした事態を目の当たりにした英美煙公司（British American Tobacco Corporation）や、在華全ドイツ、アメリカ合衆国企業は次々と中国商標法に基づく商標登記手続きをおこなうようになった。[39]

客観情勢が自分たちにとって有利に展開する中で、中国政府は一度だけ譲歩をおこなった。彼らは一一月二三日、自らもその非能率性を認めていた商標登録籌備処上海支部の閉鎖と、あらゆる商標登記手続きを北京でおこなうことを決定した。[40] この決定により、イギリス政府は、中国商標法に反対する表向きの理由がなくなった。列国外交団も、これ以上中国政府に反対しても無駄であると悟るようになった。イギリス公使ロナルド・マクリー（Ronald Macleay）は、オランダ公使アウデンダイク（Oudendijk）の説得を受け、列国外交団もとうとう中国商標法を正式承認することとなった。[41] この時から一九二六年まで、なお細かな技術的な交渉は続くが、最早大勢は動かし難いものとなっていたのである。

おわりに

中国商標法に対する日本、イギリス両政府の態度は、両国企業製品の輸入販売権の独占に失敗して、その模造品を製造販売するようになった華商・華人企業への対応にすぎない。一連の動きのなかで日本の製造企業が重要な役割を果たすようになった理由を、広東駐在領事赤塚正助は、一九一三年に作成した報告書の中で次のように説明している。

近年支那は漸く実業覚醒の気運に向い、土貨を振興して外貨を排斥せんとするの自然的傾向歴然たるものあり。而して此の傾向の下に支那人の着手する工芸は主として大資本を要せず、又模造の容易なる雑貨類なるを以て其の結果打撃を被るものは重も《ママ》に日本品なりと称するを得べく、大仕掛けにして精巧複雑なる器械若くは特種《ママ》の技術もしくは熟錬《ママ》を擁する欧米式工業製作品のごときは支那人の容易に着手し得べきにあらず。(42)（原文は漢字カタカナ表記。引用に当たってひらがな表記に改めた）

だが、日本企業は、華商・華人企業に利用されるだけの存在ではなかった。一八九〇年代の日本製マッチ輸入販売権供与を利用して、自らに協力する華商を操るようになったごとく、彼らは西洋企業製品の模造品製造販売を通じて華商・華人企業と手を結び、やがては彼らを操る者さえ出現したのである。(43)かくして日本企業は、華商・華人企業が自分たちの商標権を侵害することは断じて許さないが、在華西洋企業の商標権を侵害する上では、手を結ぶようになっていった。清末以来中国にヨーロッパ大陸諸国の法制度に倣った先出願主義の原則に基づく商標法を制定させようとしていた日本政府が、中国市場での西洋企業の地盤を掘り崩し、自国企業の参入する余地を拡大しようとする意図を反映していたことは疑いない。

これとは対照的に、イギリス政府並びに他の西欧諸国政府が先使用主義の原則貫徹を主張して止まなかったのは、日本企業にその経営基盤を掘り崩されるようになっていた自国企業の利害関係を反映してのものだった。そして、この対立は、ひとまず中国政府商務部を掌握した日本政府側の勝利に終わったかに見える。

しかし、事態を正確に見るならば、中国商標法の施行は、その後に起こった国民革命によって先送りにされてしまい、日本側の意図した法体制が実現したとは言い切れない。その後、南京国民政府の成立に伴って事態は如何なる展開を見せたのか。日本、イギリス、台湾の公文書館にある商標紛争に関する外交文書は、満洲事変前夜まで残されているからである。これらを用いた考察は次稿の課題としたい。

注

1 趙毓坤「民国時期的商標立法与商標保護」『歴史檔案』二〇〇三―三、二〇〇三年八月、左旭初『中国商標法律史(近現代部分)』第三章、知識産権出版社、二〇〇五年。

2 本章における女王が版権を有する未公刊文書(Crown Copyrighted Material)からの引用に当たっては、イギリス国立公文書館(the National Archives)の規定に従って、イギリス政府内務省監督官(the Controller of Her Majesty's Stationary Office)の許可を得ていることを明記する。

3 本節は、拙稿「光緒新政期中国の商標保護制度の挫折と日英対立」『社会経済史学』七四―三、二〇〇八年九月の要約である。

4 「秘雑第一〇八号清浦農商務大臣→小村外務大臣、一九〇四年二月一八日」(外務省記録三・五・六・一五『清国商標註冊試辦章程制定一件第一巻』所収)。猶、この一節は「削ル」という添え書きが書きこまれている。

5 「機密第八六号別冊、在清内田公使→小村外務大臣付属書類、小谷鉄次郎『清国商標註冊試辦章程制定ノ顛末』、一九〇四年八月一七日」(外務省記録三・五・六・一五『清国商標註冊試辦章程制定一件第一巻』)。

6 本章は、拙稿「清末民初における商標権侵害紛争——日中関係を中心に」『社会経済史学』七五―三、二〇〇九年九月の一部である。

7 この件に関して筆者が見出した記録は、次の通りである。(1)一九〇四年に天津で起こった晋隆洋行(M. Remusat)製孔雀(Peacock)印シガレット偽造事件(中央研究院近代史研究所所蔵檔案『総理衙門清檔』〇二―一三―二五、(2)一九〇九年上海で起こった美孚洋行(Standard Oil & Co.)石油偽造品販売事件(“Alleged Infringement of Trademark,” *NCH*, July 17, 1909, p. 168)、(3)一九一六年、天津で起こった兜安氏西薬公司(the Foster McClellan Company)薬品偽造品販売事件(同〇三―一八―一二九―(8)『外交部案巻 丁夢星冒充美商商標案』、(4)一九二〇年、長沙で起こった小林製薬ライオン歯磨き粉偽造品販売事件(同〇三―一八―一一七―(3)『長沙維楚公司模造小林商店牙粉商標案』)。

8 「特第三〇一号農商務大臣大浦兼武→外務大臣小村寿太郎、一九〇八年一〇月二八日」(外務省記録三・五・六・八『支那ニ於テ本邦人専用商標保護雑件』)。

9 厳中平『中国棉紡織史稿』科学出版社、一九六三年、三二九頁。

10 「送一六八号小村外務大臣→在上海永瀧総領事、一九〇八年一一月三〇日」、「公信第八六号上海総領事官補武者小路公共→外務大臣小村寿太郎、一九〇九年三月一日」(外務省記録三・五・六・八『支那ニ於テ本邦人専用商標保護雑件』)。

11 「特第九七号農商務大臣大浦兼武→外務大臣小村寿太郎、一九〇九年四月[日付不明]」、「送第六三号小村外務大臣→在上海総領事、一九〇九年四月二三日」、「公信第二二〇号上海永瀧総領事→小村寿太郎外務大臣、一九〇九年五月二四日」、「送第三七〇号小村外務大臣

→大浦農商務大臣、一九〇九年六月七日」(外務省記録三・五・六・八『支那ニ於テ本邦人専用商標保護雑件』)。

12　日本外務省記録並びに近代史研究所所蔵文書には、この時期に、日本企業が華商・華人企業を相手取って起した三件の商標権侵害訴訟をめぐる交渉記録が残されている。この中で日本企業にとって有利な解決を見たのは、「神戸怡和洋行対文明閣、義和公司他事件」と「東亜煙草株式会社対関東安記公司事件」であり、逆に日本企業にとって不利な解決を見たのは、「松井製造対芝蘭香牙粉公司事件」である。この三件については、前掲拙稿「清末民初における商標権侵害紛争——日中関係を中心に」を参照。この他にも森下仁丹が一九一七年から二二年にかけて、天津、長沙で華商・華人企業を相手取って起した民事訴訟並びに彼らによる模造商標登記を先んじて制しようとして失敗した事件がある。これについては、拙稿「対外通商紛争における『中華民族主義』の役割——森下仁丹商標権侵害訴訟（一九一七—二二）を中心とした一考察」(平成一五—平成一七年度日本学術振興会科学研究費補助金・基盤研究（A）（一）研究報告書『不平等条約体制下、東アジアにおける外国人の法的地位に関する事例研究』(研究代表者：貴志俊彦)平成一九年三月、課題番号一五二〇二〇一四、九九—一〇六頁)を参照。

13　『宮口経済日報』一九二二年八月一六—一八日(「普通第一六六号永井通商局長→特許局長官附属書類」(外務省記録三・五・六・二二『支那商標法一件第二巻』))。

14　「送第二一二号附属文書農商務省特許局長緒田一→外務省通商局長石井菊次郎、一九〇七年六月二八日」(外務省記録三・五・六・二『商標偽造関係雑件第二巻』)。

15　FO228/2605 Sir Elkanah Armitage & Sons Ltd. to the Secretary, Manchester Chamber of Commerce, Oct. 2, 1906; ibid. Alexander Hosie to John N. Jordan, with 1 Inclosure, Nov. 2, 1906;「公信第六九号、在上海総領事永瀧久吉→外務大臣加藤高明、一九〇六年三月一日」(外務省記録三・五・六・二『商標偽造関係雑件第二巻』)。

16　前掲「送第二一二号付属文書農商務省特許局長緒田一→外務省通商局長石井菊次郎、一九〇七年六月二八日」；FO238/2607 Alex. Hosie to Sir John N. Jordan, Jan. 22, 1908.

17　「送第七四号林大臣→在本邦英国大使、一九〇七年七月二日起草」(外務省記録三・五・六・二『商標偽造関係雑件第二巻』)；FO228/2607 S. F. Crowe to Alexander Hosie, Apr. 2, 1908

18　「秘雑第二二九号農商務大臣松岡康毅→外務大臣伯爵林董、一九〇八年四月七日」、「商甲第六七二号大阪府知事高崎親章→農商務省特許局長中松盛雄、一九〇八年四月二二日」、「特第一九三号農商務大臣松岡康毅→外務大臣伯爵林董、一九〇八年六月二二日」、「送第五五号林大臣→在本邦英国大使、一九〇八年六月二四日起草」、「小西半兵衛→外務省通商局長荻原守一、一九〇八年九月二九日」、「秘雑第四六一号農商務大臣大浦兼武→外務大臣小村寿太郎、一九〇八年一二月一五日」(外務省記録三・五・六・二『商標偽造関係雑件第二巻』)、

FO228/2608 Claude M. MacDonald to Edward Grey, No. 274, Oct. 22, 1908.

19　「公信第二六九号在上海総領事館代理領事館補尾崎洵盛→外務大臣子爵林董、一九〇七年七月三〇日」（外務省記録三・五・六・二『商標偽造関係雑件第二巻』）。

20　「支那商標法制定ニ関スル其后成行」（外務省記録三・五・六・二二『支那商標法制定一件第一巻』）。

21　「松田通商局長代理→横浜駐在英国大使館付商務書記官 Hugh Horne、一九一九年一〇月二一日」、「特許局中松真卿→外務省通商局斎藤第一課長、一九二〇年八月一一日」、「機密送第二五九号農商務大臣男爵山本達雄→外務大臣内田康哉、一九二〇年一〇月一日」（外務省記録三・五・六・二二『支那商標法制定一件第一巻』）。

22　「機密第一六一号在支那臨時代理公使吉田伊三郎→外務大臣伯爵内田康哉附属書類添附」（外務省記録三・五・六・二二『支那商標法制定一件第二巻』）。

23　Trade Mark Law in「機密第一六一号在支那臨時代理公使吉田伊三郎→外務大臣伯爵内田康哉附属書類添附」（外務省記録三・五・六・二二『支那商標法制定一件第二巻』）。原文は英語である。

24　前掲「機密第一六一号附属書類：Trade Mark Law, Apr. 12, 1922」；中央研究院近代史研究所所蔵档案〇三―一八―一一六（2）『外交部案巻　保護商標辦法案（2）』所収。

25　「機密第二四号内田大臣→在支小幡公使、一九二三年三月三日」、「機密第二一一号在支那特命全権公使小幡酉吉→外務大臣伯爵内田康哉、一九二三年三月五日」、「英国政府提示ニ係ル支那商標法案ニ対スル意見一覧表」（外務省記録三・五・六・二二『支那商標法制定一件第二巻』）、FO228/3376 British Draft of Chinese Trade Mark Law, May 12, 1923.

26　「機密第二二九号在支那特命全権公使小幡酉吉→外務大臣伯爵内田康哉、一九二三年三月九日」外務省記録三・五・六・二二『支那商標法制定一件第三巻』）。

27　「機密第二四四号在支那特命全権公使小幡酉吉→外務大臣伯爵内田康哉、一九二三年三月一五日」、「公領第九八号在上海総領事野田実之助→在支那特命全権公使臨時代理吉田伊三郎附属書類『支那商標法各条項ニ対スル意見』、一九二四年五月二四日」外務省記録三・五・六・二二『支那商標法制定一件第三巻』）。

28　前掲「公領第九八号在上海総領事野田実之助→在支那特命全権公使臨時代理吉田伊三郎附属書類『支那商標法各条項ニ対スル意見』、一九二四年五月二四日」。

29　「特調第九二八号特許局長官中川友次郎→外務次官田中都吉、一九二三年三月二三日」（外務省記録三・五・六・二二『支那商標法制定一件第三巻』）。

30 「通監機密第二七号田中外務次官→中川特許局長官、一九二三年三月二九日」、「台機密第四三号在支那臨時代理公使吉田伊三郎→在支各領事、一九二三年五月二二日」（外務省記録三・五・六・二二『支那商標法制定一件第三巻』）。

31 FO228/3376 From Wai-chiao Pu to Dean, May 5, 1923; ibid. Circular No. 135 Registration of Trade Marks, Reply from W. C. P. June 2, 1923.「公第三五〇号在支那臨時代理公使吉田伊三郎→外務大臣伯爵内田康哉、一九二三年六月二七日」（外務省記録三・五・六・二二『支那商標法制定一件第三巻』）。

32 FO228/3376 S. Barton to H. H. Fox No. 7862/63, Nov. 21, 1923.

33 「公領第三六四号在上海総領事矢田七太郎→在支那特命全権公使芳澤謙吉、一九二三年一〇月一八日」、「通監機密第八二号内田大臣→在北京吉田代理公使、一九二三年六月一九日」、「特調第一一六八号特許局長官岡本英太郎→外務次官吉田代理公使、一九二三年八月一三日」（外務省記録三・五・六・二二『支那商標法制定一件第三巻』）。

34 前掲拙稿「対外通商紛争における『中華民族主義』の役割」、「北公第八〇号天津総領事吉田茂→在支那臨時代理公使吉田伊三郎、一九二三年七月一〇日」、「機密第六四三号在支那臨時代理公使吉田伊三郎→外務大臣伯爵内田康哉、一九二三年七月一六日」、「主通監第六三九号芳澤公使→内田外務大臣、一九二三年七月二〇日」、「公第二一号在支那芳澤公使→在天津吉田総領事、一九二三年七月三〇日」（外務省記録三・五・六・二二『支那商標法制定一件第三巻』）。

35 「暗号電第四七五号内田大臣→在支芳澤公使、一九二三年七月二八日」、「通監機密第一二七号内田大臣→在支芳澤公使、一九二三年八月二八日」（外務省記録三・五・六・二二『支那商標法制定一件第三巻』）。

36 「今般支那政府ノ制定シタル商標法ヲ其侭承認スル方法ノ帝国政府ニトリテ得策ナル理由、日付不明」、「特許第一一一号農商務次官岡本英太郎→外務次官田中都吉、一九二三年八月一三日」（外務省記録三・五・六・二二『支那商標法制定一件第三巻』）。

37 FO228/3376 From Wai-chiao Pu to H. M. Minister, Sep. 27, 1923.

38 「機密第二〇号上海駐在商務官横竹平太郎→北京公使芳澤謙吉附属書類：Trade Mark Registration, Oct. 9, 1919」、「機密第一九号上海駐在商務官横竹平太郎→北京公使芳澤謙吉、一九二三年一〇月一三日」（外務省記録三・五・六・二二『支那商標法制定一件第三巻』）FO228/3376 Circular No. 259 Trade Marks, Oct. 18, 1923.

39 FO228/3376 No. 145 R. S. Pratt to H. H. Fox, Sep. 27, 1923; ibid. Enclosure No. 1 in Mr. Brett's dispatch No. 9 of December 17th, 1923; ibid., E. Teichman to Ronald Macleay Jan. 4, 1924; ibid., Ronald Macleay to Foreign Office No. 8, Jan. 9, 1924.

40 FO228/3376 Republic of China: Government Bureau of Economic Information Oct. 29, 1923;「公信第九五三号在上海総領事矢田七太郎→外務大臣男爵伊集院彦吉、一九二三年一一月二日」、「商第二七五号、第二八一号上海駐在商務官横竹平太郎→外務大臣男爵伊集院彦吉、一九二三年一一月三日、一二日」（外務省記録三・五・六・二二『支那商標法制定一件第三巻』）。

41　FO228/3376 W. J. Oudendijk to Ronald Macleay, Nov. 29, 1923; ibid. Circular No. 302 Decanat 57: W. J. Oudendijk to Wellington Koo, Dec. 1, 1923; ibid. E. Teichman to Brett, Dec. 1, 1923; ibid., 7352/23/92 E. L. Cockell to H. J. Brett, Dec. 10, 1923.「電第一一四六号芳澤→伊集院外務大臣、一九二三年一二月一二日」（外務省記録三・五・六・二二『支那商標法制定一件第三巻』）。

42　「機密第二一号在広東総領事赤塚正助→外務大臣男爵牧野伸顯」一九一三年一〇月八日（外務省記録三・五・六・一五『清国商標註冊章程制定一件第三巻』）。

43　前掲拙稿「光緒新政期中国の商標保護制度の挫折と日英対立」一一頁、同、「清末民初における商標権侵害紛争——日中関係を中心に」を参照。

【付記】本章は、二〇〇五年度財団法人清明会からの研究助成金並びに文部科学省平成一八年度基盤研究（C）『民国期中国に於ける商標保護制度確立に関する研究』助成金による研究成果の一部でもある。

Ⅲ　アジアにおけるもうひとつのエスノグラフィ

この部では、第Ⅱ部のような制度的枠組みから逸脱した二つの対象を中心として考察する。ひとつは、戦時期の「外国人」の問題である。第一一章は、第一二章、一三章に示された戦時期の状況を理解する前提として有効である。いまひとつは、これまで国家や地域の制度や慣習から逸脱した／させられたディアスポラあるいはエグザイルについて検証する。彼らの、ともすれば孤立したものとして捉えられがちなエスニック・コミュニティが、実際にアジアのホスト社会のなかで直面したさまざまな問題をとりあげている。そこから見えてくるものは、本国の歴史では語られてこなかったもうひとつエスノグラフィである。

第一一章（呉偉明）は、戦前、日本が香港を占領するまでは、香港と日本との関係は、経済や政治などの面で比較的調和を保ち続けており、日本人コミュニティは安定していたこと、さらに当時存在感を示していた日本人売春婦の実態も明らかにする。

第一二章（朱益宜）は、一九四二年一月から四五年八月までの日本の香港占領期間、連合国の国民を拘留していた香港島東南部のスタンレー強制収容所の実情を、収容所の記録、収容者の日記やメモワールを用いて明らかにする。そこでは、「外国人」は栄養失調にさらされ、外部との接触を断ち切られていた事実に脚光を浴びせている。

第一三章（孫安石）は、上海の敵国人集団生活所の運営の実態とそこで浮き彫りにされる「外国人」の処遇問題について、日本外務省外交史料館と米国のオレゴン大学が所蔵する資料などを紹介しながら解明を試みている。

第一四章（潘光）は、十九世紀中旬のアヘン戦争後に香港や上海にやってきたセファルディ系ユダヤ人、一八八〇年代以降反ユダヤ主義やロシア革命を逃れてきたロシア系ユダヤ人、日中戦争勃発以降ナチスドイツの迫害から逃れてきた中欧系ユダヤ人、それぞれの法的処遇や、中国における発展のあり方の違いを比較検討している。

第一五章（ラリサ・ウスマノヴァ）は、一八九八年から一九五〇年にかけて、満洲、朝鮮、日本に亡命してきたテュルク・タタール人たちをとりまく状況の変化を、彼らが発行したエスニック・メディアから説き起こす。そのコミュニティはムスリムの宗教的連帯集団から民族的な組織集団へと変容し、さらに日本ファシズムに接近したことを特徴づけている。

第一六章（オルガ・バキッチ）は、戦前ハルビンで生まれた報告者自らの、一九五〇年代中旬までの中国での経験を記録した貴重なメモワールである。戦時期の白系露人事務局から、戦後ソ連領事館下のソサエティ・オブ・ソビエト・シチズンに変わるなかでの、ハルビンのロシア人をめぐる、興味深い、だが悲劇的な実話である。

第一一章

ある在外日本人コミュニティの光と影
――戦前の香港における日本人社会のサーベイ

呉　偉明（Ng Wai Ming）

はじめに

これまで、アジア人の対日関係についての研究の多くは、日本統治時代や現代の経済文化関係といった二つのカテゴリーに集中していた。前者では日本人が現地にもたらした苦難、後者では日本経済および文化のアジアに対する衝撃に重きが置かれていた。香港における日本研究もまた、上述の模式に沿ったものであった。アジア各地において、戦前における所在地の日本人社会についての学術的な整理はきちんとなされていなかった。

香港においても、戦時と異なり、平時における日本人は、自らのコミュニティだけでなく、香港じたいの発展においても重要な役割を果たしていた。本章は、イギリスの植民地下にありながらも、平時にあった香港で、これまで看過されてきた「外国人」、とくに日本人をとりあげるが、この試みは彼らに対する全面的な認識および客観的な位置づけをすることにつながる。

戦争勃発前の香港における日本人コミュニティは、「外国人」コミュニティの中では中規模であったが、急成長をとげ、結束力と影響力が強く、日中間および日英間における政治、経済、文化の相互作用を強化する役割を担っていた。香港人は、戦前、この日本人コミュニティに対して、複雑な感情を抱いていた。日本人の香港における投資と、香港―日本間の貿易は、華南地方における商工業基地とともに、アジアにおける主要な貿易港としての地位を香港に与えていた。日本人は多くの新しい文化やモノを香港にもたらしたが、多くの香港人は、香港における日本がらみのものすべてが、帝国主義による産物であるとみなして、これらを無視、あるいは、拒否する態度をとってきた。実際、戦前の香港における日本人の研究は、非常に少ない。また、英語によるものは残されていない。(1) 本章は、主に日本語資料を用いて、公平な歴史的視点に立って、戦争勃発前の香港における日本人コミュニティについて考察することを目的とする。とくに、香港の政治、経済および社会に与えた影響について検証するものである。

1　日本人コミュニティの概況

香港における日本人の歴史は、それほど長くはない。日本人商人は、十五世紀以降、中国各地の港に進出したが、香港は、十九世紀中葉までは貿易港ではなかったために、日本人商人が訪れることはなかった。香港を最初に訪れた日本人は、一八四一年に、日本船観音丸で遭難した船員たちだった。だが、彼らは、香港経由でマカオに運ばれたときに、香港で二、三日滞在しただけだった。つづいて、一八四五年には、マカオの漁師によって、フィリピンで救助された四人の日本人漁師が、マカオ経由で香港に運ばれた。そのうち、原田庄蔵と力松の二人の日本人は、香港にとどまることを選択し、香港における最も早期の日本人居住者となった。原田は、中国人と結婚して洋服仕立業者として富を築き、力松は、米国人と結婚して食料雑貨販売業を営んだ。一八七四年に、日本領事館が設立されるまで、原田は、非公式の領事のような形で、香港に滞在する日本人同胞に対して援助をおこなった。また、力松は、一八五四年、通訳として日英和親条約締結に尽力した。[2]

原田と力松の後は、一八五〇年代から六〇年代に、少数の日本人（ほとんどが役人、商人、漁師）が香港を訪れた。明治維新を経て、一八七四年に香港日本領事館が開設されてからは、香港を訪れる日本人人口が増加し、一八八〇年代には小規模の日本人コミュニティが出現し始めた。

一八七〇年代から一九四〇年代初頭にかけて、香港における日本人コミュニティには、いくつかの大きな変化があった。まず、人口数の変化だが、一八七五年には一三人だった在香港日本人の数は、一九〇一年に四二一人、一一年には一〇九九人に跳ね上がり、二一年に一五八五人に、三一年に二二〇五人にまで増加した。[3] こうして、一九三〇年代、日本人コミュニティは、香港では最も大きな「外国人」コミュニティのひとつにまで発展したが、一九四一年の大戦勃発以降は三九三人に落ち込んだ。在香港日本人人口は、明治末期や昭和初期の経済成長期、日清戦争や日露戦争以降に増加したが、一八八〇年代や一九三〇年代末期に清朝とイギリスとの関係が悪化し、反日感情が高まったときには、ごく一部の日本人だけが香港に渡った。

次に、性別、職業、居住区域も変化が見られた。十九世紀末期には、在香港日本人のほとんどが女性であった。その主流を占めていたのが、「からゆきさん」と呼ばれた九州出身の売春婦、未熟練労働者、ヤクザ者などであった。彼らは、日本では、社会から追放され、周囲から差別され、日本政府から保護を得られない人々であった。彼らは、香港で、売春婦、売春宿の経営者、食品雑貨販売店や屋台の経営者として働いた。日本領事館は、このような日本人グループに対して、さして注意を払うことはなかった。しかし、二十世紀初頭になると、在香港日本人の主流はビジネスマン、とくに、三井物産や三菱商事といった日本の大企業の駐在員が占めるようになった。[4] 高学歴で、資格があり、前途有望なエリートたちは、日本領事館の保護を受けながら、多くの機構を設立し、運営した。日本政府は、情報収集、宣伝、資金収集、工作運動といったさまざまな目的のために、在香港日本人コミュニティを利用した。

日本人の居住区域は、初期には、ほとんどが香港島のセントラル（中環）に居住していた。二十世紀に入ってからは、ワンチャイ（湾仔）がより一般的な居住地区となった。一般に、日本人の会社重役、官僚、大企業の社員はセントラルを選択し、その一方で、売春婦、中小企業の社員、商店経営者は、ワンチャイに居住した。一九一〇年代中期に実施された調査によると、日本人の約五〇%がワンチャイ（ハッピー・バレーを含む）に、約四〇%がセントラル（ミッド・レベルを含む）に、残りの約一〇%が南九龍（たとえば、尖沙咀《チムサアチョイ》、油麻地《ヤウマティ》、紅磡《ホンハム》など）に居住していた。(5) 一九二〇年代と三〇年代には、香港島や九龍の市中心部全域に広がった。

さらに、日本人コミュニティの結束力と影響力にも変化が見られた。十九世紀末期、香港の日本人コミュニティは小さく、運営もいい加減であった。日本領事館は、日本人コミュニティの中心に位置していたが、人手と資金力が不足していたために、強いリーダーシップを執ることはなかった。初期において日本人コミュニティは、ごくわずかな活動をおこなっていただけであった。売春宿の頭が、事実上のコミュニティ・リーダーとなっており、年に一度の人口調査を実施する時だけ日本人居民と連絡を取ったり、ハッピー・バレーにある日本人墓地（一八七八年設立）を運営した。

二十世紀初頭になると、三井物産、三菱商事、横浜正金銀行、台湾銀行など日系の大企業の役員が、日本人クラブ（一九〇五年設立、一九二一年に日本人会に改名）を通して、コミュニティ内のリーダーシップを執るようになった。日本人クラブは、日本領事館内に設置された日本人のみのための半公式の組織であり、日本領事がクラブの役員を兼任していた。日本人クラブは、香港人や在香港の外国人コミュニティとの接点は限られていた。このクラブは、日本人小学校と日本人墓地の運営に携わり、在香港日本人のための社会的、文化的な多くの活動をとりおこなった。日本人小学校は、一九一一年にケネディ・ロードに設立された。自ら香港に渡った日本人ビジネスマンや、数世代にわたって香港に居住していた数少ない日本人の子供が主に在校していたが、その数は多くなく、一〇〇〇人を超えることはなかった。クラブ・ハウス（一九〇六年にセントラルに設立）は、ビリヤード場、図書室、休憩室、日本料理店、バーを備えており、在香港日本人を支えるためのさまざまな役割をはたした。また、日本人墓地は、その規模を拡大させ、一八七八年から一九四五年にかけて、香港で死亡した四六五人の日本人（その多くが、一八六八年から一九一二年にかけての明治期に死亡した売春婦）が

埋葬された。(6)

この日本人クラブは、大和会(一九〇三年設立)から発展した会であり、日本人駐在員が、テニスをするために組織された社交クラブであったため、スポーツの伝統を誇っていた。会は、二年に一回、野球とテニスのトーナメントを開催した。また、会員のために、体育の日、ホリデー、ピクニック、研修ツアー、講座、コンサート、パーティー、お祭りなど、多くの社会的、文化的行事を企画した。

日本人クラブの他にも、たとえば香港日本商工会議所が日本人のための情報交換の場となった。また、一九一五年に設立された日本人商興社は、日本人の小型商店に資金を貸していた。また、京都にある本願寺は、一九〇〇年以降、京都から僧侶を香港へ派遣し、在香港日本人のために、日本人小学校、日本人墓地、ソー・コン・ポー(ワンチャイ)の寺院などの運営に携わるなど、さまざまな活動をおこなった。

2　戦前香港における日本人の政治活動

日本にとって、戦前の香港は三つの重要な役割をはたしていた。

第一に、香港は「極東のカサブランカ」と称されたように、中国とイギリスとを結ぶ政治的なルートとしてだけでなく、中国、イギリス、そして世界各国についての情報を合法的あるいは非合法的に収集するための場所として、特別な政治的意義を持った都市であった。香港の日本領事館は、日本政府によるアジアで二番目に設立された領事館であった(最初の領事館は上海である)。このことは、日本が香港および広東省全域を重要視していたことを象徴していた。十九世紀には、三~四名の職員(領事、書記官、通訳)だけが、セントラルにある領事館で働いていた。二十世紀になると在香港日本領事館は、アジアの中では最大の在外公館のひとつとなった。この領事館設立の主な目的は、香港や中国における日本人の権益を保護、拡大し、香港を華南における政治・外交の基地にするためであった。

すでに江戸末期の一八五〇年、幕府は、清朝や香港の新聞を高級官僚に閲覧させていたという。[7] そして、一八七四年以降、在香港日本領事館は、最新の外交政策を東京に報告していた。たとえば、一八八五年、フランスがベトナムへ侵入した際に、在香港日本領事館は、中仏戦争についての最も主要な情報源であった。[8] 一八九四年から九五年にかけての日清戦争のときには、日本政府は、香港へ役人を送り、情報を収集した。[9] 一八八七年以降、日本の外務省は、香港へ広東語と英語を学ぶための日本人学生を派遣し、そのうちの一部の者は、後に、在香港および在清の日本領事館で情報収集を目的として働いた。[10]

日本人コミュニティも、日本政府の情報収集や、政治的な宣伝活動の拡大に協力した。たとえば、戦前の香港において、最大の新聞社のひとつであった香港日報社は、一九一一年に設立されたが、日本政府が資金を提供していた。香港日報社は、日本の文化外交を実行するために、日本語、中国語、英語の日刊紙を発行していた。そして、多くの記者や情報収集担当者が雇用されていた。また、横浜正金銀行と台湾銀行は、香港における政治および経済状況について、多方面からの調査をおこなっていた。[11]

当時の香港は、イギリスと日本との間の政治的、経済的、軍事的な紐帯を促進するための、重要な都市であった。在香港イギリス人官僚と日本人官僚は互いに、英語を媒介語としたり、時には通訳を通したりして、頻繁に面会していた。明治期には、日本から、伊藤博文、東郷平八郎、黒田清隆や大山巌といった著名人を含めた、多くの貴族、大臣、陸軍将校や海軍将校が、香港を訪問した。また、福沢諭吉、森鷗外、岡千仞や徳富蘇峰といった日本を代表する文化人も、香港を訪れていた。明治初期には、日本は、香港を近代化のモデルのひとつと見なしていたため、一部の訪問者は、研修旅行のような形をとった。訪問者は通常、官庁、軍事施設、学校（とくに西洋教育と出版業で有名な英華書院）、病院、監獄などを参観した。また、西洋化された機構や制度についていえば、イギリスの植民地政策が、経済の発展に力を入れ、また、中国人を使って、イギリス式の政治や法律を履行していたことに、日本人は深い印象を受けた。日本が台湾を侵略した初期には、この「香港モデル」が試行された。[12]

実際、香港は、明治期における日本の近代化に重要な役割を果たした。イギリスと清朝の一部の大企業（たとえば、香港上海銀行、ジャーディン・マセソン、レーン・クリュフォードなど）は、横浜、神戸、長崎に支店を設立した。香港上海銀行は、日本政府にも貸し付けをおこなった。[13] レーン・クリュフォードは、日本に最初の洋装店をオープンした。香港政府は、日本に、通貨製造設備とそのノウハウを譲渡し、明治政府が大阪に国立造幣局を設立することに協力した。[14] 中洋折衷の香港建築から影響を受けて、日本は、東京の南京橋に、香港スタイルの建築群を作った。[15] 香港の小商人も、洋装業、製パン業、会計、エンジニアリングといった業種が立ち遅れている日本において、商売のチャンスを広げようとした。

香港―日本間の軍事交流は、非常に盛んであった。一八七四年以降、日本の軍艦は、補給や交流のために、香港に招かれた。一八八〇年代には、日本海軍は、イギリスに戦艦を注文し、アバディーンの造船所にて製造させた。一八九一年の美濃地震後にも、香港の香港人商人およびイギリス軍は、日本へ義捐金を送った。一八九四年の日清戦争のときには、香港のイギリス船は、日本への軍事援助をおこなった。一九〇二年に日英同盟が締結されると、香港と日本の軍事交流は、さらに頻繁に、また普遍的になった。イギリスは、日本の海軍高官を、海軍基地、要塞の防衛施設、兵舎に招待し、香港でこれら二国政府の高官のためにパーティーを開催するなどした。

日本は、イギリスからの歓待への返礼として、香港の総督や、軍隊の高官、官僚を日本に招待した。たとえば、一八七九年に、日本は、香港の第八代総督であるジョン・ポープ・ヘネシー（Sir John Pope Hennesy）を日本に招き、それが、香港総督の最初の日本への公式訪問となった。日本は、総督を二～三か月間受け入れ、日本副領事である安藤太郎（一八四六―一九二四）が、香港総督に全行程同行して、日本各地を回った。大蔵大臣である大隈重信も、北海道の函館への旅程に同行したという。[16] 香港総督の要求により、日本はいくつかのプラントを紹介した。[17] 一八八四年には、香港第九代総督のジョージ・ファーガソン・ボーウェン（Sir George Ferguson Bowen）も、約二か月間、日本を訪問している。

一八九四年、香港では、数千人の人々が伝染病（ペスト）で死亡した。日本政府は医療隊を香港に派遣し、疫病の原因を調査した。後のチームリーダーには、バクテリア（ペスト菌）を最初に発見した北里柴三郎がいた。[18] 香港政庁は、日本の医療隊の貢献に、この上ない謝意を表明した。

戦前の日本にとって、香港は、もうひとつの役割をはたしていた。日本が中国に対してその政治的な影響力を強めるための重要な都市であったということだ。駐香港日本領事館は、広東省全域に、日本の影響力を及ぼすために、その方面に力を入れた。初期には、日本は、上海および香港に、領事館を設立しただけであった。これら二都市は、政治的な目的を達成するための価値ある都市として利用された。イギリス植民地としての香港は、日本に対して、政治的な根回し、折衝、宣伝活動、諜報といった政治的活動をおこなうために、より多くの自由を与えた。日本領事は、すべての時間を香港滞在に当てていたわけではなく、頻繁に中国に赴き、中国の高官と面会していた。たとえば、一八七七年に日本領事であった安藤太郎は、広東および広西総督の劉坤一を訪問している。また、一八八四年には、駐香港日本副領事である町田実一が、広東および広西の総督で、清朝末期に最も影響力のあった総督の一人である張之洞と面会した。日本政府は、駐香港日本領事を、中国の専門家で対中国政策の顧問と見なしていた。日本の公使や大臣が中国を訪問する際には、通常、領事も同行した。たとえば、一八八四年に伊藤博文が広東省を訪問した際には、安藤太郎領事が同行している。また、領事館は、宮崎滔天を通して、孫文に影響を与えようとした。[19] そして、一八九五年に孫文が広州事件に失敗した後、日本へ逃亡する際にも協力した。日本領事館は、同様に、一八九八年に、百日維新に失敗した康有為を香港に脱出させ、日本へ亡命することにも協力した。[20]

3　戦前香港における日本人の経済活動

日本人コミュニティは、本質的には、経済を中心としたコミュニティであった。香港における日本の投資や経済活動についていえば、一八七〇年代に、香港との貿易が開始され、二十世紀初期に、日本は香港の最大の投資元であり、かつ貿易相手にまで発展した。香港における日本の経済活動は、小売業・サービス業、売春業、そして、海運業といった三つの主要な分野に分類することができる。前二者は、十九世紀で最も主要な産業であったが、二十世紀初期になると、海運業が最も優勢な部門となった。

小売業・サービス業

十九世紀末には、いくらかの日本人の個人や家族が、香港において、自分たちの限られた資本の中で、小売業やサービス業を営むようになった。たとえば、食料雑貨店、日本式旅館、日本料理店、日本式理髪店、写真館、診療所、呉服屋、日本の書店などが含まれていた。食料雑貨店を除き、これらの商店の多くが、主に、在香港日本人(売春婦、商店主、駐在員など)や日本からの訪問者(将兵、商人、官僚など)を含めた日本人を相手に、商売をおこなっていた。他の分野の商店に比べて、日本人は、食品雑貨店をより多く経営していた。日本製品は、香港人社会で、良心的な価格と良い品質によって、よく知られていた。記録によると、香港における日本の食品雑貨店の出現は、一八七〇年代以降である。当時、在香港日本人は数十人を超えていなかったため、日本の食料雑貨店は、主に、イギリス人や香港人を対象としていた。駿浦某や曰下部某は、香港における最も古い食料雑貨店経営者の二人である。駿浦は、香港で最初の日本商店の経営者であるといわれており、長崎の商人から起業して、一八七三年よりセントラルで日本と西洋の日用品を販売した。曰下部は、一八七九年より、セントラルのクイーンズ・ロードに店を構え、陶磁器、茶器、綿製品、浴衣といった日本の商品を香港に紹介した。一八八〇年代になると、日本人の香港への流入にしたがって、多種にわたる小売店とサービス店が営業されるようになった。二十世紀初期に、多くの日本人がワンチャイとセントラルに居住するようになってからは、日本商店も、この二地域に集中するようになった。ただ、シンガポールやサンフランシスコとは異なり、香港には日本人町は存在しない。この二地域は、香港におけるビジネスや商業地域であり、中国人が主流を占めていたが、西洋人、日本人、インド人と、さまざまな経済活動において競い合っていた。

海運業

海上貿易は、戦前香港の日本人の中では、経済活動の中心であった。香港は、マカオに替わって、華南では最も繁栄した港となり、中国、日本、東南アジアの三角海上貿易（中国のもう一か所は上海）における最も重要な貿易港として利用された。香港における海上貿易は、中国とイギリスの商人が独占していた。日本の商人は、補助的、あるいは、二番手という形で参与するだけであった。十九世紀末期、香港における日本貿易商社は、中国とイギリスの貿易商社と競合できなかった。いくつかの日本の大型貿易商社は、一八七〇年代から八〇年代に、香港（多くがセントラル）に事務所を設立した。三井物産は、一八七八年に、香港（セントラルのクイーンズ・ロード）に事務所を設立し、日本の大企業による投資の流入のきっかけを作った。五人の社員しかいなかった三井物産は、輸出入をおこなう貿易商社であった。香港における初期の主なビジネスは、香港で最大のイギリス商社であるスワイヤ社やジャーディン・マセソン社に、日本の石炭を販売することであった。また、日本のマッチの販売もおこなった。同年、他の日本の貿易商社である広業商会も、香港に事務所を設立した。三井物産とは異なり、広業商会は、日本製品（たとえば、海産物の乾物など）を香港に輸入した。ただ、三井物産と広業商会は、一八八二年に、イギリスと中国の商会との激しい競争に敗れて、撤退することになった。

一八七九年、三菱汽船は、香港にて操業を開始した。これにより、二か月に一回、香港と、横浜および神戸間にて、二隻の蒸気船が往復することになり、香港—日本間の直接の海上交通が始まった。これによって、香港が、日本との間の海上交通を、上海に頼らなくてもよくなったのである。[21] 一八七九年に、最初の日本船が香港に入港した際、香港総督のジョン・ポープ・ヘネシーは、三菱による入港レセプションに出席し、日本の投資と日本との貿易を支持することを表明した。一八八〇年代になると、多くの西洋の商社（たとえば、イギリスのジャーディン・マセソン、カナダの昌興、ドイツのルイスなど）もまた、香港—神戸間で、直接の海上輸送を始めた。[22] 香港は、神戸からの最大の輸出先のひとつとなっていた。[23]

香港東部湾仔（ワンチャイ）の日本人商店街（1933 年）［提供：朝日新聞社］
香港における日本人の居住区域は，初期には，ほとんどが香港島のセントラル（中環）であったが，20 世紀に入ってからは，湾仔がより一般的な居住地区となった．多くの場合，日本人の会社重役，官僚，大企業の社員はセントラルを選択し，その一方で中小企業の社員，商店経営者等は，湾仔に居住した．1910 年代中期に実施された調査によると，日本人の約 50%が湾仔に，約 40%がセントラルに，残りの約 10%が南九龍に居住していた．写真には，湾仔で日本人が経営する靴屋，洋服屋，おみやげ物屋，散髪屋，時計店，酒屋が写っている．

一八八四年になると、三菱汽船は、競争にやぶれて香港での操業を停止した。一八九〇年には、八五年香港に事務所を構えた日本郵船が、香港―日本間で、直接の海上輸送を再開した。

十九世紀末における香港―日本間の相互貿易は、当初、農産物と海産物というような物々交換によって成り立っていた。そして、ごくわずかな完成品あるいは未完成品の工業製品が扱われていた。香港は、日本商品の消費市場というよりも、貿易港として機能していた。十九世紀末の数年間で、日本は、香港の最大の貿易相手国となった[24]。香港にとって、十九世紀末の国際貿易において、日本は重要な存在となっていた。製品は、香港を通して、日本と、華南および東南アジア間で交易された。日本製品は、乾燥海産物やその他乾物（アワビ、シイタケ、フカヒレなど）、銅、石炭、硫黄、綿が香港へ海上輸送され、一方、香港から日本へは、米（多くがベトナムからのもの）、織物（多くがルソンからのもの）、砂糖などが輸送された。日本製品の輸入によって、新しい文化と豊富な物質生活が、香港の人々にもたらされた。たとえば、人力車は、一八七〇年に、日本人によって発明され、一八七四年に香港に紹介された。それは、戦前の香港において、主要な交通手段となった。日本の浴衣、ビール、茶、および台所用品は、香港の消費市場に衝撃を与えた。日本人もまた、香港の映画産業の活性化への役割を果たした。一九〇五年に、中国が最初の映画を製作した際に、日本人は、セントラルの広場で、日露戦争に関するドキュメンタリー映像を上映した。それが、多くの香港人が見た最初の映画であった。

ただ、香港―日本間の相互貿易の規模は、かなり小さかった。世紀が変わってからも、香港は、依然として中国との貿易において、日本を重要視していたが、台湾の国際的な海上貿易の発達によって、日本の国際貿易における重要性と日本への総輸出量は減少していった。二十世紀初期には、日本から香港への輸出量は、実際には増加したが、日本の総輸出量における割合は減少した。それにもかかわらず、海上貿易は、戦前香港における日本人の中では、サービス業、小売業、売春業を追い越して、最大の経済活動となっていた。香港は、日本・中国・東南アジアの三角貿易のための港であり続けただけではなく、徐々に日本製品の消費市場となっていった。香港と中国における日本製品は、上流階級の消費市場において、欧米の製品と競合しており、その一方で、中国と東南アジアの製品は、底辺の市場で流通していた。二十世紀初期には、香港における日本製品のシェアは拡大した。香港では、日本の商社による支店や事務所が増加した。主要な日本の商社や銀行は、セントラル（とりわけミッド・レベル、そしてマクドネル・ロードとボーウェン・ロード間のエリア）にあった。一九三〇年代には、日本は、香港で、中国、イギリス、米国に次いで、三、四番目に大きい投資国となっていた。[25] 二十世紀初期の香港において、「御三家」と呼ばれる日本商社は、三井物産、東洋綿花（三井グループの子会社で、一九二〇年より香港で営業）、三菱商事（一九〇五年より、香港で営業）であった。香港における日本の投資の五五％が、これら三社によるものであった。香港において、三井と三菱は、二大日本企業であり続けた。戦前香港において、三井は、最大の日本企業であり、一九一〇年代には五〇人の日本人を雇用しており、一九三九年には、それが一九八人（一三八人は日本人以外、六〇人は日本人）にまで増加した。[26]

海上貿易に加えて、日本人は、銀行業および海上輸送にも長けていた。日本の二つの主要銀行である台湾銀行（一九〇三年より香港で営業）と横浜正金銀行は、香港に支店を開設し、日本人だけではなく、日本人以外の人々に対しても、融資、送金、ローンなどのサービスを提供した。[27] 台湾銀行は、香港上海銀行、スタンダード・チャータード銀行についで、香港では第三位の銀行となった。横浜正金銀行は、スタンダード・チャータード銀行の協力を得て、日本政府の国債を発行した。[28] 日本郵船、東洋汽船、大阪商船（一九〇一年から香港で営業を開始）は、香港―日本間で、客船と貨物船の直接の海上交通を開始した。

日本からの輸出は増加し、より多くの製品が、香港と中国へ流れ、香港市場は、日本からの天燃資源、雑貨、単純作業によって作られた日本製品であふれた。まず、日本の石炭（とりわけ、九州の三池炭鉱のもの）は、高品質であることで知られていた。それは、十九世紀末の日本からの輸入品の中では、最も多く、二十世紀初期において、二番目に多かった。他の日本からの輸入品とは異なり、日本の石炭は、香港の地元の商社向けのものであり、市場の七〇～八〇％のシェアを占めていた。日本の石炭の主なバイヤーであるジャーディーン・マセソン社は、砂糖の精製に一か月間に四〇〇〇トンもの日本の石炭を消費した。[29] 第二次世界大戦勃発までの間に、生地（綿花など）と衣類の二種類の織物は、二十世紀初期における日本からの最も重要な輸入品であった石炭に取って代わった。[30] 日本の綿およびその他の生地は、香港を経由して、船で中国へ運ばれた。日本の衣類は、手頃な価格と独特のデザインから、香港の人々の間では人気が高かった。浴衣は、一時期、在香港の欧米人の間で流行した。[31] 一九二〇年代、日本の衣類は、イギリスとの競合に打ち勝って、香港の織物市場で一位を占めるようになった。日本の衣料は、日本および中国双方における日本の工場で生産されたものであり、一部は、香港を経由して、その他の国へ再輸出された。

乾燥海産物とその他の乾物は、戦前の香港においては、最も古い輸入品であり、十九世紀末の日本からの総輸入においては、第一、二位を確保していた。香港市場における需要と供給は、非常に安定していた。上環は、乾燥海産物とその他の乾物が集まるところで、日本からの輸入品が占める割合は大きかった。この伝統は、戦後まで引き継がれた。有名な日本の代理商で、後に世間では「椎茸王」と呼ばれた馮秉芬は、家族経営で、日本の乾燥海産物とその他乾物を取り扱っていた。彼の祖父は、上環で、乾燥海産物とその他乾物を扱う兆豊行を創業した。[32] 乾燥海産物とその他乾物は、広東料理の内容をさらに豊かなものにした。たとえば、香港の調理師は、十九世紀末に、干し貝柱を使った広東式のスープや料理を作り始めた。[33]

その他の一般的な日本の輸入品は、陶磁器とマッチであった。台所用品や茶器などの陶磁器は、日本の雑貨店にとって、最も必要とされた。これらの品は、手頃な価格で、美しく、実用的であった。日本のマッチは、その品質の良さで歓迎された。一八九〇年代、香港は、日本マッチの海外市場で最大となり、コレクションのための高価で芸術的な要素を備えたものと、大量消費のための安価なものの双方を提供した。香港において、華南の工場で生産された模造品が広く出回っていたことが、日本のマッチの人気の高さを証明している(第十章も参照のこと)。日本人は、戦前の香港において、中国人が設立した唯一のマッチ工場である隆記公司に協力した。その所有者は、日本に数年間の居住経験がある中国人だった。彼は、香港の自分の新しい工場のために、機械設備を購入し、日本から専門家を雇った。これは、香港の歴史上、最も早期の日本からの「技術移転」の一例であったといえる。[34] しかし、日本のマッチは、マカオ、中国、スウェーデンとの競合に敗れて、一九二〇年代に撤退した。日本茶、砂糖、絹、タバコ、そして果物もまた、香港市場では、激しい競争を強いられた。[35] 日本は、香港から、少規模の購入を続けた。一方、香港は、金属（たとえば、錫、鉛、鉄など）と同様に、農産物と畜産物（たとえば、米、砂糖、豚肉など）を日本へ輸出した。それらの大半が、中国大陸や東南アジアから来たものであった。[36]

香港はまた、日本の植民地であった台湾とも、相互貿易をおこなっていた（第三章参照のこと）。台湾もまた、香港との貿易において、一定の利益を得ていた。台湾は、石炭、茶、皮革、砂糖、塩、ハッカ、その他主要な製品を香港に輸出していた一方で、既製品（たとえば、衣服や靴など）を香港から輸入した。[37] 多くの台湾製品は、香港経由で、ヨーロッパや米国へ、船便で送られた。香港―台湾間の貿易のほとんどが、三井物産のような日本の貿易商社によって取り扱われていた。[38]

工業投資

日本もまた、さまざまな工業分野において、香港に投資していた。たとえば、戦前香港における最大のタバコ工場のひとつである広東南洋煙草公司は、日本に帰化した広東人が所有していた。日本人専門家の指導の下で、五一〇〇人以上の地元の工員が雇用され、その工場の製品は、中国大陸と東南アジアに輸出された。[39]

日本人が実施した調査によると、一九三六年に、香港における日本人の投資と人口は多く、七六社の日本企業（事務所の合計は一二五）が、香港でビジネスと投資をおこなっていた。当時の香港における外国からの投資の規模では、日本は、イギリスと米国に次いで三番目であった。七六社の日本企業のうち、四社が一八九〇年代に、一三社が一九〇〇年代に、二一社が一九一〇年代に、そして、一七社が一九三〇年代に、香港に駐在した。そのうち、二〇社が貿易商社で、一九社が小売業者、一〇社がマスコミであり、金融および運輸会社がそれぞれ三社あり、二社が工場であり、そして一社が水産会社であった。[40]

戦前、香港における日本の投資および香港―日本間の相互貿易は、その規模を拡大していった。日本はつねに香港との貿易で、黒字を計上していた。[41] ただ、一時期、その関係は、中国における日本との領土問題や経済侵略によって、緊張状態にあった。香港では、大規模な反日運動が、一九一五年、一九年、三一年に発生した。香港におけるイギリスと中国の主要な貿易商社（たとえば、シンシアや南北行）は、こういった反日感情を利用して、日本のビジネスを制限したり、抑止したりしようとした。しかしながら、その効果は一時的なもので、日本はそのたびに優勢を取り戻した。

香港における日本経済の利益については、一九三七年の盧溝橋事件の後、波乱と下降に見舞われた。一九三七年から四一年の香港の日本占領期の香港における日本の投資は、中国とイギリスとの競争によって、困難を極めた。さらに、行動や言葉によって、日本人が傷つけられたり、日本商店や機関が攻撃を受けたりすることもよくあった。[42] 日本人経営の店でなくても、日本製品（日本のビールや味の素など）を扱っているというだけで被害の対象となり、日本の商人は追い出された。一九四一年の戦争開始後に香港に留まっていた者は、三九三人にすぎなかったという。

性風俗業

戦前、とりわけ十九世紀の在香港日本人の中で、社会的な存在感を示していた者は売春婦であった。明治期には、数多く（推定一〇万人）の若い女性が、生活費を稼ぐために、売春婦として中国や東南アジアに渡った。十九世紀末期には、在香港日本人人口において、最大の比率を占めていた。彼女たちによる消費は、多くの日本人の小売業者、屋台主、店主、仕立屋、理髪屋、調理師、写真屋、歯科医などの小規模商人による市場を支えた。香港は、日本の売春婦の主要な分配地となっていた。九州の貧しい農村出身の女性たちは、貨物船（その多くが石炭運搬船）に乗って、香港に不法渡航したが、中には途中で命を落とす者もいた。渡航に際して、彼女たちは一五〇～三〇〇香港ドルを支払った。[43] 彼女たちが受け入れられるには、香港市場は小さすぎた。多くの日本人女性は、香港での短期滞在の間に、簡単な英会話など基本的な知識を身につけてから、中国大陸や東南アジアへ再渡航した。[44]

日本人売春婦の香港への渡航は、一八七九年から始まった。一八八〇年代および九〇年代には、売春婦が在香港日本人の主流を占めた。一八八五年の香港では、八軒の認可売春宿が存在し、そこでは五二人の売春婦が雇われていた。日本領事館は、香港政府に対して、在香港日本人売春婦を制限するように通知した。その対応策として、香港政府は、日本の売春宿の数と、日本人売春婦を一八八五年のレベルに固定するように勧告を出した。しかしながら、この勧告は、厳格に実行されることはなかった。日本人売春婦の数は、その後も急激に増加し、一九〇一年には、一三軒の認可売春宿において、一三二人の売春婦が雇用されていた。(45) 一九〇八年には、認可売春宿の数は、これまでの最高である一七二軒にのぼった。(46) 香港および上海は、中国における売春婦の最大市場であった。シンガポールと比較すると、香港における売春市場の規模は小さく、同時期のシンガポールでは、一〇〇軒を越える日本人の売春宿と、一〇〇〇人近い日本人売春婦がいた。

香港には、認可を得た(あるいは公的な)売春婦と、不認可の(あるいは個人の)売春婦といった二種類の日本人売春婦がいた。日本領事館が協力する年次国勢調査を通して、認可売春婦は、香港政庁から監視されていた。認可売春婦は、香港政庁から営業権を与えられた売春宿に雇用されていた。売春宿は税金を納め、売春婦は健康診断を受けた。認可売春宿は「貸座敷」と呼ばれており、それぞれの宿に六〜九人の日本人売春婦がいた。認可売春宿は、当初は、セントラル(とりわけハリウッド・ロード、スタンレー・ストリート、ウェリントン・ストリート)にあり、後には、多くが、ワンチャイの海岸沿い(とりわけスプリング・ガーデン・レーンとサムパン・ストリート周辺)に移転した。セントラルの売春宿で就労する日本人売春婦は、「ショッピング・ガール」と呼ばれ、ワンチャイの売春婦よりも、高価でよいサービスを提供した。スプリング・ガーデン・レーンとサムパン・ストリートは、戦前の香港における有名な歓楽街であり、多くの日本の売春宿が軒を並べていた。日本の売春業者は、この二本の通りで、二、三階建ての西洋建築の住宅を売春宿として借りていた。売春宿であることを示すために、建物の入口に、日本の赤提灯をともし、赤い着物や浴衣を着た売春婦が、二階のベランダから、通りを行き交う人々に、手招きや目配せをしていた。内装は、日本風に改装してあった。客は、二階に上がって私的な時間を過ごす前に、一階で軽食をとったり、日本製のビールを飲んだりすることができた。日本の売春婦は、現地の中国人、インド人と同様に、香港を訪れた外国の兵士や商人にも対しても、安価な性的サービスをおこなった。良心的な値段で、相手を選ばずにサービスをおこなう日本の売春婦は、末端にいる地元の売春婦の主要な競争相手となっていた。認可を得た中国人売春宿は、上環（水坑口）と西区（石塘咀）に位置していたため、日本人と中国人の売春婦同士の競争は、それほど厳しくはなかった。

多くの日本人売春婦は、香港で日本の故郷にいた時よりよい生活を送っていた。彼女たちは、肉や米を口にすること、髪をセットすること、着物を着ること、そして、買い物に出ることができた。彼女たちにとって、夕刻と夜間の仕事はとくにきついものであった。彼女たちは、一回の客取りにつき、約七ドルを得ることができた（一回の食事にかかる費用は二五セントであった）[47]。通常、最初の三～五年間で、彼女たちは自らの負債を返すことができた。その後、帰国するか、貯蓄を増やすために、とどまり続けるかの選択ができたが、多くがとどまることを選択した。彼女たちは、送金によって、自分たちの故郷を支えるという重要な役割を果たしていたのだ。一部の売春婦は、余剰金額を、香港や華南に居住する小規模の日本貿易商や屋台業者に、利子をつけて貸し付けた。彼女たちは、三〇歳代後半に差し掛かると、引退を迫られた。一部は帰国したものの、日本政府や同胞から差別を受けた。また、一部は、現地人や西洋人の妾として、香港にとどまった。

一方、非認可日本人売春婦の問題は、当初から存在していた。非認可売春宿もまた、セントラルとワンチャイに位置し、カフェ、日本式旅館やレストランなどを隠れ蓑にして運営されていた。香港政庁が、増えすぎた売春婦、多くの非認可売春宿に対して制限を強化し、その二地域からの立ち退きを迫り、彼らが香港島の他の場所や、九龍で営業できるように、こっそりと指図した。非認可売春婦は、登録されていなかったため、その数は判然としていない[48]。彼女たちは、認可を受けている同業者よりも、さらに安価なサービスを提供した。しかしながら、彼女たちは、経済的困難や体調不良に悩まされた。彼女たちは不法で就労していたため、一度、香港政庁に摘発されると、保良局（婦人と子供を保護するための施設）に送り込まれることになった。一度に四〇人以上の非認可売春婦が、保良局に保護されたこともある。香港政庁は、本国へ送還するために、彼女たちを日本領事館へ引き渡した。しかしながら、日本領事館には、送還するための資金がなかったため、彼女たちは解放され、その多くがもとの仕事に戻った。一九三二年、香港政庁は、売春婦の認可制度を廃止したため、多くの認可売春婦は、突然、非合法の売春婦に変わってしまった。

おわりに

本章は、香港史および海外における「外国人」、とりわけ日本人の歴史において、空白となった事実を埋める試みであり、戦前における香港の日本人社会に対して、歴史的な考察および評価をおこなったパイオニア的研究のひとつである。戦前、少なくとも日本が香港を占領するまでは、香港と日本との関係は、経済や政治などの面で、比較的調和を保ち続けていた。帝国主義による行動や、日本からの被害という観点からのみ、戦前香港におけるすべての日本の活動をみることは、不公平であるといえる。しかし、日本が香港を占領してからの、いわば戦時の状況において、彼らの態度は一変する。この点は、次の第一二章で明らかにされている。

香港の歴史を振り返った場合、日本はたえず主要な投資国であり、貿易相手国であった。日本人コミュニティは、戦前香港における「外国人」のコミュニティの中で、最も影響力を持つまでに発展していたのである。香港における日本人の経済活動は、香港が、国際貿易港、そして、華南における経済の中心地としての地位を確立することに役立ったと評価してよい。そして、そこからまた、新しい製品や文化を紹介することで、香港の人々の物質生活も豊かなものになった。一方、日本にとって、香港は、重要な中継港、製品の分配地、そして、中国とイギリスの政治への窓口であった。香港―日本関係は、広く、互いに利益もたらすような関係になっていった。

一般的にいえば、香港政庁と香港人は、一九三〇年代までは、在香港日本人に対して、友好的な態度をとっていた。日本が日英同盟を結んだことによって、日本と香港は、緊密な軍事的な交流を保っていたこともあった。次章にみられるように、一九三〇年代以降、日本の軍国主義の高まりによって、日本と香港の関係は悪化し、そして、一九四一年末に太平洋戦争が勃発して情況が一変した。

海外の日本人社会の現地化には時間が必要であり、現地生まれ現地育ちの二世が出現するかどうかがその契機となる。戦前における日本人社会は、戦前においてすでに現地化の条件を兼ね備えるまでに成熟していた。戦争がなければ、日本人はおそらく、インド人、ユダヤ人、そしてヨーロッパ人に次ぐ、香港における主要なエスニック・グループになっていたであろう。戦争がすべてを破壊した。

注

1 陳湛頤「日文香港研究著述的回顧」in *Prospects for Japanese Studiesinthe 21st Century*, Hong Kong: Society of Japanese Language Education, 1999, pp. 147–156.

2 陳湛頤『日本人與香港――十九世紀見聞録』香港：香港教育、一九九五年、一〇頁。

3 奥田乙治郎『明治初年に於ける香港日本人』台北：台湾総督府熱帯産業調査会、一九三七年、二〇―二一、一一二、二〇七―三〇九、三一三―三一四頁。

4 一九一七年における在香港日本人についての公的な数字によると、五大職種は、日本企業および銀行の社員（三〇七人）、売春婦（一八八人）、着物関係（一一五人）、飲食関係（六七人）、洋服仕立業（五八人）である。『香港事情』（三四八―三四九頁）を参照。

5 一九一七年における在香港日本人の具体的な数字は、以下のとおりである（『香港事情』三四八頁）。

項目／地域	セントラル	ワンチャイ	南九龍
世帯	六六	一五八	二一
男性	三七一	三五三	五二
女性	一八六	四〇七	三一
合計	五五六	七六〇	八三

6 赤岩あきよし「香港の日本人墓地」、Tam Yue-him ed., *Hong Kong and Japan: Growing Cultural and Economic Interactions, 1845–1987*, Hong Kong: The Japan Society of Hong Kong, 1988, p. 132.

7 李培徳「香港日本關係大事年表草稿」in *The Japan Society of Hong Kong 40th Anniversary Commemorative Volume*, Hong Kong: Japan Society of Hong Kong, 2002, p. 174.

8 奥田乙治郎、前掲書、一八一頁。

9 陳湛頤、前掲書、二五八頁。

10 奥田乙治郎、前掲書、二三六—二三八頁、また、陳湛頤、前掲書、二一〇、二二四—二四五頁を参照。

11 横浜正金銀行は、数巻にわたる見聞録である『通報号外』を発行している。それらのレポートの内容例は、奥村仁郎「香港幣制に就て」(『通報号外』第五七号、一九三五年)および横浜正金銀行頭取席調査課「香港錫に就て」(『通報号外』第三六号、一九三一年)を参照。台湾銀行も、香港経済に関する多くのレポートを発行している。例えば、香港の主要中国人ビジネスマンのバック・グラウンドのリストは、彼らの日本に対する態度に着目して書かれており、それは、第二次世界大戦中に、日本人が協力者を選ぶ際の重要な参考資料となった。詳細は下條義克『香港華僑概説』東亞研究所、一九三九年、一〇九九—一一二一頁を参照。

12 この考えは、著名なジャーナリストである徳富蘇峰によって、最初に公表された。詳細は、陳湛頤、前掲書、二三五—二三八頁を参照。日本が台湾を侵略した際、台湾が日本の植民地となる際に香港モデルを採用するという、イギリス人アドバイザーによる案が受け入れられた。詳細は浜下武志『香港——アジアのネットワーク都市』筑摩書房、一九九六年、三一—三四、四四頁を参照。

13 Frank King' *Hong Kong Bankin Late Imperial China, 1864–1902*, Cambridge: Cambridge University Press, Vol. 1, 1987, p. 482,491.

14 李培徳「香港造幣廠與大阪造幣局」in *The Japan Society of Hong Kong 40th, Anniversary Commemorative Volume*, pp. 573–589.

15 久米邦武『特命全権大使米欧回覧実記』岩波書店、一九七七年、一〇三、一一三頁。

16 「香港大樹縦覧日誌」『函館市史　資料編二』函館市史編纂部、一九七五年、七六五—七七七頁。

17 奥田乙治郎、前掲書、八三頁。

18 同上、三二〇—三二九頁。

19 津田邦彦『観光コースではない香港』高文研、一九九九年、一二六頁。

20 陳湛頤、前掲書、二五九頁。

21 最初の香港—日本間の海上交通は、一八六七年、米国のパシフィック・メール蒸気船によるサンフランシスコ—横浜—香港の航路から始まった。

22 余縄武、劉存寛編『十九世紀的香港』香港：麒麟書業、一九九四年、二四二―二四三頁。
23 林満紅「日本殖民時期台灣與香港經濟關係的變化」『中央研究院近代史研究所集刊』三六期、台北：中央研究院、二〇〇一年、七四頁。
24 同上、九六―九七頁。
25 林満紅、前掲論文、七〇頁。
26 『日本の対支投資』日本東亜研究所、一九四二年、一五七、一五九頁。
27 横浜正金銀行は、その後の一九四〇年に、マカオに事務所を開設した。日本人のマカオへの投資の規模は小さく、日本人は、いくつかのタバコ工場、ワイン工場、および食料貿易会社を所有していた。詳細は「マカオの日本人」七二―七七頁を参照。
28 朝鮮銀行編『香港上海銀行の発達及びその現状』東京：朝鮮銀行、一九二九年、六〇―六二頁。
29 陳湛頤、前掲書、二一二頁。
30 朝日新聞社東亜問題調査会編『香港と海南島』朝日新聞社東亜問題調査会、一九三九年、四六―四八頁。
31 奥田乙治郎、前掲書、二四九―二五〇頁。
32 藤田一郎「戦前の大問屋街」『香港日本人クラブ創立二五周年特集号』香港：日本人クラブ、一九八一年、一二三頁。
33 奥田乙治郎、前掲書、一八三―一八四頁。
34 台湾総督府民政部編『香港に於ける工業』台北：台湾総督府、一九一五年、三一頁。
35 一九一一年以降、日本は、青森県からリンゴを輸出した。その多くが、中国および東南アジアへ再輸出された。日本のリンゴは、香港の西洋人の中では、人気が高かった。詳細は、中畑巽「香港市場に於ける林檎状態」『明治時代における青森りんご海外販売史』青森県経済部、一九五二年、三〇―五三、五八―六〇頁を参照。
36 例えば、香港（とりわけ、スワイヤ社）は、台湾から砂糖の原料を輸入し、精製してから、日本に販売した。
37 『香港事情』二四八―二三九頁。
38 林満紅、前掲論文、五七―五八頁。
39 台湾総督府民政部編、前掲書、一八頁。
40 東亜研究所編『香港に於けるイギリスの経済的投資』東亜研究所、一九四一年、七―八頁。
41 日本の外務省国際貿易局の統計によると、一九〇三年から一九一四年にかけて、日本は、香港との貿易において、多大な利益を計上している（『香港事情』二二八頁を参照）。また、香港の統計局によって公開された数字は、香港―日本における貿易の不均衡が、一九三〇年代の間に定着したとは限らないことを示している。一九三七年から三九年にかけての香港―日本間の貿易では、取引における実際の合計額、および貿易における割合の双方において、日本は利益を計上したことが記録に残っている。日本は、香港への輸出国の中では二位に位置している一方で、香港からの輸入国の中では、六位にとどまっている。

42　一九四〇年における香港の反日感情が高まる中で、日本はレポートを終了した（中山十三「香港に於ける支那人の対日感情」『東亜調査報告書』東京：上海東亜同文書院、一九四〇年、八〇七―八二七頁）。

43　奥田乙治郎、前掲書、「付録」二七頁。

44　James F. Warren, *Ah Kuand Karayuki-san: Prostitutionin Singapore, 1870–1940*, Singapore: Oxford University Press, 1993, pp. 68–70, 83, 207.

45　奥田乙治郎、前掲書、三〇三―三〇六頁。

46　『南支那の開港場』台北：台湾総督府、一九三〇年、一一三頁。

47　奥田乙治郎、前掲書、「付録」六頁。

48　十九世紀末期の香港には、二〇〇人以上の非認可の日本人売春婦が存在したと言われている（陳湛頤「香港初年的日本娼妓」原武道、陳湛頤、王向華編『日本與亞洲華人―史文化篇』香港：商務印書館、一九九九年、一三九頁）。

【付記】本章は、Benjamin Wai-min Ng, "Making of Japanese Community in Prewar Period（1841–1941）," in Cindy Yik-yi Chu eds, *Foreign Communities in Hong Kong, 1840s–1950s*, Palgrave Macmillan, 2005. に依っている。ただし、邦訳にあたっては、構成を一部変えたほか、一部加筆・修正している。なお、邦訳にあたっては、Palgrave Macmillan 社の許諾を得ている。

第一二章

拘留される「外国人」の待遇と心理状態
――日本占領時期の香港スタンレー強制収容所

朱　益宜（Cindy Yik-yi Chu）

はじめに

外国籍住民、本書でいう「外国人」をとりまく状況は、平時と戦時で劇的に異なる。本章では、一九四一年一二月から一九四五年八月までの三年八か月の間、日本の占領下にあった香港において、中国人だけでなく、外国籍住民をめぐる受難の日々をとりあげる。

日本が植民地香港を占領する前から起こっていた日中戦争（一九三七―四五年）が香港にまで広がりはしないかと懸念されていた。香港はイギリスに統治されていたが、目の前に迫り来る戦争を食い止めることはできなかった。一九四一年一二月七日（日本時間では八日）、日本は真珠湾を奇襲し、米国はただちに第二次世界大戦（一九三九―四五年）に参戦した。戦争はついに太平洋圏域で勃発した。連合国軍はヨーロッパ戦線とアジア戦線の二つの戦線に直面することとなった。その後、日本は東南アジア諸地域を制圧するために、徐々にいわゆる「大東亜共栄圏」の実現に向かいだした。周囲で戦争が起こっているのを見て、イギリスは真っ先に日本の勢力拡張を阻止できないことを知り、まもなく香港は日本の侵略の被害者となった。

日本軍は、一二月八日に香港に侵攻し、幾多の戦闘の後、駐香港イギリス軍は一九四一年のクリスマスの日に降伏した。香港の近代史上、日本に占領されたのは唯一この時期だけであり、また唯一イギリス以外の海外の勢力に統治された時期でもあった。この時期、現地住民からではなく侵略者である日本から、敵国国民すなわちイギリス人、アメリカ人などを対象とした「排外主義」が最も顕著に現れた。排外主義の出現によって、連合国の国民を一九四二年一月から一九四五年八月までの期間、香港島東南部のスタンレー（赤柱）強制収容所へ拘留した。ただし、アメリカ人とカナダ人については、他国に拘留されていた日本国民と交換するために、一九四二年六月と一九四三年九月に二回本国へ送還された。

香港ではあまり多くの排外事件は起こらなかったが、これはイギリスの統治が独裁的でなかったということではない。海外統治者と現地の中国人の間には確かに緊張があった。イギリス国民は植民地の香港で高度な特権的地位と待遇を受けていた。しかし、最近の研究では、イギリスの植民地政府はひとつの集団の行動者をして、もうひとつの集団に対抗するという手法で、衝突を処理したり受け入れたりしたほか、自分に有利な社会的な派閥紛争や利益衝突を作り、その統治を維持していたと指摘している。[1] 日中戦争以前に、香港でも排外感情は起こっていた。たとえば、一九二二年に起こった香港海員ゼネストがある。当時中国人海員はヨーロッパ系海員の給料が彼らの数倍も高いことに反対してデモをおこなった。また、一九二五年に起こった香港と広州の海員のストライキでは、異業種の人々もこれに参加した。

一九四〇年代のスタンレー強制収容所は香港の排外主義を示す最大規模のシンボルと言えよう。この事件は香港史上、外国人が標的にされ、疑われ、厳密に監視された唯一の時期である。「外国人」コミュニティからすれば、これは彼らの香港史上最も悲惨な時期であり、最悪な待遇を受け、最も不愉快な記憶である。戦時下においては尋常でないことが起こる。スタンレー強制収容所は、香港の「外国人」住民にとって歴史上の特異な事件に違いない。本章では、「外国人」の拘留期間の生活を探求するために、収容所の記録、収容者の日記やメモワールを用いた。これら研究資料は、刊行されている回顧録、香港政府檔案処歴史檔案館およびその他個人の檔案処で見られる。これらを用いて、本章では、収容所の状況、被拘留者の待遇と彼らの心理状態について記述した。その中で、とくに香港の「外国人」コミュニティの歴史上、異常ではあるが、重要な時期にあったことを明らかにした。

1 日本の香港占領――一九四一年一二月

一九三七年七月七日に起こった盧溝橋事件を契機に、日中戦争の幕が切って落とされた。一九三〇年代、日本の侵略と領土拡張主義が広がり、中国の民族主義感情はピークに達していた。一九三七年一二月、国民党の蔣介石は中国と日本は消耗戦に突入したことを宣言し、中国人民は長きに渡る、困難な時期に立ち向かうのだ、という確固たる意志を表わした。イギリス植民地の香港でも、戦争は国境近くまで迫って来るという危機感が現れた。戦争の脅威はまださし迫っていなかったが、香港でも内地からの食べ物や住む所のない難民が押し寄せ、戦争の影響を受け始めていた。彼らは町中うろうろして、物乞いし、仕事を捜していた。難民キャンプの設営が緊急の解決方法となっていたと同時に、香港政庁は迫り来る日本軍の侵略の防衛準備をしなければならなかった。その準備には、空軍の訓練、志願兵の募集、臨時警報が含まれた。しかしながら、イギリスはもし日本軍が国境に迫って来れば、植民地の香港がその進攻を阻止できる可能性は極めて小さいと考えていた。一九四一年四月、ウインストン・チャーチル首相は、仮に香港が抗日戦争に参与すれば、「まったく勝てる見込みはない」と言明した。(2)

一九四一年一二月八日早朝、日本軍は国境を越え、ついに香港への侵略を始めた。それに対抗するため、王室の工兵部隊、パンジャブ (Punjabis) キャンプと中国人の義勇軍は、日本軍の侵攻を遅らせるために、国境から九龍までのインフラを破壊した。早朝五時、彼らは深圳河に架かる九広鉄道の鉄道橋を破壊し、その半時間後にはすべての鉄道橋が爆破された。その後間もなく、イギリス軍と日本軍が激しく戦い、二時間後には、啓徳空港で日本軍が朝八時に深水埗兵舎を標的とするという空襲警報を受けた。空襲は、その後数日間続いた。一二月一一日朝、九龍は激しい砲撃を受けた。午後、軍隊とともに警察も香港島へ撤退した。昂船洲大橋の西側の砲台が襲撃され、摩星嶺の要塞も同じく襲撃された。その日の夜のうちに、撤退は完了した。(3) だが、戦闘は長く続かず、イギリス軍はクリスマスの日に降伏し、この日から始まった香港の日本占領は、一九四五年八月まで続いた。

香港政庁が降伏した当時、香港には約三〇〇〇人の連合国からの非中国籍一般住民がいた。(4) ある時期には、これらの一般人は自身の安全を心配して、街に出かけるのを控えていた。一九四二年一月四日、当時唯一の英字新聞であった『香港日報』(*Hongkong News*:日本人経営)に通告を掲載し、日本の敵国のすべての国民に美利操場 (Murray Parade Ground) に出頭するよう召集した。日本人が「外国人」に消息を伝える唯一の方法は通告であった。その中のある「外国人」は「もし私がずっと新聞に注意していなければ、次の行動に関するニュースを知りえなかっただろう」と述べており、その時に持って行く必需品の説明書を受け取ったこともしっかりと覚えていた。

> 私たちは、毛布と持てるだけの個人の金品を持っていかなければならない、それ以外なし。一時拘留所へ送られるために、翌日の朝一〇時に美利操場に出頭、登録しなければならない、これ以外に何もなし。(5)

最終的に、約一〇〇〇人の同盟国の非中国籍一般人が美利操場へやって来た。彼らは登録後、海辺のホテルや妓楼へと連れて行かれ一時的に拘留された。日本軍は、これらの一般人に海辺へ行軍させ、公衆の面前で恥をかかせ、現地の中国人の面前で「外国人」を侮辱した。(6) その後一五、六日間、これらの敵国国民は「極度にひしめき合った、不潔で、乏しい食料という環境の中」に置かれた。(7) スタンレーに到着する前の彼らの状況は、かなり憂慮するものであった。その後、彼らは船でスタンレー強制収容所へ渡った。被拘留者のうち半数は、一月二〇日に一時宿舎のホテルを発ち、スタンレーへ向かい、残りの者は翌日発った。収容所では、日本軍が被拘留者の人数を数え、それぞれのコミュニティによって、グループ分けをした。

日本軍の香港占領後，租界内で入城祝賀の演奏をする陸軍軍楽隊［提供：朝日新聞社］
香港政庁が降伏した時，香港には約 3000 人の連合国からの非中国籍一般住民がいた．1941 年 12 月 25 日，香港総督マーク・ヤングは日本軍に降伏した．香港では，この日を「黒いクリスマス」と呼び，いまだに恥辱の日としている．同月 29 日，日本は香港軍政庁を設置，翌年 1 月香港総督部を設け，磯谷廉介中将を初代総督として就任させた．

とうとう、私たちは二隻のぼろ汽船に乗った。船はかなりの重量オーバーで、船首が重く船尾が軽く、もう一度積み直さないと、安全に航行できないほどであった……香港島の最東端からスタンレーまでは二時間かかり、みなとても不快だった。空気はすぐに腐敗臭がし、ガタガタ響くディーゼルエンジンからの煙が立ち込めていた。浅水湾（Repulse Bay）を過ぎて、石の浅瀬に乗り上げたイギリス軍の駆逐艦「トラキア人（Thracians）」の残骸が見えた……スタンレー湾は浅いので、ずっと私たちの後ろで引きずられていた小船に乗り換えた……日本軍は、私たちの人数を数え、米国人、イギリス人、オランダ人の三つのグループに分けた。(8)

香港政庁医務局長のセルウィン・クラーク（Percy Selwyn Selwyn-Clarke）は、三面が海で、被拘留者はとても逃げられないので、スタンレー半島を一般人の強制収容所にするよう提案した。香港政庁の当時の事務官ギムソン（Franklin Charles Gimson）と検討の後、日本軍はそれに同意した。(9)

スタンレー半島は、香港島の南側に位置し、景色がよく、近代的な建物が並んでいた。「これ以上健康にいいところはない」と言えよう。(10) 確かに海の景色は素晴らしかったが、戦争で壊されてしまっていた。ある目撃者は、次のように言っている、「私たちの香港の戦争において、スタンレー半島はずっと私たちが果敢に戦い、『最後まで抵抗し続けた』場所であった」。(11) イギリス軍が、植民地香港のその他の場所で降伏した数時間後も、スタンレーの戦争は続いていたのである。聖ステファン救急病院内の戦争で亡くなった人の遺体、壁や床や家具についた血痕、すべてが戦争の暴力と恐怖の証であった。(12) スタンレー強制収容所内での警戒心、不安と恐れは続いた。拘留初期の数か月間は、収容所の状況は最悪だった。

2　スタンレー強制収容所の初期——一九四二年一月から二月

スタンレー強制収容所は、スタンレー刑務所のグラウンド（刑務所そのものは含まない）と、それに隣接した聖ステファ

スタンレー捕虜収容所 [Children and Families of the Far East Prisoners of WAR のホームページ http://www.cofepow.org.uk/pages/asia_hongkong3.htm より]

スタンレー（赤柱）捕虜収容所は小さな半島にあり，そこで被拘留者たちは，有刺鉄線に囲まれた限られた空間に押し込まれた．この閉鎖された環境の中で被拘留者たちは，深刻な衛生問題に直面し，蚊に悩まされた．拘留初期の数ヵ月，一般の生活環境は劣悪で，食べ物が主要な問題であった．以前は食べられないで捨てていたものが，被拘留者たちの主要な食料になっていた．ある人の回想の通り，いつもご飯は「のどを通らないご飯」であった．食事の時にもまったく驚きも喜びもなく，所内の人は多くを期待していなかった．

ンカレッジを含んでいた。日本軍の本部は、刑務所のグラウンドを見下ろす山上にあり、前刑務所長と医師の住宅によって構成されていた[13]。収容所は、メリノール・ハウス（Maryknoll House）付近にあり、「小さな半島」にあったといえる。実際、スタンレー半島は「細長く」、「左側には細長い砂浜、それから一本の道と中国人集落だけしかなく」、右側にはもうひとつの浜辺があった[14]。有刺鉄線の金網の後ろには、前刑務所行刑官の宿舎、聖ステファンカレッジやいくつかのビルがあった。拘留された米国メリノール宣教会の神父ウィリアムズ・ダウンズ（Father William Downs）は、強制収容所の見取り図を描いている。それによると、収容所は七棟の刑務所行刑官の宿舎、聖ステファンカレッジ、六棟の前インド刑務所看守および家族の宿舎、一棟の独身行刑官の宿舎、刑務所職員の集会所、当時収容所病院だった建物、そしてイギリス籍医師に割り当てていた建物一棟から構成されていた[15]。被拘留者たちは、多くの時間を墓地で本を読んだり、おしゃべりをしたりして過ごした。また、ツイード湾（Tweed Bay）に泳ぎに行く者もいたが、日本軍兵士に厳しく監視されていた。被拘留者の行動範囲はこれだけで、強制収容所そのものも香港の他の所と隔てられ、市街地から遠く離れていた。

一九四二年一月二〇日、二四人のメリノール宣教会の神父と修道士は近くのメリノール・ハウスから強制収容所へ移るよう命令された。彼らは、前刑務所の行刑官宿舎「E」棟の最上階（三階）の二つのフラットに住んだ。各フラットには部屋が三つ、トイレ、台所、食物貯蔵庫があった。彼らは最初の夜のことを、次のように述べている。

> 私たちは一部屋に四人から七人入れられ、キャンバスの簡易ベッドで寝起きした。あちこちに椅子があり、小さなテーブルと洋服ダンス、あるいは大きな机のほか、ほとんど家具はなかった……私たちの荷物は簡易ベッドの下か隅に積み、ベッドを広げて眠った[16]。

ほかの被拘留者も、同じような経験をしていた。メリノール宣教会の神父と修道士はほどなく、収容所がどんなに込み合っているかを知った。彼らが唯一できることは、新しい環境に順応し、所内の乏しい資源を上手に使うことだった。所内には電気が通っていなかった。彼らは到着した朝、台所で火をつけ、自分たちの持ってきたコーヒーとオートミールを作った。しかし、彼らはたちまち他の人と同じように、所内の物資に頼らざるを得なくなった。支給される物資は限られていた。毎日の食事については、日常の配給があった。一人一人に同じ厨房で用意された同じ食べ物が与えられた。

私たちは日本軍当局から、白米、肉、野菜、茶の葉、塩と砂糖の配給されることを知った――すべて厳しく正確に測って配給――私たちは他の食料を買うことが許された。たとえば、収容所にやって来る行商人から魚や野菜を買った。私たちは一日二食で、食事は収容所の厨房で用意された。と言っても、それは私たちが住む建物の地下のセメントブロックに載せられた大きな飯炊き釜にすぎなかった。このすべての厨房の料理人は、戦争が始まった時に、船長が船に穴を開け沈めて、座礁させた米国船の海員らしかった。[17]

二週間後、彼らは慣れて来たようで、収容所内の日常の予定表にも適応できるようになっていた。毎日の同じ活動の繰り返し、労働がなければ、つぎの食事の支度をした。

二月の初めには、収容所にはおよそ二四〇〇人のイギリス人、三〇〇人以上のアメリカ人と六〇人のオランダ人がいた。[18]所内の建物は、まもなくイギリス人舎、米国人舎、オランダ人舎に分けられ、それぞれのコミュニティに分かれて入居させられた。

時間が経つにつれ、所内の人は通常の生活を始め、自分たちの責務を見出した。彼らは、いくつかの作業グループに分かれて、それぞれの働きをした。ある人が言ったように、「暫くすると、すべてのことが組織立って来た」。当時、洗濯班、修繕班、維持補修班があり、いつもやるべきことがあった。被拘留者たちは、休まずに働き、かまどや厨房を作り、崩れた壁からレンガを拾い、赤い粘土はセメントの代わりにした。彼らは防空壕を壊して、補修用の材料にした。また、近くの山でまき拾いをする人もいた。これ以外に、厨房の日常作業や公衆衛生の維持ためのボランティアが必要だった。[19]

3 収容所内の身体的ならびに精神的健康状態

収容所は、小さな半島にあったとはいえ、そこで被拘留者たちは、有刺鉄線に囲まれて限られた空間に押し込まれていた。海へ行くのも許可が必要だった。また、ある方面からすれば、これ以上いい場所はなかった。なぜなら、スタンレーは気候がよく、周囲の景色も美しく、被拘留者たちの健康と意欲を維持するのに役立った。ここは市街地から離れていて、伝染病の影響を最小限に抑えることができた。海に近く、涼しいそよ風で収容所の夏の暑さをしのぐことができた。また一方では、この閉鎖された環境の中で被拘留者たちは、深刻な衛生問題に直面し、蚊に悩まされた。過密な住環境は、被拘留者たちの健康を脅かし続け、多くの病人は適切な治療を受けられないでいた。収容所内では、ハエの繁殖が腸の病気を爆発させたに違いない[20]。しかし、全体的にみて、収容所の場所と環境は優れていた。仮に別の場所を選んでいたら、被拘留者たちの状況はさらに悪かっただろう。

拘留初期の数か月、一般の生活環境は劣悪で、食べ物が主要な問題であった。供給量が不足していただけでなく、食べ物が非衛生的であった。「ご飯にはつねに灰、泥、ネズミやゴキブリの排泄物、吸殻と……ネズミの屍骸が混ざっていた[21]」。以前は食べられないで捨てていたものが、被拘留者たちの主要な食料になっていた。毎日食物を積んだトラックが収容所にやってきて、各厨房に届く。彼らの毎日の食事は、朝はお粥、昼と夜はご飯と肉か魚の煮込み料理であった。ある人の回想の通り、いつもご飯は「のどを通らないご飯」であった。食事の時にもまったく驚きも喜びもなく、所内の人は多くを期待していなかった。

そのようなご飯と魚を中心とした食事の影響はすぐ現れ、私たちはいつもお腹をすかせて眠っていた。五か月半の拘留期間、私は食器として使われたイワシの缶詰の缶に盛られた唯一の食べ物を大きなスプーンで食べるしかなかった。その期間、一度もフォークとナイフを使うことはなかった。いろんな新しい言葉がコックの作る食べ物から生まれたが、最終的にはみな「のどを通らないご飯」と呼んでいた。[22]

一九四二年初め、収容所内の売店が開かれ、配給以外のわずかな食料を買おうと長蛇の列を組んで外で待っていたが、これらの食べ物はすぐに売切れてしまった。食料がすべて売り切れると、騒動が起こることもあった。また、列に割り込もうとする人がいれば、すぐに争いが起こった。ここで補足しなければならないのは、すべての人が配給以外の食料を買うお金を持っていたわけではなく、また、たとえ持っていたとしても、基本的には配給に少し足す程度であったことだ。被拘留者たちの中では、栄養失調がよく見られた。彼らの弱っていく体格から、それが分かった。拘留されて二か月半後、彼らの体重は激減し、中には七〇ポンド（約三二キロ）も減った人もいた。そのため、彼らは赤痢、下痢、脚気など栄養失調と関係のある病気にかかった。日本軍は、彼らに極端な措置はとっていなかったが、配慮や世話が十分ではなかったので、少なくとも最初の三か月間の収容所内の状況は最悪だった。[23]

飲み水については、拘留期間の大部分は、所内で一定程度供給されていた。ただ、一九四四年一一月、電力不足で揚水機が作動しなかった時だけは問題が起こった。飲み水は、所内と周囲の井戸と給水管によって供給されていた。飲み水による疾病の感染を予防するために、飲み水に塩素を加えるか煮沸していた。全拘留期間中、収容所には十分な漂白粉が供給されていたので、飲み水はいつも処理して使っていた。煮沸した飲み水については、一人毎日約二パイントが支給された。このような予防措置があったので、飲み水の品質は被拘留者たちに脅威を与えなかった。つまり、飲み水は疾病の原因ではなかった。[24]

しかしながら、収容所外の排水管が詰まることがあり、排水系統が健康問題にかかわる潜在的な原因となっていた。マラリアの爆発的な発生を食い止めるために、所内でチームを作り、収容所外での活動が許可された。汚水処理についていは、所内に汚水槽があり、その内数個はマラリア予防チームによって所外に置かれていた。これらの汚水槽はいつも一杯で、地下の排水管が詰まっても、それを修理する設備がなかった。日本軍は、基本的に当時の状況に関心を示さなかった。幸い、所内の地面の排水系統はまだ許容できた。

所内の食料の供給不足と飲み水や排水系統などの状況から、被拘留者の健康を脅かす最大の問題は、栄養失調のため伝染病に抵抗力がないことだった。拘留期間中、死亡率はかなり低かった。当時、処刑されたり、少数だが爆撃で負傷して亡くなったりといった異常な死亡原因がいくつかあったが、大部分の死亡原因は食料不足と栄養失調に関連する疾病であった。一九四二年上半期、被拘留者の総数は二八〇〇人。一九四二年と四三年にアメリカ人とカナダ人が送還され、所内の人数は二五〇〇人程度に減った。各年度の死亡率は次の通りである。一九四二年一〇〇〇人当たり一一・三人死亡、四三年七・二人死亡、四四年一六人死亡、四五年の八か月は一二人死亡。[25]一九四三年の死亡人数は処刑による者を含み、四五年の死亡率には、米軍の空襲による爆撃で亡くなった人数は入ってない。統計の数字が示すように、劣悪な住環境と食料供給の中においても、大部分の人たちは生き伸びたのだ。

しかしながら、伝染病と昆虫で感染する疾病、下痢、赤痢、腸チフス、肺結核、発疹チフスやマラリアなどは所内でよく見かけた。拘留初期に、すでに多くの下痢や赤痢の症例があった。これはスタンレーに来る前、一時拘留されていたホテルや妓楼で感染していたからだった。過密な住環境が疾病を感染させ、粗末な食事と調理が問題をより深刻にした。拘留初期の三か月間の記録では、赤痢の症例が最も多く、三五〇件あった。状況は時とともに多少改善されたが、一九四二年の症例の総数は四一〇件であった。一九四三年、四四年、四五年の赤痢の症例数はそれぞれ一九一件、一七二件、六七件であった。[26]それにもかかわらず、全拘留期間中、直接の死因が赤痢だったのは二件だけであった。腸チフスについては、被拘留者たちがスタンレーに到達する前、または拘留されてすぐ予防注射を打っていて、一九四三年と四四年に再度予防注射を受けた。全拘留期間中、所内で腸チフスの症例は一四件、そのうち死亡したのはたった一件であった。

また、多くの被拘留者は、肺結核を収容所に持ち込んだ。一九四二年、所内には三三件の肺結核の症例があった。広々とした場所であれば、この疾病を多少は予防できただろうが、栄養失調と過密な住環境は肺結核の感染を助長した。釈放後、病院で治療を受けたのはたった一五人であったが、肺結核による死者は七人いた。ジフテリアは拘留期間中、一九四二年に一件発生しただけであった。発疹チフスについては、九件発生し、そのうち四件が死亡した。一九四二年には、収容所でマラリアが猛威をふるい、ついに日本軍の監督の下に、マラリア予防チームが結成され、除草、排水と穴の修理をおこなった。おおよそ半数の被拘留者は蚊帳がなく、日本軍も十分に支給していなかったので、マラリア対策の効果を鈍らせた。マラリアの症例数は、一九四二年は一四三件、四三年は三三一件、四四年は一五一件、四五年は五七件であった。[27]

収容所は、つねに過密状態であり、被拘留者のプライバシーは損なわれ、非常に住みづらく、たえず摩擦が起こり精神的ストレスを感じさせた。[28] 多くの者は、「慣れない環境に馴染めず、言い争い、非難し、料簡が狭くなり、猜疑心などが生まれた」。[29] イギリス人コミュニティの事務処理を担当していたイッカー(John Ster Icker)は、いわゆる「有刺鉄線網病」が拘留初期の数か月に収容所内ですでに爆発していたと回述している。この精神状態の特徴は「主体性に欠き、怠惰、集中力がなく、物忘れ、不眠と些細なことですぐに怒る」である。[30] 幻覚と悪夢がよく現れた。

隔離、監禁され、彼らは興味を感じることが少なくなった。このような劣悪な環境の下では、かつて過ごした楽しかった日々だけが彼らの慰めだった。ここで補足すべきは、彼らは人生の中での重大な試練に直面しても、決して誤った行動は取らなかったということだ。全拘留期間中、収容所では自殺や殺害による死亡事件は一件も起きなかった。[31]

4 強制収容所での日々

このように過密な集団生活の中では、被拘留者たちは絶えず言い争い、デマや衝突が起こったことは予想できる。あるイギリス人の元役人によれば、普段の状況でも被拘留者たちの闘志は減退しており、最悪なのは完全に自分勝手になり、所有権をまったく無視して、同じ被拘留者の利益を軽視することだと評していた。[32] 一定の秩序を維持し、連帯感を育むために、被拘留者は早速グループを作って、事務処理と問題の解決に当たることにした。イギリス人は、コミュニティの理事会と、その下に幾つかの委員会を設置することに決めた。理事会と委員会のメンバーは、日本占領前の香港政府の高級官僚および植民地香港の大企業のリーダーであった。[33] その結果、理事会はかなり成功し、イギリス人コミュニティの中では、わずかに不満を抱く会員もいたが、建設的な議論はおこなわれた。[34] 理事会の下の各委員会は、配給、備蓄や労働など、特定の活動に対して責任をもって管理した。米国人の中では、あるビジネスマンがコミュニティの会長になり、日本人や中国人との仲介者になって、いろいろな事柄に責任をもって処理した。米国人は自分たちのクラブを組織し、自分たちにかかわることを議論した。彼らは前刑務所職員会館のメインホールで、教会や娯楽活動をおこなった。[35] やがて、所内には被拘留者のための娯楽活動や学校、図書館や病院のような必要なサービスがおこなわれた。

よく見かける被拘留者の活動は、古い墓地に行って、何時間もおしゃべりをすることであった。この墓地はイギリス兵とその家族のために建てられたもので、ここから美しい海の景色が見えた。また、ここは恋人たちの愛の語らいの場でもあった。[36] 暑い日には、被拘留者はツイード湾での海水浴が許されたが、日本兵がそばで監視していて、岸から一〇ヤード(約九メートル)以上先に行ってはならないと警告した。その他の時間のつぶし方としては、定期的な競りがある。通常なら、毎週二回。あらゆるものが不足していたので、何でも売りに出せて、物々交換もできた。古着、下着、靴、家具、口紅、おしろい、入れ歯、パイプ、乳母車、本、毛布、壷やフライパン――ありとあらゆるものが競りに出された。競りは人々の注意を引き、被拘留者たちのいい時間つぶしになった。

明らかに、収容所での生活には一人一人の協力が必要だった。これはそう簡単ではないが、確かに必要であった。ある被拘留者が言ったように、「六か月かけて、生活習慣を何とか受け入れられるようになった」[37]。大部分の時間は、繰り返しおこなわれる一連の活動に費やした。

収容所内では、些細なことから口論や激しい論争になることもあった。些細なことから怒りがこみ上げてくるので、すべての人は自制心をなくさないように努力しなければならなかった。ある被拘留者は、次のように回想している。

スタンレーでは、些細なこと、ちょっとした気持ちの衝突、わずかなあるいは仮の不満などが曲解されたり、大げさにされたりした。私は日記に、当時のひと時の考え方や感覚を反映し、あの特別な環境の中で、くじけたり、怒ったり、挫折を感じた時のことをたくさん書いた。正常な生活の中では、私はそのようなことをひと時も考えることはないことを。(38)

他人の世話をすることは、知的にも精神的にも必要なことであり、ボランティアの人たちがその活動を企画してくれたことに感謝すべきである。これは少なくとも一部の被拘留者にとって、自分の注意力を有効に、ある程度満足のいくものに注ぐのに役立った。被拘留者の中には、大学や高校の教師がいて、彼らは毎週二回か三回授業か講義をおこなうことにした。そこで、彼らの専門知識は有効に活用された。このような人生の最悪な時でも、彼らは満足感を得て、自尊心を保つことができた。このように先生と学生がともに方法が見つかり、より良い時間を過ごせるようになった。先生は自由に授業の時間割を貼り出したり、さまざまな活動の通知を貼り出したりした。たとえば、「経済の授業　本日パパイヤの木の下」「フランス語の授業　午後四時半墓地の東側の角」や「スミス教授が五時半から『小鳥の生命』について講義するので、汚水槽のそばの芝生に集合」など。(39)

所内では同様に、拘留された教会関係者による教義のカリキュラムも組まれた。収容所内での宗教儀式は許可された。被拘留者は多くの異なる団体から来ていた。イギリス聖公会、アイルランド聖公会とスコットランド教会をはじめ、米国サウスバプテスト、ニュージーランドバプテストおよび改革教会や福音教会の信徒もいた。このほかに、ルター派、安息日再臨派、兄弟教会や米国聖公会、米国メソジスト派の信徒、イギリスメソジスト派、救世軍とフレンド教会、米国、アイルランドとニュージーランドの長老派の信徒、カナダから来たアッセンブリー・オブ・ゴッド教会と宣道会の信徒、会衆会の信徒、クリスチャンサイエンストの信者とローマカトリック教徒もいた。(40)

貧しく最悪な状況であったが、収容所での暮らしは続いた。ここで生まれる子供もいれば、亡くなっていく人もいた。子供は成長し、若者になった。被拘留者の中には生まれてきた赤ん坊の記録をする者もいれば、葬式や埋葬の記録をする者もいた。次に記すのは一九四二年四月一四日の記録である。「出生、スタンレー収容所：女の子、両親はオーウェンズ夫妻、体重七・五ポンド（約三四〇〇グラム）、名前はマデライン・ジャネット・オーウェンズ。ほかと違うところは、この子は、スタンレー収容所で初めて生まれたアメリカ人の赤ん坊であることだ」[41]。四月二三日、「サイモンズさんの葬送ミサ、八時半。葬儀は午後六時に墓地でおこなわれた。聖ステファンカレッジ前校長兼牧師のマーティンさんが主宰した」。翌日、「ガラ司教が朝おこなわれた追悼ミサで頌徳の言葉を述べ、ミサはヘリア神父が主宰し、前夜埋葬に参列した人のために祈った。このほか、あるイギリス人が癌で亡くなった」[42]。

収容所で大きくなった子供たちは忘れがたい子供時代を過ごした。彼らは異なる国の人たちと混じり合いやすく、社会階級の概念についての理解が乏しかった。彼らの世界は有刺鉄線網に囲まれていた。

戦争が終結した時、おおくの幼児は子供になり、子供は青少年になり、青少年は大人になった。有刺鉄線網の中で生まれ、育った子供は、普通の暮らしをよく知らなかった。車を見るのも珍しく、配給のトラックが到着するのを、彼らはことのほか楽しみにしていた。彼らは親たちが時折支給されるわずかなぜいたく品よりも、ご飯のほうが好きだった。赤十字社からチョコレートが少し入っているプレゼントが届いても、彼らはみなチョコレートに見向きもしなかった……彼らはトレーニングを受けたことのない子供たちで、まったく社会階級の意識がなかった。彼らの友達は皮膚の色が違っていて、彼らの言葉はとても印刷できない。[43]

子供たちの会話の内容は主に収容所内での出来事で、将来の希望に関しても彼らが収容所内で見聞きするものと関連していた。「ある時、無意識に二人の男の子の会話が聞こえた。彼らは大変重要な話題について話し合っていた。将来の職業を考えていたのである。一人が『大きくなったら、僕は配給班に入る』と言うと、もう一人は『そう、僕は厨房の職員になりたい』と言った」[44]。

被拘留者は天候に順応し、また極度に貧しい環境にも慣れなくてはならなかった。食べ物はひとつの問題で、着る物はもうひとつの問題であった。彼らの中で十分な衣服を収容所に持ち込んだ者はわずかで、多くの者は何か月もコンクリートの地面に寝なければならなかった[45]。一九四二年の冬は、彼らにとって初めての試練だった。一九四四年から四五年の冬はもうひとつの試練だった。というのも、当時火がなく、人工の暖房設備もなく、その上収容所内の防寒服や毛布の不足も深刻だった。多くの人は毛布一枚しかなく、たとえ古い麻袋でも、何でも手当たりしだいに着ていた[46]。自然と、大部分の被拘留者たちは朝も晩も持っているものはすべて着ていた。モーニングはコートにもなり、一枚の毛布で一本の長ズボンを作った。夜になると、「原始的な方法で暖を取った。つまり、すべての窓を閉めて、不健康で、通気性の悪い中みんなで肩を寄せ合っていた」[47]。靴もまた心配事のひとつだった。これは冬、そして修繕する材料がないときに問題は深刻化した。なぜなら、被拘留者たちはみな一足の靴しか持っていなかったからだ。「もし靴の表がしっかりしてとしていれば、古いタイヤで靴底を作るとよい。こうすると、戦前に作られたどの靴よりも丈夫になる」[48]。子供たちにとってみれば、状況はかなり深刻で、多くの子供たちは冬中震えて過ごした。国際赤十字社からは、割り当て以外の衣服や靴や布団が支給されたが、供給量はいつも不足していた[49]。

スタンレーの生活は、収容所内でおこなわれていた地下活動以外は、じつに味気がなかった。ほんの一部のイギリス人が無線設備をこっそりと収容所内に持ち込んでいた。そのグループには、香港政庁の防衛秘書官のフレイザー（J. Fraser）とイギリス系大東電信会社の職員もいた[50]。これらの職員は、一九四二年一月と二月に収容所に着いたとき、無線装置を荷物の中に隠してこっそりと持ち込んでいたのだ。夜になると、拘留されたイギリス人はスピーカーでなくヘッドホンを使い、ひそかに重慶とニューデリーの放送を聞き、急いでメモをとり、後日タイプでそのメモを打ち出した。収集できた資料は、アメリカ人が靴や瀬戸物の中に隠して、一回目の送還の時に外へ持ち出した。しかし、この送還後間もなく、このグループ――「内部無線サークル」――は安全上の理由から一部の無線設備を埋めることに決めた。一九四三年三月頃、日本軍は秘密活動に対して調査を始め、グループの一部のメンバーは逃亡を企てたが、計画は実現しなかった。その後、ほとんどのメンバーが日本軍に逮捕された。一部釈放された者もいたが、その他は処刑された。

5　米国人とカナダ人の送還——拘留期間の比較的後の段階

送還に関するうわさが被拘留者の間で広まって間もなくして、それが本当に起こった。一九四二年六月二九日、アメリカ人とカナダ人は収容所を後にして、スタンレー沖に停泊していた浅間丸という日本軍の船舶に乗り込んだ。これが収容所の最初の送還で、他国に拘留されている日本人と交換するために、アメリカ人とカナダ人は釈放された。被拘留者は慌ただしく、何を持って行くかを考える暇もなかった。彼らの境遇からして、発つときに最後にもう一目香港を見ることはできなかった。

> 出航の日、私たちの荷物は接収、管理され、憲兵の検査を待った。はじめ、彼らは非常に注意深かったが、後になると彼らも相当疲れて来て、多くの物は調べなかった。検査の長い列の最後尾に並ぶのがよかった。なぜなら、警察は癇癪を起こすほど疲れてはいなかったが、かなり疲れていて多くのことに煩わされたくなかった……外交官は朝から船に乗っていて、スタンレーで拘留されていなかったアメリカ人も朝から船に乗っていた。浅間丸はスタンレーの沖に停泊していて、私たちは発つ前に香港を見られないので、いささかがっかりした[51]……。

彼らの船は東アフリカのロレンソマルケスに向かい、米国人とカナダ人はそこで日本人と交換した。その後、北米の人はグリプスホルム号というスウェーデンの船に乗り、一路米国へ向かった。

シンガポールかその付近で、私たちは赤道を越え、すぐにここが赤道だということが分かった。私たちは、シンガポール沖約四〇マイルのところで停泊していた……重要な水雷付近では旗を掲げた。サイゴンと違い、ここでは果物やアジアの品物を売りに来るボートがなく、本当の戦争の気配が感じられた。数隻のタンカーが私たちの前を通り過ぎた。それには稲わらで隠した爆薬を載せていた。私たちは一隻の傾いて沈みかけた船を間近で通り過ごした。今晩は非常に危険かも知れない……ロレンソマルケスで、私たちはグリプスホルム号の隣に停り、船の上の私たちと交換する日本人乗客をじっと見ていた。彼らも私たちをじっと見ていた。私たちの船の日本人船員は彼らのために歓呼し、彼らの船のスウェーデン人船員は私たちのために歓呼していたが、二隻の船にいた当事者は誰も一緒に歓呼しなかった。

八月二五日、グリプスホルム号はニュージャージ州ホーボーケンに到着した。一回目の送還後、収容所にはまだ約二〇人のアメリカ人がいた。第二次送還は一九四三年九月におこなわれ、送還されたのはほとんどがカナダ人であった。アメリカ人とカナダ人がいなくなり、残った被拘留者は、主にイギリス人であり、彼らはみな残りの人も間もなく送還されると期待した。[52]彼らは、あとどのくらい監禁されるか分からなかったが、拘留が終わることを切に願っていた。しかし、当時彼らの願いは実現しなかった。香港はイギリスの植民地であり、この事実がイギリス人の送還の可能性をきわめて低くしていた。香港政庁のイギリス人官僚は彼らの同胞のために送還請求をするように強く求められていたが、官僚たちはそれを拒んだ。なぜなら、彼ら自身の植民地を放棄するようなことをして、イギリスが苦境に立つのを見たくなかったからだ。仮にイギリスが香港を放棄すれば、イギリスの官僚は日本の宣伝にいい材料を与えることになり、将来香港をイギリスの植民地にしておくことが非常に困難になると考えたのだろう。

一九四四年一月から、収容所は民事当局の管理でなくなり、軍隊によって支配されることになった。収容所の状況は悪化し、多くの被拘留者は必死にもがいて、やっとの思いで生き伸びた。彼らは、「その後の六か月は私たちにとって、最も飢えた日々であったことを証言する」と言った。[53]

私たちは日本軍の配給を受けた。パンと肉の代わりに、私たちは毎日の割り当てのほかに四オンスの白米、一〇日ごとに四オンスのピーナッツオイルが支給された。とくに男性はことのほか辛かった（まず言及してすべきは、一日の幼児の配給量と一人の成人男性とがほぼ同じであった）。……そこで、体重がまだ限界まで減っていない人でさえも、その段階になるのは時間の問題であった。赤十字社の第二回食料配給の知らせを聞いた時は、ほとんど最悪の状況であった。今度は、一人につき慰問袋が三つ配られたが、かさの大きな支給品はなかった。病院では急場に必要な薬とビタミン剤を受け取り、すべてすぐに使いはたした。私は一二週間のうち、毎週四日、毎日チアミン錠を四分の一錠服用し、二日に一回ビタミンカプセルを一粒服用し、日曜日は休もうと考えた。

一九四五年一月になると、状況は絶望的になった。食物の供給量は減り、被拘留者たちは栄養失調の苦しみに耐え続けた。さらに、一九四二年末以来、米軍の空襲は増え続けた。状況は一九四三年下半期に悪化し、植民地香港は完全に灯火管制が実施された。一九四五年一月、米軍機によるスタンレー上空での三時間に及ぶ空襲によって、一四人が死亡し、四人が負傷した。これは全拘留期間で最も深刻な事件であった。(54) しかし、空襲は連合国軍の勝利への期待を高め、また戦争終結のうわさも瞬く間に収容所内に広まった。八月中旬、収容所の受け取る供給品が突然増えた。被拘留者たちは、米国が日本に原子爆弾を投下し、日本はその後すぐに降伏したというニュースを知った。しかし、被拘留者たちは日本軍がまだ収容所を支配していたので、イギリス軍が香港に到達するまで、如何なる余計な行動も慎むよう忠告を受けていた。八月三一日、イギリスの官僚が収容所に到着し、拘留は終了した。

おわりに

香港史上、外国籍住民が拘留されるというのは確かに異常な事件である。排外主義は現地の中国人からではなく、日本人によってもたらされた。日本がイギリスの植民地での支配を維持するために、日本人は敵国の一般人に対しても疑いを持った。スタンレー強制収容所の被拘留者は十分な食物、衣服がなく、十分な医療行為も受けられずにいたので、彼らの健康と収容所内の衛生状態は劣悪であった。彼らの生活は、糊口をしのぐレベルよりも劣っていたが、拘留期間中の死亡率はかなり低かった。栄養失調は、被拘留者の間ではよく見かけ、また栄養失調と関連する疾病は、彼らにとって深刻な問題であった。過密な住環境の中で、伝染病や昆虫によって広まった疾病で一部の死亡者を出したが、その数は多くなかった。スタンレーは市街地から離れていて、海に近かったので、流行性の伝染病の大規模な発生は防がれた。収容所としてこれ以上最適な場所はなかった。ただ、拘留期間中、外国の一般人は自由を奪われ、基本的な必需品が不足し、外界との接触も断ち切られていた。当然、日本軍は収容所内の環境を改善する意志もなければ、動機もなかった。日本軍は収容所内の状況を無視し、多くの問題を生み出し、被拘留者たちに辛い経験をもたらした。

戦争と暗い未来は、被拘留者たちに多くの心理的ストレスを与えた。当時の生活は単調で、たいして娯楽もなかった。ほんの些細なことから大きな諍いになった。人々はつねに頭脳明晰でいる努力をしなくてはならなかった。宗教活動や余暇活動は、被拘留者の価値観を保ち、また時間つぶしに役立った。彼らは日本占領時期の三年八か月に受けたことを永遠に忘れることはないだろう。誰もがスタンレーでの経験よりひどいことは、将来起こらないと思っている。全期間において、異なる「外国人」のコミュニティが収容所でともに暮らし、「外国人」は国籍や階級の区別なく、混ざり合って共生していた。彼らは有刺鉄線網の中に住み、外部の人と接触する術がなかった。遠くに住む家族や親戚はなおさらのことだった。被拘留者の書いた回顧録はさまざまな細かい点にまで及んでいて、たとえば、彼らの住環境の描写、配給、彼らの悪夢と不安などが含まれていた。たとえ何年過ぎようとも、これらの記憶は生々しく残るだろう。収容所の日々は、彼らに意志の強さや宗教信仰に対する最大の試練であった。

香港史上、彼らが拘留された日々は「外国人」が唯一計画的に差別視された時期であった。つまり、彼らは、疑われ、監禁され、何の助けもない、絶望的な境遇に置かれた。このようなことが再度香港で起こることは想像し難い。香港史上、スタンレー強制収容所の日々は、唯一無二の出来事で、当時の外国籍住民が残した記録は、この一連の事件にとっても唯一無二の証拠であり、注目すべき文書である。

注

1 Tak-Wing Ngo, "Colonialism in Hong Kong Revisited," in *Hong Kong's History: State and Society under Colonial Rule*, ed. Tak-Wing Ngo, London: Routledge, 1999, pp. 3–6.

2 ウィンストン・チャーチルが重視した書物。Tony Banham, *Not the Slightest Chance: The Defence of Hong Kong, 1941*, Hong Kong University Press, 2003.

3 Banham, *Not the Slightest Chance*, pp. 26–64

4 Geoffrey Charles Emerson, "Behind Japanese Barbed Wire: Stanly Internment Camp, Hong Kong 1942–1945," *Journal of the Hong Kong Branch of the Royal Asiatic Society*, Vol. 17, 1977, p. 30.

5 George E. Baxter, "Personal Experiences during the Siege of Hong Kong, December 8–25, 1941; Internment by the Japanese, January 5–June29, 1942; Trip Home and Exchange Civilian Prisoners, Laurence Marques, P. E. A., June 30-August 26, 1942", Hong Kong: United Press Association, nod., p. 20. この文章の写真印刷本は香港大学図書館に収蔵されている（Hong Kong Collection）。

6 Lewis Bush, *The Road to Imamura*, London, Robert Hale, 1961, p. 157.

7 Emerson, "Behind Japanese Barbed Wire," p. 31

8 Baxter, "Personal Experiences during the Siege of Hong Kong, December 8–25, 1941; Internment by the Japanese, January 5–June29, 1942," p. 29.

9 G. B. Endacott, *Hong Kong Eclipse*, edited and with additional material by Alan Birch, Hong Kong: Oxford University Press, 1978, p. 198.

10 *Ibid.*

11 Jean (Hotung) Gittins, *I Was at Stanley*, Hong Kong: n. p., 1946, p. 7.

12 *Ibid.*, pp. 7–8.

13 Emerson, "Behind Japanese Barbed Wire," p. 32.

14 "The Story of the Internment Camp," n. d., p. C-3, Folder 9, Box 1, Personal Narratives of WW II — South China, Maryknoll Mission Archives, Maryknoll, New York（ニューヨーク州メリノール伝道会公文書部）

15 Reverend James Smith and Reverend William Downs, "The Maryknoll Mission, Hong Kong 1941–1946," *Journal of the Hong Kong Branch of the Royal Asiatic Society*, Vol. 19, 1979, p. 78.

16 *Ibid.*, p. 71–73.

17 *Ibid.*, p. 73.

18 *Ibid*, p. 77; Emerson, "Behind Japanese Barbed Wire," p. 33; Baxter, "Personal Experiences during the Siege of Hong Kong, December 8–25, 1941; Internment by the Japanese, January 5–June29, 1942," p. 30.

19 Gittins, *I Was at Stanley*, p. 10.

20 N. C. Macleod, Deputy Director of Health Services, Hong Kong, "Civilian Internment Camp, Stanley, Hong Kong, Health Report," 6 March 1946, p. 1, HKRS 163–1–81 "Miscellaneous Papers in Connection with Stanley Internment Camp during the Period 1941–1945," Public Records Office, Hong Kong（香港政府公文書部歴史文書館）.

21 Emerson, "Behind Japanese Barbed Wire," p. 34.

22 Baxter, "Personal Experiences during the Siege of Hong Kong, December 8–25, 1941; Internment by the Japanese, January 5–June29, 1942," p. 30.

23 A. D. Blackburn, "Hong Kong, December 1941–July 1942," *Journal of the Hong Kong Branch of the Royal Asiatic Society*, Vol. 29, 1989, pp. 82, 88–89.

24 Macleod, "Civilian Internment Camp, Stanley, Hong Kong, Health Report," pp. 1–2.

25 *Ibid.*, pp. 2–3.

26 *Ibid.*, pp. 12–13.

27 *Ibid.*, pp. 13–15.

28 Blackburn, "Hong Kong, December 1941–July 1942," p.88.

29 Endacott, *Hong Kong Eclipse*, pp. 200–201.

30 John Stericker, *A Tear for the Dragon*, London: Arthur Barker, 1958, p. 190.

31 Macleod, "Civilian Internment Camp, Stanley, Hong Kong, Health Report," p. 3.

32 Letter from Franklin Chaeles Gimson, Colonial Secretary in Hong Kong before Japanese occupation, to Colonial Office in London, n. d., p. 8. HKRS 163–1–81 "Miscellaneous Papers in Connection with Stanley Internment Camp during the Period 1941–1945," Public Records Office, Hong Kong（香港政府公文書部歴史文書館）.

33 Bush, *The Road to Inamura*, pp. 158–61;. Letter from Gimson to Colonial Office, p. 6.

34 Letter from Gimson to Colonial Office, p. 14.

35 Cindy Yik-yi Chu, *The Maryknoll Sisters in Hong Kong, 1921–1969: In love with the Chinese*, New York: Palgrave Macmillan, 2004, pp. 53, 55.

36 Bush, *The Road to Inamura*, pp. 158–59.

37 George Wright-Nooth (with Mark Adkin), *Prisoner of the Turnip Heads: Horror, Hunger and Humour in Hong Kong, 1941–1945*, London: Leo Cooper, 1994, p. 93.

38 *Ibid.*, p. 94.

39 Stericker, *A Tear for the Dragon*, p. 185.

40 *Ibid.*, pp. 185–86.

41 Smith and Downs, "The Maryknoll Mission, Hong Kong 1941–1946," p. 95（italics his; イタリック体は原文による）

42 *Ibid.*, p. 97.

43 Stericker, *A Tear for the Dragon*, p. 165.

44 *Ibid.*

45 Macleod, "Civilian Internment Camp, Stanley, Hong Kong, Health Report," p. 7.

46 Stericker, *A Tear for the Dragon*, p. 162.

47 *Ibid.*

48 Stericker, *A Tear for the Dragon*, p. 163.

49 Macleod, "Civilian Internment Camp, Stanley, Hong Kong, Health Report," p. 7.

50 "Report on Wireless Activities and Escape Plans in the Civilian Internment Camp, Stanley," 27 November 1945, pp. 1–6, HKRS 163-1-81 "Miscellaneous Papers in Connection with Stanley Internment Camp during the Period 1941–1945," Public Records Office, Hong Kong（香港政府公文書部歴史文書館）.

51 Sister Frances Marion Gardner, "Hong Kong War Experience," n. d., pp. 12–13, Folder 9, Box 1, Personal Narratives of WW II — South China, Maryknoll Mission Archives, Maryknoll, New York（ニューヨーク州メリノール伝道会公文書部）

52 Letter form Gimson to Colonial Office, p. 17.

53 Gittins, *I Was at Stanley*, p. 11.

54　Endacott, *Hong Kong Eclipse*, pp. 215–16.

【付記】本章は、Cindy Yik-yi Chu, "Stanley Civilian Internment Camp during Japanese Occupation," in Cindly Yik-yi Chu eds, *Foreign Communities in Hong Kong, 1840s–1950s*, Palgrave Macmillan, 2005. に依っている。ただし、邦訳にあたっては、一部削除し、また一部加筆、修正している。なお、邦訳にあたっては、Palgrave Macmillan 社の許諾を得ている。

第一三章

日米の資料にみられる戦時下の「外国人」の処遇
――日本占領下の上海敵国人集団生活所

孫　安石

はじめに

二十世紀前半の日中関係史は、日本の大陸侵略の本格化とそれに対する中国側の排日運動の展開、そして、日本側の居留民の生命と財産の保護を口実にした日・中間の暴力の応酬が繰り返された歴史であった。中でも一九三二年の満洲事変から一九三七年の上海事変にいたるまでの間、日本と中国の利益が最も先鋭に対立したのは、上海という国際都市を舞台にしたものであった。このような日中関係の対立の構図を究明すべく一九三七年から、一九四一年の太平洋戦争の勃発までのいわゆる「孤島」時期の上海については、今まで軍事、政治、経済など様々な分野で先行研究が発表されてきた。

しかし、これらの先行研究においても未解明の部分は多く、たとえば、本章が取り扱う日本占領下の上海敵国人集団生活所の問題などは今までほとんど注目されることがなかったように思われる。それでは、日本が占領した上海に設置した敵国人集団生活所は如何なる経緯で設置されたのか、また、如何なる組織によって運営され、運営の実態は如何なるものであったのか。この問いに答えるためにはまず、太平洋戦争が「国際都市」上海にもたらした大きな変化に注目しなければならない。
太平洋戦争の勃発が「国際都市」上海にもたらした大きな変化は、それまで日本と中国の間で展開された戦闘行為が、この度はイギリスと米国などの連合国を巻き込んだ全面戦争としての様子を呈したことである。これによって日本は、従来の中国との戦闘行為とは異なる新たな問題に直面することになる。すなわち、戦争状態の勃発によって日本はイギリスと米国など多くの連合国の軍隊と民間人を捕虜として拘禁し、彼らに対して戦時国際法の規定に則った人道的な処遇を約束しなければならなかったからである。

第二次世界大戦期間中におきた戦時捕虜の処遇問題については幾つかの先行研究があり、たとえば、内海愛子『日本軍の捕虜政策』（青木書店、二〇〇五年）は、日本、朝鮮、台湾などにおける日本側の捕虜政策を論じており、木畑洋一他編『戦争の記憶と捕虜問題』（東京大学出版会、二〇〇三年）は、日本が戦時中に直面した戦争捕虜問題の概略について紹介している。しかし、戦争捕虜ではなく、敵性国の民間人の処遇がどのように取り扱われたのかについては、多くを触れていない。今回、本章が取り上げる上海の敵国人集団生活所（英文名称は Shanghai Civil Assembly Center、中文名称は上海盟国僑民集中営）問題は、この戦時下の「外国人」の処遇に関連する重要な示唆を含んでいるものと考えて間違いない。

上海の敵国人集団生活所について、筆者はすでに関連資料の一部を紹介しており[1]、また高綱博文「日本占領下における『国際都市』上海」（『戦時上海』、研文出版、二〇〇五年）、熊月之「上海盟国僑民集中営述論」（『上海記念抗日戦争勝利六〇周年研討会論文集』上海人民出版社、二〇〇五年）でも、それぞれ敵国人集団生活所について紹介を試みている。なかでも、高綱の論文は、太平洋戦争の勃発以降の上海における日本人の外国人政策問題を取り上げ、日本が国際法に準拠した「相互主義」をもって外国人問題に対処したという点を指摘している。しかし、日本側の外交文書に登場する「相互主義」という文面は、米国にいる日系アメリカ人に対する処遇を強く意識したもので、単に戦時国際法に則った法律の公平さを重んじた相互主義ではなかったことについては全く触れていない。

以下、本章では、日本外務省外交史料館所蔵の『大東亜戦争関係一件　交戦国間敵国人及俘虜取扱振関係　帝国権下敵

国人関係　在満支敵国人関係』全八冊（請求番号：A・七・七・〇・九・一一―二―二以下、『在満支敵国人関係』と略称）と米国のオレゴン大学が所蔵する個人記録に含まれた上海の敵国人集団生活所に関連する資料を手掛りに戦時下の上海の外国人の処遇問題について解明を試みたい。

1　太平洋戦争の勃発と敵国人問題

それではまず、太平洋戦争勃発前の日本の「外国人」に対する処遇は如何なるものであったのか、その一端を一九四一年一一月二二日に亜細亜局第一課によって準備された「国際情勢急転の場合に於ける在支敵国人及敵国財産処理要綱（案）」を通して見てみることにしたい。この要綱案は、太平洋戦争の勃発後においても外務省の基本方針として踏襲されていることから、戦時下の「外国人」の処遇問題について触れた重要な文献であるといえよう（この文献については、高綱前掲論文、三二四～三二五頁を参照）。

それによれば、日本は「国際情勢急転の場合在支敵国人及び敵国財産の処理は相互主義に依り国際法に準拠し、之を行うと共に我方の負担を最小限度に軽減するため努めて、之が利用を策し、無益の破壊並散逸を防止するものとす」という基本方針のもとに、具体的には、敵国人に対する処置として、以下の点を規定していた。

（1）在支敵国人の退去は相互主義の保障ある場合に於いてのみ之を認める。
（2）在支敵国人は之を帝国軍の監視下に置き、其の居住及び旅行に付制限を附す。
　軍事上、必要ある場合は敵国人にして軍隊に編集せらるる可能性あるもの其他特に我方に有害をなす虞あるものは之を抑留す。

（3）敵国人にして租界、海関、郵政局等の職員、公共事業会社（交通、通信、電力、水道、ガス等）の職員又は鉱山其の他産業関係会社職員にして、其技術及経験を我方に於いて利用するを便宜と認むるものに対しては其の生活を保障し、一定条件の下に其の儘之を利用する（傍点は筆者による）。

これの基本方針に則り、一九四一年一一月二七日、支那派遣軍総司令部は「在支敵国人及敵性権益処理要領（案）」という機密文書を作成した。(2)

それによれば、支那派遣軍は、「対英米開戦に当り在支敵性権益（重慶側権益を含む。以下同じ）は神速適切なる措置を以て軍の実権下に之を把握す。前頁の処理に付兵力を用いるに方りては、可及的無用の戦闘並に破壊を避けるものとし、且つ租界内公共機関などに対しては努めて之が現状に大なる改変を加えず、差しあたり其の機構を存置して運営を継続せしむる如く努むるもの」とすることを方針としていたことが分かる。

引き続き「敵国人に対する処理」として、（1）敵国外交使節及び随員（同家族を含む）はとくに公正なる態度を以て取り扱い、身辺保護の名目を持って旅行を禁止し、現任地に滞留せしめ憲兵をして監視せしむ、（2）敵国人は我方に於て利用するものを除く外は差し当たり其の移動行動及び通信、集会などを制限、監視するも苛酷なる取り扱いをせざるものとす、（3）敵国人の郵便は厳重に之を検閲す。有線通信、無線通信はこれを禁止するものとするなどを規定していた。ところが、ここで重要なことは、「相互主義」による国際法の準拠という基本方針が、実はアメリカなどの敵国に在留する日系の居留民に対する取り扱いに対するに「相互主義」に強く影響されたものであった、という事実である。

敵対国における日系人の法的地位や経済的な利益が確保された時に、日本も「相互主義」に則り敵性国の民間人を保護するという考え方は、太平洋戦争勃発の前日、一九四一年一二月七日、東郷外務大臣が南京の日高代理大使宛に送信した電文の第八六二号（大至急・極秘）と第八六三号のなかでも確認することができる。(3)

それによれば、「時局急転の際、当地に於ける敵国人関係具体的対策に付ては努めて公正に取り扱い在敵国我方在留民に対する取り扱い振りにも悪影響を来さざる様中央の御趣旨を帯し」と記しており、日本側の相互主義が敵国に在留する日本人の居留民の取り扱いを意識したものであったことが分かる（傍点は筆者によるもの）。

引き続き敵国領事に関する措置としては、次のような項目を実施することが確定した。

（1）領事館（大使館、以下同様）備付け無線通信の使用を即時禁止し、通信機を封印し、又は引き渡さしむ。
（2）暗号電文の受発禁止。
（3）平文の電信並びに通信の発受は、総て許可（予め総領事と協議）。
（4）保護及監視の為の所要人員（軍係官及帝国総領事館員）を領事館に派遣す。
（5）領事館事務所を閉鎖せしむ。
（6）電話使用禁止（電話局にて交換を停止す）。
（7）国旗掲揚禁止。
（8）領事並びに館員は従来通り領事館内に居住せしむるも外部（欧国人中立国人を含む）との接触は、軍の許可を要す（会見の際は帝国官憲立ち会う）。外出は監視し、旅行は軍の特別許可を要す。

そして、敵国の民間人に関する措置としては、以下の諸事項を定めた。

（1）我方に有害なる行為を為さざる旨を特に宣誓せしめ、転居、旅行は軍の許可を要す。
（2）郵便物は検閲し、平文電報は許可制とす。
（3）国旗の掲揚禁止。
（4）一般敵国人の監視。
（5）集会講演など禁止。
（6）宣教師に対しては時局問題は論議せざる様警告し、並に教会学校の授業を許可すること。

日本側は太平洋戦争勃発以降、これらの基本方針と原則に基づいて華北、華中、華南地域の各都市を占領し、敵国の民間人を勢力下に収めた。

その時の日本側の対応については、支那派遣軍が一九四二年二月を前後した時期に幾つかの記録を残している。それによれば、華北地域については、敵国公館員は該当地の公館に軟禁して現地の憲兵が監視する体制をとり、外出は原則として許可せず、生活必需品の購入などは中国人の使用人が当たることにした、ことが分かる。また、公使館員と一般人を問わず、ラジオの短波放送の聴取を禁止し、民間人には所有財産の登録、移動の禁止、集会の禁止が強制された[4]。また、華中地域の敵国人の取扱については、揚子江閉鎖により武漢地区に在留する敵国人はすでに孤立状況に落ちたが、開戦に際しては通常の軍事上の制限の他は、できるだけ寛大なる自由を享受せしめ、敵国内の同胞の取扱に好影響を与えることを期待し、寛大な措置が講じられた[5]。しかし、その内容は、(1)外出は許可を取ること、(2)集会と旅行の禁止、(3)住居の移転禁止、(4)動産・不動産の売却禁止、(5)電報と電信の発信禁止などを規定するものであった。

華南地域における日本側の敵国人に対する取り扱いは、敵国領事館員とその家族の保護も国際法で規定された領事特権に基づくものではなく、日本側の一方的な好意的な恩恵措置である、という前提のもとで、民間人に対しても屋外活動を制限するために胸部に徽章をつけ、外出する時には許可証を交付する厳しいものであった[6]。

日本軍は一九四五年一二月八日には、上海の共同租界に進駐するとともに、イギリス大使館と領事館や米国領事館にも接収のための兵隊を派遣し、領事館の職務停止と閉鎖、無電設備の押収などをおこなった。この措置によりイギリスの大使館と領事館員は、領事館構内とキャセイ・ホテルにそれぞれ収容され(オランダ総領事館員の四名と家族もキャセイ・ホテルに収容された)、米国領事館員一八名はメトロポール・ホテルに収容された[7]。

支那派遣軍が作成した一九四二年二月一〇日の「中支那在留敵国非戦闘員地区別並び国籍別一覧表」によれば、上海地区だけでも約一万名にのぼるイギリス人、アメリカ人民間人が在留していたことがわかる[8]。そして、日本側のこれら敵対国の民間人に対する処遇は、旅行と移動は禁止するものの総じて言えば日常生活を妨げるものではない寛大なものであった、と言えよう。しかし、このような日本側の寛大な処遇は、一九四二年二月を境に大きく転換した。

2 米国の日系アメリカ人強制収容と上海

一九四二年二月一九日、ルーズベルト大統領は「大統領行政命令九〇六六号」に署名し、一二万人の日系アメリカ人が強制収容されることになった。このようなアメリカの政策に対して日本側は、敵国の民間人に対する取り締まりを強化する方向へと大きく舵を切ることになった。

そこで、一九四二年一〇月一三日には「在支敵国籍人等集団生活に関する件（案）」が検討された。それによれば、集団生活所は次のような方針と要領で経営されることが計画された(9)。

方針（1）在支敵国籍人中抑留せられざるものに対しては之を集団生活せしむるものとす。但し、必要に応じ特例を認むることを得。

（2）集団生活実施に際しては努めて公正を期し、敵国側をして報復の挙に出つる口実を与えさるか如く措置す。

要領（1）在支敵国籍人にして抑留せられざるものは我方に於て利用中のものを除き集団生活せしむ。

（2）在支断交国人に関しても敵国人に準し集団生活せしむるものとす。（以下、省略）

とくに、方針（2）に関して、集団生活所は質素を本旨とし、努めて清潔にし、衛生的になるように注意し、敵側をして我方の敵国人取り扱いぶりを非難する口実を与えないことが考慮された。また、集団生活所の内部では、高度の自治を認め、所内の秩序に重大な影響ある場合の外は内部の生活に干渉せず、宗教の自由を尊重し、食事は適当なる材料を供給し、被集団生活者が分配・調理し、所内に衛生班を組織し、所要の機材を供給することが規定された。また、外部との連

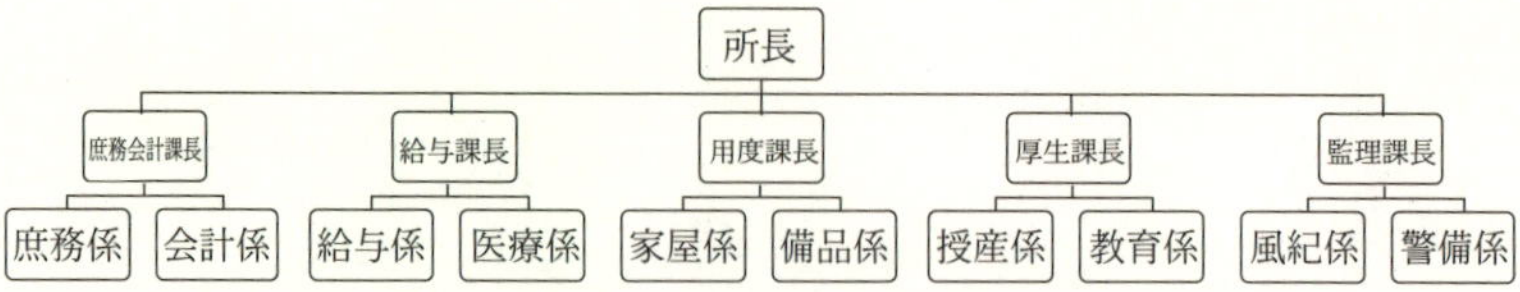

図 13－1　集団生活所の事務系統

［『在満支敵国人関係』第一冊所収文書より作成］

絡では、被収容者が集団生活所を離れることは特別の理由ある場合の外は許されず、被収容者と外来者との面会は係官の許可を得たる場合に限り、立会人を付して、これをおこない、外部よりの差し入れは自由とするも其の都度許可を得ることが規定された。

このような方針に基づいて一九四二年一〇月一四日に「集団生活事務所官制案」が準備され、同年一二月には「集団生活所事務処理準則」が定められた。「集団生活所事務処理準則」によれば、集団生活所の事務は集団生活者を外部より隔離することに重点を置き、之に背理せさる限り集団生活様式はなるべく本国の習慣に準じることを目標とし、（1）敵国人をして通敵行為をなささるの宣誓をさしむ、（2）毎日、午前及午後各一回敵国人の人員点呼をおこなう、（3）敵国人の外出は許可を要するものとし、且つ外出に際しては監視員を附す、（4）敵国人の発受信は検閲の上之を許可し、又は許可せざるものとす。小包、郵便、書籍、新聞、雑誌、慰問袋の如きについても右に準す、と規定していた。

集団生活所の事務組織としては、図13－1のような事務系統が計画され、一人一日あたりの配給品は、米〇・四斤、麦〇・四五斤、食塩〇・〇二斤、砂糖〇・〇二五斤、落花生油〇・〇一五斤、薪一・〇斤、肉・野菜・鮮魚若干と定められた（『在満支敵国人関係』第三冊）。

さらに、一九四二年一二月、「在支敵国人集団生活所開始に関する件」によれば、集団生活の開始は調理場、便所、洗面所、浴場等最小限度の設備ができ次第実施することと、集団生活者に対しては財産処分のために一週間の予告を与えることが規定された。集団生活所に入所する外国人に許可された「持ち込み許可物品」は、寝具一切、衣類品、身の回り品、食器類で、「押収する物品」は写真機、望遠鏡、ラジオ、電話、書籍、書類、地図類等、「換価処分する物品」は、電気冷蔵庫、電気器具、ミシン、タイプライター等とし、「貴重品」の銀器、宝石などは箱詰とし、利益代表国の官憲が保管すること、も確定した。

しかし、敵性国人の収容はときには暴力を伴うものであった。たとえば、一九四二年三月の上海総領事堀内の「敵側諜報網検挙に関する件」と題する報告は、上海の日本側憲兵隊が三月五日の早朝、敵国の諜報網を検挙するために第二回目の検挙をおこない、四六名の敵性国民間人を逮捕した経緯を記している。[10]

その中には、パレスホテル副支配人ダビアンスキー（W. F. Doubiansky）、国際通信の記者フォード（M. O. Ford）、前海関総税務司ウッドヘッド（L. H. Woodhead）、スタンダード石油の支配人トゥグッド（F. J. Twogood）、元海関総税務司メイッ（Sir. F. Maze）、パークホテル支配人ヘーゼル（G. Herzel）、花旗銀行支配人マッケイ（J. A. Mackay）などが含まれていた。敵国側諜報網の検挙という名目で日本が憲兵を動員し、民間人を逮捕する手段をとったことは、上海の外国人に大きな反響を呼んだ。同報告は、この間の事情を、「本件大量検挙は当地外人間に鮮からさる反響を惹起し日本軍□州河以南進駐以来軍の外人取扱振りの意外に寛大なるに依り種々策動を開始せるやの情報ありたる矢先是等分子に対し一大警告を発したるものと観測せられ居れり」（□は判読不明の字）と記している。

3 上海の敵国人集団生活所の運用

このような準備の上、一九四三年二月から敵国人民間人の集団生活所への移住が始まった。一九四三年一月二四日、上海領事館が作成した「在滬敵国人集団生活実施要領」によれば、上海の集団生活所は表13-1のように五つの地区に分かれ、表13-2のような日程で実施された。[11] なお、集団生活所収容における国籍別人数は表13-3のとおりである。

華中地方と上海方面に在留する敵国の非戦闘員に対する集団生活所への収容は一九四三年二月から開始されたが、一九四三年四月一四日の「閘北敵国人集団生活所概要」は収容者に対する取り扱い状況について、次のように記している。[12]

表 13-1　上海の集団生活所の位置（約 7750 名）

地区	収容場所	人　員
浦東	英米煙草公司倉庫	約 1250 名（独身男性の大部分）
楊州	洗礼会病院 慕究理中学校 米濱中学	約 1350 名（家族持ち，独身女性）
閘北	大厦大学	約 1150 名（家族持ち，独身女性）
龍華	上海中学	約 2250 名（その他）
滬西	トーマス・エンド・ハンブリー公学校 大西路避病院 中国銀行社宅 コロンビア・カントリークラブ	約 700 名（工部局職員，家族） 約 300 名（工部局職員，家族） 約 300 名（日本側の敵国人使用人，家族） 約 290 名（現在同所居住者など）

［『在満支敵国人関係』第八冊より作成］

表 13-2　敵国人の集団生活所への収容（1943 年）

月日	集団所別	人数
1 月 31 日	浦東　第 1 次	400 名
2 月 8 日	滬西　第 1 次（ハンブリー公学校）	500 名
2 月 12 日	浦東　第 2 次	850 名
2 月 15 日	閘北　第 1 次	500 名
2 月 20 日	楊州　第 1 次	250 名
2 月 22 日	滬西　第 2 次（ハンブリー公学校、病院）	500 名
2 月 25 日	龍華　第 1 次	500 名
以下、省略		

［『在満支敵国人関係』第八冊より作成］

表 13-3　閘北敵国人集団生活所の収容人数（1943 年 4 月 14 日現在）

国籍	男	女	子供	計
米国	126	321	73	620
イギリス	102	288	111	341
オランダ	31	41	13	85
ベルギー	3	2	0	5
計	262	492	197	1,051

［『在満支敵国人関係』第八冊より作成］

敵国人集団生活の本旨が外部と接触遮断に在るに鑑み二一名の警官を常置して彼等の行動を昼夜厳重看視し防御保持と秩序維持に当れり、其の他面会、通信、電話、外出等は特に厳重取締居れり（中略）彼等の生活をも保障し居るに付き特定の食糧を供すると同時に医薬、衛生品の他生活必需品を給し彼等を保護し居れり。

しかし、このように一か月という短期間にわたる集団生活所への移住がさまざまな問題を抱えていたことはいうまでもない。閘北敵国人集団生活所の所長を務める上海領事鶴見良三は、「在上海敵国人集団生活所現況報告並に対策に関し卑見具申」（一九四三年三月一日）という報告のなかで、集団生活所が直面した問題点について次のように書き残している。[13]

まず、運営施設について次のような問題点を指摘している。

（1）緊要と認められる施設の増改築の実施と予算の確保。
（2）各集団生活所の取締要員の不足。
（3）各集団生活所は遠隔地に位置しており、取締、給養、事務連絡のため数台の自動車が必要。
（4）各集団所において病人続出す現状にして今後も病人の激増は免れざる情勢を鑑み、各所に治療室を設ける他、市内の適当な地に敵国人病院新設すること。

また、集団生活所の防犯と監視のための措置として、次のような対策が必要と記している。

（1）敵国人逃亡又は外部と接触防止の為め針金柵又は板壁等に依り施設の完璧を期すること。
（2）外部との各種連絡厳禁の為め敵国人は周囲の柵より数間内に立ち入り禁止とす。
（3）各所に監視所を適宜設置敵国人の屋外に於ける行動を監視すること。
（4）敵国人身分に関し再調査を為し、憲兵隊と密接なる連絡の下に容疑者発見の場合予め適当措置すること。
（5）利敵行為をなす者へ厳重処罰すべき旨、常時敵国人に徹底せしめ置くこと。

さらに、保護措置については、次のような点が重要であると指摘している。

各集団所に抑留し居る敵国人にして防諜上不審の点無く、且つ所規則に従順なる場合は彼らを不必要に敵視し、又は罪人扱いを為すことは我が方今次の聖戦の真意並に敵国人取り扱い本旨に照らしても遺憾と思料せらるるに付き、斯る無害なる敵国人に対して従に恐怖と不安とを抱かせざる様或る程度寛大なる取扱を為し、我方の温情ある措置を如実に体験せしめ以て敵国側に現在抑留せられ居る数十万の我邦同胞に好影響を齎らしむる思料となし、且つ又此れらを敵国側にも奨ふる好機会と致し度き

この文章から、日本側としては敵国に在留する日本人に対する寛大な処置を期待しつつ、保護と監視という相矛盾する対応を講じる必要があったジレンマが読み取れる。

日本側が集団生活所の運営において直面した幾つかの問題のひとつに、医療費の負担をめぐるアメリカとイギリス側との意見の相違という問題があった。[14] すなわち、一九四三年一〇月、イギリス政府は集団生活所に収容されたイギリス人やアメリカ人の病院費用を収容された本人が支払うことに抗議し、日本政府に費用の一部を負担するように要求した。これに対して、日本側は、集団生活所に付属する診療所を利用する場合、無料で診療するが、本人が希望する病院に入院する場合には病院費を自弁する方針であることを伝えている。これに対して、イギリスなどは、集団生活所の被収容者が指定の医者にかかることを条件として一切の費用を負担したい、と申し出て、日本側は再び集団生活所以外の医療機関にかかる場合は、自弁であるという原則を通告した。[15] また、一九四三年七月、イギリスとアメリカ側は、集団生活所が開設されるに当り被収容者の身回り品の持込が制限されたこと、集団生活所への収容までは一週間程度の猶予しかなく、被収容者が財産を処分する十分な時間が確保されなかったこと、通信の自由が許可されていないことに強く抗議した。[16] これに対して、日本側は、持込みができる荷物を大型荷物一名当たり四個と本人の手荷物一個に限定したことは、戦時中に大量の荷物を輸送できないので止むを得ない措置であることを伝え、「米国に於て日本人が抑留せられたる際米国官憲の執れる不

表 13-4　在上海集団生活所の敵国人収容員数調

集団生活所名称	国籍	人員	男女数		家族数
			男	女	
浦東	イギリス	863	627	236	125
	カナダ	17	11	6	2
	米国	199	198	1	
	オランダ	9	9		
	小　計	1,088	845	243	127
閘北	イギリス	683	332	351	295
	カナダ	15	7	8	6
	米国	239	116	113	147
	オランダ	90	39	51	43
	ベルギー	6	3	3	3
	その他	30	13	17	11
	小　計	1,063	510	543	505
中　略					
	合　計	6,152	3,320	2,832	2,008

[「在上海敵国人調査に関する件」1945 年 2 月 20 日の別添表により作成　(『在満支敵国人関係』第五冊)]

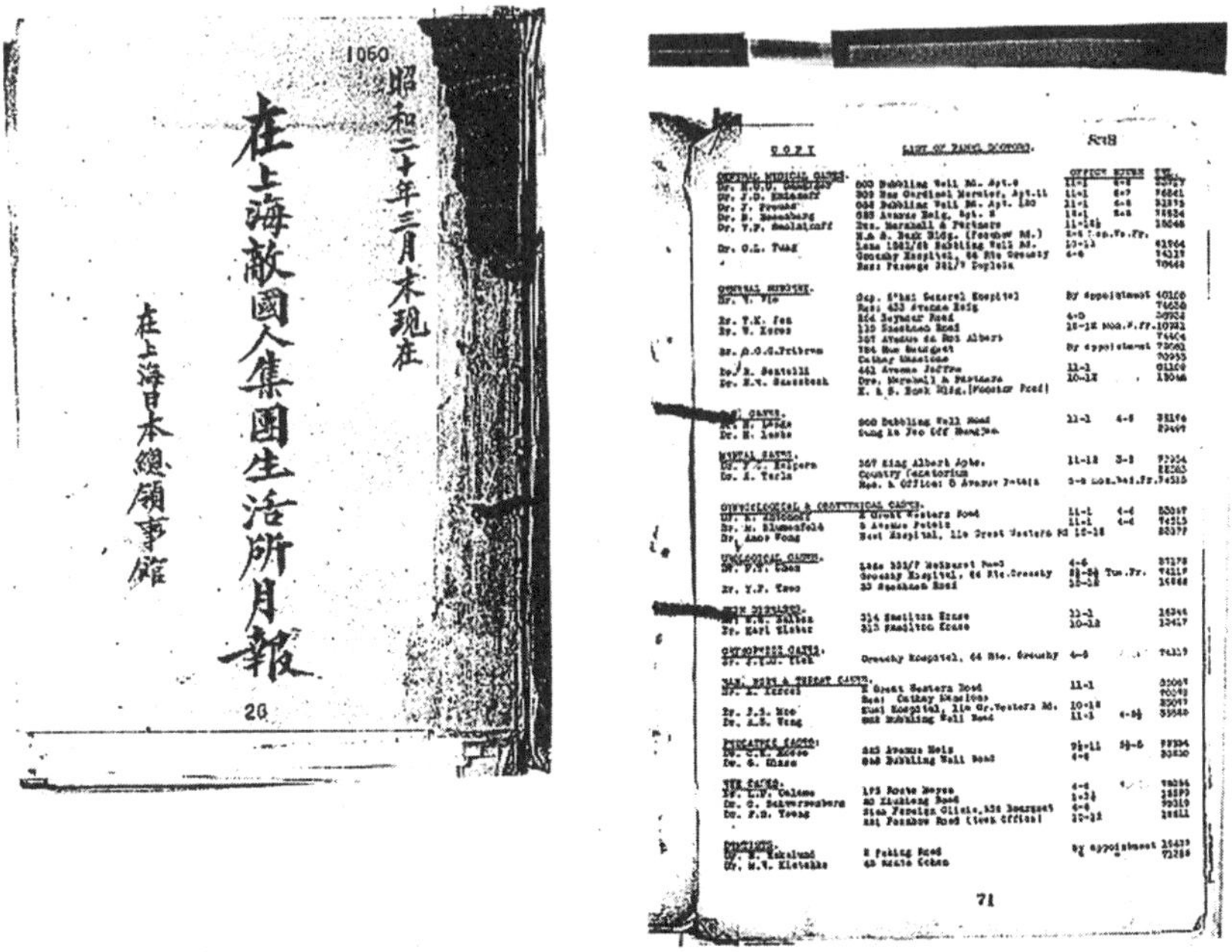

図 13-2　在上海敵国人集団生活所月報の表紙（一部）

親切極まる取り扱い」と比較すれば雲泥の差があると反論した。

また、財産処分についても日本側は処分が困難な品物を斡旋し、競売するなど寛大な措置であった、と自らを評価した。日本側にしてみれば、日系アメリカ人が財産処理の暇もなく、短時間の予告でアメリカ各地に強制移住されたことに比べれば、上海での集団生活所への移住は極めて適切な対応であった、という論理であった。このような経過を経て、一九四四年一二月末日、上海に収容されていた敵国人は大よそ六〇〇〇名あまりに上っていた（表13-4参照）。

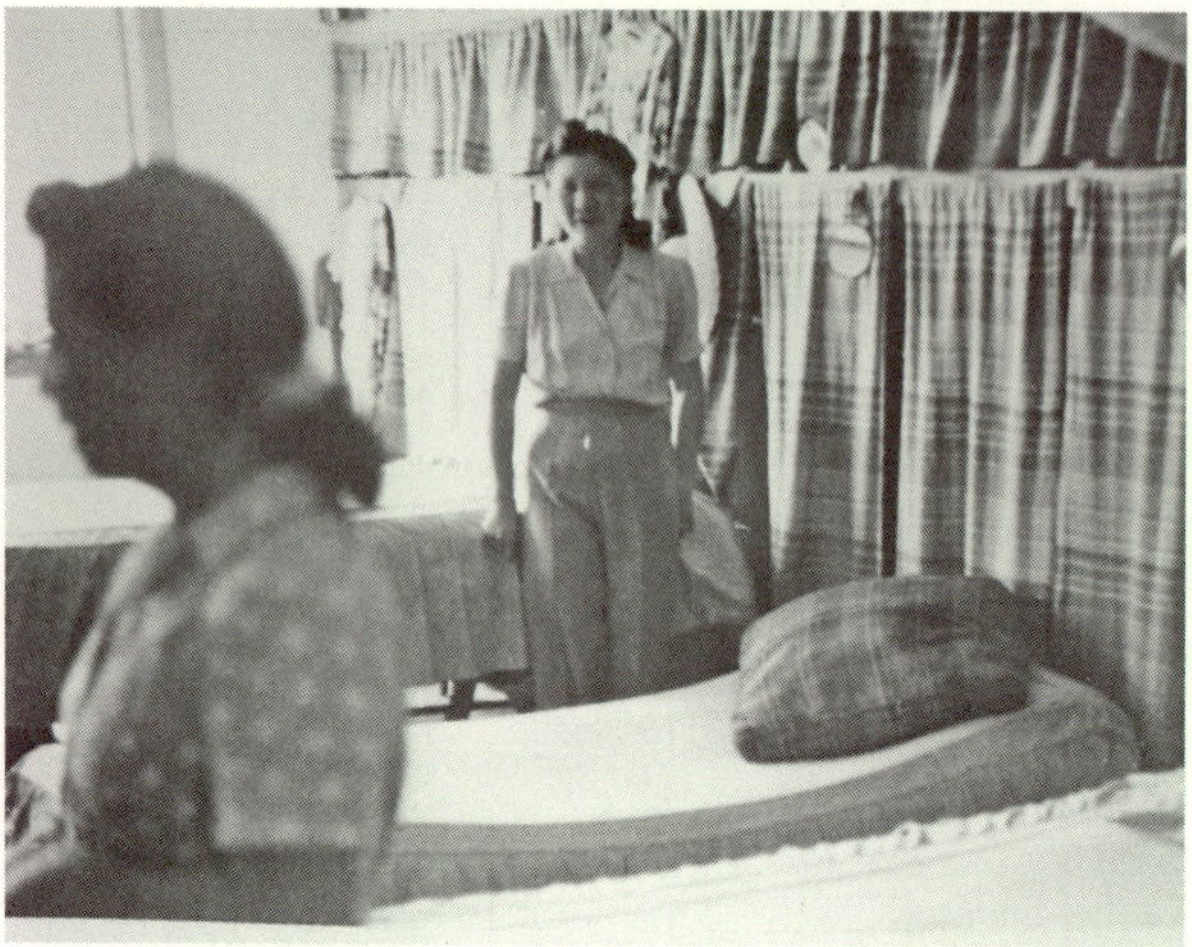

図 13-3　上海の敵国人集団生活所内部の写真（1943年9月，中華電影社写真班が撮影した一枚）

集団生活所がどのように運営されていたのかについては、一九四五年二月末現在と三月末の二か月にわたって、『在上海敵国人集団生活所月報』に記録されている。図13-2は、外務省外交史料館に所蔵されている二月末現在の『月報』の表紙である。この月報の名称とは若干異なるものの、浦東、閘北、龍華、滬西第一、滬西第二、滬西第三、滬西第四の概況月報（一九四五年二月分）が『在満支敵国人関係』第五冊に、浦東、閘北、龍華、滬西第一、滬西第二、滬西第三、滬西第四の「概況月報」（一九四五年三月分）が『在満支敵国人関係』第七冊に、それぞれファイルされている。

たとえば、一九四五年二月の閘北敵国人集団生活所の「概況月報」は、敵国人集団生活所の概況を、被収容敵国人移動状況並に国籍別員数、一般保健衛生状況並に患者数、教育活動、動及其の他娯楽行事、農園、宗教関係、その他特記事項の順でまとめている。農園の項目では、「一、人参若干の収穫有り。二、飼育中の畜禽数—山羊一九、家兎九、豚一四、鵞鳥八、家鴨一、鶏七、前月末に八二羽の養鶏ありたる処、流行病の為七羽を残し全部病死したり」と記しており、その運営の一端を窺うことができる。図13-3は、一九四三年九月に中華電影社写真班が撮影した上海の龍華の敵国人集団生活所の様子である（『在満支敵国人関係』第八冊所収）。

4　J・C・オリバー（J. C. Oliver）文書と敵国人集団生活所

これまで、日本側の外交文書の中にみえる上海の敵国人集団生活所に関連する資料を紹介してきたが、次にアメリカのユージーン市にあるオレゴン大学所蔵の特別コレクション『宣教師文書リスト（*Checklist of Missionary Collections*）』に含まれているオリバー文書（請求番号Ax647）について紹介したい。[17]

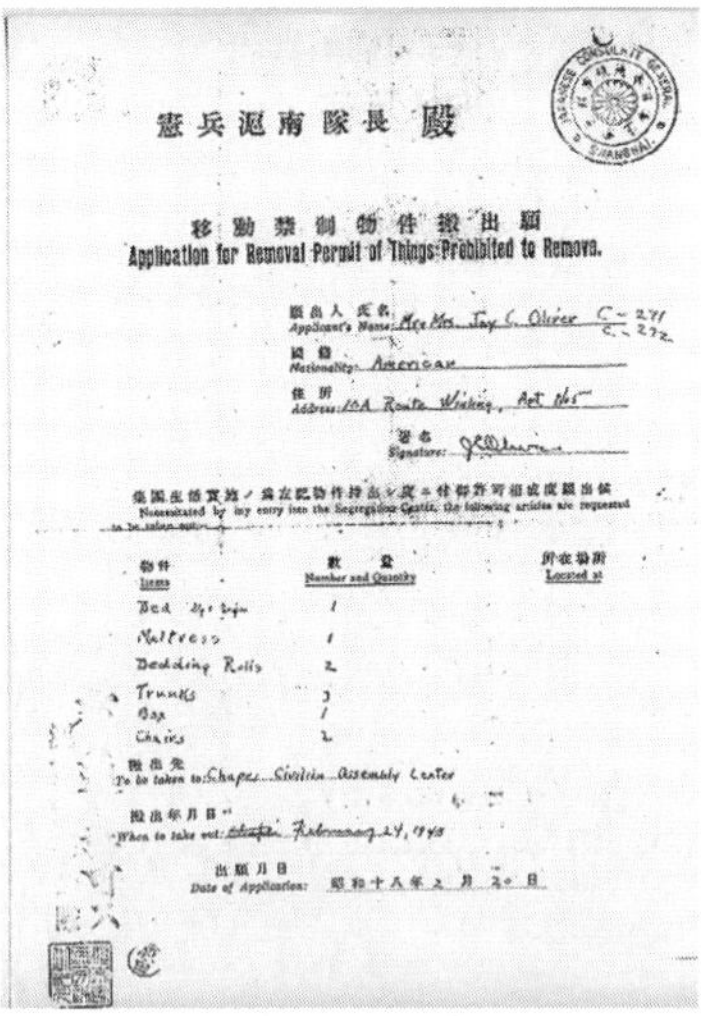
憲兵滬南隊長　殿

移動禁制物件搬出願
Application for Removal Permit of Things Prohibited to Remova.

願出人氏名
Applicant's Name: Mr. & Mrs. Jay C. Oliver　C-271 C-272
国籍
Nationality: American
住所
Address: 10A Route Winling, Apt. No.5
署名
Signature:

物件 Items	数量 Number and Quantity	所在場所 Located at
Bed	1	
Mattress	1	
Bedding Rolls	2	
Trunks	3	
Box	1	
Chairs	2	

搬出先
To be taken to: Chapei Civilian Assembly Center

搬出年月日
When to take out: February 24, 1943

出願月日
Date of Application: 昭和十八年二月二〇日

図13-4　移動禁制物件搬出願

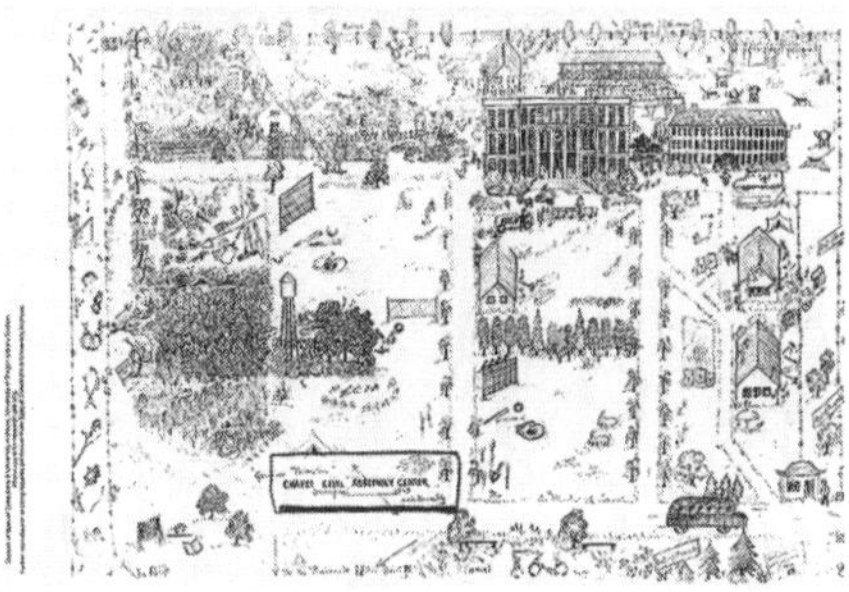

図13-5　閘北敵国人集団生活所のスケッチ

オリバー（Oliver, Jay Charles and Lucille）の経歴については、同図書館が作成した詳細目録（Inventory）があるので、それにもとづいて、簡単に紹介しておく。オリバーは、イリノイ州のロックファルズ（Rock Falls）で生まれ、アイオワ州のマウント・バーノン（Mt. Vernon）所在のコーネル・カレッジ（Cornell College）とウィスコンシン大学で修学した後、YMCAのアドミニス

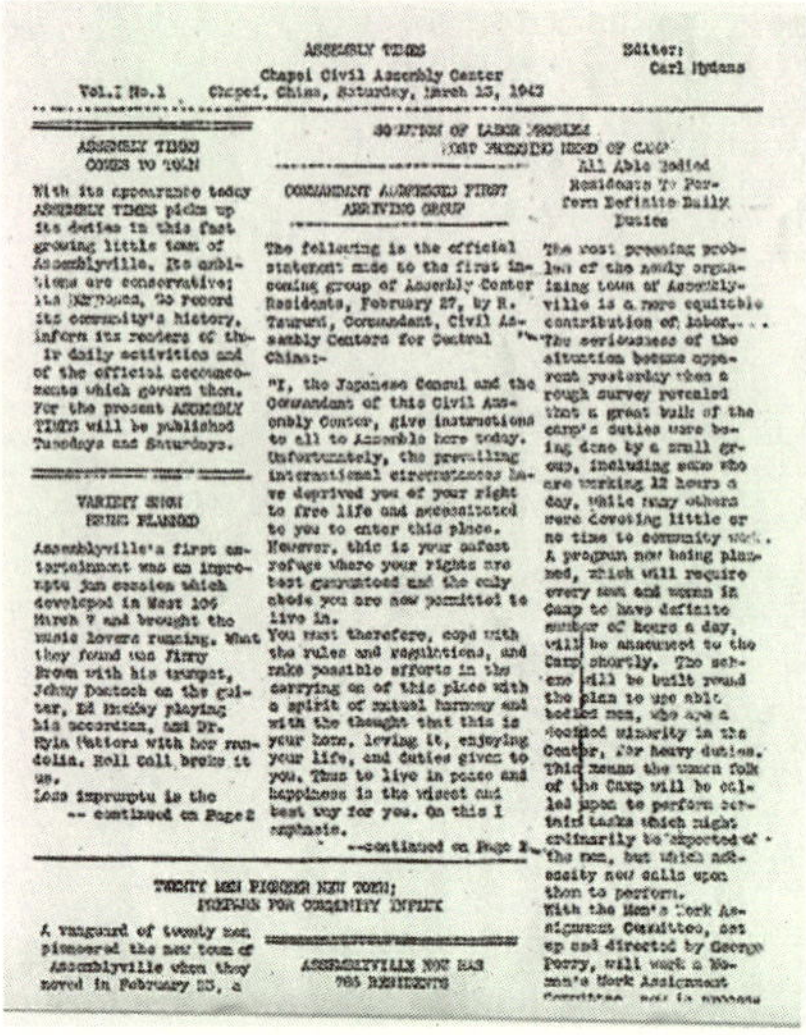

ASSEMBLY TIMES
Chapei Civil Assembly Center
Vol.1 No.1 Chapei, China, Saturday, March 13, 1943

Editor:
Carl Hydans

ASSEMBLY TIMES COMES TO TOWN

With its appearance today ASSEMBLY TIMES picks up its duties in this fast growing little town of Assemblyville. Its ambitions are conservative; its purposes, to record its community's history, inform its readers of their daily activities and of the official announcements which govern them. For the present ASSEMBLY TIMES will be published Tuesdays and Saturdays.

VARIETY SHOW BEING PLANNED

Assemblyville's first entertainment was an impromptu jam session which developed in West 106 March 7 and brought the music lovers running. What they found was Jimmy Brown with his trumpet, Johny Dontoch on the guitar, Ed Mackay playing his accordion, and Dr. Hyla Watters with her mandolin. Roll call broke it up.

Loss impromptu is the
-- continued on Page 2

COMMANDANT ADDRESSES FIRST ARRIVING GROUP

The following is the official statement made to the first incoming group of Assembly Center Residents, February 27, by R. Tsuruni, Commandant, Civil Assembly Centers for Central China:-

"I, the Japanese Consul and the Commandant of this Civil Assembly Center, give instructions to all to Assemble here today. Unfortunately, the prevailing international circumstances have deprived you of your right to free life and necessitated to you to enter this place. However, this is your safest refuge where your rights are best guaranteed and the only abode you are now permitted to live in.
You must therefore, cope with the rules and regulations, and make possible efforts in the carrying on of this place with a spirit of mutual harmony and with the thought that this is your home, loving it, enjoying your life, and duties given to you. Thus to live in peace and happiness is the wisest and best way for you. On this I emphasis.
--continued on Page 2

SOLUTION OF LABOR PROBLEM MOST PRESSING NEED OF CAMP
All Able Bodied Residents To Perform Definite Daily Duties

The most pressing problem of the newly organizing town of Assemblyville is a more equitable contribution of labor....
The seriousness of the situation became apparent yesterday when a rough survey revealed that a great bulk of the camp's duties were being done by a small group, including some who are working 12 hours a day, while many others were devoting little or no time to community work.
A program now being planned, which will require every man and woman in Camp to have definite number of hours a day, will be announced to the Camp shortly. The scheme will be built round the plan to use able bodied men, who are a decided minority in the Center, for heavy duties. This means the women folk of the Camp will be called upon to perform certain tasks which might ordinarily be expected of the men, but which necessity now calls upon them to perform.
With the Men's Work Assignment Committee, set up and directed by George Perry, will work a Women's Work Assignment Committee, now in process

TWENTY MEN PIONEER NEW TOWN; PREPARE FOR COMMUNITY INFLUX

A vanguard of twenty men pioneered the new town of Assemblyville when they moved in February 23, a

ASSEMBLYVILLE NOW HAS 705 RESIDENTS

図13-7　Assembly Times, Chapei Civil Assembly Center, Vol. 1, No. 1, March 13, 1945

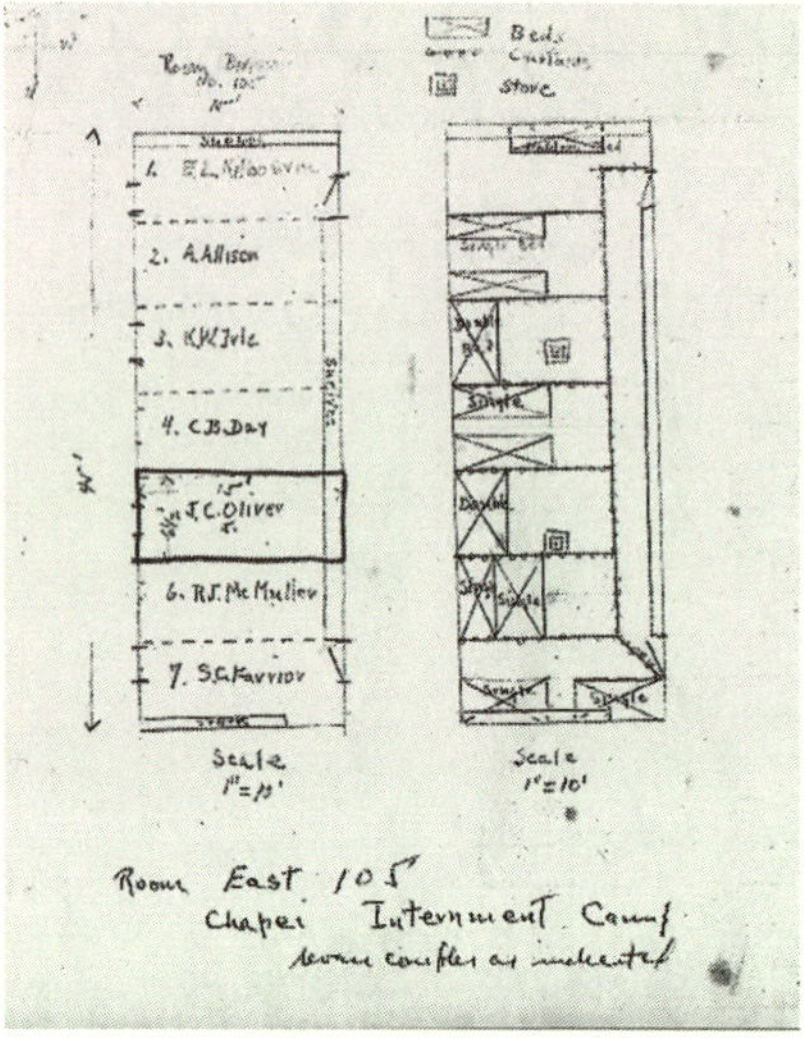

図13-6　オリバーが収容された部屋の見取り図（Room East 105）

トレーターとして就職、ネブラスカのヨークで最初の仕事をはじめた後、一九一六年から中国に渡り宣教活動を開始した。北京で語学の勉強をした後、一九一七年から三四年まで杭州のＹＭＣＡで秘書を務め、一九三四年から三六年までは塩務検査官として勤務した。一九三七年にＹＭＣＡの業務に復帰した後は、華東地域と上海ＹＭＣＡの秘書の任をまかされ、難民救援活動に従事した。一九四三年から上海の閘北敵国人集団生活所（Chapei Civil Assembly Center）に収容され、その後、グリプスホルム号でアメリカに帰国した。

上海の集団生活所で生活したオリバーは当時の集団生活所の生活を具体的に窺うことができる貴重な資料を数多く残している。図13-4は、オリバーが上海の閘北の敵国人集団生活所に収容されたときに携帯が許された品物リストである（以下、Oliver, Jay Charles, and Lucille-Ax647/Box25/File8による）。図13-5は、オリバーが収容された閘北敵国人集団生活所の風景を描いたスケッチ画で、図13-6は収容された部屋（Room EAST 105）の見取り図である。

また、閘北敵国人集団生活所では「集団生活所の歴史を記録し、集団生活所の毎日の活動、そして、（日本側）当局の公式な布告」を知らせることを目的に、一九四三年三月一三日にカール・マイダンス（Carl Mydans）を編集者とする英字タイプ新聞『Assembly Times』Vol. 1, No. 1 が創刊された。図13－7は、その創刊号の一面である。この新聞は、Vol. 1, No. 26（一九四三年九月一四日）まで発行されていたことが確認できる。この英字タイプ新聞は、集団生活所を運営する日本側の許可の下で発行されたものではあったが、集団生活所内部の食糧の配布状況、畜禽の増減、収容人員の変動、医療サービス、ソフトボール・ゲームなどを記載しており、被収容者側の活動の一端を窺うことができる貴重な一次資料である。

おわりに

本章は、一九四一年の太平洋戦争勃発後の日本が直面した敵性外国人の法的地位と処遇問題（法律、経済など）の一端を、中国の上海に設置・運営された敵国人集団生活所を事例として検討したものである。その結果、日本側が運営する上海の敵国人集団生活所が、一九四二年のアメリカにおける日系人の強制収容と時期を同じくして、立案され、一九四三年には一〇〇〇名以上が、一九四四年一二月には六〇〇〇名以上が収容されていたことを確認することができた。とくに、上海の敵国人集団生活所における敵性外国人に対する処遇がどのようなものであったのかについては、外務省外交史料館とアメリカのオレゴン大学が所蔵するオリバー文書などを通して、その実態を究明することが可能であることを確認した。

ところが、日本が経営する戦時期の敵国人集団生活所の運営は上海だけにとどまらず、北京、天津、青島などいわゆる外国の租界が置かれた各地域で共通して見られるものであった。香港の捕虜収容所については、本書の第一一章を参照されたい。そのほか、天津では一九四一年一二月一一日、天津防衛司令官の名義で「敵国人の保護取締並に在上海届出に関する布告」が出され、青島では一九四一年一二月二二日、青島地方大日本陸海軍指揮官の名義で敵国人並第三国人保護取締に関する軍の「命令」が出されたことが知られるが、それらの詳細はいまだ不明のままである。今後、上海の事例に加えて、北京、天津、青島などの事例を比較しながら、敵国人集団生活所の問題が戦争と人権の問題に投げかける意味についても検証を試みたい。

注

1　拙稿「米国国立公文書館（NARA）の資料調査報告」『界隈』島根県立大学メディアセンター、二〇〇三年、拙稿「米国人宣教師と日中戦争、上海の敵国人集団生活所」『人文研究所報』神奈川大学、二〇〇五年。

2　『大東亜戦争関係一件　交戦国間敵国人及俘虜取扱振関係　帝国権下敵国人関係　在満支敵国人関係』（外交史料館A・七・〇・九・一一―二―二）第二冊（以下、『在満支敵国人関係』と略称）。

3　以下の「外機密」の電文は『在満支敵国人関係』第一冊所収の文書を用いた。

4　「敵国人取扱に関する件報告」、一九四二年二月九日、北支那方面軍参謀長から支那派遣軍総参謀長後宮淳宛の報告（『在満支敵国人関係』第一冊所収）。

5　「敵国人取扱概況」一九四二年二月一四日、呂集団司令部作成（『在満支敵国人関係』第一冊）。

6　「敵国人取扱の概況」一九四二年二月一九日、波集団司令部作成（『在満支敵国人関係』第一冊）。

7　前掲、注（5）の「敵国人取扱情況」を参照。

8　『在満支敵国人関係』第三冊による。

9　以下の内容は『在満支敵国人関係』第八冊所収による。

10　敵側諜報網の検索については「敵側諜報嫌疑外国人検挙の件」一九四二年三月五日、第四三五号（『在満支敵国人関係』、第五冊）を参照。

11　『在満支敵国人関係』第三冊による。

12　「聞北敵国人集団生活所概要」一九四三年四月一四日（『在満支敵国人関係』第三冊）。

13　同報告書は集団生活所のなかの教育と宗教行事についても触れている。それによれば、小学校と中学校などの簡単な教育は許可されるが、教科科目として歴史を残す代わりに地理を廃止している（『在満支敵国人関係』第三冊）。

14　医療費をめぐる意見の相違については「上海集団生活者及抑留者の病院費用に関し英国政府より抗議の件」、一九四三年一〇月八日、外務省在敵国居留民関係事務室の一連の往復文書を参照（『在満支敵国人関係』第三冊）。

15　これらの経緯については"Re Settlement and Payment of Medical, Hospital and Dental Expenses of Protected Nationals"（『在満支敵国人関係』

第三冊）を参照。

16　スイス公使館経由でおこなわれたイギリス、米国と日本との間のやり取りについては「口上書」居普通第二三四号（『在満支敵国人関係』第一冊所収）を参照。

17　オリバー文書については前掲「米国国立公文書館（ＮＡＲＡ）の資料調査報告」、前掲「米国人宣教師と日中戦争、上海の敵国人集団生活所」を参照。

第一四章

エスニック・グループのローカル・ナレッジによる処世術
――上海・香港におけるアシュケナジムとセファルディムの比較

潘　光

はじめに

アジアへの移民となったユダヤ人たちの命運についての研究は、近年急速に進んでいる。しかしながら、ユダヤ人という呼称のなかには複数のエスニック・グループが包括されており、それらが異なった歴史、背景をもっていることが、しばしば看過されがちである。当然、それぞれのグループが母国で育んだローカル・ナレッジをもとにして、アジアで採った行動様式、その倫理的基準も一様ではなかったわけである。本章では、こうした点に注意しつつ、とくにアシュケナジム（Ashkenazim）とセファルディム(1)（Sephardim）に区分されているユダヤ人に焦点をあてて、それぞれのアジアにおけるエスノグラフィを描くことを目的としたい。

十九世紀中葉、黄河河畔の開封ユダヤ人コミュニティが漢化されつつあった頃、中国にあらたにやってきた別のユダヤ人移民が定住し始めた。彼らは、まず南シナ海沿岸の香港と東シナ海沿岸の上海に住み、その後東北や華北の都市に新しいコミュニティを形成していった。筆者は、一八四〇年が時代のひとつの画期だと考えているが、それはその年にイギリスがアヘン戦争を起こしたからだけでなく、鎖国していた清の門戸に対して大砲を用いて開くことによって、ユダヤ人を含む「外国人」が大量に中国国内に入って来られるようになったからである。

一八四〇年から始まり、その後の一世紀の間に中国にやって来たユダヤ人は、ひとつの人的な潮流となったが、その流れの中には三つの大きな高揚期があった。まず、一八四〇年代以後の数十年間に、イギリス領の中東や南アジア、東南アジアから中国にやってきた商業などを営むセファルディムである。次に、これと比較する形で、アシュケナジムの動向をとりあげる。彼らは、十九世紀末以後数十年の間に、反ユダヤ主義、革命、内戦を逃れて、中国にやってきたロシア系ユダヤ人である。そして、一九三三―四一年の間には、ナチス統治下のヨーロッパから亡命してきたユダヤ人難民である。本章は、この三つのユダヤ系エスニック・グループを通じて、アジアにおけるアシュケナジムとセファルディムの動態を比較し、その概要を叙述することにしたい。

1　香港や上海のセファルディ系ユダヤ人コミュニティ

中国での事業

セファルディムは、アヘン戦争後のイギリスによる対華貿易政策の実施とともに、中国にやってきた。彼らは、イギリスの勢力圏内にあったバグダード、ボンベイ、シンガポールなどからやってきたが、その多くがイギリス国籍の商人と実業家であった。その源流はバグダードであり、まずサスーン（Sassoon）家はインドに向けて発展し、中国では香港と上海に商会を設立して商売や事業を始めた。彼らに続いてバグダード原籍のセファルディムのハルドゥーン（Khaldun）家やカドゥリー（Kadoories）家なども、次々に中国へやってきて成功した。香港と上海は、その開放型外国貿易の拠点として、彼らのビジネス開拓の主要基地となった。彼らは商業上の才能を発揮し、イギリス各属領とのつながりや上海や香港の有利な地理的位置を利用して、輸出入貿易を発展させ、東洋と西洋の間に立って瞬く間に巨額の富を蓄積した。そして、すぐにまた不動産や金融業、公共事業、製造業に投資し、次第に上海、香港で最も活躍する外国人財閥となった。彼らの影響は、中国全域だけでなく、東アジア各地にも及んだ。

一八五八年、最初のユダヤ人墓地が、香港のハッピーバレイに建設された。四年後には、上海にもユダヤ人墓地が建設された。このことは、当時香港や上海に滞在したユダヤ人が相当数いたことを示しており、でなければユダヤ人墓地をつくる必要などなかったであろう。一八八七年、セファルディムは、上海に初めてのシナゴーグ(ユダヤ教会堂)であるエルを建設した。一九〇二年には、香港にオヘル・リスというシナゴーグを設立した。これらは、香港や上海にユダヤ人コミュニティが形成されたことの指標といえる。ユダヤ人の血をひくM・ネーザン卿(Sir M. Nathan)が香港総督の時期、香港のユダヤ人コミュニティは長足の発展を遂げた。

セファルディムは、積極的にコミュニティの公益と慈善事業に従事した。たとえば、ユダヤ人クラブをつくり、学校などを経営し、後に中国にやってきたロシア系ユダヤ人やヨーロッパ系ユダヤ人難民への支援もおこなった。彼らは、シオニズム運動を支持し[2]、ときには自分の利益維持を目的に中国政治に介入し、中国文化事業への支援をおこない、中国人の多様な権力者と関係を結んだ。たとえば、セファルディムの富豪ハルドゥーン(Khaldun)は、一方では清王室と姻戚関係を結び、一方では反清革命党員と秘密裏に連絡をとり、後にはまた北洋政府要人や各地軍閥と交際を密にし、各派政治勢力とも横断的に交際した。同時に、彼らは、歴史学者王国維の研究や画家徐悲鴻らの創作活動に対して、資金を提供して援助をおこなった。

一九三七年、日本が中国に対して戦争を開始すると、セファルディムの在華利益は莫大な損失を被った。さらに、一九四一年末の真珠湾攻撃以後、日本軍は上海と香港を占領し、セファルディムは日本占領地区に所有する財産をすべて失った。イギリスや米国の国籍をもつセファルディムはすべて敵と見なされ、ゲットーに閉じ込められた。大戦後は、つづいて中国内戦の勃発と新中国の建国によって、セファルディムは財産を香港や海外に移すとともに、香港を中国と西側の主要貿易ルートのゲートウェイとして利益を生みだす態勢をとった。ユダヤ人商人グループは、つねに中国国内―香港―西側諸国の三角貿易の中で重要な働きをした。一九七〇年代末に中国が改革開放政策に転換して以来、多くのユダヤ人商人は、再び中国国内の開発のために投資をおこない、中国経済が急速に成長している状況のもと、彼らは中華経済圏との関係をいっそう密接にしている。

国籍がもたらす特権

絶対的多数のセファルディムは、ほとんどがイギリス国籍を取得しており、また米国国籍やフランス国籍などを有する者も少数ながらいた。この法的地位は、彼らが中国という半植民地社会において、その政治的特権を保持し、商業による利益を拡張するのに、とても重要だった。

たとえば、セファルディ系のグループは、中国における発展の拠点として、なぜ上海を選択し、香港を選ばなかったのだろうか。主な理由は二点あるだろう。ひとつは、アヘン戦争後の香港はイギリス領となり、その所得税率は高額であって、とくに第一次世界大戦後、イギリス政府は本国と属領の工商業から剰余税を引き出そうとし、税務負担を重くしていた。しかし同時期、上海の共同租界は家屋税と土地税だけを徴収し、その他一切の業務活動はどれも免税であり、工商業発展の条件に有利であった。貿易の輸出入面では、上海は対外的に開放された通商港であり、その特恵関税は外国商人に対してもきわめて大きな吸引力となっていた。中英間で締結された「南京条約」が規定する中国通商港の関税は「公平議定」であった。その後、中英「通商章程善後条約」は正式に輸出入貨物税率を規定し、シルクと茶、アヘンを例外として、その税率を一律五分と定めた。中仏、中英「天津条約」でも、外国商船が中国各通商港において自由に中継貿易をし、二重課税にならないことを認めた。これらの特殊な優遇措置は、外国人商人が対中貿易をおこなうのに非常に有利であった。さらに、上海の租界においては相対的に独立した行政権、立法権そして司法権の保有によって、外国人商人は居住や

1920年以降E. D. Sasson& Co. の代表だったビクター・サスーン（1881－1961）
［潘光主編『猶太人在上海』上海画報出版社（1995年）］

投資の特権という有利さを獲得していたのである。とりわけ上海の共同租界では、イギリス人が支配的地位を保持していたため、イギリス籍のユダヤ人商人が同地で商業事業を営むのに有利な条件を作り出していた。

このような状況下で、香港のユダヤ資本が上海に向かって全面的に移転する状況が生まれたのである。第一次世界大戦後になると、上海のセファルディムのグループの発展は全盛期を迎えた。サスーン、ハルドゥーン、カドゥリーなどのファミリーは、上海の多くの工商業、金融企業を支配し、上海バンドでもっとも活躍する外国人グループとなり、上海に対してだけでなく全中国ないし極東経済に対しても重要な影響を及ぼすようになった。明らかに、彼らのイギリス国籍が、この発展に重要な働きをしたのである。

セファルディムは、上海を在華発展の拠点としたにもかかわらず、彼らは依然として香港の働きも十分に重視していた。一九二〇年代以後の状況は、一方では、香港の経済貿易力が日増しに強くなり、極東ないし全世界における地位が日々向上しており、イギリス統治下における政治情勢も比較的安定していた。また一方では、中国国内は軍閥混戦と革命の嵐によって政局は動揺し、経済発展にきわめて不利であった。まさにこのことにより、香港は上海、天津などの大都市に替えがたい働きを始めた。このような状況下、セファルディ系ユダヤ人商人もまた香港にも目を向け、香港での商業貿易活動を再び活発化し、香港のユダヤ人コミュニティを一歩拡大させた。(3) イギリスの法律を盾としたことは彼らの前進を促した重要な原因であったとみることができる。

実際、上海、香港両地のユダヤ人コミュニティは、いつも密接に連携していた。たとえば、香港上海銀行の創設と発展が、その一例である。一八六四年、当時のすべての在華外国系銀行は、本店がイギリスかインドにある銀行の支店で、対華貿易の急速な発展の需要に適応していなかったため、サスーンと宝順などの商会と大英輪船公司は共同で香港に香港上海銀行を創設した。一八六五年三月、香港上海銀行は香港と上海の両地で正式に開業し、デイヴィッド・サスーン（David Sasson）の第五子アーサー・サスーン（Arthur Sasson）が主任理事会の八名の一人となり、その後一〇〇年近い間サスーン・グループは、香港上海銀行の理事会の中で重要な働きをしたのである。(4) 香港上海銀行の英文名称は Hong Kong & Shanghai Banking Corporation であり、上海と香港両地の商業貿易上の関係が密接であったことを反映している。実際、当時多くの在華イギリス人商人グループは、香港と上海に二つの拠点を持ち、セファルディ系ユダヤ人商人グループも、例外なく上海と香港を在華業務の二つの拠点とした。ただ、中国国内および国際情勢の変化によって、ある時は上海に重点をおき、あるときは香港を重点にしたに過ぎなかった。ここでは、イギリス国籍もまた彼らが上海と香港両地の活動を連携する紐帯となっていたのである。

一九二〇年代、セファルディ系商人グループは、上海と香港だけでなく、全中国ひいては極東のあらゆるところに影響を与えていた。彼らは、大連、青島、寧波、広州などの沿海都市で営業しただけでなく、さらに中国の買弁を通して西北や西南にも拡大したが、その中心は、やはり彼らが住んでいた上海や香港であった。当時、上海や香港のセファルディムは約一〇〇〇〜一二〇〇人で、人数は多くなかったが、十分に裕福でかつ密接に連携したユダヤ人コミュニティを形成していた。彼らの絶対多数はイギリス国籍であったため、ユダヤ人コミュニティの活動に参加すると同時に、イギリス人コミュニティの活動にも積極的に参加した。すなわち、上海や香港のセファルディムコミュニティには、濃厚なイギリス植民地主義的特徴が現われていたのであり、彼らを一般の中国人よりも優位にさせていたのである。

2　北から南に発展したロシア系ユダヤ人

来華後の生計の状況

セファルディムと異なり、アシュケナジ(5)に区分されているロシア系ユダヤ人たちを中国に向かわせたのは商業的動機というわけではなく、一八八〇年代からおこったロシアや東欧に起こった反ユダヤ主義の風潮のせいであった。この狂気の嵐は、数百万のロシア系ユダヤ人を北米への移民と化し、また数万のロシア系ユダヤ人はシベリアを通って中国東北地域や内モンゴルに逃亡し、さらに南下した。その間、中国に東清鉄道が敷設されたことで、ロシアの在華勢力は拡大し、さらに一九〇五年の日露戦争と一九一七年の二度のロシアにおける革命は、ロシア系ユダヤ人を中国に押し出す要因となった。彼らは、おもにハルビンやその周囲の地区に住み、極東最大のユダヤ人コミュニティを形成した。また、一部のユダヤ人は、ハイラル、満洲里、チチハル、長春、瀋陽、大連などの地に分散して住んでいた。一九三一年、日本軍が中国東北地域を占領し、「満洲国」を建国すると、ロシア系ユダヤ人の多数は南へ移動し、上海、天津、青島などの地にコミュニティや居住地を設立し、またごく少数の者は香港に向かった。

ロシア系ユダヤ人は、当初中国ではその多くが貧しく、小規模の商売しかできなかったが、後に自身の奮闘努力によって中産階級に上昇し、人数ではセファルディムを大きく上まわり、積極的な活動をおこなうコミュニティに成長した。一九二〇、三〇年代のハルビンの中央大通り、上海の南京路や霞飛路（現・淮海中路）にあった多くのレストラン、本屋、パン屋、玩具店、皮革店、写真店は、そのほとんどがロシア系ユダヤ人の経営であった。

彼らの中には、専門技術者や文化人もおり、中国人、ロシア人、セファルディムやその他の外国人が設立した機関や企業で働き、その多くが中国の経済や文化の発展に貢献した。たとえば、著名なロシアのユダヤ系作曲家アーロン・アヴシャロモフ（Aaron Avshalomov）が、一生のうちに創作した数十曲はすべて中国をテーマにした作品であり、その中でももっとも有名なのが『孟姜女』であった。ロシア系ユダヤ人の多くは中国を第二の祖国と見なし前向きな姿勢で中国文化に溶け込み、中国人とユダヤ人、ユダヤ人とロシア人の文化交流に積極的にかかわった。

新中国成立後、多くのロシア系ユダヤ人は、依然中国で生活したが、一部のソ連国籍のパスポート保持者は「ソ連専門家」となった。一九六〇年代、文革が始まる頃には、最後のロシア系ユダヤ人も中国を離れたが、中国人とユダヤ人との混血家庭の子孫たちは、今も上海や香港で暮らしている。

国籍保持と無国籍の間の徘徊

一九一七年以前に中国に行ったロシア系ユダヤ人は、みなロシア国籍を持っていたが、一九一七年のロシア革命以降は、大多数の在華・来華ロシア系ユダヤ人は無国籍外国人になってしまった。第二次世界大戦勃発まで、ソ連と日本の間には戦争状態がなく、中立条約も調印されたので、多くの在華ユダヤ人はさまざまな考えにより、ソ連国籍を取得した。

一八八〇年代初めには、すでに少数のロシア系ユダヤ人が反ユダヤ主義から逃れて中国にやってきたが、ロシア系ユダヤ人の大規模な中国への移住は東清鉄道建設以後であった。一八九六年、中国とロシアが一連の条約と合意を結び、中国がシベリア経由で黒龍江、吉林両省を経由してウラジオストクに至る鉄道の建設を許可したが、その鉄道は露清銀行が設立した中国東方鉄路公司（以下、中東鉄路公司と略）が建設し経営した。一八九八年、ロシアはまた清朝政府に「旅大租地条約」の調印を迫り、旅順港を占拠した。一九〇〇年、ロシアはさらに八か国連合軍による中国侵略の機会を利用して、中国東北地域に派兵して、この地を侵略した。これらの一連の過程において、ロシアは中国東北地域、内モンゴルにおいて勢力を拡大し、とくに東北地域にやってくるロシア人は日増しに増えていった。さらに、帝政ロシア政府は、多くのロシア人に中国東北地域への移住を奨励するために、この〝天国〟へ移住したいというロシア人（ユダヤ人など少数民族の末裔を含む）は、すべて、「宗教上の信仰の自由を得られ、商業的権利は無制限であり、制約のない学校に入れる」と請け合った。[6] 国内のユダヤ人に対する制限や迫害を逃れるために、相当数のロシア系ユダヤ人が中国に移住した。一九〇三年、ハルビンのユダヤ人は五〇〇人に達し、ハルビン・ユダヤ人協会を設立した。[7] 同年、最初のシナゴーグが建設された。[8] これは、ハルビンにユダヤ人コミュニティが形成されたことの証である。一九〇四年に日露戦争が勃発し、翌年ロシアの敗北によってその戦争が終結すると、ロシア国内の社会的危機感はさらに加速され、一九〇五年の革命を引き起こした。統治階級は矛先を転換するため、反ユダヤ主義を扇動したため、ますます多くのユダヤ人が中国に向かった。

日露戦争終結後、中国東北地域のロシア軍は、ロシア国内に撤退を始め、日本側もロシア軍捕虜を返還したが、多くのユダヤ人将兵と捕虜はロシアへの帰国を望まず、そのうち一部の人々は東北地域に留まり、さらに一部の人々は上海や天津などに向かった。一九〇四年、ユダヤ人は天津にユダヤ人墓地をつくり、翌年には、天津にユダヤ教公会を設立し、部屋を借りて臨時のシナゴーグをつくった。[9] 一九一一年には、天津にヘブライ協会と慈善協会を設立し、資金を募って貧しいユダヤ人を救済したが、[10] これも天津にユダヤ人コミュニティが形成されたことを示している。

上述のロシア系ユダヤ人たちのさまざまな活動は、すべてロシア国籍と密接な関係があった。ロシア国内において、ロシア国籍は彼らの二等国民的立場を変えることはできないが、中国に来れば、ロシア国籍は彼らにあらゆるロシア人と同じように権利と特権を享受させ、それによって彼らに中国での生計をたて、あわせて長期間中国での滞在を希望させる重要な要因であった。その後、ロシア帝国の衰退に伴い、ロシア国籍の威力は次第に失われていった。

一九一七年にロシア一〇月革命が勃発すると、ロシア帝国は瓦解し、在華ロシア系ユダヤ人たちは無国籍外国人となり、きわめて少数のものだけがソ連国籍を取得した。ソ連国内の内戦の激化に伴い、多くのロシア系とポーランド系ユダヤ人が続々とシベリアを越えて中国東北地域に流れ込んだ。ハルビンのユダヤ人の数は急速に増加し、一九二〇年には一万二〇〇〇〜一万三〇〇〇人に達し、またハルビンなどを経由して北米やヨーロッパへ移動するユダヤ人は一万人にものぼった。[11] さらに一部のロシア系ユダヤ人は陸地沿いに南下を続けて天津や上海に至り、海を経由して両地に到達する者もいた。一九二〇年代、ハルビン、天津、上海の三都市は、ロシア系ユダヤ人コミュニティが急速に拡大し、非常に繁栄した。

しかし、二〇年代末よりハルビンひいては東北全域のユダヤ人コミュニティは、以下の外的事件からの衝撃に遭遇し、ゆっくりと衰退を始めた。まず、ソ連政府が一九二八年に中東鉄路公司の管理権を中国に返還し、これが東北地域の経済における中国人参与の度合いを増加させ、ユダヤ系企業の競争相手となった。この後、日本が中東鉄道を支配したことにより、多くのロシア人が鉄道地区とハルビンを離れたことで、鉄道会社を主なサービス対象としてきた零細商人は頼るべき拠点を失ってしまった。次に、一九二九年に勃発した世界恐慌は、ハルビンのユダヤ経済にも深刻な打撃をもたらし、とくに国際貿易と皮革業に従事してきた商店に大きな損失を与えた。そして、一九三一年に日本軍が中国東北地域を侵略し、翌年に「満洲国」を建国すると、ユダヤ人コミュニティは経済的に深刻な打撃を被った。それ以前は、軍閥政権であろうと国民政府であろうと、東北地域の統治は非常にゆるやかであった。これは、ユダヤ人経済が急速に発展できた重要な外部環境だった。しかし、日本の東北占領後、当該地区の統治を強化し中国当局と交渉することがあまりなかったユダヤ人コミュニティは、あらたな権力と向き合わざるを得なくなり、多くのユダヤ系の企業や商店を経営困難に陥れた。はなはだしくは、ヨーロッパの反ユダヤ主義の再燃により、ハルビンなどの地で白系ロシア人が暗躍し、ファシスト党の反ユダヤ活動を支持した。一九三三年ユダヤの富豪ヨセフ・カスペ（Josef Kaspe）の息子シモン・カスペ（Simon Kaspe）が誘拐され殺害された事件は、ハルビンの反ユダヤ活動が激化していたことを象徴する事件だった。事件後、ハルビンと上海のユダヤ人コミュニティは日本外務省に対して抗議した。ハルビンのユダヤ人コミュニティは、亡くなったシモンのために盛大な葬儀をおこない、数千のユダヤ人と中国人、その他の外国人がこの葬儀に参列した。[12] 一九三四年、「満洲国」政府民政部は白系露人事務局を成立し、ロシア系ユダヤ人に対して監視をおこなった。[13] 日本の「ユダヤ問題専門家」たちは、親ユダヤ政策の実施によって、「満洲国」における統治強化と英・米・ソ連との関係緩和を主張したが、一九三〇年代中期になると、およそ七〇%のハルビンのユダヤ人は東北地域を離れて上海や天津、青島などの地に南下していった。[14]

上海のロシア系ユダヤ人は、まず上海白ロシア居民委員会に加入したが、その委員会内部には比較的強い反ユダヤ主義の傾向が見られ、ロシア系ユダヤ人の合法的な権益の保障を難しくしており、このことから一九三二年に自分たちの独立組織、すなわち上海ユダヤ宗教公会を成立させた。これは、上海の白系ロシア組織内部で起こった出来事であった。白系ロシア人指導者のガリボフ将軍は、上海ユダヤ宗教公会がソ連の管理を受けるように促した。これに対して、上海ユダヤ宗教公会は声明を発表し、該会と白系ロシア組織の活動には何の関係もなく、いかなる責任もないことを明らかにした。[15]一九三七年、上海ユダヤ宗教公会は正式に上海工部局に登記をおこなった。上海ユダヤ宗教公会は、主席団と幹事会を置き、宗教、教育、救済、葬儀、医療、対外連絡などの各方面の事務を処理し、同時にシナゴーグやユダヤ借款所、ユダヤ養老院、ユダヤ聖葬社、ユダヤ救済会などの組織を監督し指導した。一九三二年夏、ロシア系ユダヤ青年は、イギリス人が創設した上海万国商団内に独立した準軍事部隊であるユダヤ分隊を設立したが、これは当時の世界のユダヤ人コミュニティの中でもきわめて珍しいものであった。

以上の経緯から見ることができるのは、ロシア系ユダヤ人が無国籍外国人となった後の三つの結果である。そのひとつは、権利や特権を享受できるロシア国籍を失ったことにより、彼らは政治や経済などの面で、それぞれ大きな困難に遭遇することになった（第九章参照のこと）。ロシアの影響が急速に衰えた東北では、このことが顕著に見られ、この地域におけるロシア系ユダヤ人の生活水準は低下し、ロシア系ユダヤ人の南下を促した。二つめは、ロシア国籍との法律的連繋を失ったことで、彼らはユダヤ教徒としての特徴をさらに顕在化させ、政治的、経済的な活動において、いっそう強くシオニズム的傾向を示し、そのことで彼らと世界各地のユダヤ人コミュニティとの連繋が断ち切られ、結果的に彼らは反ユダヤ主義の攻撃の矢面に立つことになった。三つめは、西欧において邪悪視されているソ連政権と関係がなくなったため、彼らは西欧各国や在華欧米人とのつながりを持つことができるようになり、さらに西欧国家の国籍を獲得したり、移民となったりする者もいた。

一九四一年一二月の真珠湾攻撃後、日本軍は上海租界と香港を占拠し、中国国内のロシア系ユダヤ人のほとんどが日本統治下に入ることになった。しかし、上海に亡命したヨーロッパ系ユダヤ人難民や敵性外国人となったセファルディムに比べると、彼らの境遇は恵まれていることが多かったが、その主要な要因はまさに彼らのロシア的背景にあった。すなわち、真珠湾攻撃の八か月前の一九四一年四月、日本とソ連は「日ソ中立条約」を調印していた。この条約によれば、条約締結国双方は両国間の平和的友好的関係の維持を保障し、もし締結した一方が第三の一国もしくは複数の国の軍事行動の対象となったときには、もう一方の締結国はあらゆる場合において中立を保持すると規定されていた。[16] 一九四一年六月、独ソ戦争勃発後、この条約によってソ連はドイツと日本による挟撃を免れることができた。同様に、一九四一年一二月日本は英米との開戦後、この条約がソ連の対日攻撃介入への阻止に利用されることを望み、あらゆる方法によってソ連との友好関係を維持しようとした。このような国際情勢は、日本統治下におけるロシア系ユダヤ人の立場にきわめて有利に働いた。なぜなら、一部のロシア系ユダヤ人は身の安全を考えて、すでにソ連のパスポートを取得していたため、中立国民の身分を享受し、たとえソ連パスポートを持たないロシア系ユダヤ人であっても、そのロシア的背景によって、中立国の人間と見なされたからである。後述するが、日本当局は、ドイツの提案する上海ユダヤ人虐殺の「マイジンガー計画」(Final Solution in Shanghai)を執行しなかったのは、ロシア系ユダヤ人の処遇が原因となって日ソ関係に影響が及ぶことを心配したのが最大の要因であった。このように、日本占領地区のロシア系ユダヤ人たちは、全員が中立国民の待遇を享受し、自由に移動や仕事、通学、商業などをおこなうことができた。たとえば、上海では、日本軍が租界を占領した後、セファルディムの一部が財産をロシア系ユダヤ商名義にしたので、上海のロシア系ユダヤ人の経済力は増加することになった。

東北、華北各地のロシア系ユダヤ人の状況も、上海の場合とほぼ同様であった。彼らは、中立国民の身分を利用して事業を継続し、同時に細心の注意を払って日本当局との友好関係を維持し、可能な限り政治的紛争を避けた。なぜなら、「満洲国」は日本人によって独立国と見なされていたため、東北各地のロシア系ユダヤ人の状況もまた特殊であった。あらゆる地域の状況は、比較的安定し、日本上層部との関係は密接であった。たとえば、日本の政策決定グループに「マイジンガー計画」を執行させないようにするには、ハルビンのユダヤ人コミュニティが重要な役割を果たした。まさに戦時の特殊な歴史的条件によって、戦争終結時まで、中国国内のロシア系ユダヤ人の状況は、ヨーロッパからのユダヤ人難民やセファルディムたちが受けているさまざまな受難に比べて、幸運な部分が多かった。

これらのことから、ソ連国籍を取得したり、ソ連との法的関係を一定程度回復したりすることにより、ロシア系ユダヤ人は、「日ソ中立条約」の援護によって、比較的良好な生存環境を獲得し、複雑に錯綜し急激に変化する状況の中で、自らを保護する能力を十分に発揮することができたのである。きわめて少数のソ連国籍を有するユダヤ人は、一九四五年八月の日ソ開戦後に困難な状況に遭遇したが、このことを除いて、大多数のソ連国籍を持つユダヤ人たちは、ソ連との法的関係の中で利益を得たのである。中国共産党が指導する軍隊によって、東北地域が開放された後も、彼らがソ連国籍によって獲得した利益は少なくなかった。

3　中欧から上海へ——ドイツ占領地区のユダヤ人難民

つづいて、アシュケナジに区分されているもうひとつのユダヤ人グループであるドイツ系ユダヤ人の状況について言及したい。

避難の状況

そもそも、ユダヤ人難民は、なぜ上海に避難してきたのだろうか。ひとつには、上海の特殊な開放状況があり、二つには世界中の多数の国家がユダヤ人を拒絶したからである。一八四三年以後、上海は「外国人」に門戸を開いてきた。その後の一世紀近い中で、各種各様の移民や難民が上海にやってきて、とくに上海租界に生存の地を見出した。とりわけ一九三七年の第二次上海事変後、日本軍が占領した上海の一部地区やその周辺地区は、上海の共同租界とフランス租界を日本軍占領区域内の「孤島」にし、わずかに海路だけが外部世界と連結していた。このような状況のもとで、一九三七年秋から三九年秋までの二年近い間に、上海はある意味で「パスポートビザ失効」状態にあったため、「外国人」が上海に入るときパスポートやビザが要らず、これがユダヤ人難民に国際管理の隙間を提供し、彼らを上海に呼び寄せたのである。当時の国際環境からみれば、世界全体に及ぶ経済危機と、迫りくる戦争の脅威によって、各国はみな厳重に移民の入国を制限し、ヨーロッパのユダヤ人難民は次第に逃げる場所を得にくくなっていた。たとえば、イギリスは、一九三九年五月にユダヤ移民がパレスチナに進入するのを厳しく制限する白書を発表していた。[17]

世界で最大のユダヤ人コミュニティを有する米国も、ユダヤ人難民の入国に対しては、さまざまな理解に苦しむ制限を設けていた。一九三九年五月、米国政府は九〇〇名のドイツ系ユダヤ人難民を乗せたセントルイス号の入国を拒み、また一九四〇年に米国議会はユダヤ人難民に対してアラスカを開放する議案を否決した。さらに、一九四一年、米国議会は、二万人のドイツ系ユダヤ人児童の受け入れ議案を却下した。[18] 一九三八年に召集されたユダヤ人難民問題を討論するエビアン会議上で、あらゆる参加国がみなユダヤ人の状況に対する同情を示したが、一国として明確にユダヤ人難民を受け入れる意思を表明した国はなかった。

このような「活路が見出せない」状況で、死の脅威に直面したヨーロッパ系ユダヤ人は上海という当時世界で唯一彼らに門戸を開いていた東洋の大都市にしか亡命できなかった。こうした状況下で、一九三三年から四一年まで、ヒトラーの虐殺から逃れた多数のヨーロッパ系ユダヤ人は遠路苦難の果てに上海にやってきた。その総数は三万人にも達し、その中の数千人が第三国に去ったほかは、一九四一年一二月の太平洋戦争勃発まで二万五〇〇〇名ほどのユダヤ人難民が上海を彼らの避難所とした。この数字は、カナダ、オーストラリア、インド、南アフリカ、ニュージーランドの五か国が当時受け入れていたユダヤ人難民の総数を越えていた。[19] しかし、太平洋戦争勃発後は、上海と外界の海路や陸路はすべて遮断され、ユダヤ人難民は上海に入ることが不可能になった。

一九三七年以前に上海にやって来たユダヤ人難民は、なんとかささやかな生活を維持していたが、一九三七年七月に日本軍が日中戦争の火蓋を切った後は、難民たちの環境は日増しに困難になっていった。太平洋戦争の拡大に伴って、上海

1941年頃の上海虹口華徳路の難民収容所［潘光主編『猶太人在上海』上海画報出版社（1995年）］
この建物は，現在の長陽路138号にあった．1939年1月に正式に設置され，1000名の難民を収容できたという．ユダヤ人難民収容所は，このほか愛爾考克路66号（現在の安国路），舟山路680号（現在の龍潭路），平涼路などにもあった．現在の虹口区長陽路62号には，「上海猶太難民紀念館」がある．

のユダヤ人難民は危険的な立場にたたされた。まず、日本とイギリス・米国との開戦や、上海租界の占領によって、米国のユダヤ人組織は米国政府の指令により、敵国日本が支配している上海への為替送信を停止した。次に、セファルディ系ユダヤ人商人の多くは、イギリス国籍であるという理由から敵性外国人と見なされ、一か所に集めて監禁され、当然資金援助を受ける方法がなくなった。そのため、上海のユダヤ人難民コミュニティは、未曾有の経済危機に陥った。さらに、日本内部の「親ユダヤ派」が勢力を失い、日本政府はユダヤ人に対して強硬策をとり始めた。すでにこのとき、ナチスドイツのゲシュタポ駐日本主席代表ヨセフ・マイジンガー (Josef Albert Meisinger) 大佐が上海に到着し、日本当局に対して、上海ユダヤ人に対する「最終解決」のための「マイジンガー計画」を提出した。

この「マイジンガー計画」に関して、国際学術界には、大きな相違点と争点が存在している。ただ、トケイヤー (Marvin Tokayer) の描写によれば、おおよその計画の輪郭を見出すことができる。それは二つの実施段階に分かれていた。まず、上海のユダヤ人が、一九四二年のユダヤ教の新年（西暦九月）に一家団欒する機会を利用して、彼らを突然襲撃して、あらゆる上海ユダヤ人を取り囲み、一人残らず捕獲する。続いて、非道な措置を用いてこれらのユダヤ人を「解決する」。どんな方法を用いて彼らを「解決する」かについては、この計画は三つの方法の選択肢を提示していた。①古い船を用いて、ユダヤ人を東シナ海遠くまで運び、その後海上を漂流させて飢え死にさせる。②ユダヤ人を無理やり黄浦江上流の廃棄された塩鉱で苦役させ、彼らを過労死させる。③崇明島にゲットーを建設し、そこでユダヤ人に医学的実験をおこない、彼らを苦痛の中でゆっくり死なせる。[20] そのときのことを、米国ユダヤ合同分配委員会の上海常駐代表L・マルゴリスは、次のように記憶している。[21]

当時（一九四二年を指す）、日本当局の反西洋感情は、明らかに高まっており、東京からあらたにやってきた憲兵将校は毎日虹口地区に通った。大塚（惟重）大佐は、すでに上海を離れており、彼に代わった実吉大佐は対ユダヤ人問題に大塚大佐ほど関心がなかった。ある日、ペリツが私たちに対して、日本人はいまユダヤ人難民に対して危害を加える事件を計画しており、難民を船に乗せて海上へ連れて行き沈めようとしているので、対策を立てなければならない、と言った。私たちは、その他の信頼できる情報筋からも、同様の知らせを聞いていた。

各種の複雑な事情により、ヒトラーの「最終解決」を参考にした計画は実施されなかったが、上海の日本当局は一九四三年二月に「無国籍難民隔離区」を設置した。これは日本上層部内各派勢力の妥協の産物であった[22]。二月一八日、上海の新聞とラジオ局は、上海の日本当局の「無国籍難民の居住及び営業に関する布告」を発表した。

一、軍事上の必要に基づき、本日より、およそ上海地区内に居住する無国籍難民は、その居住および営業地区を以下の地区に限定する。共同租界内の兆豊路（現・高陽路）、茂海路（現・海門路）および鄧脱路（現・丹徒路）のライン以東、楊樹浦河（現・楊樹浦港）以西、東熙華徳路（現・東長治路）、茂海路及び匯山路（現・霍山路）のライン以北、共同租界の境界線（引用者注：共同租界の北の境界を指す）以南。

二、現在前項において指定された地区以外に、居住あるいは営業中の無国籍難民は、本布告の公布日より昭和一八（中華民国三二）年五月一八日までに、その住所あるいは営業所を、前項に指定された地域内に移さなければならない。現在前項に指定された地区以外の無国籍難民は、その居住や営業上必要な家屋、店舗およびその他の設備を売買、譲渡あるいは賃借しようとする場合、まず先に当局の許可を得なければならない。

三、無国籍難民を除く人々は、許可を得ることなく第一項に指定された地域に移動することはできない。

四、およそ本布告に違反したり、本布告を妨害した者は、重罪を免れない。

上海方面大日本陸軍最高指揮官
上海方面大日本海軍最高指揮官
昭和一八（中華民国三二）年二月一八日

この布告により、約一・四万（一説には一・八万）人のユダヤ人難民が、「指定地域」に囲い込まれた。この二年半後、二万人近いユダヤ人難民は、このゲットーで生活し、一九四五年八月の戦争終結を迎えることになった。この期間、ゲットー内では、ヨーロッパのようにユダヤ人を虐殺しなかったが、病気などで約二〇〇〇人が死亡した。その多くは老人と子供であった。

無国籍難民の特殊な法律的地位

一九三三年以後、早期に上海に来ていたドイツ系ユダヤ人は、依然としてドイツ国籍を有していたが、一九三五年にナチスが公布したニュールンベルグ法に基づき、あらゆるドイツ系ユダヤ人難民を含み、斉しくドイツ国民の身分を剥奪された。その後、中欧その他の国からきたユダヤ人は、上海のドイツ系ユダヤ人難民は母国がドイツに占領されたり、母国がナチスに追従したりしたために、ユダヤ人難民の多くも無国籍難民となったが、それはように、上海において中欧系ユダヤ人難民は特殊な無国籍難民グループを形成した。上海の日本当局は、「無国籍難民の居住および営業に関する布告」を公布したとき、「ユダヤ人」や「ゲットー」の文字を使用せず、「無国籍難民」の語を使用した。この布告と同時に発表された文章の中で、日本当局は「無国籍難民」について、「一九三七年以来ドイツ（かつてのオーストリアやチェコを含む）、ハンガリー、ポーランド、ラトビア、リトアニア、エストニアなどの国から上海に避難してきた現在国籍を持たない者」と規定しており、実質上ヨーロッパ系のユダヤ人難民を指していた。

当初、ヨーロッパ系ユダヤ人難民は、自分達独自のコミュニティを持たず、もともと上海にあったユダヤ組織の活動に参加していた。しかし、時間がたつにつれて、中欧の文化的伝統をもち無国籍である彼らと、セファルディムやロシア系ユダヤ人とが、一緒の活動をすることは困難になっていった。一九三九年七月、中欧系ユダヤ人難民は、ユダヤ文化協会を設立し、独立した中欧系ユダヤ人のコミュニティの組織化に向け、重要な一歩を踏み出していた。一九三九年一一月、中欧系ユダヤ人難民は、独立したコミュニティ組織である中欧ユダヤ協会（Juedische Gemeinde）を設立した。中欧ユダヤ協会は相次いで、公益部、宗教部、法律部などの機関を設立し、仲裁法廷、婦女連盟、聖葬社などの組織を設立し、諸々の法律上の訴訟や宗教活動、教育、衛生、葬儀事務などの具体的な問題を処理し、報道協会やコミュニティ活動の一環として『ユダヤ簡訊』を発行した。一九四一年六月二九日には、中欧ユダヤ協会は第一回選挙をおこない、一〇〇〇人以上が投票に参加した。選挙によって二一名の代表が選出され、あわせて彼らが推薦した七人とともに理事会を組織した。理事会は、かなり広汎な代表性を持ち、メンバーには商人、職員、知識人、政治活動家や宗教人らがいた。一九四一年一二月、太平洋戦争が勃発すると、中欧ユダヤ協会は改組し、次第に自発的なコミュニティ組織から、難民全体を代表する政治的な団体に変わり、管理する範囲も難民事務全般にわたるものに拡大していき、無国籍難民と日本当局を連絡する代表機関となった。中欧系ユダヤ人難民が、「無国籍難民隔離区」に移動した後は、中欧ユダヤ協会の働きはさらに重要となり、難民たちの利益維持のために多くの仕事をした。

協会の各種組織の中で、特筆に値するのは、仲裁法廷の設立である。中国に居住する外国人は、たとえば司法問題に絡むと、当然中国政府によって処理されなければならず、如何なる国家や国民も斉しく中国に独立的な法廷を設置することなどできなかった。たとえ当初、上海の共同租界内にあった会審公廨でも、形式的には中外共同の司法機関であった。このため、ユダヤ仲裁法廷の設置は、上海や中国史上きわめて珍しい事例といえた。その発足には主に二つの理由がある。まず、当時上海を統治していたのは日本軍当局であった。彼らは、管理の煩雑さを少なくするために、ユダヤ人たちに法律訴訟問題を自分たちで処理させ、ユダヤ人難民間の紛争を解決させようとした。彼らは、中国行政当局ではなかったので、中国の主権を侵犯するような行為を意に介していなかった。次に、コミュニティ内部に宗教的な性質を持つ仲裁機関を設立することは、離散ユダヤ人コミュニティの伝統であった。すでにギリシャ時代、アレキサンドリアのユダヤ人コミュニティには、独自の司法機関があった[23]。

中欧系ユダヤ人コミュニティと比較して、より早く中国に来た上海のセファルディ系コミュニティとロシア系ユダヤ人コミュニティは、いずれも仲裁機関は持たなかったので、ほとんど外部に知られていなかっただけである。たとえば、上海のセファルディムの指導者D・E・J・アブラハムは、コミュニティの民間治安判事になっていた[24]。ロシア系ユダヤ人コミュニティは、一九三九年一二月に極東ユダヤ人コミュニティの代表大会の報告の中で、数か月後に設置するコミュニティ付属の仲裁裁判所について明言していた[25]。ヨーロッパ系ユダヤ人難民が大量に上海に流入した後、援助欧州来滬ユダヤ人難民委員や国際救済欧州難民委員会は、司法問題処理機構を設立した。前者は一九三九年夏に欧州僑民仲裁法廷を設立し、後者もまもなく調停所を成立させて、主に非ユダヤ系ヨーロッパ難民との間のトラブルを解決した。このほか、中欧系ユダヤ人は、弁護士公会も設立した。この公会は、あわせて一〇〇名近い弁護士を抱え、ユダヤ人難民のために法律サービスを提供した。

こうした仲裁法廷は、一九四〇年二月一八日に唐山路四一六弄二二号内に正式に成立した。これら法廷は、裁判官、弁護士、弁護士助手、裁判員によって組織され、同時に仲裁委員会も組織した。この仲裁委員会が制定した仲裁法廷にかかわる章程や規則では、法廷の主要な任務は調停であり、処罰権はなかった。仲裁法廷は、四級四審制で、第一、二、三審がすべて調停であり、最高法廷である第四審だけが裁判をおこなった。第四審は、五人で構成され、裁判長はドイツでかつて地方初審法院裁判官を勤めたアルフレッド・ラスクウィッツ博士が就任していた。こうした上海の中欧系ユダヤ人難民の仲裁法廷は、中国で初めて「外国人」が司法権を行使する司法機関であったとはいえ、司法権を行使する「外国人」は無国籍であり、しかも彼らは日本占領当局より認められたが、中国政府に承認されたのではなかったのである。

このユダヤ人仲裁法廷は七年以上の間に全部で一〇〇〇件以上の訴訟を処理した。当時のユダヤ人難民の回想によれば、ユダヤ人難民は「かなり大きな内部の摩擦を抱えていたが、……双方は一般的に日本や中国当局に助けを求めず、難民仲裁法廷によって解決した」という[26]。この法廷のある唐山路は、日本当局が設立した「無国籍難民隔離区」内にあり、したがって日本当局が中欧系ユダヤ人難民を「無国籍難民隔離区」に移動するように命令しても、その活動に影響をうけなかった。戦後の一九四七年になって、仲裁法廷はようやく取締を受けた。当時の中国政府の文章には、「上海滞在のユダヤ人が設立した仲裁法廷は、わが国の主権を侵すため、閉鎖せねばならず……今後中国のあらゆるユダヤ人は民事・刑事の訴訟事件があれば、わが国の司法機関に対して提訴すべきである」とある[27]。

指摘しておく必要があるのは、ポーランド系ユダヤ人は、相対的に独立したグループであり、彼らは一貫して自分たちを無国籍難民と認めなかったことである。一九四一年一〇月、東欧ユダヤ人難民援助委員会のA・オーベンハイムは、援助欧州来滬ユダヤ人難民委員会の責任者スピルマンに宛てた書簡の中で、「ポーランド人とリトアニア人は宗教的習慣、性格、言語面で受けてきた教育が他の難民とはまったく異なり、私は彼らがその他の難民より劣っているとかいないとかは言うつもりはないが、しかし彼らはまったく異質なので、単独でひとつの団体を組織する必要がある」と指摘していた(28)し、実際にその通りであった。ポーランド難民は、正式なコミュニティ組織を設立していなかったにもかかわらず、終始一団を形成し、いっしょに活動するときにはポーランド語を話し、ドイツ系ユダヤ人やロシア系ユダヤ人との間には、ずっと無形の境界線を築いた。日本当局はヨーロッパ系ユダヤ人難民に対し虹口ゲットーへの移動を要求したとき、ポーランド系難民は抵抗したが、その理由は彼らが「無国籍難民」ではなく、ドイツ系・オーストリア系ユダヤ人と異なるためであり、彼らの政府は依然ロンドンで活動しているのだからというものであった。

最後には、彼らもゲットーに移らざるを得なくなったが、そのときの抗議行動も、ポーランド系ユダヤ人の特殊性を示すものだった。実際、彼らの宗教活動も、独自性を示している。これらのユダヤ人難民は、上海でようやく見られるようになった真性のユダヤ教正統派であり、とくにハシディズムの宗教文化と宗教教育活動は特別であった。ミール神学院およびその他いくつかの小神学院の四〇〇余名の学生とラビたちは、アハロンのシナゴーグがずっと閑散としていたため、彼らの学院として再建し、戦争期間中を通して勉強を続けた。その結果、このヨーロッパに著名な神学院はその他の経学院のようにナチスに破壊されることがなく、逆に東方の大都市でさらなる発展を遂げたのである。

おわりに

以上のように、戦前に中国に来たユダヤ人といえども、一括してこれを論じることはできず、その出自によって、つまりその国籍や、彼らがもつローカル・ナレッジのいかんによって、彼らの中国でおかれた環境は、じつにさまざまだった。本章は、彼らをとりまく状況を概括的に述べたにすぎず、今後も、さまざまな国の研究者とともに、各地の事例研究を比較検討して積み重ねていかなければならない。

ここで提起しておきたい今後の研究課題は、彼らそれぞれの行動様式は、中国という領域空間に規定されたものではなかったということである。彼らは、日本、朝鮮半島、あるいはロシア極東地域などに拡大あるいは離散していた。本書で問題となっているこうした地域のホスト社会の違いによって、彼らがもつローカル・ナレッジやその行動様式に、いかなる違いがあったのか、その点を比較検討する必要があることがひとつである。本章では、アシュケナジムとセファルディムという区分について簡単な比較をおこなったにすぎない。そして、いまひとつは、第二次世界大戦の終結前後における、それぞれのグループにおけるローカル・ナレッジの在り方やその行動様式について比較検討しなければならないということである。終戦後、アジアのユダヤ人グループは、イスラエル、ソ連、米国、オーストラリアなど世界中に拡散していった。ただし、彼らのもともとの国籍、その共通言語、エスニック・グループとして育んできたローカル・ルナレッジの違いによって、その後、グローバルなネットワークを現在も維持していることは指摘してよい。私たちは、こうした様相についても検討しなければならない。そして、最後に、ユダヤ人と同様にディアスポラやエグザイルと見なされた他の民族グループとの違いを取り上げる必要もあろう。この点は、次章のテュルク・タタール人移民の事例研究が参考になる。

注

1 セファルディムは、もともとスペインやポルトガルを追われたユダヤ人を指したが、後には広く地中海沿岸や中東国家のユダヤ人を指すようになった。

2 シオニズム（Zionism）とは、周知のように離散ユダヤ人にパレスチナへ帰り新国家建設を促す運動で、この運動は彼らの聖なるシオン山をスローガンにしていることから、シオニズムと言われる。

3 Dennis Leventhal：*The Jewish Community of Hong Kong, An Introduction*, Hong Kong 1988 p3.

4 張仲礼、陳曾年『沙遜集団在旧中国』北京、一九八五年、六頁。

5 アシュケナジ（Ashkenazi）とは、もともとフランス北部、ドイツ、スラブ諸国に住んでいたユダヤ人と、世界各地の彼らの子孫を指す。

6 馬文・托克耶、瑪麗・斯沃茨『河豚魚計画——二戦時日本人与猶太人之間一段不為人知的故事』上海三聯書店、一九九二年、三五頁。

7 黒龍江省地方志編纂委員会編『黒龍江省志六九巻・外事志』黒龍江人民出版社、一九九三年、一三七頁。

8 同上書、一四九頁。

9 房建昌「近代天津的猶太人」『天津文史資料選輯』一九九六年第二期、五四頁。

10 同上。

11 『遠東方』一九二六年一二月七日。

12 万斯白『掲開大秘密——日本在華間諜』黒龍江人民出版社、一九九〇年、一五六頁。

13 房建昌「偽満州国時期的哈尔浜猶太人」『遼寧師範大学学報』（社科版）、一九九六年第四期、八〇頁。

14 托克耶他、前掲書、三七頁。

15 汪之成『上海俄僑史』上海三聯書店、一九九三年、四七二—四七三頁。

16 李巨廉、金重遠主編『第二次世界大戦百科詞典』上海辞書出版社、一九九四年、一八四頁。

17 J. Hurewitz, *Diplomacy in the Near and Middle East, A Documentary Record Vol. 2, 1914–1956*, Princeton, 1956, p. 218.

18 A. Grobman & D. Landes, *Genocide: Critical Issue of the Holocaust*, Los Angeles, 1983, p. 299.

19 ibid. p. 298.

20 托克耶他、前掲書、三七頁。

21 潘光、李倍棟主編『猶太人憶上海』上海市政協文史資料編輯部、一九九五年、二七頁。

22 『新聞報』一九四三年二月一八日。

23 阿巴・埃班『猶太史』中国社会科学出版社、一九八六年、七五頁。
24 宇都宮希洋『上海猶太銘鑑』国際政経学会、東京、一九三七年、五―七頁。宇都宮希洋は、大塚惟重大佐のペンネームである。
25 満鉄調査部『第三回極東猶太民団代表大会概観』(猶太問題調査資料第二三輯)、大連、一九四〇年、五二頁。
26 William Schurtman へのインタビュー記録、一九九六年六月一六日、ニューヨーク。
27 上海『大公報』一九四七年八月二三日。
28 戴維・克蘭茨勒『上海猶太難民社区　一九三八―一九四五』上海三聯書店、一九九一年、二一九頁。

第一五章

民族の独立とファシズムへの傾斜
——東アジアにおけるテュルク・タタール移民コミュニティ（講演録）

ラリサ・ウスマノヴァ（Larissa Ousmanova）

〔編者注：本章は、二〇〇四年一一月六日、明治大学で開催された国際シンポジウム「北東アジアにおけるトランスナショナル・コミュニティとアイデンティティ化」での講演原稿に基づく。講演者のウスマノヴァ氏は、青山学院大学と島根県立大学の大学院で学んだのち、現在カザン大学社会学部で教鞭をとっている〕

はじめに

私は、タタールスタン共和国出身のタタール人です。この報告では、これまであまり研究されず、また語られてこなかった私の祖先の歴史、とくに一八九八年から一九五〇年戦後直後まで、中国、日本、朝鮮にきたロシア系タタール人移民について取り上げたいと思います。この移民コミュニティをめぐる政治的・社会的状況の変化によって五つの時期に区分して、アジアに来たテュルク・タタール人コミュニティについて、歴史社会学的な特徴づけをしたいと思います。その意図するところは、彼らが民族の独立を求める活動のなかで、日本のファシズム勢力との協調関係を築かざるを得なかったという、ある意味妥協的、選択的な意味を明らかにしたいことがあります。この点、従来の研究では看過されており、ヨーロッパやトルコに向かったテュルク・タタール人とは、相当に違った命運が待ち受けていたことを跡づけることができると思っています。

報告の構成は、以下の通りです。まず、二十世紀前半のアジアにおけるタタール人移民の歴史を跡づけ、つぎにタタール人移住の時期を区分して各時期の意義を明らかにします、さらに各時期におけるタタール人移民の数、男女比率、職業、所在などにも触れながらコミュニティのタイプとトランスナショナル・アイデンティティの変化を分析し、最後にタタール人移住の意味を考えるという構成になります。

まず、この研究の位置づけをおこないたいと思います。近年、アジアへのロシア系移民に関する歴史研究は、ロシアのみならず、多くの国々において注目されている学問的トピックのひとつです。(1) ご存知のように、冷戦後は、ロシア、中国、台湾、韓国などアジアのさまざまな資料館が公開されました。さらに、日本の研究者の尽力により、日本国内の図書館に所蔵されているタタール人移民の雑誌や新聞についても確認されました。しかし、これまでアジアにおけるロシア系ディアスポラの民族性に注目されることは少なかったように思います。

こうしたロシア系移民の研究は急速に進みつつある一方、アジアに向かったトルコ語を話せる民族の移住者に対する歴史社会学的な定義は、いまなお確定されてないと思われます。満洲におけるタタール人コミュニティ内で長期にわたって生活していたトルコ学研究者大久保幸次(一八八七―一九四七)によると、タタール語は主にコミュニケーション言語として、またアジアにおけるタタール人が出版した刊行物で使用されていた言語でした。言語的共通性のため、私はこのタタール人移住者に対して、テュルク・タタールと呼ぶのが好ましいと考えています。

ただし、一九三〇年までロシアに住んでいた大部分のトルコ人の民族アイデンティティは、共通言語であるタタール語を使用しながらも、民族による連帯意識よりは、宗教的な結びつきが優位を占めていたと指摘できます。なぜなら、ロシアのトルコ語系タタール人コミュニティというよりは、「ムスリム・コミュニティ」という組織が設立されていたという事実から認定できるからです。

さて、戦前のテュルク・タタールの歴史を復元するための素材として、当時のタタール語メディアがあります。たとえば、一九二〇年から二四年にかけてハルビンで出版された雑誌『エラク・シャーク（Eraq Shark：極東）』や、一九三五年から四五年にかけて奉天で出版されていた「タタール人移民の古典書」としての新聞『ミッリ・バイラク（Milly Bairaq）』、また一九三三年から三八年にかけて東京でイマーム・クルバンガリによって発行された雑誌『ヤンガ・ヤポン・モフビリ（Yanga Yapon Mohbiri：新日本情報）』、そして私がベルリンで見つけたのですが、一九二九年から三九年にかけて発行された『ミッリ・ウル（Yanga Milly Ul）』などがあります。これらのメディアには、アジアに移住したタタール人の生活に関する貴重な記事が多いことを確認しておきたいと思います。

1　タタール人のアジアへの移住のはじまり

これまでの研究の過程で、タタール人移民の歴史を、以下の五つの時期に区分して説明することが適切であろうと考えています。

まず第一期ですが、タタール人がアジアに移住するきっかけになった時期で、一八九八年中東鉄路設立の決定から、一九一七年のロシア革命までとしておきます。この時期、満洲へ来た最初のタタール人開拓者は、バイチュリン（Bichurin）でした。(2) タタール人、とくにペンザやカザンからのタタール人、またはミシャルという地方の住民は、一九〇四年にハルビンでムスリム・コミュニティを設立したのです。バイチュリンは、このコミュニティの創設者だったと考えています。こうしたムスリム・コミュニティというのは、十九世紀末から二十世紀初頭にタタール人の中産階級の中に現れたにもかかわらず、依然として、民族的な結合よりも、宗教的な紐帯が優位を占めていました。この二十世紀初期のロシアやハルビンのタタール人コミュニティでも、「ロシアのムスリム」というアイデンティティと定義づけできると考えています。

この時期の特徴は、ロシアにおけるアジア系民族が、初めてロシア帝国の植民地主義に対して運動を起こしたことにあります。この民族運動を促す外的契機となったのは、一九〇五年ロシアに革命の刺激を与えた日露戦争と、この戦争におけるロシアの敗北です。タタール人が、ロシア帝国の民族政策に対抗するために、「東洋から来る援助」に希望を得たことは、内的契機だったと考えられます。タタール人は、日露戦争の勝利という事実を前にして、日本に対して親近感を抱くことになりました。親近感を抱いたもうひとつの理由は、ロシア人よりも日本人のほうがイスラム教を尊重していたことによりました。一九〇四年から〇五年まで、つまり日露戦争中には、大阪郊外の泉大津市にあるロシア兵士の捕虜収容所では、イスラム教会であるモスクが建設されたと、あるタタール人の日記に記されています。その真偽は定かではありませんが、この収容所とモスクに関する書簡が、日本の天皇からロシア皇帝へ送られたと言及されています。

ハルビンのイマームだったGiniyatullah Selihmet

日本人に対する親近感をもったロシア系トルコ人グループは、日本に向かってアジア人の擁護者となるように要請しに行きました。たとえば、一九〇六年から〇七年にかけて、イブラヒム・ラシド（Ibrahim Rasid, 彼は東京の多摩墓地に埋葬されました）というタタール人ムスリムがカザンから日本に来ました。[3] 彼の目的は、日本人をイスラム教に教化することでした。このような空想的な目標は実現されなかったのですが、彼の活動によって、日本では、イスラム文化を認めるおおらかな世論が確立されたと思います。こうして、その後来日したロシアからのムスリム移民――その大部分はタタール人やバシキル人でしたが――が日本人に認知されることになったのです。

その後、ロシア系ムスリムは、一九二七年東京に民族学校を設立し、一九三五年神戸に日本で最初の正規のモスクを建設し、さらに一九三六年に名古屋、一九三八年には東京でもモスクを建設しました（名古屋以外のモスクは修築されているにせよ現存します）。一九四四年以前、東京のムスリム・コミュニティのイマームたちのなかには、イブラヒム・ラシドを含む、ロシア系ムスリムがいました。このように、タタール人移住の第一期において、イブラヒムの役割は日本人にイスラム教とタタール人の存在を示すうえで役立ったと思われます。

この第一期においては、アジアにおけるタタール人の数は、決して多くありませんでした。彼らのほとんどが男性の商売人で、ロシアの影響下にあった満洲の都市に居住しておりました。この時期の移住は、ロシア帝国のロシア人以外の民族に対する好ましくない政策が原因となって起こったといえます。ハルビンのイヤツラ・セリフメト牧師の下にあった協会は、イスラム指導者であるイマームによって運営されたムスリム・コミュニティ（アラビア語で「マハリャ」という）でしたが、あくまでロシア系ムスリムの一分派と考えられ、特別の民族アイデンティティを持てなかったと思えます。

2　ロシアの圧力を逃れて

つづいて第二期ですが、この時期を一九一七年ロシア革命から三五年頃までに設定したいと思います。ロシア革命は、アジアで将来への不安を抱いていた人たち、すなわちロシア系ディアスポラを増加させ、同時にロシア人としてのアイデンティティを失わせると共に、あらたなトランスナショナルなアイデンティティを形成させました。タタール人も、この新しい時代にあって、一九二三年の関東大震災後、ハルビンにあったムスリム・コミュニティを、日本や朝鮮にも設立しようとしました。

一九二七年、ハルビンのイマームの死後、東京ムスリム・コミュニティのイマームだったクルバンガリ（一八八九―一九七二）は、アジアにおけるテュルク・タタールのリーダーとして存在感を増し、東京コミュニティが彼の活動の拠点になりました。当時のアジアにおけるタタール人の正確な数は不明ですが、「日本にいるタタール人は約二〇〇〇人、満洲と中国には約七〇〇〇人であろうと言われている」との記述があります。[4] 一九三五年になると、アジアにおけるタタール人移民は一万人にのぼりました。

一九三〇年初頭には、ロシア系ディアスポラは、あらたに満洲国という新国家建設に直面しました。日本人にとっても、満洲国の建設を通じて、自治的な移民コミュニティに接触するのは初めてのことだったので、民族政策を整理する必要がありました。テュルク・タタール人の移住は、一面で反ソビエトの性格をもっていましたので、こうした民族コミュニティを統御することは、日本の対ソ政策の目的に合致していました。なにより、他のロシア系ディアスポラと比較すると、タタール人移民たちは商才に長けていたため、関東軍はこれを利用しようとしたのです。関東軍は、タタール人移民を利用するために、分散していたコミュニティを、まずイスラム教を軸として統合しようとしました。しかしながら、東京のイマームだったクルバンガリの影響力によって、この宗教的な統合は実現できませんでした。そこで、関東軍は、ほかの民族コミュニティに対してと同様、タタール人コミュニティも、民族を盾にして統一することが効果的だと判断するようになりました。

当時、政治に積極的なタタール人移民のグループは、ソ連において「イデル・ウラル」という州の独立を宣言した「ザブラク共和国」が失敗したため、タタール人移住者の中央機関をポーランドのワルシャワに設立しました。これを主導したのは、タタール民族運動のリーダーで、ポーランドにいたピルスドスキハの支援で、アヤズ・イスハキ（Ayaz Ishaqi）の友人でした。のち、この機関はナチス・ドイツが台頭したとき、自分たちの独立運動を支援してもらうためにベルリンに移転しました。そして、一九三三年一一月、アヤズ・イスハキは、民族独立ために、アジアとヨーロッパのタタール人移住者を統合させる目的をもって、アジアに向かいました。彼のこの目的は、関東軍の思惑と一致しました。そのため、当時のタタール人移民たちと関東軍は、互いに利用し、利用される関係となったのです。戦略としてのファシズムへの傾斜といえるでしょう。

以上のように、第二期のテュルク・タタール移民の特徴は、ロシアから政治的な圧力をうけて移住を余儀なくされた人たちで、アジアにおいてはその人口が約一万人にも増え、アジア各地に広がっていきました。こうしたタタール人の職業は、大半が商売人や軍人でしたが、男女比率からいうと女性が多く、また子供たちをつれたファミリーが多かったのです。コミュニティ内部では、民族学校を設立したり、出版物を刊行したりするうえで、女性の役割は重要でした。とはいえ、この時期、タタール人の民族意識は、自ら反ソビエトと反共産主義的イデオロギーに適応するようになりました。とはいえ、この時期、統一した民族独立運動をするための組織は完成しておらず、おまけにリーダーがいませんでしたので、テュルク・タタール人のコミュニティは微力だったといえます。

3　民族主義の台頭

つづけて、一九三四年頃から第二次世界大戦の始め(一九三九年九月)頃まで、すなわちアジアにおいてテュルク・タタール人移民が民族主義的な運動をする時期を第三期としたいと思います。この時期は、日中戦争の勃発と重なり、その前後の一九三四年から三九年にかけて、アジア各地では、ムスリム・コミュニティが作られました。また、ヨーロッパと同じように、東京と神戸で「イデル・ウラル国を独立するための委員会」が創られたことで、各地にも同様な組織ができました。しかし、関東軍は、アジアにおける「道徳的な理由」で、「独立」という言葉を使わずに、「文化研究会」と改名するように要求したので、その組織は正式には「イデル・ウラル文化研究会」と名づけられました。[5]

神戸にいたタタール人移民は、一九三四年五月、最初の会議を開催しました。この会議では、日本にいるテュルク・タタールが統一して宗教的民族的な本部を作り、東アジア各地にいるテュルク・タタール人たちの統一会議設置を準備しました。この会議は、自分たち民族の墓地、学校、図書館などを設置し、テュルク・タタール人と日本人との相互理解を促す方針をかかげ、また民族の財団を設立して、青少年の民族教育を重視することを取り決めました。

こうして、一九三五年二月、満洲国の奉天で、第一回「極東テュルク・タタール人連合会議」が開催されました。[6] この会議では、アジアにおけるタタール人移民の週刊新聞『ミッリ・バイラク』の発行を決議しました。この新聞は、一九三五年から四五年まで発行されました。この貴重な新聞は、島根県立大学図書館に所蔵されており、私もそれを利用したのです。

アヤズ・イスハキは、この『ミッリ・バイラク』という新聞で、一九三五年から五年間に、一四件の記事を執筆しました。かれは、この新聞を、民族の統一と運動活動のための「主たる文化的な道具」として活用しました。イスハキが書いた記事には、民族運動に対立するクルバンガリとイブラヒムについての批判記事が多かったことが特徴です。イスハキは、アジアにおける民族運動の重要な目標として、統一と民族文化の維持をかかげ、奉天の委員会を支援するよう訴えました。イスハキは、ロシア人を、赤（共産主義者）、白（反共の軍隊）、黒（君主国主義者）の三種類に分けましたが、これらいずれにも反対を唱えました。彼は、タタール民族の三つの基本的な原則、すなわちロシア人の支配に反対を主張し、反国際主義や反マルクス主義をかかげ、イスラム教の教えを強調したのです。

『ミッリ・バイラク』を発行していた新聞社のスタッフは、一〇年間まったく交替することはありませんでした。主要なスタッフは、トルコのメルケズ出身の総務長官イブラヒム・デブレトーキリヂ、記者は同じくメルケズの教育委員会長ルキア・ムハメヂシュ、発行者もメルケズ出身の会計委員会長セルマン・アイチでした。これらの三人は、この一〇年間、アジアにおけるタタール人移民の生活をしきっていたのでした。

ほぼ同じ時期、東京にきていたタタール人移民のリーダーであるクルバンガリが、『ヤンガ・ヤポン・モフビリ（新日本情報）』という月刊雑誌を発行しました。発行期間は、一九三三年から三八年です。コルチャク将軍とセミョーノフ将軍のムスリム軍隊の指揮官として極東へ来たクルバンガリに対する評価はさまざまです。リーダーとしての能力を持つ彼は、実質的に東京のムスリム・コミュニティを創設する役割をはたしました。ただ、クルバンガリは、タタール人による民族独立運動の推進よりも、ムスリムとしての運動の発展を望むカヂミスト（保守主義者）であることを重視しており、民族主義を標榜するイスハキと対立しました。日本軍部は、この二人のタタール人リーダーの対立は、タタール人移民を統一するためには障害であるとみなし、クルバンガリは一九三九年に日本から満洲国へ送り返されました。

一方、ソ連の公安委員会も、テュルク・タタール人の動きに注意していました。一九三八年にカザンで、反ソビエト・反革命・汎イスラム的な「イデル・ウラル」という組織に対して、監視を強めました。なぜなら、ソ連政府は、タタール自治共和国（一九二〇年成立）のタタール人たちに、民族運動の影響が及ぶのを阻止したかったからです。ソ連の民族政策は、民族の発展を無視して、階級の相違を重視する理念にたっていたので、テュルク・タタールのイデオロギーは、ソ連にとって危険思想だったのです。いまのタタールスタン共和国の国家公安委員会保管所には、一九三八年に書かれた三冊からなる『反ソビエトであり民族的な中産階級のスパイ・反乱の「イデル・ウラル」という組織に対する事実集』という資料が所蔵されていることを、私は確認しました。その資料は、民族独立を目指して、国内活動や、移住者との関係を理由に逮捕された約四〇人の尋問記録でした。この記録によると、タタール人の民族独立運動は、ソ連に対して危険であると決め付けています。しかし、「イデル・ウラル」に関する裁判は、スターリンが担当係官たちを殺害したため、結局実現しませんでした。

この第三期の活動をまとめると、タタール人移住者は、民族的なアイデンティティに傾斜していたことを指摘できます。この頃から、アジアにおけるタタール人は、テュルク・タタール・イデル・ウラル人と呼ばれ始めたのです。その上、「イデル・ウラル国を独立するための委員会」の設立は、タタール人が強い民族意識にめざめたことを明らかにしています。この時期、全世界のテュルク・タタール人たちを統一させるための民族主義的なリーダーとしてアヤズ・イスハキが頭角を現しました。アジアにおけるタタール人は、奉天の中央委員会を中心にして、新聞『ミッリ・バイラク』を通して統一されようとしていました。東アジア各地のコミュニティは、ようやく制度化された民族組織になったと思います。

4 弱められた民族主義

第三期の末、一九三九年頃、ドイツに移っていたイハスキは、第二次世界大戦初期のドイツの社会状況やポーランド侵攻など、ドイツの対外政策に失望し、トルコに移動しました。その時から第二次世界大戦末にかけて、戦前のタタール人移民の歴史の第四時期になると考えます。この時期、ドイツでは、一九四二年に「オスト・レギオン」という民族部隊に、「イデル・ウラル」というタタール人特殊部隊が作られました。一方、満洲国にも、ロシア人移民による特殊部隊が作られ、タタール人も参加しました。ドイツ指揮官の代表者は、その部隊の指導を求めて、当時トルコに移っていたイスハキを訪ねましたが、イスハキはドイツと日本の政策に反発して、それを断わりました。

一九四一年八月二八日から三一日にかけて奉天で、「第二回東アジアテュルク・タタール人会議」（クリルタイ）が、「ハルビン日本軍（Начальник Военной Миссии в Харбине）柳田将軍による保護と奉天日本軍長（Руководитель Военной Миссии Города Мукдена）の親切な協力によって[7]」、開催されました。同時に、その会議宣言では、トルコやムスリムと、アジア民族との間の歴史的関係を強調しています。このクリルタイは、「コミンテルンに対して敵意のある態度を示し、大東亜の国民と一緒にその共同大敵と戦うこと[8]」を決定しました。私が第四期と考えているのは、この頃から第二次世界大戦終盤までで、この時期、あらゆるテュルク・タタールは、ファシズム勢力にすり寄っていき、結果的ドイツや日本に利用されたのでした。この時期、テュルク・タタールは自らの民族意識を弱めながらも、ドイツや日本との協力に失望していったため、しだいにアジアから他の国々へ移動する方法を模索し始めるようになりました。

第二次世界大戦は、テュルク・タタールの人々を戦争に動員し、その結果彼らのコミュニティを弱体化させたのです。

この第四期で、タタール人移住者は、民族のリーダーを失ったにもかかわらず、なおコミュニティ組織を維持していました。第二次世界大戦末からタタール人移住者は、おもに三つの国々、すなわちトルコ、米国、オーストラリアへ向けて移動を開始したのです。ただこの時期の彼らの活動は、資料的にも不明瞭な点が多くあります。

5 新天地を求めて

戦争終結とともに、ソ連軍や米軍が、中国や日本へ侵攻して以降、タタール人の移住は、あらたな変化の時期を迎えました。最後の第五期は、第二次世界大戦の終わりから一九五〇年代にかけてで、テュルク・タタールがアジアからさらにあらたな地を求めて移動し始めた時期を指します。新聞『ミッリ・バイラク』の責任者やイマーム・クルバンガリらは、ロシア軍に逮捕されて、シベリアの収容所に約一〇年間収容されました。その後、ボルガ・ウラル地域に戻りました。なかには、運よくトルコ、オーストラリア、米国などに逃亡し、その地でタタール人コミュニティを設立した者もいました。移住に成功した者は、民族のアイデンティティを失わず、今でもタタールスタン共和国の独立を望んでいます。冷戦後の世界のタタール人ディアスポラは、タタールスタン共和国がロシア中央政府から独立することを支持しているのです。残念ながら、すでにコミュニティ組織も刊行物もありません。ただし、現在、グローバリズムが進行するなかで、テュルク・タタール人は自らの民族性を守るために新しい方法を求めています。たとえば、インターネットを通じて全世界のタタール人を「バーチャル・ナショナリズム」として統一する活動も、そのひとつです。ただし、ウェブ上のこうした連帯が、新しいコミュニティになるか、たんなるネットワークに終わるかは、現状ではまだ分かりません。今後の研究課題といえます。

おわりに

以上見てきたように、研究者たちは、長い間タタール人の移住そのものに注意を払いませんでした。二十世紀前半のアジアにおけるタタール人移民の歴史は、すでに申し上げましたが、五つの時期に区分できました。要点だけを繰返しますと、第一期においてはアジアにおけるタタール人は少なくて、ほとんどが男性商売人で、ロシアの影響下にある満洲の都市で活動しました。この移住の契機は、ロシア帝国の民族政策によるものでした。彼らは、ロシア系ムスリムのアイデンティティをもっていたため、ムスリム・コミュニティとして特徴づけられます。第二期においては、ロシアからの政治的な圧力によって、アジアのタタール人は一万人に達しました。女性と子供たちも増えて、民族的な学校を設立し、刊行物を出版する活動をはじめました。しかし、民族意識はまだそれほど高くはなかったようでした。第三期では、タタール人は、時代状況に適応して、民族のアイデンティティを形成しました。その時、全世界のテュルク・タタールの移住者たちを統一した民族のリーダーが現れました。アジアにおけるタタール人は、奉天にある中央委員会を中心して、「ミッリ・バイラク」紙を通して統一されました。それはコミュニティ組織としての民族モデルになりました。第四期では、第二次世界大戦下、ファシズム勢力にすり寄っていったため、タタール人コミュニティはかえって弱体化していきました。第五期では、第二次世界大戦末からですが、タタール人移民は、アジアから更なる新天地を求めて移動を始めました。

こうしたテュルク・タタール人のコミュニティは、社会学的な見地からみると、ムスリム・コミュニティから、民族的な組織集団、そしてトランス・ナショナルなディアスポラへと変容したと特徴づけられると思います。

注

1 Ревякина Т. В. Российская эмиграция в Китае: Проблемы Адаптации (20–40-е годы XX века). -Москва, 2002, С. 70.

2 А. А. Хисамутдинов. Российская Эмиграция в Китае: Опыт Энциклопедии. Владивосток, Издательство Дальневосточного Университета, 2001. С. 43.

3 『タタール古典書』(一九九八年、カザン、二一四頁)。彼は一九〇六—〇七年ロシアムスリム会議の元祖、イッチファクー・アリー・ムスリミン党の中央委員会会員。雑誌・新聞の発行者でもある。一九二二年から移住。一九三三年から日本に居住し、東京モスクのイマーム。ムスリム・コミュニティの生活を研究し、イスラム教を宣伝して、ヨーロッパと東方を回る。東南アジアのイスラムの歴史とタタール人政治に関する本の筆者。

4 Современное Состояние Тюрко-татарского Национального Движения на Дальнем Востоке. Записка Квантунского Жандармского Управления, № 465 от 23 марта, 1935 года, Фонд 109, опись 7, № 35.

5 同上。

6 Тюрко-татарская Обшина//Великая Маньчжурская Империя: К десятилетнему Юбилею/ Изд. М. Н. Гордеев.–Харбин, 1942.–с. 316–318.

7 同上、c. 316–318.

8 同上、c. 318.

【付記】本報告後、島根県立大学大学院北東アジア研究科に提出した博士論文をもとに、Larissa Ousmanova, *The Turk-Tatar Diaspora in Northeast Asia: Transformation of Consciousness: A Historical and Sociological Account between 1898 and the 1950s*, Tokyo: Rakudasha, 2007. を刊行した。あわせてご参照願いたい。

第一六章

回想録：一九四五年以降の在ハルビンロシア人の命運

オルガ・バキッチ（Olga Bakich）

〔編者注：オルガ・バキッチ氏は、一九三八年ハルビン生まれ。氏は、オーストラリアで学位を取得したのち、カナダのトロント大学で教鞭をとった。代表作は、*Harbin Russian Imprints: Bibliography as History, 1898–1961: Materials for a Definitive Bibliography*, New York: Norman Ross Publishing Inc., 2002. また、アジアで活動したロシア人の史料・情報をまとめた専門誌 *Россияне в Азии* の編者・発行者として知られる。本章は、二〇〇八年七月一二日に東京外国語大学アジア・アフリカ言語文化研究所で開催された合同シンポジウム「ハルビン――異種混交の街」における講演原稿に基づくものである。〕

はじめに

今回、ハルビンに関してお話しすることは、あまりに個人的かつ痛ましい内容であるために、当初は講演を辞退しようと思いました。しかし、中国のロシア系移民について研究する者として、歴史は、過去に起こった事実や月日ではなく、人間の命であると改めて感じたので、一九四五年以降、ハルビンのロシア人に何があったのかを伝える必要があると考えたのです。これまでのロシア史研究はモスクワ中心主義であり、極東におけるロシア移民コミュニティについて、じゅうぶんに取り上げられてこなかったために、こうした研究状況を打破するためにも、講演の必要性を感じた次第です。

なお、ここでは、ハルビン市内および長春鉄道（←北満鉄道←中東鉄路←東清鉄道）沿線に住んでいた旧ロシア帝国から移住したロシア語を母語とするすべての人（ロシア人、ポーランド人、ユダヤ人、ウクライナ人、タタール人、グルジア人、アルメニア人、ラトビア人、リトアニア人、ドイツ人、チェコ人、ユーゴスラビア人など）の総称として「在ハルビンロシア人」という表現を使います。

1　中国への旅立ち

一九四五年八月、当時、私は七歳六か月でした。私の話は、幼少期に大人たちから何度も何度も繰り返し聞かされた話が入り混じった回想録であり、また後に研究者として学んだ事実も含まれています。そのため、この記憶は断片的、個人的、選択的なもので、意識的および潜在的、個人的、政治的理由で脚色されているものであるということを付け加えておきます。同じ出来事といえども、その記憶は十人十色です。そして、いまからお話するのが私の記憶に残っている物語なのです。

まず、私の家族がどのようにして中国に身を寄せることになったのかをお話ししましょう。モンテネグロ人だった父方の祖父A・S・バキッチ（A. S. Bakich）は、ロシア軍に従事する中将で、第一次世界大戦とロシア内戦で戦いました。一九二〇年に、祖父の指令下にあった白軍がモンゴルへ退避し、非常に緊迫した情勢の中、さらなる戦いに備えていました。一九二一年一〇月末、祖父とその部下たちはモンゴルの革命家たちに捕らえられ、赤軍へと引き渡され、一九二二年五月、ノボシビルスク（当時はノボニコラエフスク）でおこなわれた公開裁判の後、将軍である祖父と一二人の部下は銃で処刑されました。未亡人となった祖母は、三人の幼い子どもを連れて、ウラジオストクから中国のハルビンへ渡ります。その長男が私の父です。母方の祖父P・N・アブロフ（P. N. Abloff）はロシア人で、中東鉄路で運行管理係として働き、ソビエト社会主義共和国連邦（ソ連）のパスポートを取得していました。一九三五年、中東鉄路が満洲国へと売却された際、祖父は日本人に捕まり、ソ連へ強制送還されました。一九三七年に祖父は、今度はソ連によって再び逮捕され、その後、日本のスパイとしてスターリンの収容施設で二〇年間を過ごすことになります。祖父の一人娘である私の母親は、父と結婚するためにハルビンに留まりました。ハルビンで生まれた私にとって、中国は愛すべき故郷なのです。

2 終戦時の高揚感

第二次世界大戦末期、私の家族は新京（現在の長春）に住んでおり、そこで中国の建築請負業のほかに技術設計をおこなっていた父は、小さな建設会社を営んでいました。他の満洲国の都市・入植地のように、新京にも戦争の影が忍びつつありました。日本当局によって、全員が対空戦闘やその他の防衛訓練を受けさせられました。日本人や中国人の隣人たちと一緒に郊外に住んでいた私たち家族は、庭の裏にある大きな渓谷を下り、穴を掘って防空壕を作る必要がありました。

一九四五年八月初旬、新京が初めてソビエト空軍により爆撃された夜、一回目の空襲警報を聞くとすぐに、私たちは皆、走って防空壕に身を潜めたのです。その翌日から幾晩かは、外に出て裏庭に積み上げていた木の板を手に取って地面に仰向けになり、自分の体の上に板を乗せて、両手で板を頭上に構えるといった状態が続きました。暗やみの街を爆弾が直撃すると地面が激しく揺れ、非常に恐ろしかったものです。そんなとき、私の隣に伏せていた隣人が「いいかい、もし爆弾が私たちのところに落ちてきたとしても、痛みなんて感じる時間はないし、近くに落ちたとしても、この板が爆弾の破片から体を守ってくれるからね」と言って、慰めてくれました。

一九四五年八月一五日、ラジオの玉音放送で天皇陛下による「終戦の詔勅」が流れました。その日、父は会社の顧客である一人の日本人に会いに行きました。その人は、ラジオに聞き入っており、父に放送が終わるまで待ってほしいと言ったのです。放送が終わると、その日本人は片言のロシア語で、日本が降伏したことを父に告げ、銃を取り出すと、自分を含め、妻、子ども、そして私の父親も殺すと言ったそうです。凍りついた私の父は、そんな彼をやさしく慰め、銃を置くように諭しました。最終的に、彼は銃を置いて、むせび泣いたそうです。戦争が終わったことを認識した瞬間でした。私たちは、日本の民間人たちが子どもと荷物をいくらか背負い、歩いて新京を去って行くのを目の当たりにしました。そして、日本人が去るやいなや、中国人がその家々に押し入り、その後、赤軍も加わって、すべてのものが略奪されました。

後からハルビンの親戚や友人から聞いたのですが、赤軍が八月九日夜に満洲国の国境を渡ったという知らせにより、ハルビンは激しい混乱状態に陥ったそうです。白系露人事務局（ロシアの亡命者を管理するために日本が設立した組織）のトップたちは、日本軍の指令を待っていたのですが、何の指令もありませんでした。日本当局は、事務局員とハルビンから出て行きたいという人たちのために、列車を用意したのですが、実際の乗客数は少なく、ハルビンに残った人たちは、恐怖と不安に怯え、さらに、紛争が激しくなるにつれて、次第に愛国心と反日感情を高めていきました。八月一八日から二〇日にかけて、赤軍がハルビンを占領すると、多くの在ハルビンロシア人が、戦後のソ連に新たな時代がやってくることを信じ、軍隊を迎えました。ソ連軍司令部は、ヤマトホテルに滞在し、護衛兵や軍人と話をするために、在ハルビンのロシア人の群集がホテルの前に集まりました。

ハルビン・ロシア・ファシスト党（Harbin Russian Fascist Party）の旧名誉メンバーであるアーチビショップ・ネスター（Archbishop Nester）は、赤軍司令部や将兵、そして多くの在ハルビンロシア人が集まる聖ソフィア広場で、赤軍に感謝の礼拝をおこないました。

3 在ハルビンロシア人の逮捕と赤軍の侵攻

しかし、そうした強い高揚感は、長くは続きませんでした。スメルシ（SMERSH、CMEPIII）といわれたスターリン直属の国防人民委員部防諜総局が満洲へ軍隊を従えてやってきて、すぐに、ハルビン、満洲国のその他の都市や入植地に住む多くのロシア人が逮捕されたのです。協力者であるはずの白系露人事務局幹部であるナゴーリン大佐（Colonel Nagolen）、L・チェルヌイフ（L. Chernykh）、M・マトコフスキー（M. Matkovskii）たちは、ソ連のスパイだったのです。赤軍が国境を越えてハルビンに入ったという知らせを聞き、マトコフスキーは、事務局が保管していた在ハルビンロシア人に関するほとんどのファイルを焼却するようにという任務を受けました。このために大きな穴が掘られ、燃料も蓄えられましたが、マトコフスキーは実際には焼却できませんでした。すでに諜報員からいくつかリストを手に入れていたスメルシによって、事務局のすべての記録書類が押収されてしまっていたのです。

最初、著名な在ハルビンロシア人たちが呼び出しを受け、逮捕されることになりました。一九四五年八月一九日（日曜日）、赤軍司令部がロシア人コミュニティの代表者に特別会議に出席するように督促し、平和と安全を確立する社会委員会を作り、食物供給を支援し、さまざまな組織や活動家、約二五〇名のリーダーのリストを作成しました。この社会委員会の本部は、プリスタン（埠頭区）のコマーシャルクラブ（Commercial Club）に置かれており、数日前まで白軍の組織にいたメンバーである多くの傾倒者が、赤軍やスターリンの栄光を称えるポスターや横断幕を作るために、そこを訪れていました。一九四五年八月二一日、社会、文化、教育機関の多くの重鎮たちが、ソ連司令部トップとの夕方の会議のために、ヤマトホテルに招かれました。そして、到着した全員が、通りの反対側にある、当時スメルシの本部となっていた日本総領事館へと連行され、収監されてしまいました。一九四五年八月二五日、第一赤旗軍（First Red Banner Army）の司令官であるA・P・ベロボロドフ大佐（Colonel-General A. P. Beloborodov）は、ヤマトホテルで勝利の宴会を催すという名目で、文化にかかわる重要人物や芸術家を招待し、全員を逮捕しました。

多くの在ハルビンロシア人が個人的に敵視する者を一斉に内通するようになったため、ハルビンや旧満洲国都市において「白い敵（belobandity）」と呼ばれる逮捕者数は、各地で一万五〇〇〇〜一万七三〇〇人に上ったと言われ、ハルビンのソ連大使館には後者の一万七三〇〇人と報告されました。事務局、ロシア・ファシスト党、白軍の元将軍やアタマン（コサックの指導者）だけでなく、政治に関係のない一般人までもが逮捕されました。日本人のために働いていた、鉄道員、ロシア語教師、清掃員、給仕係といった人々もいれば、ロシアの社会組織または文化組織で働いていた者、新聞や出版物のライター、中には職業が明らかでない者もいました。在ハルビンロシア人というだけで皆、「逮捕者（zabrany）」呼ばわりされたのです。こうして捕まった多くの人が旧日本憲兵舎の地下を埋め尽くしたため、人々は古い厩舎やバラック小屋に収容され、夜になると家畜運搬列車に乗せられてソ連へと連行されて行きました。

スメルシのネットワークは広く、無差別かつ不特定なもので、ルールや法則、公平さなどありませんでした。逮捕された人の多くは、事実無根の理由での逮捕であり、明らかに違法なものでした。彼らの多くは、ソ連国籍ではない者や、ソ連国籍を取得したことのない者、そして中国で生まれた人たちでした。皆、占領下の外国領地で捕らえられたわけです。私が大人になったとき、多くのクラスメートや友人は、祖父を内戦で亡くしたり、父親が一九四五、六年に捕まってソ連に連行されたりと、祖父や父親がいない状態でした。私も含め、在ハルビンロシア人の中には、のちに、逮捕者の名前を記録しようと試みたのですが、人数があまりにも膨大すぎました。

一年後に開かれたモスクワ裁判の後、アタマンのG・セミョーノフ（G. Semenov）は絞首刑、将軍のブラスエフスキー（Vlas'evskii）とバクシェーフ（Baksheev）、ファシスト党リーダーのK・ロドザエフスキー（K. Rodzaevskii）、シェプノフ（Shepunov）、ミハイロフ（Mikhailov）は銃殺刑となり、他にもたくさんの人が銃殺刑または収容所で重労働の刑を受けました。逮捕者を逃がそうとした人も数人いました。そのひとりである、関東軍に所属していたロシア軍人は、中国人のような身なりをして、顔に変装用のヒゲを付け、上海、そしてオーストラリアへ渡って、在ハルビンロシア人からの復讐に怯えながら生活していました。彼の息子たちは、父親に、対ソ謀略専門の満洲国軍浅野部隊に入隊させられていたために、命を落としています。この人は、自分のドアにロシア語で書いた警告を貼っており、そこには「もしもこのドアや窓を破って侵入しようとする者あれば、銃で撃つ」と書かれていました。そのほか、ロシア・ファシスト党のメンバーが、時折、松花江対岸の封河期の停泊地にある地下の小屋に隠れたこともありました。

私の父は、まったく政治にかかわりがありませんでしたが、ソ連で処刑された白軍の将軍の息子だったため、即刻、新京で逮捕されました。しかし、地元の状況に詳しい土木技師兼建築技師として、赤軍技師の任務に就かされ、ハルビン、新京、奉天、大連やその他の都市に滞在するソ連軍兵士のためにモニュメントを作る仕事を任されました。赤軍技師たちは父が必要だったため、父を渡すまいとスメルシと争い、父は、赤軍のために建物の設計、監督をおこないました。ひとつ目のモニュメントは新京で建造し、二つ目はハルビンでの仕事だったため、父は赤軍に家族を新京に置き去りにはできないと訴え、私たちも列車の家畜車両に乗ってハルビンへ向かいました。列車の中は、たくさんの赤軍兵士で溢れ、私たちが話すロシア語に驚いていました。激しく寒い冬の日で、小さなだるまストーブが車内を暖めていました。駅では、兵士たちが中国人から食料や雑貨を買ったり、お金も払わず、ただ欲しいものをつかみ取ったり、行商人を列車から突き飛ばしたりしていました。すべてのモニュメントが完成する頃には赤軍が去り、父は奇跡的に生き残ることができたのです。

一九四五年八月から翌年四月末にかけて、赤軍が旧満洲を占領しました。兵士たちは、ナチスが率いるドイツ軍に勝利した後、戦争が終わり、故郷に帰れると思っていた矢先、極東前線へと送られていきました。赤軍にとって、私たちは「白い敵（White Bandits）」以外の何者でもなかったのです。酔って暴力を振るう者、強盗や乱暴をする者、女性を強姦する者もおり、ロシア人、中国人、残留日本人がその犠牲となりました。数年前、トロントで両親がハルビン出身であるという若い中国人の方に会おうとしました。私がご両親にお会いしたいと申し出ると、彼は「母の姉はソ連軍にレイプされて殺されたので、両親はロシア人を憎んでいます」と言いました。人々が不満を口にしようものなら、ソ連は決まって「われわれがドイツでやったことをわかっているのか！」と言っていました。赤軍にいる者は結婚を許されませんでしたが、ソ連軍と関係を持った女性もいたため、軍が去った後、ハルビンでは父親のいない子どもがたくさん生まれました。

非常に恐ろしく、絶望的な時代でした。在ハルビンロシア人は、日本人に支配され、脅かされたかと思うと、今度は母国ロシアから温かく迎えた軍に、敵や反逆者のように扱われ、暴力の標的となったのです。こうした出来事を体験した多くの人たちが、六〇年以上経った今でも深い心の傷を抱え、自分の体験を語ることを拒み、「何があったか忘れることだ。あのことを話したり、知ろうとしたりすることは危険なことだ」と、私たちに忠告しているのです。

4　八路軍による秩序の回復

赤軍が去り、ハルビンが無法地帯となる時期がありましたが、中国の八路軍がやってくると、秩序が回復しました。規律ある八路軍の兵士とソ連軍兵士はとても対照的でした。ほどなくして、ソ連領事館から、ハルビンの残留ロシア人は、ソ連のパスポートを取得できるという発表がありました。ですが、このパスポートは実際の効力はなく、「海外滞在者書類」の代用品だったのです。それでも、赤軍が来てからは、多くの人がこれを申請しました。人びとの中には、協力すれば、自分の価値を取り戻すことができ、さらには公平な世の中になり、無実の親族が解放され、ソ連で再び一緒に暮らせるのだと信じる者もいました。また、ソ連の人たちが敢然と戦っている間、祖国から避難し、安息を求めて外国の地で生活した「ロシア人亡命者は自らの罪を償う必要がある」という強引で陰湿なソ連の教えに屈したそうです。まさに、スターリンの支配下にあるソ連同様、集団的なパラノイアにとりつかれた状態でした。ソ連幹部は、こうしてあらたに養成したソ連国民のことを「地元ソ連国民」または「戦利国民」と呼びました。しかし、申請通知が発行されても、待たされた挙句、却下される場合もありました。私の父も申請はしましたが、却下されました。

ソ連領事館が、日本の密告機関である白系露人事務局から、自国の密告機関であるソサエティ・オブ・ソビエト・シチズン（Society of Soviet Citizens）へと変わり、ハルビンなど満洲のその他の都市や入植地に住むロシア人は徹底的に洗脳を受けました。ほとんどの学校が閉鎖され、ソ連仕様の学校教育へと変わっていきました。私の両親がロシアの教育を望んでいたため、私もその学校に入学しました。私を中国の学校に行かせることなど両親の頭にはなかったのだと思います。私が入った学校の校長は女性で、一九二〇年代に自分の家族がソ連国籍を取得し、国籍を手放したり、事務局に登録したり、といった辛く最も過酷な圧力があったにもかかわらず、国籍を守り通したことを誇りにしていた人でした。先生方は在ハルビンロシア人で、即刻、彼らも再教育され、私たち生徒にソ連国民になることに価値があると教え込んだのです。私は年長の生徒から、一週間以内に学校にある満洲国皇帝溥儀の肖像画、ロシア帝国の旗、日本に特化したプロパガンダを取り外して、スターリンとレーニンの肖像画、ソ連の旗、横断幕、ソ連のプロパガンダに変更するようにと言われました。ハルビンには、安価なソ連の本、雑誌、新聞が溢れ、子どもたちはソ連の雑誌『ムルズィルカ（Murzilka）』、イラスト付きの週刊誌『オゴネク（Ogonek）』を読み、ソ連の映画を見て、ソ連の歌を歌っていました。教科書を取り出し、ソ連を追放された学者や作家の文章や肖像画を黒く塗りつぶすように言われることもありました。

こうしたハルビンのソ連学校は、ソ連領事館からの指示のもと、ヤング・アクティビスト（Iunyi aktivisty: Young Activists）の組織を確立しました。それは、小さな子どものために設けられたソビエト・レッド・パイオニア（Soviet Red Pioneers）や一〇代のために設けられたコムソモール（Komsomol）に似た養成機関でした。私たち青少年は、優秀な生徒のみが、ヤング・アクティビストの名誉を受けられるのだと教えられました。私は、とてもまじめな生徒でしたが、祖父が白軍の将軍であったこと、私の家族が国籍を取得できなかったこと、当時ソ連とユーゴスラビアの関係が悪化していた時代で、ユーゴスラビアの家系だったために、残念ながら私のメンバー申請は受け入れられませんでした。その日は一日中、どの授業でも泣き続け、先生も困っていました。ひとりの先生が私を呼んで「泣くな、泣くな、私がパンをあげるから」という意味のロシア語のフレーズを黒板に書かせ、クラスメートが笑いました。数日後、ほとんどの生徒が公的式典に出席して、宣誓をおこない、赤いスカーフを付け、音楽演奏、サンドイッチと甘いパイでもてなされ、食物事情が十分でなかったハルビンでは最高のもてなしでした。そんな中、私は家に帰るように言われ、もちろん、その後も、ユニオン・オブ・ソビエト・ユース（Union of Soviet Youth）のメンバーに申請することは許されませんでした。

プロパガンダ運動が、あまりに強力なものであったために、私は愛国心のある少女に成長し、ソ連に心を捧げていたので、申請の却下に深く傷つき、自分はロシア人として価値がない人間なのだと思ってしまいました。最終学年では、革命や内戦に始まるソ連の歴史を勉強しました。一枚の大きな地図には、シベリアや極東における白軍の敗北が示され、大きな矢印のひとつがモンゴルへと伸び、「バキッチ（Bakich）」と書かれていました。ある日、先生に呼ばれて、極東での白軍の敗北について話を聞かせてほしいと言われましたが、私にはできませんでした。先生には、説明する準備をしていないし、自分の名前に対してさらに悪い印象を持たれるからと言い訳をしました。

その他に当時のことで印象深いのは、ハルビンのソ連領事館の職員と中国に働きに来ている数多くのソ連の役人は、私たちに接触することを禁じられていたことです。「特殊な」ソ連パスポートを持っている人に対しても、彼らは接触を禁じられていました。正真正銘のソ連国民である人たちは、自分たちのクラブを持っており、その子どもは特別に設けられた学校に通っていました。その子どもたちは、私たちと遊ぶことはおろか、話すことさえもできなかったのです。ハルビンのソ連学校を卒業した私は、大規模な中国の図書館にあるロシア部門で働いていたのですが、ソ連の役人が私に話しかけるときは中国人の通訳者を介しており、それが私たちの密かな楽しみでもありました。

一九五三年三月五日にスターリンが死去し、その訃報が翌日ハルビンに届いた頃、巨大な砂嵐がやってきました。砂嵐は、春になるとしばしば、ゴビ砂漠から満洲に向かってやってくるのです。全地域で風がうなって荒れ狂い、大量の砂が大気中に舞って、停電になり、通りを走る車もいませんでした。家へ帰るのは危険だということで、私たちは学校に留まりました。先生方は全員職員室へ集まり、生徒は放ったらかしにされた状態でした。私たちは教室で身を寄せ合い、多くの女生徒が泣いていました。まるでこの世の終わりであるかのように感じました。

5 ハルビン残留ロシア人の離散

一九五〇年代初頭、ハルビンの残留ロシア人が離散し始めました。ロシア系ユダヤ人はイスラエルへ向かい、ポーランド人、チェコ人、ユーゴスラビア人は自国へ送還されていったのです。なかには、国際難民機構（IRO）や世界協会協議会（WCG）を通じて、何とかビザや支援を得て、オーストラリア、ブラジル、チリ、アルゼンチン、ベネズエラ、パラグアイへと向かう人もいました。一九五二年、ソ連は、中国長春鉄道に改称された中東鉄路を中国へ返還します。一九五四年春のロシア正教イースターの日、ソ連領事館は、ソ連政府が寛大にも在ハルビンロシア人にソ連の非正規パスポートを持つことを許可したと発表しました。それは、未開拓の地であるカザフスタンや同じような荒地へ送還するためのものでした。多くの人が、愛国心があるためか、もしくは捕らわれた親族たちに会えるからと、大喜びでそれに従いましたが、そうでない人たちは圧力をかけられました。この許可に従う者、拒む者がいたため、多くの家族が離散することになったのです。ヤング・アクティビストやユニオン・オブ・ソビエト・ユースのメンバーである若者たちは、自分たちはソ連領事館に行って帰還申請ができるからと言って、自分の両親を強引に帰還させていました。私の親友の多くは、家族と一緒にソ連へ旅立ちました。一九五五〜五七年に、帰還に対する圧力が激しくなり、ソ連領事館の職員たちが会合を開き、海外へ行ってはならない、ソ連学校を閉鎖してはいけないと脅すこともありました。この頃には、未開の地や遠隔地だけでなく、地方都市へ帰還することも許されていたからです。

ソ連領事館やソサエティ・オブ・ソビエト・シチズンから陰湿な仕打ちを受けても、海外ビザを待ち続ける人もいました。海外ビザの取得は難しく、自分を受け入れてくれる国、その国内におけるスポンサー、そこへ行くための資金を自分で用意しなければなりません。私たち家族には米国に叔母がいましたが、数年間は米国へ入国できる中国人の割当数に余裕がなく、私の兄と私が中国で生まれているために、どの点から考えても、私たちは中国人であると判断され、渡米は認められませんでした。ソ連の非正規パスポートでオーストラリア、ブラジル、チリ、パラグアイ、ベネズエラなどへ向かう人は、中国が出国ビザを発行する際に必要となるソ連領事館からの許可証を取得しなければならないという問題もありました。この許可証と出国ビザの発行を長期間待たされたにもかかわらず、受け入れ先の入国ビザの有効期間が切れてしまうということもよくありました。領事館は、この許可証の発行に際して、密告者から得た情報で誰がどれくらいの所持金を持っているかを把握しており、適宜、手数料の額を変更しながら、多額の手数料を巻き上げていました。素直にあきらめて、本国への送還を受け入れる人もいました。ソ連からの差し金で、在ハルビンロシア人が持つ財産のほとんどが中国に帰属するもので、出国ビザで帰還するならば、中国へ置いていかなければならないという声が中国人から上がり始めました。ソ連領事館は、手数料めあてで、資産の持ち出しを許さなかったのです。

中東鉄路の建設のために来ていた、ある在ハルビンロシア人の方は「私はバッグひとつとスーツ一着で中国へ来ました。懸命に働き、家族を養い、隠居の身となって家を建て、初めて日本に占領されたときも、その後ソ連の占領下にあったときも生きながらえました。そして今、私はバッグひとつとスーツ一着で中国を去ります。中国へやってきたときのスーツとは違うスーツだということがせめてもの救いです」とおっしゃっていました。私は自分の愛する人を連れて中国を離れました。

おわりに

ハルビンで生活していたロシア人は三世代に渡ります。私の場合は、母方の父、父方の母、私の両親、そしてハルビンで生まれた私です。一九六〇年代の終わりまでで、約二四名のロシア人がハルビンに残されており、ほとんどの方が高齢です。大規模で活発な亡命者のコミュニティが世界中にありました。とくに一九四五年以降、亡命者たちの運命は、とても悲劇的で不平等なものでした。

このことは、ソ連やソ連崩壊後のロシアでも完全には認識されておらず、他の国に至ってはまだほとんど知られていない出来事なのだと思います。ですから、今後の研究は、在外ロシア人の語られてこなかった、見過ごされてきた多様なエスノグラフィを含めた総合的な研究が進むことが課題だと思われます。そのためにも、多くのオーラル・ヒストリーが蓄積される必要があると考えています。

結論に代えて

本書は、京都大学地域研究統合情報センターの研究叢書の第一輯となる。本書の刊行を実現に導いた林行夫センター長、出版委員会の先生方、また査読委員を務めてくださった先生方、さらに刊行を引き受けてくださった京都大学学術出版会編集部には、心より御礼申し上げたい。本書が、今後の「地域研究のフロンティア」叢書のモデル足り得るかは読者の判断にゆだねたいが、まずは私たちの国際共同研究がここに結実したことを心から喜びたい。

本書は、昨年度までの七年間、日本学術振興会科学研究費補助金の支援を受けながら、国内外のメンバーとともに進めてきた国際共同研究の成果である。この申請は、いわゆる科研費に設置されたばかりの新しいカテゴリーだった「史学一般」に応募して採択された。このカテゴリーが設定されたことの意味をふまえて、私たちは、地域相関的、時代横断的な研究成果をだすことが責務であることを確認してきた。

私たちの共同研究は、二〇〇三年度、基盤研究(A)一般「不平等条約体制下、東アジアにおける外国人の法的地位に関する事例研究」の申請が認められたことにより、対象とする地域を東アジア、東南アジア、北アジア、西アジアに設定して、超域型、地域相関型の国際共同研究として着手した。さらに、二〇〇六年に、「研究計画最終年度前年度の応募」が採択されたため、基盤研究(A)一般「一七〜二〇世紀の東アジアにおける『外国人』の法的地位に関する総合的研究」として発展的な再スタートを切った。プロジェクトでは、対象とする時期を「不平等条約」時期から拡大する一方、検証する地域を東アジア、東南アジアに絞った。

申請の名称や、対象とする時代や地域は変わったが、日本をとりまく東アジアや東南アジアにおける「外国人」の法的地位を検証する国際共同研究としては、結局七年間つづいたわけである。この間、多少のメンバーの異動もあったが、多くのメンバーが、多忙な身を顧みず、迷走する研究代表者を忍耐強く支援し協力してくださった。ここに、七年の間にお世話になった研究分担者、連携研究者、研究協力者の方々のお名前を、感謝をもって列記させていただきたい（あいうえお順：敬称略、所属は現職）。

荒野泰典（立教大学）、井上治（島根県立大学）、片岡一忠（高知学園短大）、勝村哲也、川島真（東京大学）、季衛東（上海交通大学）、金鳳珍（北九州市立大学）、小風秀雅（お茶の水女子大学）、小林聡明（東京大学）、柴山守（京都大学）、菅谷成子（愛媛大学）、孫安石（神奈川大学）、高見澤磨（東京大学）、陳來幸（兵庫県立大学）、寺内威太郎（明治大学）、兎内勇津流（北海道大学）、豊見山和行（琉球大学）、羽田正（東京大学）、原暉之（北海道情報大学）、弘末雅士（立教大学）、外園豊基、松重充浩（日本大学）、松原孝俊（九州大学）、本野英一（早稲田大学）、横山伊徳（東京大学）、ラリサ・ウスマノヴァ（カザン大学）

科研申請のカテゴリーは「史学一般」であったが、メンバーのディシプリンは、歴史学、地域研究、情報学、法学、社会学などさまざまであったことで、関連分野の知恵と方法論がこの研究に注ぎ込まれた。

このほか、いちいちお名前は挙げきれないが、海外の研究協力者の方々も、国内外におけるジョイント・セッションの開催や資料調査、フィールドワークの実施に、多くの力を貸してくださった。本書に掲載された原稿と直接にかかわりのあるカンファレンスは次のとおりである。むろん、カンファレンスに提出されたディスカッション・ペーパーそのものでなく、その後数度にわたって、書き直され、審査された原稿を掲載している。

◇「北東アジアにおけるトランスナショナル・コミュニティとアイデンティティ化」二〇〇四年一一月六日、明治大学駿

河台キャンパス【第一五章】
◇「東亜視域中的国籍、移民與認同（東アジアからみる国籍、移民、アイデンティティ）」二〇〇五年三月二〇日、台湾大学東亜文明研究センター（同センターの甘懐真氏のプロジェクトと共同主催）【第九章】
◇「中国系移民の選択的アイデンティティ—郷居化から土着化、トランス・ナショナリティまで」二〇〇五年七月二九日、東京外国語大学アジア・アフリカ言語文化研究所（同所の三尾裕子氏プロジェクトとの共同主催）【第一、三、四、一五章】
◇「越境する人と法—上海・台湾・香港・シンガポールの事例」二〇〇六年七月二九日（早稲田大学早稲田キャンパス）【第一〇、一一、一二、一三章】
◇「ハルビン—異種混交の街」二〇〇八年七月一二日、東京外国語大学アジア・アフリカ言語文化研究所（同所の中見立夫氏プロジェクトとの共同主催）【第一六章】
◇ Japan and Holland Workshop on Academic Exchange about Asian Identities: The Comparative Study of the Legal and Social Status of Foreigners in East and Southeast Asian Countries during the 17–20th Centuries〟二〇〇八年八月二八日、オランダ・ライデン大学【第二章】
◇「東アジアにおける移住民問題と国籍」二〇〇九年五月二日、ソウル大学奎章閣（同大学社会学科の鄭根植氏との共同主催）【第八章】

そのほかの章の論考については、国内では、お茶の水女子大学、九州大学、京都大学、東京大学、神戸大学、立教大学、島根県立大学、海外ではアテネオ・デ・マニラ大学、ウィーン大学、ロシア極東国立総合大学、シンガポール国立大学、香港浸会大学、上海社会科学院歴史研究所などで開催されたシンポジウム、ワークショップで報告された内容を基礎としている。こうして、国内外での学際的交流を重ねたことによって、知的基盤を共有することができたし、なにより日本の学術ネットワークの拡大に貢献できたと思っている。

こうした数々のカンファレンスを開催する過程で、近代法が導入される以前と以後、いわば「異邦人」と「外国人」との境界や、「外国人」そのものの定義づけの問題、また「東アジア」という地域概念の相対化など、歴史と現代を考えるうえで基本な問題ではありながら、私たちが意図していた当初の課題を逸脱するような大きな問題を突きつけられることになった。後者の問題、すなわち「東アジア」の地域概念についての私たちの考えは、貴志俊彦・荒野泰典・小風秀雅編『「東アジア」の時代性』（渓水社、二〇〇五年）のなかで提示できたと思う。一方、この共同研究の核心にかかわる前者の問題については、これまで雑誌の特集号や個別論文での発表が中心であり、読者の目に研究成果の全体像をお目にかける機会があったとはいえない。じつは、二〇〇五年に台湾大学出版社から刊行した『東亜視域中的国籍、移民與認同（東アジアからみる国籍、移民、アイデンティティ）』は、そうした包括的な研究成果のひとつであったが、日本国内では、これに類する、あるいはこれをも包括するような成果を発表する機会をもてなかった。そういう意味でも、本書は、日本国内で生活する人々に対しても、「外国人」問題を歴史的視点から照射することの重要性を喚起する役割を担うことになると自負している。

これまで積極的に海外でのカンファレンスを開催するとともに、京都大学を拠点として活動するH-GIS研究会のメンバーの協力を得て、収集した研究情報や史資料をデジタル公開することにも尽力してきた。研究プロジェクトのホームページを通じて研究の推移を公開することはもとより、「戦前期東アジア絵はがきデータベース」（二〇〇五年）、「満洲国とメディア――満洲国のプロパガンダ・ポスターと伝単」（二〇〇六年）、テスト版ポータルサイト「戦争とメディア」（二〇〇七年）、「中国における『外国人』人口統計データベース――戦前編」（二〇〇八年）をウェブサイト上に公開してきた。これら画像や人口統計を取り扱ったデータベースは、成果発表の軸を海外に置いていたためか、国内よりはむしろ海外からの反響のほうが大きかった。いずれにせよ、歴史研究にデジタルデータベースをいかに有効に活用し、評価するかは、これからの学協会の課題でもある。

以上のような成果をあげてきたとはいえ、当初企画していた研究プランが、すべて順調にクリアできたわけではない。

海外での討論会の企画は予定していた七〇%くらいしか達成できなかったし、世界各地での史資料の調査やフィールドワーク、関係者へのヒアリングも、諸々の業務を抱える多忙なメンバーの調整をつけることが困難であったため、計画どおりの成果をあげられたとはいいがたい。それゆえ、本書は、私たちの共同研究の主要な成果ではあるが、研究の到達点として誇れる最終成果として提示するためには、さらなる努力と研鑽が必要であると認識していることを付け加えておきたい。

最後になるが、七年という短くはないこの時間には、研究メンバーそれぞれ、いろいろな人生の局面に遭遇した。私自身、三年前、そしてこの論文集の校正段階で、看過できない病のために入院生活を余儀なくされた。さらに、心痛いことに、勝村哲也教授（京都大学）、外園豊基教授（早稲田大学）が病のために急逝された。両教授とも、研究代表者である私をひやひやしながら見守り、慈愛をもって導いてくださった。ささやかではあるが、本書を、感謝の気持ちと敬意を込めて、このお二人の教授の墓前に捧げたいと思う。合掌。

二〇一一年三月　編者　貴志俊彦

［執筆者紹介］

【編者】

貴志　俊彦（Kishi, Toshihiko）　京都大学地域研究統合情報センター教授　**【序論，第九章】**
広島大学大学院文学研究科博士課程後期単位取得退学
研究分野：東アジア地域研究，日中関係史，地域情報学
主な著作に，
『満洲国のビジュアル・メディア ── ポスター・絵はがき・切手』（吉川弘文館，2010，単著），『中国・朝鮮における租界の歴史と建築遺産』（御茶の水書房，2010，共編著），『模索する近代日中関係 ── 対話と競存の時代』（東京大学出版会，2009，共編著），『文化冷戦の時代 ── アメリカとアジア』（国際書院，2009，共編著）　など

【執筆者】（執筆順）

菅谷　成子（Sugaya, Nariko）　愛媛大学法文学部教授　**【第一章】**
奈良女子大学大学院人間文化研究科博士後期課程単位取得退学
研究分野：東南アジア史，スペイン領フィリピン史
主な著作に，
『近世の海域世界と地方統治』（汲古書院，2010，共著），『歴史と文学の資料を読む』（創風社出版，2008，共著），「スペイン領フィリピンにおける「中国人」── “Sangley,” “Mestizo” および “Indio” のあいだ」『東南アジア研究』43巻4号（2006）　など

弘末　雅士（Hirosue, Masashi）　立教大学文学部教授　**【第二章】**
オーストラリア国立大学大学院博士課程修了，Ph.D
研究分野：東南アジア史
主な著作に，
『東南アジアの建国神話』（山川出版社，2003，単著），『東南アジアの港市世界』（岩波書店，2004，単著），『東南アジア史研究の展開』（山川出版社，2009，編著）　など

林　　満紅（Lin, Man-houng）　台湾・中央研究院近代史研究所研究員　**【第三章】**
The Graduate School of Arts and Sciences, Harvard University 修了，Ph.D
研究分野：中国近代史，台湾近代史
主な著作に，
China Upside Down: Currency, Society, and Ideologies, 1808–1856 (Harvard University Asia Center, Cambridge, Mass.: Harvard University Press, 2006), *State and Economy in Republican China, A Handbook for Scholars* (Harvard University Asia Center, Cambridge, Mass.: Harvard University Press, 2001, Co-edit)　など

陳　　來幸（Chen, Laixing）　兵庫県立大学経済学部教授　**【第四章】**
神戸大学大学院文化学研究科後期博士課程修了，博士（文学）
研究分野：近代中国の社会経済団体，日本華僑史

主な著作に，
『虞洽卿について』(同朋舎，1983，単著)，『落地生根 ── 神戸華僑と神阪中華会館の百年』(研文出版社，2000，共著)，「広東における商人団体の再編について ── 広州市商会を中心として」『東洋史研究』第61巻第2号(2002)，『歴史の桎梏を越えて』(千倉書房，2010，共著)　など

小林　聡明 (Kobayashi, Somei)　東京大学大学院総合文化研究科学術研究員　【第五章】
一橋大学大学院修了，博士(社会学)
研究分野：朝鮮半島地域研究，東アジア冷戦とメディア
主な著作に，
「VOA施設移転をめぐる韓米交渉 ── 1972～73年」『マス・コミュニケーション研究』75号(2009)，『在日朝鮮人のメディア空間 ── GHQ占領期における新聞発行とそのダイナミズム』(風響社，2007，単著)　など

荒野　泰典 (Arano, Yasunori)　立教大学文学部教授　【第六章】
東京大学大学院人文科学研究科修士課程国史学専修課程修了
研究分野：近世国際関係論，近世日本史・幕末維新史
主な著作に，
『近世日本と東アジア』(東京大学出版会，1988，単著)，『アジアのなかの日本史　Ⅰ～Ⅶ』(東京大学出版会，1992～3，編著)，『「鎖国」を見直す』(かわさき市民アカデミー講座ブックレットNo.13，2003，単著)，『日本の時代史14　江戸幕府と東アジア』(吉川弘文館，2003，編著)，『日本の対外関係　Ⅰ～Ⅶ』(吉川弘文館，2010～11，編著)　など

小風　秀雅 (Kokaze, Hidemasa)　お茶の水女子大学大学院人間文化創成科学研究科教授　【第七章】
東京大学大学院人文科学研究科国史学専門課程博士課程中退，博士(文学)
研究分野：日本近代史，国際関係史
主な著作に，
『帝国主義化の日本海運 ── 国際競争と対外自立』(山川出版社，1995，単著)，『近代日本と国際社会』(放送大学教育振興会，2004，編著)，『日本近現代史』(放送大学教育振興会，2009，編著)，「19世紀世界システムのサブシステムとしての不平等条約体制」『東アジア近代史』13号(2010)　など

川島　　真 (Kawashima, Shin)　東京大学大学院総合文化研究科准教授　【第八章】
東京大学大学院人文社会研究科博士課程修了，博士(文学)
研究分野：アジア政治外交史
主な著作に，
『近代国家への模索　1894-1925』(シリーズ中国近現代史②，岩波書店，2010，単著)，『中国近代外交の形成』(名古屋大学出版会，2010，単著)，『グローバル中国への道程 ── 外交150年』(岩波書店，2009，共著)　など

本野　英一 (Motono, Eiichi)　早稲田大学政治経済学術院教授　【第十章】
オックスフォード大学大学院修了，D.Phil.
研究分野：中国近代史，アジア経済史

主な著作に，
Conflict and Cooperation in Sino-British Business, 1860–1911: The Impact of the Pro-British Commercial Network in Shanghai (Basingstoke, Macmillan/St. Antony's Series, 2000),『伝統中国商業秩序の崩壊 ── 不平等条約体制と「英語を話す中国人」』(名古屋大学出版会，2004，単著),『上海租界興亡史』(ロバート・ビッカーズ)(昭和堂，2009，訳) など

呉　　偉明 (Ng, Benjamin Wai-ming)　香港中文大学日本研究学科教授　【第十一章】
Department of East Asian Studies, Princeton University 修了，Ph.D.
研究分野：江戸思想史，日中文化交流史
主な著作に，
『易学対徳川日本的影響』(香港：中文大学出版社，2009，単著)，"Mencuis and the Meiji Restoration," in Joshua Fogel, ed., *Crossing the Yellow Sea: Sino-Japanese Cultural Contacts, 1600–1950* (Norwalk: Eastbridge, 2007)　など

朱　　益宜 (Chu, Cindy Yik-yi)　香港浸会大学歴史系教授　【第十二章】
Department of History, University of Hawaii at Manoa, Ph. D.
研究分野：中外関係史，中米関係史，香港地域史
主な著作に，
Chinese Communists and Hong Kong Capitalists: 1937–1997 (New York: Palgrave Macmillan, 2010),『関愛華人──瑪利諾修女與香港 (1921–1969)』(香港：中華書局，2007)，*Foreign Communities in Hong Kong, 1840s–1950s* (New York: Palgrave Macmillan, 2005, Edit)

孫　　安石 (Son, An-Sok)　神奈川大学外国語学部教授　【第十三章】
韓国・ソウル生まれ，東京大学大学院総合文化研究科博士課程修了，学術博士
研究分野：中国近現代史，上海史
主な著作に，
『中国・朝鮮における租界の歴史と建築遺産』(御茶の水書房，2010，共編)，『留学生派遣から見た近代日中関係史』(御茶の水書房，2009，共編)，『東アジアの終戦記念日』(ちくま新書，2007 年，共編)，『中国における日本租界』(御茶の水書房，2006，共編)　など

潘　　　光 (Pan, Guang)　上海社会科学院欧亜研究所上海ユダヤ研究センター教授
【第十四章】
華東師範大学歴史系修了，博士 (歴史学)
研究分野：国際関係論，中国のユダヤ人問題，上海協力機構
主な著作に，
『猶太人在亜洲：比較研究』(上海三聯書店，2007，主編)，*The Jews in China,* Updated Edition (China Intercontinental Press, 2005),『一个半世纪以来的上海猶太人一猶太人民族史上的東方一頁』(社会科学文献出版社，2002，共編著)　など

ラリサ・ウスマノヴァ (Larissa Usmanova)　カザン州立大学社会学部准教授
【第十五章】
島根県立大学大学院北東アジア研究科博士課程後期単位取得退学，博士 (社会学)
研究分野：国際関係論，日露関係史，在日ロシア人問題

主な著作に,
The Turk-Tatar Diaspora in Northeast Asia: Transformation of Consciousness: A Historical and Sociological Account between 1898 and the 1950s (Tokyo: Rakudasha, 2007).「戦前の東アジアにおけるテュルク・タタール移民の歴史的変遷に関する覚書」『北東アジア研究』10号（2006） など

オルガ・バキッチ（Olga Bakich, Ольга Михайловна Бакич）
トロント大学CERESリサーチ・アソシエイト 【第十六章】
Slavic Studies, University of Alberta,Edmonton, Ph.D.
研究分野：中国におけるロシア人問題，ハルビン都市史
主な著作に,
Harbin Russian Imprints: Bibliography as History, 1898–1961: Materials for a Definitive Bibliography (New York: Norman Ross Publishing Inc., 2002), "Emigre Identity: The Case of Harbin," *The South Atlantic Quarterly*, Vol. 99, No.1, 2000. Editor of an annual *Rossiiane v Azii / Russians in Asia*, University of Toronto, 1994–2000. など

索　引

事項・地名索引

人名・家名索引

近代アジアの自画像と他者 ── 地域社会と「外国人」問題
（地域研究のフロンティア　1）

平成 23（2011）年 3 月 30 日　初版第一刷発行

編著者　　貴　志　俊　彦
発行人　　檜　山　爲　次　郎

発行所　京都大学学術出版会
京都市左京区吉田近衛町69番地
京都大学吉田南構内（〒606-8315）
電　話（075）761-6182
FAX（075）761-6190
Home page http://www.kyoto-up.or.jp
振　替　01000-8-64677

ISBN 978-4-87698-550-0
Printed in Japan

印刷・製本　㈱クイックス
定価はカバーに表示してあります